Die vergessenen Opfer der Mauer

W0012889

Das Buch

Der Todesstreifen zwischen der Bundesrepublik und der DDR war eine der unüberwindlichsten und gefährlichsten Grenzen weltweit. Wer versuchte, ihn heimlich zu überschreiten, setzte sein Leben aufs Spiel. Auch wer die DDR auf Umwegen »illegal« verlassen wollte oder andere bei ihren Fluchtplänen unterstützte, riskierte hohe Gefängnisstrafen und anderweitige Repressalien. Dennoch versuchten nach dem Mauerbau 1961 Hunderttausende DDR-Bürger, dem SED-Regime zu entkommen. Sie versteckten sich in Autos, kletterten über Grenzanlagen, gruben Tunnels oder paddelten über die Ostsee. Oft misslang die Flucht in die Freiheit. Zehntausende wurden verhaftet, Hunderte schwer verletzt oder sogar getötet.

Hubertus Knabe lässt in diesem Buch DDR-Bürger zu Wort kommen, die von der eigenen Regierung wie Schwerverbrecher behandelt wurden und oftmals für Jahre in Gefängnissen verschwanden, weil sie sich eines einzigen Vergehens schuldig gemacht hatten: Sie wollten die DDR verlassen, um in Freiheit zu leben. Die Schilderungen ihrer gescheiterten Fluchtversuche und ihrer Hafterlebnisse illustrieren auf eindringliche Weise eines der finstersten Kapitel der DDR-Geschichte.

Der Herausgeber

Hubertus Knabe, geboren 1959 in Unna, ist wissenschaftlicher Direktor der Gedenkstätte Berlin-Hohenschönhausen im ehemaligen zentralen Untersuchungsgefängnis des DDR-Staatssicherheitsdienstes. Von 1992 bis 2000 war er in der Forschungsabteilung des Bundesbeauftragten für die Stasi-Unterlagen (Gauck-Behörde) tätig. Er ist Autor zahlreicher Veröffentlichungen über die DDR und Osteuropa und Experte für die Westarbeit der Stasi. Zuletzt erschienen von ihm die Bestseller *Die Täter sind unter uns*, *Gefangen in Hohenschönhausen* und *Honeckers Erben*.

In unserem Hause sind von Hubertus Knabe bereits erschienen:

Die Täter sind unter uns
Gefangen in Hohenschönhausen
Tag der Befreiung?
17. Juni 1953

Hubertus Knabe (Hg.)

Die vergessenen Opfer der Mauer

Inhaftierte DDR-Flüchtlinge berichten

Unter Mitarbeit von Jessica Steckel

List Taschenbuch

Besuchen Sie uns im Internet:
www.list-taschenbuch.de

Dieses Taschenbuch wurde auf FSC-zertifiziertem Papier gedruckt.
FSC (Forest Stewardship Council) ist eine nichtstaatliche, gemeinnützige
Organisation, die sich für eine ökologische und sozialverantwortliche
Nutzung der Wälder unserer Erde einsetzt.

Originalausgabe im List Taschenbuch
List ist ein Verlag der Ullstein Buchverlage GmbH, Berlin
1. Auflage August 2009
© Ullstein Buchverlage GmbH, Berlin 2009
Konzeption: semper smile Werbeagentur GmbH, München
Umschlaggestaltung: bürosüd° GmbH, München
Titelabbildung: Andreas Taubert/Bilderberg
Satz: Pinkuin Satz und Datentechnik, Berlin
Gesetzt aus der Aldus
Druck und Bindearbeiten: CPI – Clausen & Bosse, Leck
Printed in Germany
ISBN 978-3-548-60883-9

INHALT

EINFÜHRUNG

Verzweiflung macht erfinderisch. Rund 370 000 Menschen wagten nach dem Bau der Berliner Mauer am 13. August 1961 den Versuch, die DDR zu verlassen. Sie bauten sich Heißluftballons, konstruierten kleine Flieger, gruben Tunnel, paddelten über die Ostsee, entführten Flugzeuge und Schiffe in Richtung Westen. Zehntausende besetzten westdeutsche Botschaften oder kehrten von einem Besuch in die Bundesrepublik nicht wieder zurück. Manche präparierten Autos, mit denen sie die Grenzanlagen zu durchbrechen versuchten, andere versteckten sich im Motor- oder Kofferraum von West-Besuchern, um der sozialistischen Diktatur in Ostdeutschland zu entkommen.

Jede Flucht über die martialisch gesicherte DDR-Grenze war ein Vorhaben auf Leben und Tod. Wer probierte, vom Berliner Stadtteil Pankow in den Nachbarbezirk Wedding zu gelangen, musste fest damit rechnen, von DDR-Grenzsoldaten erschossen zu werden. Bis heute ist nicht genau bekannt, wie viele Menschen bei der Flucht ihr Leben verloren, denn niemand hat sich bislang die Mühe gemacht, eine gesicherte Todesbilanz des DDR-Grenzregimes zu erstellen. Nach Ermittlungen der Berliner Staatsanwaltschaft wurden nachweislich 270 Menschen an den Westgrenzen der DDR durch Schüsse oder Minen getötet – vom ersten Maueropfer Günter Litfin, der im August 1961 erschossen wurde, bis zum letzten Mauertoten Chris Gueffroy, der im Februar 1989 im Maschinengewehrfeuer starb. Das aber ist nur die Untergrenze der Opferzahlen. Hinzu kommen die DDR-Flüchtlinge, die an den Westgrenzen anderer Ostblockstaaten zu Tode kamen, die Menschen, die beim Versuch, die Ostsee zu durchqueren, ertranken, oder auch jene DDR-Soldaten, die beim Dienst an der innerdeutschen Grenze starben. Das Berliner Mauermuseum am Checkpoint Charlie kommt deshalb auf insgesamt 1303 Menschen, die wegen des DDR-Grenzregimes ums Leben kamen. Die Zentrale Erfassungsstelle in Salzgitter ermittelte bis 1990 sogar 4444 Fälle von versuchten oder vollendeten Tötungshandlungen an Flüchtlingen.

Noch viel mehr Menschen aber kamen wegen der Mauer ins Gefängnis. Wer ohne Genehmigung die Staatsgrenze der DDR passierte oder von einer West-Reise nicht fristgerecht zurückkehrte, konnte nach Paragraph 213 DDR-Strafgesetzbuch wegen »ungesetzlichem Grenzübertritt« mit bis zu fünf Jahren Haft bestraft werden. Die größte Gruppe der Maueropfer sind deshalb die mehr als 72 000 Menschen, die wegen des DDR-Grenzregimes seit 1961 inhaftiert wurden: Ostdeutsche, deren Flucht verraten wurde oder die »auf frischer Tat« gefasst wurden; Westdeutsche, die als Fluchthelfer DDR-Bürgern in die Freiheit verhelfen wollten; Ausreiseantragsteller, die eingesperrt wurden, weil sie darauf beharrten, sich ihren Wohnsitz selber aussuchen zu dürfen.

Fünfzehn von ihnen kommen in diesem Buch zu Wort. Sie berichten von ihren Versuchen, der DDR zu entfliehen, vom Schock der Verhaftung, von den quälenden Verhören durch den Staatssicherheitsdienst, die schließlich mit der Verurteilung durch ein DDR-Gericht endeten. Sie gehören zu den vergessenen Opfern der Mauer, die in den meisten Chroniken der deutschen Teilung nur am Rande vorkommen. Einige haben ihre Erlebnisse unmittelbar nach ihrer Haftzeit aufgeschrieben, andere speziell für dieses Buch. Ihre Beschreibungen sagen ebenso viel über das SED-Regime aus wie der skrupellose Einsatz von Schusswaffen und Minen an der innerdeutschen Grenze.

Die große Zahl der Inhaftierten hängt eng mit der Perfektionierung der SED-Diktatur zusammen: Die Machthaber wussten, dass Schüsse auf unbewaffnete Flüchtlinge ihr internationales Ansehen beschädigten. Grenzdurchbrüche – im schlimmsten Fall vor den Augen der Westpresse – sollten deshalb bereits im Vorfeld verhindert werden. Daher ließen sie im Laufe der Jahre nicht nur das Hinterland der Mauer immer perfekter absichern. Sie bauten auch das Überwachungssystem in der DDR immer

weiter aus, um Fluchtvorhaben schon vor der Ausführung auf-
zudecken. Gefasste Fluchtwillige wurden von der SED-Justiz
zu Schwerstkriminellen abgestempelt und verschwanden meist
für Jahre in DDR-Gefängnissen oder Arbeitslagern. Ihrem – in
Deutschland wenig beachteten – Schicksal widmet sich dieses
Buch.

Von 1945 bis 1989 verließen insgesamt 4,9 Millionen Deutsche den kommunistischen Machtbereich zwischen Elbe und
Oder – mehr Menschen als Norwegen Einwohner hat. Dass
so viele Ostdeutsche eine Flucht riskierten, sagt viel über die
Lebensverhältnisse im Sozialismus aus. Die Abstimmung mit
den Füßen straft all jene Lügen, die heute von den Errungenschaften des SED-Regimes sprechen. Wenn es sie gegeben hätte,
hätten die Menschen kaum in Scharen versucht, ihre Heimat zu
verlassen. Sie trennten sich dafür nicht nur von Freunden und
Verwandten, sondern riskierten oft auch jahrelange Haftstrafen
oder sogar den eigenen Tod.

Anders als manche Wissenschaftler vor 1989 schrieben (und
heute zuweilen wieder behaupten), beruhte die Stabilität der
DDR nicht auf den »Bindungskräften« des Regimes, sondern
zuvorderst auf dem Einsatz von Gewalt: auf Überwachung und
Verfolgung im Innern und auf einer nahezu unüberwindbaren
Grenze nach außen. Da die Bürger sich den Zumutungen des
Systems nicht durch Flucht entziehen konnten, mussten sie sich
notgedrungen mit ihm arrangieren. Als sich im Sommer 1989
in Ungarn dann endlich ein Loch im Eisernen Vorhang auftat,
schwoll der Strom der DDR-Flüchtlinge sofort zu einem reißenden Fluss an. Und als am 9. November 1989 die Mauer fiel,
brach die kommunistische Diktatur wie ein Kartenhaus in sich
zusammen.

Zwanzig Jahre sind seit diesem epochalen Ereignis vergangen.
Es hat nicht nur Deutschland, sondern ganz Europa grundlegend
verändert. Ermöglicht wurde es vor allem durch den Mut erst
weniger, dann immer mehr Ostdeutscher, die es 1989 wagten,
unter den Bedingungen einer Diktatur auf die Straße zu gehen
und von den Herrschenden ihre Bürgerrechte einzufordern. Die

Botschaftsbesetzungen in Prag, Budapest und Warschau sowie der massenhafte Flüchtlingsstrom über die ČSSR und Ungarn führten gleichzeitig der Welt vor Augen, wie groß die Unzufriedenheit in der DDR war. Am 18. Oktober 1989 wurde SED-Chef Erich Honecker deshalb von seinem Kronprinzen Egon Krenz abgelöst. Wenig später, am 9. November, kündigte die neue Führung ein Reisegesetz an, das es jedem DDR-Bürger erlauben sollte, das kommunistische Herrschaftsgebiet legal zu verlassen. Noch in der Nacht strömten Tausende Ost-Berliner zu den innerstädtischen Grenzübergängen und erzwangen die Öffnung der Schlagbäume.

Die Geschichte der tödlichen Grenze mitten durch Deutschland begann nicht erst mit dem Bau der Berliner Mauer im August 1961. Bereits kurz nach dem Ende des Zweiten Weltkrieges fing die sowjetische Besatzungsmacht damit an, die Demarkationslinie zu den westlichen Alliierten zur Staats- und Systemgrenze auszubauen. Am 30. Juni 1946 setzte die Sowjetunion im Alliierten Kontrollrat die Sperrung der eher zufällig gezogen Grenzlinie zwischen Ost und West durch. Von nun an durfte man sie nur noch mit Begleitpapieren passieren. Um illegale Grenzübertritte zu verhindern, bildete die Sowjetische Militäradministration in Deutschland (SMAD) im November 1946 eine eigene deutsche Grenzpolizei aus zuverlässigen kommunistischen Kadern. Im August 1947 erließ SMAD-Chef Wassili Sokolowski eine erste Richtlinie, die vorsah, flüchtende Personen auch mit Waffengewalt zu stoppen.

Ursache des Grenzausbaus war nicht, wie zuweilen behauptet, der »Kalte Krieg«, sondern eine Massenflucht von Ost nach West. Diese stand in unmittelbarem Zusammenhang mit der kommunistischen Gewaltpolitik in Ostdeutschland. Schon die Gewalttaten der Roten Armee beim Einmarsch in Deutschland – massenhafte Vergewaltigungen, Liquidierungen und Festnahmen – hatten dazu geführt, dass Millionen Menschen noch in den letzten Kriegswochen versuchten, den sowjetischen Machtbereich zu verlassen. Auch nach der bedingungslosen Kapitulation Deutschlands am 8. Mai 1945 hielt der Flüchtlingsstrom an, weil die Sowjetunion und die von ihr unterstützten deutschen Kommunisten damit begannen, auf den Ruinen des NS-Regimes eine neue Diktatur zu errichten. Bereits 1945 wurden Tausende Fabrikanten, Banker, Großbauern oder Unternehmer enteignet. Bald befanden sich mehr als 100 000 Menschen in sogenannten Speziallagern, die die sowjetische Geheimpolizei – teilweise in stillgelegten NS-Konzentrationslagern – eingerichtet hatte und in denen mehr als ein Drittel der Häftlinge starb. Tausende Sozialdemokraten, Christdemokraten und Liberale wurden von sowjetischen Militärtribunalen zu jahrzehntelangen Haftstrafen verurteilt, weil sie sich der politischen Gleichschaltung in Ostdeutschland widersetzten. Die gewaltsame Übertragung des kommunistischen Systems führte dazu, dass etwa zwei Millionen Menschen noch vor Gründung der DDR im Oktober 1949 aus der sowjetischen Besatzungszone (SBZ) in den Westen flüchteten.

Auch danach führte die kommunistische Politik zu einer massenhaften Fluchtbewegung – und einem entsprechenden weiteren Ausbau der Grenzanlagen. In den 1950er Jahren verließen jährlich weit über 100 000 Menschen die DDR, obwohl die innerdeutsche Grenze bereits im Mai 1952 nahezu unüberwindbar wurde. Damals gab der DDR-Ministerrat die Sperrung der Demarkationslinie zwischen Ost und West bekannt. Mit Ausnahme weniger Grenzübergangsstellen wurden sämtliche Straßen- und Schienenverbindungen nach Westdeutschland gekappt. In einer fünf Kilometer breiten Sperrzone mussten alle als politisch unzuverlässig eingeschätzten Menschen innerhalb weniger Stunden ihre Häuser verlassen, um zwangsausgesiedelt zu werden. 2347 Familien mit insgesamt 8331 Personen wurden Opfer dieser Deportationen, die den bezeichnenden Namen »Aktion Ungeziefer« trugen.

Der Ausbau der DDR-Grenze bereitete den »Aufbau des Sozialismus« vor, den die SED im Juli 1952 verkündete. Der rigide Gleichschaltungskurs im Innern sollte nicht durch Massenfluchten und unkontrollierte Grenzübertritte gestört werden. Stattdessen entlud sich die Unzufriedenheit der DDR-Bewohner jedoch im Innern. Am 17. Juni 1953 kam es zum ersten Volksaufstand in einem kommunistischen Staat. In über 700 Städten und Gemeinden der DDR protestierten damals etwa eine Million Menschen mit Streiks und Demonstrationen gegen die SED-Politik – bis sowjetische Truppen den Aufstand niederschlugen. Im selben Jahr verdoppelte sich die Zahl der DDR-Flüchtlinge beinahe auf nunmehr über 330 000 Menschen. Nach einem kurzen Rückgang stieg sie ab 1955 erneut auf über eine Viertelmillion Flüchtlinge pro Jahr an.

Die SED verschärfte daraufhin am 11. Dezember 1957 über Nacht das Passgesetz und stellte jeden illegalen Grenzübertritt unter Strafe. »Wer ohne erforderliche Genehmigung das Gebiet der Deutschen Demokratischen Republik verlässt oder betritt oder wer ihm vorgeschriebene Reiseziele, Reisewege oder Reisefristen (…) nicht einhält, wird mit Gefängnis bis zu drei Jahren oder mit Geldstrafe bestraft«, hieß es in Paragraph 1 des Gesetzes, das mit sofortiger Wirkung in Kraft trat. Zwei Monate zuvor hatte SED-Chef Walter Ulbricht auf der 33. Tagung des Zentralkomitees (ZK) jede Flucht als »Hilfe für die westdeutsche Militärbasis der Nato« und als »Verrat an den friedlichen Interessen des Volkes« gebrandmarkt.

Doch auch diese Drohungen konnten die Fluchtbewegung nicht beenden. Nach der Sperrung der innerdeutschen Grenze suchten die Menschen einen anderen Weg, um dem SED-Regime zu entfliehen: über Berlin. Die Stadt lag mitten in der DDR und war wie ganz Deutschland in vier Sektoren aufgeteilt. Doch die Straßen- und Bahnverbindungen zwischen Ost und West waren hier – abgesehen von Stichprobenkontrollen – noch frei passierbar. Es genügte, mit der S-Bahn eine Station in Richtung Westen zu fahren, um in die Freiheit zu gelangen. Bis November 1960 hatten sich im West-Berliner Notaufnahmelager in Marienfelde anderthalb Millionen Flüchtlinge gemeldet.

Anfang der 1960er Jahre stiegen die Flüchtlingszahlen erneut an. Im November 1958 hatte der sowjetische Staats- und Parteichef Nikita Chruschtschow ultimativ einen Abzug der westlichen Alliierten aus West-Berlin gefordert und dies im Juni

1961 noch einmal bekräftigt. Gerüchte kursierten, dass die SED im großen Stil Baumaterialien nach Berlin schaffe. Viele DDR-Bürger fürchteten, das letzte Fluchtloch könnte gestopft werden. Es brach eine Art Torschlusspanik aus, so dass in den Wochen vor dem Mauerbau die Fluchtbewegung einen einsamen Höhepunkt erreichte: Allein im Juli 1961 kehrten rund 30 000 Menschen der DDR den Rücken. Eine weitere dramatische Steigerung folgte im August, als in den ersten zwölf Tagen sage und schreibe 47 000 Ostdeutsche nach Westen flohen.

Die Machthaber reagierten auf die Fluchtbewegung nicht etwa mit einer Lockerung ihres politischen Kurses, sondern mit einer Verschärfung der Repression. Von 1959 bis 1960 stieg die Zahl der Strafverfahren wegen »staatsfeindlicher Hetze« – also der Äußerung von der SED-Linie abweichender politischer Meinungen – um 72,6 Prozent. Im Mai 1960 erklärte der Minister für Staatssicherheit, Erich Mielke, die Bekämpfung der »Republikflucht« zur wichtigsten Aufgabe der DDR-Geheimpolizei. Nicht die eigene Politik, sondern der »Klassenfeind« wurde für den Aderlass verantwortlich gemacht. Die SED behauptete, die sogenannte »politisch-ideologische Diversion« sowie gezielte Abwerbungen des Westens verleite die Menschen zur Flucht. So ersparte sie es sich, ihre eigene Politik auf den Prüfstand zu stellen.

Am 13. August 1961 griff die SED-Führung zum letzten verfügbaren Mittel. An diesem Sonntag im Sommer ließ sie die Grenze nach West-Berlin in einer Nacht- und Nebelaktion vollständig sperren. Bereits in den frühen Morgenstunden riegelten Soldaten, Kampfgruppen und Polizisten der DDR das für Ostdeutsche bis dahin frei zugängliche Eiland rundum ab. Um drei Uhr morgens wurden die ersten Pfähle eingerammt, Drahtsperren errichtet und Erdwälle aufgeschichtet. Als die Berliner erwachten, war ihre Stadt in zwei Teile getrennt. Familienangehörige und Freunde, die in ein und derselben Straße wohnten, konnten nicht mehr zueinander gelangen. Wenige Tage danach errichteten Bauarbeiter eine kilometerlange Mauer aus Betonsteinen und Zement, die später zu einer gigantischen Grenzanlage ausgebaut und perfektioniert wurde.

In der gesamten DDR kam es damals zu Protesten und sogar zu Handgreiflichkeiten gegen SED-Funktionäre. Arbeiter sabotierten die Produktion, Jugendliche malten Parolen an die Hauswände, in den Betrieben registrierte man Produktionsausfälle und Brände. Die DDR-Führung verschärfte daraufhin die Verfolgung. Nach dem Mauerbau wurden Monat für Monat mindestens 1500 Menschen aus politischen Gründen inhaftiert. Die DDR-Bevölkerung war im wahrsten Sinne des Wortes eingemauert und konnte sich dem Zugriff des SED-Staates nicht mehr entziehen.

Dennoch – oder gerade deswegen – versuchten weiterhin zahlreiche Menschen, aus der DDR zu entkommen. Bis zum 18. September 1961 flüchteten trotz der Absperrung der Berliner Sektorengrenze weitere 417 Personen. Der spätere Staats- und Parteichef Erich Honecker, der den Mauerbau koordiniert hatte, ordnete deshalb am 20. September 1961 an, Flüchtende mit Waffengewalt zum Stehen zu bringen. »Gegen Verräter und Grenzverletzer ist die Schusswaffe anzuwenden«, befahl er auf der letzten Tagung des von ihm geleiteten Zentralen Stabes für den Mauerbau. Die Anweisung war ein unmissverständlicher Schießbefehl, dessen Existenz viele ehemalige SED-Funktionäre bis heute leugnen.

Die von der SED errichtete Grenze in Berlin bestand nicht nur, wie der Name suggeriert, aus einer Mauer, sondern war eine aufwendig konstruierte, nahezu unüberwindliche Sperranlage. Auf DDR-Gebiet begann sie (Stand 1989) mit einer sogenannten Hinterlandmauer. Dahinter verlief ein Kontaktzaun, gefolgt von einer Hundelaufanlage mit abgerichteten Wachhunden. Grell strahlende Scheinwerfer leuchteten den Grenzstreifen, der zusätzlich durch einen Kfz-Graben gesichert war, auch nachts taghell aus. Schwerbewaffnete Grenzsoldaten lauerten in meterhohen Beobachtungstürmen. Erst dahinter kam die von Westen aus sichtbare Mauer aus 3,70 Meter hohen Betonsegmenten mit rundem Überkletterschutz. Kein Gefängnis der Welt ist derart massiv gesichert.

Die SED-Führung gelangte allerdings schon früh zur Überzeugung, dass bauliche Sperranlagen gegen Fluchtversuche allein nicht ausreichten. Bereits im November 1961 kündigte der damalige SED-Chef Walter Ulbricht auf einer ZK-Tagung an, die Grenzanlagen zu einem Todesstreifen auszubauen: »An der Westgrenze der DDR werden Minen gelegt, ordentliche Minenfelder geschaffen. Wer das Bedürfnis hat, sich den Hals zu brechen, kann solche Versuche anstellen«, erklärte der Staats- und Parteichef der DDR zynisch.

Ab Ende der 1960er Jahre wurden rund 60 000 Splitterminen, die an Stolperdrähte gekoppelt waren, montiert. Aus Sicht der SED waren sie billiger und effektiver als bewaffnete Wachposten. In einer Leitungsvorlage lobte das Grenztruppenkommando im August 1971 die Vorteile der – offiziell geleugneten – Selbstschussanlagen: »Die Splitterwirkung der Mine SM-70 auf Wild lässt die Schlussfolgerung zu, dass geschädigte Grenzverletzer nicht mehr in der Lage sind, die Sperren zu überwinden.« In einem Radius von 20 Metern wirkten die abgeschossenen scharfkantigen Stahlwürfel tödlich. »Das getötete Wild konnte schnell und gefahrlos aus dem Wirkungsbereich der Sperre beseitigt werden. Auf die Bergung von geschädigten Grenzverletzern lassen sich durchaus mit Sicherheit gleiche Schlüsse ziehen.« Erst nach dem vom damaligen CSU-Chef Franz Josef Strauß eingefädelten Milliardenkredit für die DDR wurden die Splitterminen schrittweise wieder demontiert.

Der Schießbefehl galt jedoch bis 1989 weiter. Erich Honecker, der 1971 zum SED-Chef und Vorsitzenden des Nationalen Verteidigungsrates (NVR) aufgestiegen war, bekräftigte drei Jahre später, dass Flüchtlinge auch mit Waffengewalt zu stoppen seien. Überall müsse dazu ein »einwandfreies Schussfeld gewährleistet« sein, ordnete er im NVR an. Nach wie vor müsse »bei Grenzdurchbruchsversuchen von der Schusswaffe rücksichtslos Gebrauch gemacht werden, und es sind die Genossen, die die Schusswaffe erfolgreich angewendet haben, zu belobigen.«

Nach dem Zusammenbruch des SED-Regimes leugnete Honecker die Menschenjagd an der Grenze. Er behauptete, die »Schusswaffengebrauchsordnung« sei in der BRD »die gleiche wie in der DDR und wie sie gegenwärtig bei der Polizei ist«. Auf die Frage, wie er über die vielen Menschen denke, die an der Mauer getötet wurden, antwortete er: »Mir tun unsere 25 Genossen leid, die meuchlings an der Grenze ermordet wurden.« Ebenso wenig Einsicht zeigte der langjährige Chef der DDR-Grenztruppen Klaus-Dieter Baumgarten, der 1996 wegen elffachen Totschlags und fünffachen versuchten Totschlags an DDR-Flüchtlingen zu sechseinhalb Jahren Gefängnis verurteilt wurde. Nach eigener Aussage gab er »nicht einen Befehl«, für den er sich heute schämen müsse.

Trotz Schießbefehl und Todesstreifen war die Freiheitssehnsucht der DDR-Bürger aber nicht auszurotten. Zwischen 1961 und 1989 gelangten rund 300 000 Ostdeutsche illegal in den Westen. Die meisten davon – mehr als zwei Drittel – kehrten von einer Westreise nicht in die DDR zurück. An zweiter Stelle kamen die über Drittländer Geflüchteten, dann diejenigen, die über die innerdeutsche Grenze flohen.

Immer wieder versuchten DDR-Bürger, an der 1378 Kilometer langen innerdeutschen Grenze und der 167,8 Kilometer langen Berliner Mauer die Sperranlagen zu überwinden. Vor allem in den Anfangsjahren gelang es vielen, durch Tunnel, Gewässer oder unübersichtliche Grenzabschnitte in den Westen zu fliehen. Doch jede gelungene Flucht führte dazu, dass die Schlupflöcher sorgfältig untersucht und eilig geschlossen wurden.

Rund 38 000 Menschen entkamen zwischen 1961 und 1989 über die innerdeutsche Grenze in die Bundesrepublik; etwa 2000 von ihnen waren DDR-Grenzsoldaten. Durch den Ausbau der Grenzanlagen und die zunehmende Überwachung der Bürger und des Grenzgebietes ging die Zahl der erfolgreichen Fluchten im Laufe der Zeit jedoch stark zurück. Während 1961 noch annähernd 10 000 Menschen die Flucht über die DDR-Grenze gelang, machte ihre Zahl 1970 weniger als eintausend pro Jahr aus. Nach Abschluss des Transitabkommens mit der Bundesrepublik (1972) kam es noch einmal zu einem leichten Anstieg, doch danach sank die Zahl auf unter 200 pro Jahr (1985).

Wegen der enormen Gefahr für Leib und Leben blieben direkte Durchbrüche an der DDR-Grenze zunehmend die Ausnahme; die Drohung mit dem Tod verfehlte ihre Wirkung nicht. Vor allem junge Leute ließen sich jedoch selbst dadurch nicht abschrecken. Der 17-jährige Karl-Heinz Richter, der in diesem Buch zu Wort kommt (vgl. seinen Beitrag ab S. 32), versuchte zum Beispiel 1964, am Berliner Bahnhof Friedrichstraße auf einen in den Westen fahrenden Zug aufzuspringen. Während seinem Freund die Flucht gelang, verfehlte er den Zug und wurde wenig später verhaftet. Cliewe Juritza wollte 1984 im Alter von 18 Jahren zu Fuß über die innerdeutsche Grenze fliehen. Sein Fluchtversuch scheiterte jedoch bereits am ersten Elektrozaun, wenig später wurde er festgenommen (vgl. seinen Beitrag ab S. 313). 214 Ostdeutsche versuchten in den 1980er Jahren, die DDR-Grenze mit einem Fahrzeug zu durchbrechen – die meisten vergeblich: 188 von ihnen wurden gefasst und zu hohen Haftstrafen verurteilt.

Auch die Flucht über die Ostsee war in der Regel nicht erfolgversprechender. Von den etwa 5000 Personen, die mit Luftmatratzen, Paddelbooten oder anderen Wasserfahrzeugen zu entkommen versuchten, wurden mehr als 4000 festgenommen; mindestens 27 Menschen kamen bei der Flucht übers Meer ums Leben. 110 Menschen versuchten zwischen 1962 und 1973 auch, die DDR auf dem Luftweg zu verlassen. Allein in diesem Zeitraum registrierte das Ministerium für Staatssicherheit (MfS) über 58 Flugzeugentführungen (vgl. den Beitrag von Werner Bäcker ab S. 89).

Eine weniger riskante Fluchtmöglichkeit war es, in einem Fahrzeug unbemerkt die DDR-Grenze zu passieren. Zu diesem Zweck reisten Helfer aus der Bundesrepublik ein und verstauten die Fluchtwilligen in einem Versteck im Pkw. Oft wurden die Autos dafür extra umgebaut. Man verkleinerte beispielsweise den Tank, so dass daneben unbemerkt noch ein Flüchtling Platz fand; doch viele dieser Fluchtversuche wurden entdeckt (vgl. den Beitrag von Ellen Thiemann ab S. 147).

Ab Anfang der 1970er Jahre gab es noch eine weitere Fluchtmöglichkeit mit dem Auto. Nach dem Abschluss des Transitabkommens zwischen der Bundesrepublik und der DDR (1972) wurden auf den Transitstrecken zwischen West-Berlin und Westdeutschland an den DDR-Kontrollpunkten nur noch die Ausweispapiere und Passierscheine der westlichen Benutzer geprüft. Lediglich in Verdachtsfällen öffneten die Grenzer Kofferraum und Motorhaube, klappten die Rücksitzbank um oder prüften den Tank. Viele DDR-Bürger versuchten deshalb, unbemerkt in den Kofferraum oder in ein speziell präpariertes Auto eines Bundesbürgers einzusteigen. Zuweilen wurden auch zwei identische Fahrzeuge vertauscht, um die Grenzbeamten irrezuführen (vgl. den Beitrag von Ernst-Hubert von Michaelis ab S. 291).

Derartige Aktionen waren jedoch nur mit westdeutscher Unterstützung möglich. Fluchthelfer verhalfen seit Anfang der 1970er Jahre etwa 2700 Menschen zur Flucht aus der DDR. Deutlich mehr, nämlich 3300 Personen, wurden bei Schleusungsaktionen entdeckt und in der Regel zu hohen Gefängnisstrafen verurteilt. Vielfach waren die Fluchtpläne von Spitzeln verraten worden (vgl. den Beitrag von Matthias Storck ab S. 227).

Dutzende von Bundesbürgern, darunter viele ehemalige DDR-Bürger und -Häftlinge, bemühten sich nach dem Mauerbau, Ostdeutschen zur Flucht zu verhelfen. Da dazu meistens größere Vorbereitungen und Geldmittel erforderlich waren, gab es neben der spontanen privaten auch eine organisierte gewerbsmäßige Fluchthilfe. Viele Fluchthelfer engagierten sich aus politischer Überzeugung (vgl. die Beiträge von Uwe Rath ab S. 25 und Matthias Bath ab S. 184). Andere gründeten kommerzielle Fluchthilfeorganisationen, die ausschließlich gegen Geld arbeiteten. Auf diese professionellen Schleuser kamen in erster Linie DDR-Bürger zu, die keine andere Möglichkeit sahen, die DDR zu verlassen (vgl. den Beitrag von Eva-Maria Neumann ab S. 207).

Fluchthilfe zu leisten war auch für Westdeutsche ein außerordentlich riskantes Unternehmen. Nach Paragraph 105 des DDR-Strafgesetzbuches wurde Fluchthilfe als »staatsfeindlicher Menschenhandel« mit mindestens zwei Jahren, in besonders schweren Fällen sogar mit lebenslänglicher Haft bestraft. Das

MfS unterwanderte systematisch die Fluchthilfeorganisationen, um ihre Pläne in Erfahrung zu bringen und im entscheidenden Moment – meist an der Grenze – zuschlagen zu können. Mit sogenannten Zersetzungsmaßnahmen ging der DDR-Staatssicherheitsdienst auch im Westen gegen die Fluchthelfer vor. Er initiierte Strafanzeigen wegen Urkundenfälschung, Steuerhinterziehung, Schwarzhandel usw. und spielte westdeutschen Medien kompromittierendes Material über Fluchthelfer zu, um sie zu diskreditieren. Selbst vor Mordanschlägen schreckte das MfS nicht zurück. So mischte man dem in der DDR mehrfach verurteilten und dann in den Westen abgeschobenen Wolfgang Welsch, dessen Frau sowie der gemeinsamen siebenjährigen Tochter Thalium ins Essen, was diese nur wie durch ein Wunder überlebten (vgl. den Beitrag von Wolfgang Welsch ab S. 52). Die Zahl der Fluchthilfeorganisationen auf der Feindobjektliste des Staatssicherheitsdienstes sank nicht zuletzt durch diese Maßnahmen von 35 in den 1970er Jahren auf nur noch zehn im Jahr 1981.

Weil die innerdeutsche Grenze immer unüberwindbarer wurde, versuchten viele Menschen, die DDR über andere Ostblockländer zu verlassen – in der Annahme, die Grenzen würden dort weniger stark überwacht (vgl. die Beiträge von Werner Bäcker ab S. 89, Amanda Bohlken ab S. 118, Anne Klar ab S. 254 und Anke Jauch ab S. 272). Tatsächlich wurden jedoch auch dort die Westgrenzen aufgrund von Vereinbarungen mit der SED-Führung intensiv kontrolliert. Bis zur Öffnung der DDR-Grenzen am 9. November 1989 gelang zwar über 70 000 Ostdeutschen die Flucht über Drittstaaten. Doch die meisten – fast 65 000 – schafften dies erst in der zweiten Hälfte des Jahres 1989, als Ungarn seine Grenzzäune zu Österreich abbaute. Mehr als 14 000 DDR-Flüchtlinge wurden im Ausland verhaftet und anschließend in die DDR zurücktransportiert, wo sie größtenteils zu langen Gefängnisstrafen verurteilt wurden.

Inhaftiert wurden aber nicht nur diejenigen, die an der Grenze festgenommen worden waren. Für eine Verhaftung reichte es oft schon aus, sich bei einer westlichen Botschaft oder über

Verwandte in der Bundesrepublik über Flucht- oder Ausreisemöglichkeiten informiert zu haben. Ins Gefängnis kam darüber hinaus, wer bereits bei der Planung seiner Flucht durch einen Spitzel verraten worden war, denn auch die Vorbereitung der Flucht war strafbar. Die DDR kriminalisierte sogar diejenigen, die lediglich einen Ausreiseantrag stellten und ihre Entlassung aus der DDR-Staatsbürgerschaft forderten. Der mehrfach verschärfte Paragraph 214 des DDR-Strafgesetzbuches sah vor, jeden mit bis zu drei Jahren Haft zu bestrafen, der die Tätigkeit staatlicher Organe durch Drohungen beeinträchtigte oder eine Missachtung der DDR-Gesetze bekundete.

Viele der Verhafteten kamen in das zentrale Untersuchungsgefängnis des DDR-Staatssicherheitsdienstes in Berlin-Hohenschönhausen. Bereits 1945 hatte die sowjetische Geheimpolizei dort eine ehemalige Großküche zu einem Gefangenenlager umgebaut, das sogenannte Speziallager Nr. 3. Ab Herbst 1946 mussten Häftlinge im Keller des Gebäudes einen unterirdischen Zellentrakt errichten, der der sowjetischen Besatzungsmacht bis 1951 als zentrale Untersuchungshaftanstalt in Deutschland diente. Anschließend ging das sogenannte »U-Boot« in die Verantwortung des 1950 gegründeten MfS über. Häftlinge mussten später auf dem Gelände ein neues Gefängnisgebäude errichten, das von 1961 bis zum Zusammenbruch der DDR im Herbst 1989 für die Inhaftierung politischer Gefangener genutzt wurde. Das Gefängnis ist heute eine Gedenkstätte, die jährlich von mehr als 250 000 Menschen besucht wird. In der Regel werden die Besucher von ehemaligen Häftlingen durch das Gebäude geführt, unter anderem von Mario Röllig, der 1987 an der Grenze von Ungarn nach Jugoslawien verhaftet wurde (vgl. seinen Beitrag ab S. 333).

Die meisten Autoren dieses Buches haben ihre Untersuchungshaft in Berlin-Hohenschönhausen verbracht; einige saßen in einem der 16 anderen Untersuchungsgefängnisse des MfS. In endlosen Verhören versuchte man dort, sie zu belastenden Aussagen zu pressen, um sie anschließend vor Gericht zu stellen, abzuurteilen und dem DDR-Strafvollzug zu übergeben;

einige kamen in Arbeitslager (vgl. den Beitrag von Anatol Rosenbaum ab S. 101).

Die strikte Isolation, der ungeheure psychische Druck und die völlige Entrechtung durch den Staatssicherheitsdienst haben die Untersuchungshaft für die meisten zur schlimmsten Zeit ihres Lebens gemacht. In diesem Buch berichten die Autoren deshalb nicht nur über ihre Flucht, sondern auch und gerade über die Haftbedingungen beim DDR-Staatssicherheitsdienst. Oft wurden die Inhaftierten über Wochen oder Monate in Einzelhaft gehalten. Der Einzige, der in dieser Zeit mit ihnen sprach, war der Vernehmer. Eine Ampelanlage im Gefängnis sorgte dafür, dass sie auch beim Gang zum Verhör keinem Mitgefangenen begegneten. Mit einem Rechtsanwalt durften sie erst dann über ihr Verfahren reden, wenn dieses abgeschlossen war (vgl. den Beitrag von Eva-Maria Neumann ab S. 207). Die Anwälte in der DDR waren ohnehin fester Bestandteil des kommunistischen Justizsystems.

In der Untersuchungshaft bekamen die Gefangenen in der Regel anfangs weder etwas zu lesen noch zu schreiben. Die Erteilung einer Schreib-, Lese- oder Besuchserlaubnis diente dem MfS als Druckmittel für Geständnisse. Andere Beschäftigungsmöglichkeiten wie Fernsehen oder Sport existierten nicht. Da die Häftlinge keinerlei persönliche Gegenstände besitzen durften, wussten sie meist nicht einmal Tag und Uhrzeit. In der Zelle gab es lediglich eine Holzpritsche, einen Hocker und einen Tisch. Dem Gefangenen war es tagsüber verboten, sich auf die Pritsche zu legen. Alle drei bis fünf Minuten beobachtete ihn das Wachpersonal durch den Türspion – auch beim Waschen oder auf der Toilette. Nachts wurde etwa alle zehn bis zwanzig Minuten das Licht angeschaltet, um die Schlafposition des Häftlings zu kontrollieren (Gesicht zur Tür, Hände auf der Decke). Die Berichte in diesem Buch lassen erahnen, wie man Menschen auf diese Weise gefügig machen kann.

Wer Glück im Unglück hatte, wurde nach Monaten oder Jahren der Haft von der Bundesregierung freigekauft. Fast 34 000 Inhaftierte verscherbelte die SED gegen Devisen an die Bundesrepublik Deutschland. Rund 100 000 D-Mark ließ sich die DDR für jeden Freigelassenen bezahlen, was mehr als drei Milliarden West-Mark in die Kassen des SED-Staates spülte. Wegen »Menschenhandel« verfolgten die DDR-Machthaber Fluchthelfer aus der Bundesrepublik mit jahrelangen Haftstrafen. Ihr eigener Handel mit ihren politischen Gefangenen blieb dagegen ebenso unbestraft wie die Freiheitsberaubung an 17 Millionen Ostdeutschen. Auch von den für die Inhaftierung von über 72 000 Fluchtwilligen und Fluchthelfern unmittelbar Verantwortlichen kam nach dem Ende der DDR kein Einziger ins Gefängnis. Die in diesem Buch veröffentlichten Beiträge geben deshalb nicht nur einen Einblick in das Innenleben der SED-Diktatur, sondern rufen auch in Erinnerung, wie Politik und Justiz in Deutschland bei der Aufarbeitung eines Unrechtsregimes erneut versagt haben.

Hubertus Knabe

NACH DEM MAUERBAU

Nach der Sperrung der Sektorengrenzen zwischen Ost- und West-Berlin am 13. August 1961 war das letzte Fluchtloch in den Westen verstopft. Dennoch gelang Anfang der 1960er Jahre noch Tausenden DDR-Bürgern die Flucht. Das Grenzregime war noch nicht so perfektioniert wie in späteren Jahren. Viele Fluchtwillige und Fluchthelfer wurden jedoch damals schon verhaftet.

UWE RATH
»Es wird schon klappen«

Uwe Rath (geb.1940) war als Fluchthelferkurier von Februar bis Juni 1963 in der Untersuchungshaftanstalt des Staatssicherheitsdienstes in Berlin-Hohenschönhausen und anschließend in der Sonderhaftanstalt Bautzen II inhaftiert.

Mit vorgehaltener Pistole bedeuteten mir die beiden schwarz bemäntelten Stasi-Leute, es gebe einige Unstimmigkeiten, die geklärt werden müssten. Dann hieß es nur noch: »Haben Sie Ihren Ausweis dabei? Steigen Sie ein!« Es folgte eine »Stadtrundfahrt« im Wartburg mit dem Ziel Lichtenberg. Heute noch habe ich, wenn ich einen Wartburg sehe, diese Situation vor Augen. Das war am 14. Februar 1963. Ich wollte am Abend, nachdem diese Aktion in Ost-Berlin abgeschlossen war, mit einem Klassenkameraden zusammen im Kreise von Studenten Fasching feiern. Stattdessen landete ich im Stasi-Knast Berlin-Hohenschönhausen.

Dabei wollte ich nur Fanni und Gisela Herklotz helfen. Die beiden hatte ich schon kennengelernt, als ich noch in Kiel wohnte. Zuerst war es nur eine Brieffreundschaft, nach dem Mauerbau haben wir uns dann in Ost-Berlin getroffen. Als Westdeutsche kriegten wir ja einen Passierschein und konnten über die Grenze gehen. Ich war sehr gespannt, wie kommst du durch die Grenzkontrollen? In Erinnerung geblieben ist mir diese Spannung an der Friedrichstraße, die wartenden Menschenmassen und dieses Prickelnde, durch die Sperre zu gehen. Da stand man dann mit dem Gefühl: So, jetzt bist du drin, zurück kannst du nicht mehr gehen, du musst durch die Kontrolle. Es hatte etwas von einer Schlachthaussituation, wenn man da durch diese gekachelten Gänge kam. Das war schrecklich.

Ich war damals sehr gespannt zu sehen, wie die Menschen in Ost-Berlin lebten. Besonders beeindruckend war für mich ein Gespräch mit einem alten Kommunisten. Er hatte das Parteiabzeichen auf die Innenseite gedreht, denn als Altkommunist konnte er sich mit der SED nicht mehr solidarisieren. Diese Andersartigkeit hat mich fasziniert. Von Gisela und Fanni Herklotz erfuhr ich, dass sie entschlossen waren, die DDR zu verlassen.

Im Januar 1963 ging ich nach Berlin. Ich wollte unbedingt versuchen, in West-Berlin zu studieren. Giselas Bruder Lothar wohnte im Studentendorf im Stadtteil Nikolassee und vermittelte mir dort ein Zimmer. Eines Tages kam er zu mir und sagte. »Du, ich habe einen Fluchtweg für meine Mutter und meine Schwester gefunden.« Lothar fragte mich, ob ich bereit sei, mich mit Gisela und Fanni Herklotz in Ost-Berlin zu treffen und ihnen zu eröffnen, dass es eine Möglichkeit der Flucht gebe. Ich habe nicht lange gefragt: »Ist das gefährlich?« oder »Kann da was passieren?« Ich habe das aus freien Stücken gemacht. Natürlich war ich naiv. Aber ich wollte sie ja nicht abwerben, sondern ihnen die Möglichkeit erleichtern, sich frei zu entscheiden.

So bin ich also nach Ost-Berlin gefahren. Lothar hatte vorher schon seine Mutter über meinen bevorstehenden Besuch informiert. Gisela und Fanni erwarteten mich bereits und waren sehr aufgeregt. Als Fanni hörte, worum es ging, war sie völlig aus dem Häuschen. Ihre Angst war mir durchaus verständlich. Innerhalb von zwei Tagen sollte sie sich für oder gegen die Flucht entscheiden und ihre persönlichen Dinge regeln. Wenn sie nicht gewollt hätte, wäre es auch in Ordnung gewesen. Gisela war für die Flucht, Fanni zuerst sehr zögerlich. Schließlich entschloss sie sich, auch mitzugehen. Ich erklärte ihnen, wie es weitergehen würde. Am Fluchttag sollten sie sich auf dem Ostbahnhof mit einem anderen Kurier treffen, der ihnen den näheren Weg der Flucht beschreiben würde. Dieser Kurier sollte daran zu erkennen sein, dass er mit einer Zeitung unter dem Arm und einer hellen Aktentasche in der rechten Hand auftauchen würde. Wir vereinbarten, dass ich Fanni rechtzeitig anrufe, wann sie auf dem Ostbahnhof zu erscheinen hätten. Ich glaube, das Schlüsselwort hieß: »Ich bringe meine Tante zum Bahnhof.« Die beiden fuhren dann nach Dresden zurück.

Zwei Tage später war es so weit. Ich bin abermals nach Ost-Berlin gefahren und habe Fanni in Dresden angerufen. Sie fragte mich sehr eindringlich: »Bringen Sie die Tante zum Bahnhof?« Damit signalisierte mir Fanni, sie würde sich freuen, wenn ich auch am Tag der beabsichtigten Flucht in Ost-Berlin sein könnte. Eigentlich war ja meine Mission erledigt. Ich bin aber an dem Tag trotzdem rübergefahren. Ich wollte dabei sein, wollte sie stützen.

Am Ostbahnhof haben wir uns getroffen und in einem kleinen Café einen Kaffee getrunken. Dabei habe ich ihnen Mut zugesprochen: »Es wird schon klappen, was soll da schiefgehen?« Lothar hatte an dem Tag Zwischenexamen, das wollten wir dann im West-Berliner Hilton-Hotel feiern. Unmittelbar vor dem vereinbarten Zeitpunkt des geplanten Fluchtbeginns haben wir uns getrennt. Fanni und Gisela sind mit dem Kurier zusammengetroffen, und ich bin vom Ostbahnhof in Richtung Karl-Marx-Allee gelaufen.

Vor einem Buchladen traf ich wenig später wieder auf Gisela. Sie raunte mir zu: »Du, ich habe das Gefühl, wir werden verfolgt.« Ich ging an ihr vorbei, es war mir schon klar, dass ich nicht einfach neben ihr stehen bleiben konnte. Das war die letzte Begegnung mit Gisela. Wir haben uns erst wieder zum Prozess gesehen. Als ich weiterging, bemerkte ich zwei Leute in Zivil hinter mir, die mich nicht aus den Augen ließen. Was sollte ich machen? Ich wusste, wenn du jetzt wegläufst, hast du vielleicht eine Kugel im Rücken Also habe ich einen Haken geschlagen und versucht, in einer Seitenstraße zu verschwinden. Ich konnte die Verfolger aber nicht abschütteln. Kurz darauf wurde ich in der Karl-Marx-Allee auf offener Straße verhaftet – von den Schwarzbemäntelten mit ihren gezückten Waffen.

Im Stasi-Knast in Hohenschönhausen ging es dann los. Leibesvisitation. Nackt ausziehen. Man ist wie gelähmt, man glaubt es einfach nicht, dass es so etwas gibt.

Dann die Zelle. An der Innenseite der Zellentür kein Türgriff, kein Fenster, aus dem man rausgucken kann. Nur Glasbausteine, Holzpritsche, Becher mit diesem Soda-Kaffee, Graubrot. Man ist in so einer Situation einfach blockiert. Man merkt, hier kommst du nicht raus. Man ist wie in Trance. Und dann kamen die Überlegungen: »Was hast du eigentlich gemacht? Du hast nichts geklaut, du hast kein Stück Mauer in die Luft gesprengt, du hast niemanden geschlagen. Du hast nur etwas vermittelt im Interesse beider Seiten.« Aber dann habe ich mir gesagt: »Mensch, in vierzehn Tagen bist du wieder draußen.« Von der ersten Stunde an war ich mir nie einer Schuld bewusst. Die Auseinandersetzung mit dem System, die kam erst viel später.

Ich wurde dann die ganze Nacht hindurch vernommen, bis zum nächsten Morgen um sechs. Es gab nur kurze Unterbrechungen. Zuerst habe ich bei der Vernehmung behauptet, mein Freund Lothar hätte Schwierigkeiten mit einem Mädchen. Ich sei der Vermittler. Eine Weile konnte ich das durchhalten, bis der Vernehmer kam und mir ein Bild von Fanni vorlegte. »Kennen Sie die Frau?« – »Ja«, sagte ich, »das ist die Mutter.« Daraufhin wurde mir minutiös dargelegt, welchen Auftrag ich hatte.

Fanni hatte nicht die Kraft zu verschleiern. Ich verstehe das voll und ganz. Sie hat gleich ein Geständnis abgelegt. Von da an war klar, welche Funktion ich zu erfüllen hatte.

Vier, fünf Monate lang bin ich in unregelmäßigen Abständen immer wieder vernommen worden. Diese unregelmäßigen Verhöre waren zermürbend. Man war froh, wenn die Zellentür mal wieder aufging, wenn man zu so einem Verhör geholt wurde. Ich bin ja wochen- und monatelang in Einzelhaft gewesen, ohne arbeiten zu dürfen. Die Zeit vergeht in so einer Situation einfach nicht. Ein Tag kommt einem so lang vor wie vierzehn Tage. Wenn es mir ganz schlecht ging, habe ich an russische Kriegsgefangene gedacht und mir gesagt: »Die Leute haben zehn Jahre, vierzehn Jahre in der Sowjetunion unter den grausamsten Umständen verbracht.« Diese Gedanken haben mich aufgerichtet.

Um die Situation abhaken zu können, habe ich in der Zelle Sport getrieben, bis zum Umfallen. Liegestütz habe ich gemacht und bin in der Zelle gelaufen, fünftausend Meter. Immer hin und her bin ich gerannt. Man kommt ja auf die absurdesten Ideen. Aus Klopapier habe ich mir kleine Röllchen geformt und ein Spielsystem entwickelt: sieben, fünf, drei, eins. Aus jeder Reihe musste man etwas wegnehmen. Derjenige, der die letzte Kugel nahm, hatte verloren. Zuerst habe ich gegen mich selbst gespielt, als ich später dann nicht mehr allein in der Zelle war, gegen Mitgefangene. Sport und dieses Denktraining haben mich aufrecht gehalten.

Geschlagen worden bin ich während der Vernehmungszeit nie. Aber es gab andere schreckliche Methoden, mich fertigzumachen. Auf meine Frage, mit welcher Strafe ich zu rechnen hätte, sagte der Vernehmer: »Ja, das können bis zu fünfzehn Jahre sein.«

»Fünfzehn Jahre«, habe ich gedacht, »das kann nicht angehen.« In meiner Vorstellung habe ich mich auf die Hälfte eingependelt. »Dann bist du Ende zwanzig«, habe ich mir gesagt, »aber du willst auf jeden Fall studieren, egal wie alt du wirst.« Das war meine Motivation durchzuhalten. Aber der Vernehmer ist bis zum Ende bei der Drohung geblieben, ich hätte bis zu fünfzehn Jahre zu erwarten. Das ist jedes Mal wie eine Lähmung gewesen.

Aus den Stasi-Unterlagen habe ich später erfahren, dass die Urteile zwischen den drei Institutionen Ministerium für Staatssicherheit, Partei und Staatsanwaltschaft festgelegt wurden – schon vorher.

Was mich besonders aufrechterhalten hat in dieser Zeit der Einzelhaft, war das Klopfen. Ich habe geklopft, bis die Fingerknöchel blutig waren und sich allmählich eine Hornhaut bildete. Das Klopfen war strengstens untersagt, und ich bin natürlich erwischt worden. Das konnte man ja gar nicht verheimlichen, weil alle paar Minuten irgendjemand vorbeikam und die Zelle kontrollierte. Aber es war wie ein Zwang, das musste man aus Selbsterhaltungstrieb machen. Da habe ich zwei ganz wichtige Erlebnisse gehabt. Eines Tages klopfte jemand: »Ist da Uwe?« Ich dachte: »Was ist denn jetzt los? Wer hat denn hier mitgehört?« Da war das Gisela, die in der Zelle genau über mir lag. Wir haben dann das Klo ausgepumpt und durch das Rohr miteinander gesprochen. Giselas »Mitbewohnerin« ist vor Angst fast vergangen, und Gisela war natürlich auch sehr angespannt. Wir haben uns ausgetauscht: »Was hast du gesagt, wieweit wissen sie was.« So konnten wir uns ein paar Dinge mitteilen. An Wanzen haben wir nicht gedacht. Nach zwei, drei Tagen sagte Gisela: »Du, ich kann das nicht fortsetzen, wir müssen es abbrechen. Die Frau in meiner Zelle bricht hier zusammen. Es ist zu gefährlich.« Wir haben dann gelegentlich noch mal miteinander geklopft. In dieser Zeit habe ich auch einen weiteren Klopfpartner gefunden, mit dem ich wochenlang in Verbindung stand. Er war genauso alt wie ich, und von ihm erfuhr ich minutiös alles: wie er aussah, die Haarfarbe, welche Interessen er hatte und so weiter.

Eines Tages klopfte er mir durch: »Du, ich habe zwei gekochte Eier bekommen, eins sollst du haben. Wie machen wir das?« Wir wurden einmal in der Woche zum Duschen gebracht. Er gab mir zu verstehen: »Wenn ich vor dir in die Dusche geführt werde, dann lege ich das Ei hinter den Schlauch.« So war es dann auch. Das ist das erste und einzige Ei, welches ich damals bekommen habe. Vor lauter Sparsamkeit habe ich es aufbewahrt, weil ich dachte, du schaffst das mit der Verpflegung auch so. Es gab ja Graupen, und ich habe nicht gehungert. Und dann ist mir das Ei doch tatsächlich schlecht geworden. Dieser Kontakt war unheimlich wichtig für mich. Wir haben uns sogar Kassiber[1] rübergeworfen in der Freistunde. Immer wieder habe ich damals den Antrag gestellt, mit einem anderen zusammengelegt zu werden, weil die Zeit einfach nicht verging.

Eines Tages ging bei mir die Tür auf. Nach vielen Wochen ging endlich die Tür auf! »Nummer 1, packen Sie mal Ihre Sachen.« Nebenan ging die Tür ebenfalls auf, und der Schließer sagte zu mir: »Na, Sie kennen sich ja schon.« So kam ich zu Peter K. Ich wusste im Grunde genommen alles von ihm durch das Klopfen. Aber er sah ganz anders aus, völlig anders, als ich ihn mir vorgestellt hatte. Wir haben uns angeguckt und erst einmal furchtbar gelacht. Es war eine unglaubliche Spannung, wir waren richtig aufgewühlt. Und dann konnten wir endlich richtig miteinander reden. Er kam aus Halle und hatte schon mehrere Fluchtversuche hinter sich. Er rechnete mit 25 Jahren. Später erfuhr ich, dass er zu sieben Jahren verurteilt worden war.

Sehr lange blieben wir nicht in einer gemeinsamen Zelle. Wir hatten damals so einen rosa Zahnstein zum Zähneputzen. Den haben wir als Kreide benutzt und damit unsere ölbemalte blaugrüne Wand beschrieben. Wir haben sie mit Palmen bemalt und mit Elefanten. Das sollte die Geschichte von Hannibal sein. Darunter haben wir geschrieben: »sic transit gloria mundi«. So geht die Welt zugrunde. Das ist zitiert aus *De bello gallico*, einer Schrift über den Gallischen Krieg von Gajus Julius Cäsar, die ich als Schüler im Lateinunterricht gelesen hatte.

Nun passierte Folgendes. Wir waren in der Freistunde in unserem »Schweinebunker«, wie wir den Freigangkäfig nannten. Nach dem Ende des fünfzehnminütigen Freigangs landeten wir plötzlich in einer anderen Zelle. Da hatten die Wachhabenden in der Zwischenzeit unsere Zelle durchwühlt und kontrolliert. Der Staatsanwalt stand vor uns an der Tür und drei Schließer dabei. Er sagte zu uns: »Sie haben Verbindung zum amerikanischen Geheimdienst.« Wir wussten im ersten Augenblick überhaupt nicht, was das soll. Da haben die aus dem »sic« ein »CIC« gemacht. Das hat ihnen suggeriert, wir hätten Verbindung zum amerikanischen Geheimdienst. Peter und ich kamen sofort in getrennte Zellen – ich habe ihn nicht wiedergesehen.

---

1 Kassiber: verbotene schriftliche Mitteilung eines Gefangenen.

KARL-HEINZ RICHTER
Bahnhof Friedrichstraße

Karl-Heinz Richter (geb. 1946) war nach einem Fluchtversuch, bei dem er sich Arme und Beine brach, von Februar bis Juli 1964 in der Untersuchungshaftanstalt des DDR-Staatssicherheitsdienstes in Berlin-Pankow inhaftiert.

Langsam wurde es Zeit aufzubrechen, unser Zug am Bahnhof Friedrichstraße würde nicht auf uns warten. Mit einer Finte lösten sich Frank und ich von unseren Freunden, um zur Tat zu schreiten. Daran, dass etwas dazwischenkommen könnte, glaubte niemand. Unser Zug fuhr um 20.57 Uhr. Holger und Klaus nahmen die Mädels, die vergeblich nach Frank und mir Ausschau hielten, einfach mit. Sie gingen gemeinsam ins Café »Piccolo«, um etwas zu trinken und sich auch abzulenken.

Frank und ich begaben uns in Position. Neben dem Bahnviadukt befand sich eine Einfahrt – hier mussten wir rein. An der Begrenzungsmauer zum Nachbargrundstück, etwa zwei Meter hoch, zogen wir uns hinauf, liefen etwa fünf Meter darauf zum Unterteil der Brücke, die aus einer alten Stahlkonstruktion bestand. In vier Metern Höhe hangelten wir uns freischwebend unter der Brücke, über der Toreinfahrt, etwa zehn Meter, für jedermann sichtbar, zu einer Nische unterhalb der Bahngleise – eine sehr enge Nische, die gerade Platz für zwei Mann bot. Etwas außer Atem verschnauften wir und warteten auf den Zug, der jeden Augenblick aus dem Bahnhof Friedrichstraße fahren müsste. Sehen konnten wir nichts, so verließen wir uns nur auf unser Gehör. Wir warteten angespannt auf die Durchsage vom Bahnsteig ...

Den Lautsprecher aus dem Bahnhof hörten wir in dem Augenblick, als sich genau unter unserem Versteck zwei Grenzsoldaten mit ihrem Hund platzierten. Mit großer Mühe versuchten sie, sich bei diesem Sauwetter ihre Zigaretten anzuzünden. Das Wetter spielte an diesem Abend so verrückt, dass man keinen Hund vor die Tür gejagt hätte. Sie hatten ihren jedoch dabei. Ausgerechnet hier und heute spielte sich das Leben ab. Es schien wie verhext.

Also, die beiden standen genau unter uns. Wir wagten kaum zu atmen, denn jede Bewegung hätte uns verraten können. Ein kurzer Blick der Grenzer nach oben, und aus wäre der Traum gewesen. Über uns schnaufte die Lokomotive ihre Dampfwolken heraus, die Waggons fuhren vorbei. Zum Glück konnte der Hund unsere Witterung nicht aufnehmen.

Der Wind pfiff uns um die Ohren, der Regen peitschte in unsere Gesichter, die Zeit blieb stehen. Unendlich lange schien das zu dauern. Das Getöse der über uns vorbeifahrenden Waggons war so laut, dass die Ohren schmerzten. Den Pulsschlag hörten wir in den Ohren wie Trommelwirbel. Frank und ich schauten uns fast ständig in die Augen, als ob jeder dem anderen Mut machen wollte.

Jetzt wäre eigentlich der Moment gekommen, unser Fluchtvorhaben abzubrechen, doch wir taten es nicht. Sämtliche Raucher dieser Welt verfluchte ich in diesem Augenblick und schwor mir, diesem Laster nie zu unterliegen.

Nach endlos langen Momenten hatten die Grenzer endlich ihre Zigaretten angezündet und verschwanden aus unserer Ecke. Jetzt erst konnten wir uns bewegen. Wie weit der Zug schon an uns vorbeigefahren war, wussten wir nicht, da er aus unserer Position nicht sichtbar war. An einem Starkstromkabel zogen wir uns hoch, Frank zuerst, kletterten über ein Begrenzungsgitter und standen auf den Bahngleisen. Der Zug fuhr nun schon mit erheblicher Geschwindigkeit an uns vorbei, wir rannten auf dem Schotter nebenher. Durch die Verzögerung blieb uns nur noch der letzte Wagen zum Aufspringen übrig. Wir hatten aber ausgemacht, dass jeder auf einen anderen Waggon springen sollte, damit wir uns nicht gegenseitig behinderten. Das ging nun nicht mehr. An einen Abbruch der Aktion dachte in dieser Situation keiner von uns, zu sehr befanden wir uns in dem Fluchtmechanismus. Alle unsere Sinne waren darauf programmiert. Ein Zurück wäre undenkbar gewesen.

Wir liefen, was wir konnten, um wenigstens den letzten Waggon zu erreichen. Frank, um einiges größer als ich, sprang auf das letzte Trittbrett, drehte sich um, reichte mir die rechte Hand, mit der Linken hielt er sich am Haltegriff fest. Ich griff mit der Linken seine Hand und versuchte nun in vollem Lauf, mit meiner rechten Hand den Haltegriff zu erreichen. Dies gelang mir auch. Jetzt zog ich mich aufs Trittbrett. Mit meinem rechten Knie hatte ich schon fast einen sicheren Halt gefunden – da rutschte ich wieder ab.

Verzweifelt versuchte Frank mich festzuhalten. Wegen der hohen Geschwindigkeit des Zuges gelang es mir nicht, mit den Füßen noch einmal Tritt zu fassen. Jetzt wurde ich mitgeschleift, nur gehalten von Frank. Der Zug fuhr nun schon mit einer Geschwindigkeit von etwa 40 km/h. Vergeblich versuchte ich, mit meiner rechten Hand an den Haltegriff zu kommen. Es gelang mir nicht. Ich wurde hin und her geschleudert, bekam meine Beine nicht unter Kontrolle.

»Franky, lass los, ich schaffe es nicht«, rief ich meinem Freund zu.

»Nein«, rief er, »streng dich an, komm, mach schon, bitte!«

Trotzdem löste ich meinen Griff, weil ich die Ausweglosigkeit erkannte. Er konnte es nicht glauben, mich zurücklassen zu müssen. In einer solchen Situation wachsen viele über sich hinaus und entwickeln ungeahnte Kräfte, doch hier wollte es einfach nicht gelingen. Frank zögerte wirklich lange, dann löste sich auch sein Griff. Ich überschlug mich einige Male und blieb auf dem Schotter neben den Gleisen liegen. Ich lag auf dem Bauch und schaute meinem Freund hinterher, der sich mit der linken Hand festhielt und mir mit der Rechten noch einmal zuwinkte.

Dieses Bild – die roten Lichter des letzten Wagens, auf dem Trittbrett mein Freund, der fassungslos zu mir schaute – werde ich niemals vergessen. Dieser Moment – du siehst deinen besten Freund wegfahren und hängst selbst im Mist, weißt nicht, wie es weitergeht – hat mein ganzes weiteres Leben geprägt. Nur wer die Gnade einer echten Freundschaft in seinem Leben erfahren durfte, kann diesen Moment verstehen. Abschiednehmen hat immer etwas mit Wehmut zu tun. Doch diese abrupte Trennung, von uns beiden nicht gewollt, noch dazu so dramatisch, war wie ein Sterben.

Die roten Schlusslichter des Zuges wurden immer kleiner, bis sie ganz verschwunden waren. Lange schaute ich hinterher, unfähig mich zu bewegen. Emotional gesehen, war das für mich der dramatischste Moment während der ganzen Flucht. Dieses Winken hat sich so in meinem Gedächtnis verfestigt, dass ich heute noch Gänsehaut bekomme, wenn sich auf Bahnhöfen Menschen winkend verabschieden. Selbst nach so vielen Jahren können Frank und ich nicht über diesen Abend reden. Zu tief hat sich dieses Ereignis in unseren Köpfen und Herzen eingeprägt.

Nachdem der Zug aus meinem Blickfeld verschwunden war, musste ich mich erst einmal orientieren. Mein Blick galt den Grenzsoldaten. Zwei Soldaten auf der anderen Seite der Gleise gingen hintereinander Richtung Westen. Die beiden anderen Soldaten befanden sich in einem Stellwerkhäuschen und schauten dem Zug hinterher. Die Soldaten, die vom Bahnhof aus die Gleisanlagen durch kleine geöffnete Sichtfenster beobachteten, hatten diese längst wegen des scharfen Windes und der eisigen Temperaturen wieder geschlossen.

Sollte ich liegen bleiben, bis der nächste Zug kam? Das ging eigentlich nicht, da ich beobachtet hatte, dass auf meiner Seite bald eine Grenzpatrouille vorbeikommen würde, die mich dann bestimmt gesehen hätte. Außerdem lag ich wie auf einem Präsentierteller, von allen Seiten sichtbar.

Zuerst versuchte ich auf dem Bauch liegend zurückzurobben. Doch meine Bewegungen auf den Schottersteinen machten einen Höllenlärm, so empfand ich es zumindest. Daher dachte ich:

»Du rennst einfach wieder zurück und wartest auf den nächsten Zug.« Ich nahm all meinen Mut zusammen, sprang auf und lief die etwa 100 Meter auf dem Schotter zurück – eine ordentliche Strecke im freien Schussfeld. Bei jedem Schritt lauschte ich auf jedes Geräusch. »Sehen die dich? Schießen die dich ab?« 100 Meter können verdammt lang sein. Erst beim Rennen stellte ich fest, dass ich keine Schuhe mehr anhatte. Die hatte ich, ohne es bemerkt zu haben, bei der Schleifaktion verloren. »Verdammter Mist«, dachte ich noch, »deine besten Schuhe sind im Eimer.«

Dass mich keiner sah, grenzte an ein Wunder. Endlich kam ich an meinem Zielpunkt an. Im vollen Lauf sprang ich über das Absperrgeländer, um schnell von den Gleisen zu kommen. Ich tat dies so, als wäre es ein Gitter an einer Straßenkreuzung: mit einer Hand abstützen und rüberhüpfen. Bis zu diesem Moment hatte ich trotz allen Missgeschicks noch verdammtes Glück. Nun aber nicht mehr. Noch als ich sprang, fiel mir ein: »Mein Gott, hier ist es ja tief, du Idiot.« Das war's dann auch. Im freien Fall krachte ich ca. sieben Meter runter auf die Pflastersteine. Wie eine Katze kam ich unten auf allen Vieren an. Den Aufprall bekam ich noch voll mit. Er war sehr hart. Ich verlor kurzfristig die Besinnung …

Indem ich mich an den Häuserwänden festhielt, schleppte ich mich, vom Schiffbauerdamm kommend, die Albrechtstraße entlang in Richtung unseres im Fall des Misslingens der Flucht verabredeten Treffpunkts, Luisenstraße Ecke Reinhardtstraße. Im Kopf nur den Gedanken, die Mädels zu erreichen, bevor sie meine Eltern informierten.

An einem Hotel standen einige Menschen, die gerade diskutierten, in welche Kneipe sie nun gehen wollten. An ihnen musste ich vorbei – nur wie, ohne aufzufallen? Das klappte nur, indem ich auf die Fahrbahn ging und versuchte, ganz vorsichtig an ihnen vorbeizugehen.

Eine Frau sah dies und sprach mich direkt an. »Geht es Ihnen nicht gut? Können wir helfen?«

»Vielen Dank«, gab ich zur Antwort. »Es geht schon. Ich wohne gleich hier in der Nähe.«

»Das kommt überhaupt nicht in Frage, wir begleiten Sie, allein schaffen Sie das nie«, meinte sie und rief einen Mann aus dieser Gruppe herbei. »Sie bleiben jetzt hier, und wir rufen einen Krankenwagen. Sie sehen ja schlimm aus. Was ist Ihnen denn passiert?« – »Man hat mich zusammengeschlagen«, gab ich zur Antwort. »Bitte lassen Sie mich weitergehen. Falls die Polizei kommt, bekommen Sie nur unnötigen Ärger.«

Nun muss ich dazu sagen, dass das eine Gruppe aus dem Bundesgebiet war, die mit der östlichen Polizei keinen Disput haben wollte. Nach für mich endlos langen Augenblicken ließen sie von mir ab, und ich ging zielstrebig zum Treffpunkt weiter …

Endlich kam ich an. An einem Straßenschild hing ein Papierkorb, an dem ich mich krampfhaft festhielt. Meine Beine sackten immer wieder ein, mir war speiübel, ich musste mich übergeben. Von weitem sah ich die Mädels, die erst auf die andere Straßenseite wechseln wollten, in der Annahme, dort stünde ein Betrunkener. Dann erkannten sie mich. Sie kamen aus der Marienstraße. Dort hatten sie schon den Brief von Frank in den Briefkasten seiner Eltern gesteckt. Dabei waren sie jedoch von diesen überrascht und zur Rede gestellt worden. In dem Glauben, wir hätten es beide geschafft, wollten sie nun zur Wohnung meiner Eltern …

Karin half mir in die Wohnung meiner Familie. Ich ging zuerst in die Küche. Von hier rief ich meinen Eltern, die im Wohnzimmer saßen, nur zu: »Ich habe Karin mitgebracht.« Mehr sagte ich nicht. Ich hielt mich an der Spüle fest, meine Kräfte ließen nun merklich nach. Jetzt, am Ziel, spürte ich jeden Knochen im Leib, die Schmerzen waren wirklich unerträglich. Meine Mutter kam in die Küche und sah mich als Häuflein Elend stehen, oder besser gesagt, wanken. Karin versuchte immer noch verzweifelt, die Blutung an meiner Stirn zum Stillstand zu bringen. Die Küchenspüle, der Fußboden, meine Klamotten, alles war voller Blut. Ein Anblick, der meiner Mutter in die Glieder fuhr.

»Otto, komm schnell«, rief sie ins Wohnzimmer, »der Junge ist schwer verletzt.«

Wie von einer Tarantel gestochen, stürzte mein Vater in die

Küche und blieb entsetzt stehen. Als ich meinen Vater sah, verließen mich meine Kräfte völlig, und ich stürzte einfach lang hin. Wie ein angeschossenes Wild zu seinem Bau flüchtet, um dort einfach zu verenden, so hatte ich es bis in die Wohnung geschafft. Endlich in Sicherheit. Jetzt aber konnte ich nicht mehr.

$$* * *$$

Zelle 80 im Stasi-Untersuchungsgefängnis Pankow. Ein alter Kaiserbau, dunkel, muffig, nicht besonders warm. Durch das Fenster konnte man nichts sehen, da von außen Glasbausteine angebracht waren. Die Sicht war also gleich null. Hell und dunkel konnte ich noch unterscheiden, doch das war es dann auch. Zwar hatte ich eine Zeitung, doch zum Lesen war es zu finster. Nur an manchen Tagen hatte ich Licht in der Zelle. Die Zeitung enthielt ein kleines Kreuzworträtsel. Woher aber einen Bleistift dafür hernehmen? An unserem Knasthemd befanden sich kleine Knöpfe aus Alu[1], die mit Stoff überzogen waren. Einen Knopf drehte man ab, entfernte den Stoff, überzog das Kreuzworträtsel mit dem nassen Zahnstein[2], ließ dies trocknen, und schon konnte man mit seinem Aluknopf in das Kreuzworträtsel hineinschreiben. Ein kleiner Zeitvertreib, der sehr wichtig für uns war, doch das Missfallen der Wächter auslöste. Wurde dies entdeckt – beim Zeitungsempfang musste man die alte Zeitung wieder herausgeben –, bekam man fortan keine Zeitung mehr.

Ab und zu hörte man, wie ein Kamerad aus dem Fenster seinem Freund oder Kumpel etwas zurief. Das hatte das Wachpersonal gar nicht gern, darauf reagierten die Wärter sehr sensibel. Wurde man dabei erwischt, entzogen sie einem für drei Tage die Matratze – beim ersten Mal. Beim zweiten Mal wurde härter durchgegriffen: Ab in den Keller.

Wenn man keine Vernehmung hatte, verlief der Tag sehr eintönig. Die einzige Abwechslung waren die drei Mahlzeiten, die man bekam. Dafür wurde die Tür geöffnet. Sonst absolute Ruhe und Langeweile pur.

Am Anfang traf dies für mich allerdings noch nicht zu. Täglich wurde ich zur Vernehmung aus der Zelle geholt. Immer wieder die gleiche Prozedur: Aufgrund meiner Gipsbeine (beim Sprung von der Brücke hatte ich mir beide Beine gebrochen) rutschte ich auf meinen Pobacken die Treppe rauf. Nach der Vernehmung ging es genauso wieder runter. Diese Zeit ließ ich mir einfach nicht nehmen. Da das Wachpersonal mich nicht besonders mochte – denn Mitleid oder Rücksichtnahme war diesen Typen unbekannt – war es die einzige Möglichkeit für mich, sie zu ärgern.

Mein neuer Vernehmer war ein ruhiger Typ und Kettenraucher. Nie zuvor hatte ich einen Menschen gesehen, der so oft und intensiv seine Zigaretten inhalierte. Die Marke hieß Casino und war das letzte Kraut. »Wenn du rauchen möchtest, bitte, bediene dich.« Immer wieder bot er mir dieses Zeug an. »Nein, danke. Ich rauche nicht. Das müssten Sie doch schon mitbekommen haben«, sagte ich ständig zu ihm. Er versuchte es immer wieder.

Der Anfang einer Vernehmung war fast immer gleich. Frage: »Schildern Sie nochmals Ihre Vorbereitungen zu dem Versuch, illegal die Deutsche Demokratische Republik zu verlassen.« Antwort: »In der bisherigen Untersuchung habe ich nicht die volle Wahrheit über meine getroffenen Vorbereitungen zum illegalen Verlassen der Deutschen Demokratischen Republik ausgesagt. Ich bin heute bereit, wahrheitsgemäß zu schildern, wie es zu meinem Entschluss, illegal nach West-Berlin zu gehen, kam und welche Vorbereitungen ich zu diesem Schritt getroffen habe. Aus Angst, mich selbst zu belasten, habe ich zuvor falsche Angaben gemacht.«

Die entsprechende Nachfragerei nervte ihn ziemlich. Er drängte jedoch nie, bedrohte mich auch nicht. Aus dem wurde ich einfach nicht schlau.

Die Vernehmung begann oft gegen 8 Uhr und lief bis 13 Uhr. Dann ging es zurück in die Zelle, in der ich, zwar mit Widerwillen, doch auch mit wachsendem Gleichmut das Mittagessen einnahm. Anschließend ging es wieder zur Vernehmung, die bis etwa 18 Uhr dauerte. Zurück in der Zelle nahm ich dann mein Abendbrot zu mir. Fünf Tage lang gab es vier Schwarzbrotscheiben mit einer hauchdünnen Margarineschicht, sonst nichts. Einmal gab es zusätzlich ein Stück Harzerkäse, der nur mit Mühe in der Schüssel zu halten war, da er voller Maden war und sich fast von allein bewegte. Manchmal gab es als Leckerbissen einen Brathering ohne Tunke, der noch gebogener war als die Schüssel. Samstag oder Sonntag, genau weiß ich das nicht mehr, gab es ein Stück Wurst, so dünn und trocken, dass einem das Herz aufging. Über so viel »Zuwendung« war ich immer wieder aufs Neue gerührt.

Mit meinen Zellenkameraden sprach ich über den nicht enden wollenden Tag. Über unsere Vernehmungen redeten wir nicht, da unsere Zellen abgehört wurden. Dies bekam ich nach verhältnismäßig kurzer Zeit mit. Jedes Wort von uns wurde mitgehört. Manche meiner Aussagen wurden nämlich anfangs spätestens nach drei Tagen von meinem Vernehmer widerlegt, so dass ich ihm immer wieder was anderes sagen musste. Das machte mich schon sehr stutzig, denn ich hatte ja mit niemanden über Einzelheiten meiner Vernehmung gesprochen.

Meine Behandlung durch das Wachpersonal wurde immer mieser. Jeden zweiten Tag gab es Rundgang auf dem Hof. Da es sehr kalt war, durfte ich mit meinen Gipsbeinen daran nicht teilnehmen, angeblich wegen Verletzungsgefahr. Sie hatten wohl Angst, ich könnte ausrutschen. Mein Kamerad regte sich darüber sehr auf und monierte dies bei jeder Gelegenheit. Irgendwann hatten sie ein Einsehen, und ich durfte mit runter auf den Hof. Mit dem Lastenfahrstuhl wurde ich runtergefahren. Jetzt sah ich zum ersten Mal die Hofzellen. Der Rundgang fand in drei Meter hoch ummauerten Gevierten im Ausmaß von etwa 3,5 Metern Länge und 2,5 Metern Breite statt. Es gab etwa fünf davon. Einer dieser Knechte lief ständig oben drüber herum, um die Gefangenen zu beobachten. Stehen bleiben durfte keiner, der Gefangene musste immer im Kreis gehen. Das konnte ich nicht. Also lehnte ich mich an eine Wand und schaute zum Himmel.

Endlich einmal wieder den Himmel sehen war ein unglaubliches Glücksgefühl. Frische Luft einatmen war ein großer Luxus. Da es an diesem Tag schneite, genoss ich die Schneeflocken, die auf mein Gesicht fieler.. Die Kälte spürte ich gar nicht. Nach langer Zeit war es ein Tag, der mich einfach nur glücklich machte. Solch ein Gefühl vergisst man nie. Es war schön, für wenige Augenblicke die Zeit zu vergessen, in den Himmel zu schauen und zu träumen. Mann, fühlte ich mich gut. Wer niemals seiner Freiheit beraubt wurde und auf die elementarsten Bedürfnisse verzichten musste, kann dieses Gefühl nicht nachempfinden. Der Geist ist frei, die Gedanken entfliehen aus der tristen Gegenwart in die Vergangenheit. Was die Zukunft bringt, weiß man nicht. Aber Erinnerungen können sie einem nicht nehmen. Ich glaubte, den Geruch der Haare meiner Freundin vom letzten Abend zu spüren, den Duft ihres Parfüms. Meine Gefühle fuhren Achterbahn. Doch zu schnell holte mich die Realität wieder ein.

Mühsam war der Weg zurück in die Zelle. Jetzt erst wurde mir der widerwärtige Gestank in unserer Zelle bewusst. Ein Pumakäfig konnte nicht anders riechen. Da wir wegen des miesen Essens – von Montag bis Samstag gab es nur Graupen mit Nudeln – eine ausgesprochen gute Verdauung hatten, kann man sich die Luft in der Zelle gut vorstellen. Heute noch habe ich diesen Geruch in der Nase. Jetzt erst verstand ich, weshalb die Schließer immer brav an der Zellentür stehen blieben und nach Möglichkeit unsere Zelle nicht betraten. Sonntags gab es Pellkartoffeln, etwa sechs bis sieben Stück. Davon konnte man die Hälfte schon nicht essen. Sie waren faul und matschig, einfach furchtbar. Als »Wiedergutmachung« gab es dann die schon erwähnte Wurstscheibe zum Abendbrot. Sie war so dünn, dass man durch sie hindurchsehen konnte, aber sie roch immerhin nach Wurst. Diesen »Leckerbissen« behielt ich immer bis zum Schluss, um ihn auf die letzte Brotscheibe zu legen. Jedes Mal beim Abbeißen schob ich mit der Oberlippe die Wurst nach hinten, nur um ihren Duft möglichst lange genießen zu können. Der letzte Happen war ein Genuss. Mein Zellenkamerad amüsierte sich jedes Mal darüber, ebenso wie über meine für den Knast unüblichen Tischsitten. Über den Holzhocker legte ich immer mein Handtuch als Tischtuch. Auf der Pritsche sitzend, zelebrierte ich mir diesen Fraß, als ob er vom Allerfeinsten wäre. Das half mir, denn nur so konnte ich das ganze Elend verdrängen. Meine Würde konnten sie mir nicht nehmen, das ließ ich nicht zu. Sie war das Einzige, was ich in dieser furchtbaren Umgebung noch hatte.

Wenn ich so an meinem »gedeckten Tisch« saß, musste ich immer an zu Hause denken, an unsere gemeinsamen Essen abends. Mein Vater beschmierte sich die Brotscheiben mit Butter, legte ordentlich Wurst drauf und biss herzhaft hinein. Das tat ich nie. Ich aß immer mit Besteck und genoss jeden Happen, den ich mit der Gabel zum Mund führte. Er verstand die Welt nicht mehr. »Kannst du nicht wie jeder normale Mensch von deiner Stulle abbeißen? Wir sind hier nicht im Hotel oder in einer Gaststätte.« Natürlich hätte ich gekonnt, nur wollte ich nicht. Es gab Zeiten, da dachte er wohl, ich hätte eine andere Feldpostnummer bzw. wäre vom anderen Ufer. Es gab aber einen einfachen Grund für mein Verhalten. Als Kind hatte ich große Angst, mit meinen Eltern in eine Gaststätte essen zu gehen. Denn mit Messer und Gabel zu essen bereitete mir immer sehr viel Mühe. Irgendwann konnte ich es, und es machte mir daher viel Freude. Diese Marotte habe ich bis heute nicht abgelegt.

Mittwochs ging es zum Duschen und Rasieren, dabei wurden auch die Unterwäsche und das Oberhemd getauscht. Zunächst konnte ich aber wegen meiner Gipsbeine nicht duschen. Das bedeutete, ich bekam auch keine neue Wäsche. Wochenlang konnte ich mich nicht gründlich säubern und hatte keine frische Wäsche. Für einen Menschen wie mich, der sich sonst täglich duschte, eine grauenhafte Folter. Die Innenseiten meiner Oberschenkel wurden total wund und schmerzten sehr. Vom Körpergeruch möchte ich gar nicht sprechen. Aus meinen Gipsbeinen stank es wie verfault. Es juckte erbärmlich. Um den Juckreiz einzudämmen, schlug ich mit dem einen Gipsbein auf das andere. Der Gips zerbröselte so allmählich und entzündete meine wunde Haut immer mehr. Diesen Kreislauf konnte ich nicht stoppen. Auf mein Bitten und Flehen, mir doch irgendetwas zur Linderung zu geben, erfolgte keine Reaktion. Nur ein Sanitäter gab mir den kümmerlichen Rat: »Pinkel doch in deine Gipsbeine. Das ist ein altes Landserrezept.« Dies tat ich in meiner Verzweiflung dann sogar. Es verhalf mir zu einer kurzfristigen Linderung. Mein Zellenkamerad litt unter meiner Duftnote sehr, beklagte sich aber nie.

Genau im Eckzimmer auf dem Flur war der »Frisiersalon«. Mit einer elektrischen Haarschneidemaschine wurde die Rasur durchgeführt. Alle Gefangenen kamen an einem Tag dran. Natürlich wurde für alle nur diese eine Maschine benutzt. Mein Zellenkamerad lehnte diese Prozedur schließlich eines Tages ab, ich im Schlepptau gleich mit. Wir wollten uns beim Anstaltsleiter beschweren, da diese Art und Weise der Rasur aus hygienischen Gründen doch wohl abzulehnen sei. Unter den Schließern war die Aufregung groß. So etwas hatten sie noch nicht erlebt. Schleunigst wurden wir wieder eingeschlossen. »Das hat noch ein Nachspiel, das werdet ihr bereuen«, sagten sie.

Vor dem Mittagessen musste ich zu meinem Vernehmer.

»Mensch, Richter, was fällt dir denn da ein? Du rebellierst gegen die Anstaltsordnung? Bist du lebensmüde? In deiner Situation würde ich mich ganz ruhig verhalten!«

Zum ersten Mal sah ich diesen Mann sehr erregt. Dass der brüllen konnte, hatte ich mir gar nicht vorstellen können. Jedenfalls machte er mich zur Sau.

»Das ist bestimmt nicht auf deinem Mist gewachsen, das kommt von deinem Kumpel, und dafür wird er zur Rechenschaft gezogen!«

»Nein, das stimmt nicht«, erwiderte ich. »Schauen Sie sich doch einmal meinen Hals an, alles voller dicker Pickel. Hier schauen Sie.«

Tatsächlich schaute er sich meinen Hals an und stellte fest: Pickel.

»Wieso meldest du dich nicht beim Sanitäter an?«, pfiff er mich an.

»Das habe ich schon seit langem versucht, doch ich werde nicht zu ihm gelassen. Meinem Kameraden geht es nicht viel besser«, sagte ich noch.

»In Ordnung, ich werde mich darum kümmern«, meinte er und ließ mich wieder zurück in die Zelle bringen. An der Tür drehte ich mich noch einmal um und fragte, ob ich nicht ständig am Hofgang teilnehmen könne. Seit dem einen Mal war ich nicht wieder an die frische Luft gelassen worden.

»Was – du hast keinen Rundgang?«, fragte er erstaunt.

»Nein, bisher nur einmal.« – »Darum kümmere ich mich auch, nun aber raus.«

Als ich zurück in unserer Zelle war, lief mein Kamerad aufgeregt hin und her.

»Mensch, beruhige dich doch, die werden uns nichts tun.«

»Diese Schweine haben mir heute noch kein Feuer für meine Zigaretten gegeben.«

Ach du meine Güte, dachte ich, jetzt dreht er durch. Weil wir so einen Rummel gemacht hatten, ließen diese Knechte jetzt ihre Wut an meinem Kameraden aus, der ein starker Raucher war. Er klopfte verzweifelt gegen die Zellentür, rief: »Feuer bitte«, doch keiner kam. Meine Versuche, ihn zu beruhigen, schlugen fehl. Ich hatte keine Chance, an ihn heranzukommen.

Zum Abendbrot wurde wie immer die Zellentür geöffnet. Mein Kamerad ging zum Essenfassen, die zwei Becher lauwarmen Tee in der einen Hand, in der anderen die zwei Schüsseln. Da fragte der Schließer: »Möchten Sie jetzt Feuer?« Da war die Sache schon passiert. Meinen Kameraden hörte ich nur schreien: »Sie Schwein!«, und schon ergoss sich der Tee über die Uniform und das Gesicht des Wärters. Sofort wurde die Tür mit lautem Getöse geschlossen. Wir schauten uns nur an. Sagen konnte keiner von uns etwas. Jetzt hatte ich nur den einen Wunsch: woanders zu sein. Der Knast kotzte mich sowieso mächtig an, in diesem Augenblick ganz besonders.

»Ich glaube, jetzt werden sie mich gleich holen«, sagte mein Kumpel zu mir.

Diese dunkle Ahnung hatte ich auch. »Wo wirst du jetzt hinkommen?«, fragte ich mit leiser Stimme.

»Wegen dieses Dings komme ich für 21 Tage in den Bau, in den Keller«, war seine Antwort. Und so war es auch. Plötzlich wurde die Zellentür aufgerissen, Schließer stürmten rein und holten meinen Kameraden ziemlich brutal raus. Dabei stießen sie mich an die Wand, so dass ich stürzte. Offensichtlich nutzten sie die Situation, um auch mir gleich eins mitzugeben. Wegen dieser überfallartigen Aktion konnten wir uns nicht voneinander verabschieden, es ging zu schnell. Niemals wieder hörte ich von ihm irgendwas, es war, als ob er gar nicht mehr existierte. Vergessen habe ich diesen hilfsbereiten Kameraden bis heute nicht.

Nun saß ich ziemlich bedeppert allein in meiner Zelle. Zu essen gab es nichts. Egal, Hunger hatte ich nach diesem Auftritt sowieso keinen. Aufmerksam lauschte ich Richtung Fenster und Gang, ob ich irgendetwas mitbekommen könnte, was da ablief. Nichts war zu hören, es herrschte absolute Stille. Die Kameraden ringsherum hatten diese Aktion auch mitbekommen. Kein Mucks war zu hören. Alle verhielten sich still, genau wie ich. Diese absolute Stille beunruhigte mich sehr. Nun ging ich zur Zellentür, um vielleicht doch etwas mitzubekommen. Ruck, zuck wurde die Tür geöffnet, zwei Schließer stürmten rein, um die Sachen zu holen, wobei sie nicht versäumten, mir wieder eine mitzugeben. Dies geschah alles in Sekunden. Als die Zellentür geschlossen wurde, saß ich wie nach der ersten Aktion auf dem Fußboden und musste meine Gipsbeine sortieren. Langsam wurde ich stinksauer. Irgendwie hatte ich das Gefühl, dass sie mich nicht mochten. Da ich an diesem Abend nichts Besseres vorhatte, setzte ich mich auf meine Pritsche und wartete auf das Zeichen zur Nachtruhe³.

Als das Licht ausgemacht wurde, bekam ich von der Nebenzelle Nr. 81 Klopfzeichen. Das Knastmorsen ist sehr einfach: für den Buchstaben A einmal klopfen, für den Buchstaben B zweimal klopfen usw. In der Nachbarzelle saßen zwei Frauen, die ganz genau wissen wollten, was sich bei uns abgespielt hatte. Ab jetzt hatte ich kaum noch Ruhe. Nächtelang wurde gemorst, obwohl es streng verboten war. Wurde einer erwischt, bestraften sie den Zellengefährten gleich mit. Durch meine Einzelhaft brauchte ich aber ja auf niemanden Rücksicht zu nehmen.

Die Frauen in der Nachbarzelle waren auch wegen versuchter Flucht eingesperrt, waren also direkte Leidensgenossinnen.

Mit meinen 17 Jahren war ich wohl zu dieser Zeit der jüngste Häftling in der Kissingenstraße[4]. Meine schweren Verletzungen waren vielen auch bekannt, eben durch das Morsen. Die Klopfzeichen konnten im Umkreis alle mithören. Nicht nur die Kameraden, nein, die Schließer hingen mit einem Ohr ebenfalls an den Wänden und versuchten, die »Klopfer« zu lokalisieren. Es war eine spannende Sache für alle Beteiligten. Bei den Frauen musste sich wohl so eine Art Mutterinstinkt entwickelt haben. Mehrmals am Tag nahmen sie Kontakt zu mir auf und erkundigten sich nach meinem Befinden. Sie hatten wohl Angst, dass die Einzelhaft mir schlecht bekommen würde, und versuchten so, mich aufzuheitern.

Am Tag war immer eine Reinigungskolonne auf den Fluren unterwegs. Diese bestand aus politisch verurteilten Frauen, die sehr lange Haftstrafen abzusitzen hatten. Diese Frauen wussten von meiner Situation und sprachen mir Mut zu. Beim Reinigen des Flures klopften sie an meine Tür und schoben mir kleine Papiertüten mit Salz durch die Türritze. Sie munterten mich durch tröstende Worte auf. Sonntags schoben sie mir in meiner Schüssel mit den fauligen Pellkartoffeln ein wenig Butter zu. Salz in der Zelle zu haben, um seine durch den monatlichen Einkauf[5] erworbene Schmalzration schmackhafter machen zu können, war ein Glück ohnegleichen, zumal dieses Schmalz nicht als Schmalz im herkömmlichen Sinne zu bezeichnen war. Es war eine weiße, harte Masse, völlig geschmacksneutral. Draußen war sie nur zum Einfetten irgendwelcher Gegenstände zu gebrauchen, hier wurde sie als Nahrungsmittel eingesetzt.

Die Freude, eine solche Zuwendung in dieser gespenstischen Welt zu erfahren, ist nicht zu beschreiben. Die Frauen taten dies unter der Gefahr größter Repressalien, falls das entdeckt worden wäre. Ich hatte überhaupt den Eindruck, dass die Frauen sich gegen die Schikanen mehr auflehnten und sich weniger gefallen ließen als die Männer. Nun war ich bestimmt kein Hasenfuß, der sich alles bieten ließ, doch langsam lernte ich meine Grenzen kennen.

Ein Gutes hatte die Auflehnung meines armen Zellenkameraden zum Schluss doch noch. Ab der nächsten Rasur wurde nass rasiert. In dem »Frisiersalon« lagen Rasierseife, Pinsel und ein Rasierer, der von unten verschraubt war, damit keiner die Rasierklinge entfernen konnte. Es war ein großer Sieg und ein unbeschreibliches Gefühl, sein Gesicht sauber und glatt fühlen zu können. Die Schließer vergaßen diese kleine Rebellion nicht. Irgendwie waren sie nachtragend.

Eines Morgens wurde ich wieder zum Rundgang abgeholt. Mit dem Lastenfahrstuhl ging es runter zum Hof. Die Beförderung mit dem Fahrstuhl geschah nicht aus Rücksicht auf meinen Gesundheitszustand, nein, sie wollten Zeit sparen. Meine Fortbewegung auf den Treppen dauerte ihnen zu lange. Die Stufen, die zum Hof führten, waren spiegelglatt. Ganz vorsichtig stieg ich hinab, mit einer Hand hielt ich mich am Geländer fest, mit der anderen stützte ich mich auf meine Krücke. Ich rutschte aus, verlor das Gleichgewicht und schoss lang hin. Mit dem Gesicht lag ich im Schnee, meine Nase fing sofort zu bluten an. Blut im Schnee sah immer sehr dramatisch aus, doch meine Nase tat mir richtig weh. Mit der gesunden linken Hand stützte ich mich auf, um irgendwie aufzustehen. Da stand wie eine Furie eine Schließerin da und schrie mich an: »Das haben Sie mit Absicht getan, Sie Unruhestifter!« – »Stehen Sie sofort auf!«, schrie sie mehrere Male und trat mir mit ihrem Fuß immer wieder in die Seite. Ich versuchte ja aufzustehen, doch durch diese Tritte verlor ich stets das Gleichgewicht und fiel in den Schnee. Die Tritte taten nicht weh, nur diese Erniedrigung schmerzte.

Endlich bekam ich meine Krücke zu packen, rollte mich auf den Rücken und schrie sie an. »Wenn du mich noch einmal mit den Füßen trittst, schlage ich mit meiner Krücke zurück!«

Damit hatten sie erreicht, was sie wollten. Zwei Schließer packten mich unter den Oberarmen und schleiften mich die Stufen hoch, zurück in den Flur. Zur gleichen Zeit mussten in diesen Rundgangkäfigen auch einige Frauen gewesen sein, die auf einmal laut brüllten: »Ihr miesen Schweine, lasst doch den armen Jungen in Ruhe! Kalle, Kalle, wir halten zu dir. Lass dich nicht unterkriegen!« Es war unglaublich, was sich da abspielte.

Sie schleiften mich Richtung Fahrstuhl, stellten mich an die Wand neben der Fahrstuhltür und hielten mich zu zweit fest. Das Blut tropfte weiterhin aus der Nase auf den Fußboden. Mein Hemd, die Hose und meine Gipsbeine waren total mit Bluttropfen vollgesaut. Durch den eifrigen Transport der Schließer hatten sie sich ihre Uniformen ebenfalls versaut. »Nun«, dachte ich, »jetzt drehen sie durch.«

Zum Glück kam der Offizier vom Dienst, der Schlimmeres verhinderte. »Bringen Sie den Mann sofort zum Sanitäter«, sagte er zu meinen Bewachern, was sie auch prompt taten. Der verpasste mir zwei kleine tamponähnliche Mullstücke für die Nasenlöcher. Danach ging es zurück in die Zelle. Jetzt hatte ich zum ersten Mal wirkliche Angst. Obwohl ich für diese Situation keinen Anlass gegeben hatte, außer dass ich gestürzt war, fühlte ich mich dafür verantwortlich. Beim Einschluss der Frauen hörte ich, und dies war wirklich absolut verboten, wie sie immer wieder meinen Namen riefen. Auf dem Zellenflur rief eine Frau ihrem »Begleiter« zu: »Wage es ja nicht, mich anzufassen, du Knecht!«

Die Stimmung war hochexplosiv. Hier flossen mir zum ersten Mal Tränen der Wut und Scham. Meine Sorge galt den Frauen. Nur weil sie mir moralischen Beistand leisten wollten, gingen sie das Risiko ein, bestraft zu werden. Heute noch habe ich allergrößten Respekt vor dieser beispielhaften Aktion. Die Reaktion ließ nicht lange auf sich warten.

Gerade als ich versuchte, mir mit dem Wasser aus der Toilettenspülung das blutverschmierte Gesicht zu reinigen, ging die Zellentür auf: »Raustreten!« Was blieb mir anderes übrig, ich ging mit. Diesmal ging es in den Keller. In diesem befanden sich mehrere Zellen ohne Fenster mit nur einer Holzpritsche ohne Matratze und ohne Bettzeug. Statt einer Toilette stand ein Kübel mit Deckel in der Ecke. Das Licht wurde Tag und Nacht angelassen. Zu essen gab es nur trocken Brot und Marmelade. Irgendwann zog ich mir die »Stöpsel« aus meiner Nase, in der Hoffnung, dass die Blutungen vorbei seien. Diese Hoffnung erfüllte sich nicht. Meine Nase blutete ständig weiter. Immer wieder schob ich mir Toilettenpapier in meine Nasenlöcher, in der Hoffnung, damit mein Problem zu lösen. Irgendwann gelang es mir auch. Nur die Kopfschmerzen empfand ich als sehr unangenehm, ein Zustand wie in der Hölle.

Nach dem dritten Tag im Keller bekam man endlich Mittagessen, zwar kalt, oder besser gesagt, lauwarm, aber immerhin. Hier war man total isoliert. Kein Geräusch war zu hören, nur absolute Stille. Die Stille schmerzt schon in den Ohren, du glaubst, verrückt zu werden, so dass ich Selbstgespräche führte.

Am vierten Tag öffnete sich die Tür: »Mitkommen!« Bei meinem Vernehmer schlug die Stunde der Wahrheit. Mir fällt heute wirklich nicht mehr ein, als was ich alles beschimpft wurde. Mit den schlimmsten Konsequenzen hätte ich als Aufrührer zu rechnen usw. Da platzte mir zum ersten Mal der Kragen. Total von der Rolle, frei von Ängsten und mit Wut im Bauch schilderte ich ihm den Vorfall, den er bestimmt nicht so erfahren hatte. Was sie jetzt mit mir auch angestellt hätten, es war mir egal, ändern konnte ich es sowieso nicht, aber genau so hatte sich alles zugetragen, so und nicht anders.

Mit großen Augen – denn diesen Ausbruch hatte er nicht vermutet – sah der Vernehmer mich an und schüttelte nur den Kopf. Nach einer Weile sagte er: »Du kommst jetzt wieder in deine alte Zelle zurück. Wenn du noch einmal Mist baust, kann ich dir wirklich nicht mehr helfen. Du scheinst immer noch nicht zu wissen, in welcher Situation du dich befindest, denk einmal darüber nach.«

Das tat ich ständig. Seine Worte empfand ich als Hohn. Er und mich beschützen? Wie mochte es den anderen Kameraden ergehen, die nicht »beschützt« wurden? »Woher wissen die überhaupt deinen Namen?«, fragte er mich. »Nur durch deinen ›Buschfunk‹ bist du doch so bekannt. So unschuldig, wie du dich hier bei mir gibst, bist du doch nicht. Mir erzählst du ständig Lügen. Erst wenn ich dir deine Falschaussagen widerlegen kann, gibst du klein bei. Sagst mir, es tut dir leid. Im gleichen Protokoll lügst du weiter, bis ich auch diese Lüge entlarve. Wie lange soll dieses Theater eigentlich noch weitergehen? Meine und unsere

Geduld sind bald erschöpft. Ab jetzt erwarte ich von dir, dass du wirklich kooperierst.« Das hatte ich nicht vor.

Er hatte mit seinen Aussagen ja recht, aber deshalb fühlte ich mich noch nicht verpflichtet, mit ihm zusammenzuarbeiten. In meiner Zelle wieder angekommen, fühlte ich mich wie in einem Hotelzimmer und im Vergleich zum Keller richtig gut. »Hier lässt es sich aushalten«, so meine Gedanken. Die Ansprüche, die man an sich stellt, können ja so klein sein. Was war aus den Mädels aus der Nachbarzelle geworden? Mein Informationsstand war gleich null. Zaghaft versuchte ich, mit der Nachbarzelle in Kontakt zu treten. Wunderbar, von dort wurde mir sofort geantwortet. Es meldete sich eine Monika, mit der ich vorher noch nicht gemorst hatte. Wie lange ich mit ihr Verbindung hatte, weiß ich nicht mehr. Auf einmal wurde die Tür aufgerissen, und zwei Schließer standen grinsend in meiner Zelle. Monika war eine Wärterin. Sie hatten mir eine Falle gestellt. In solch einer Situation war es am besten, gar nichts zu sagen.

Also, wieder ab in den Keller. Den kannte ich ja schon, trotzdem gefiel er mir immer noch nicht. Nein, ich mochte diese Räumlichkeiten wirklich nicht. Wegen meiner Dämlichkeit hätte ich mich ohrfeigen können. Ich hatte vor Augen, wie das Wachpersonal sich über mich lustig machte. Über mich selbst war ich so sauer, dass ich es ablehnte, mit mir Selbstgespräche zu führen.

Diesmal spielten die Wächter mit dem Licht. Licht aus bedeutete totale Dunkelheit und absolute Ruhe. Es war ein Horror. Gespannt wartete ich auf die nächste Reaktion. Plötzlich kam wieder Licht, aber wie lange, das wusste man nicht. Dann ging das Licht wieder aus. Durch diese Spielchen der Wächter verlor man wirklich das Zeitgefühl. Ich war überzeugt, mein Mittagessen irgendwann nachts bekommen zu haben. Der Schlafrhythmus war durcheinandergeraten. Nach langer Dunkelheit und plötzlichem Lichteinfall schmerzten die Augen, es war einfach brutal. In totaler Dunkelheit ohne auch nur einen kleinen Lichtschimmer fühlte man sich lebendig begraben. Die absolute Geräuschlosigkeit, die noch dazukam, trieb das Ganze auf die Spitze.

In solchen Augenblicken dachte man ganz intensiv an seine Lieben zu Hause, kramte aus seinen Erinnerungen die schönsten Zeiten hervor. Irgendwann bekam man panische Angst, dass die Schließer einen hier vergessen würden. Es war völlig idiotisch, doch diese Gedanken hatte ich ständig im Kopf. Vor Angst raste das Herz wie nach einem Langlauf. Der Atem ging schnell, schweißgebadet saß man da und wartete auf eine Reaktion von draußen. Die kam aber nicht. Dieses Warten war sehr zermürbend. Die Panikattacken waren das Schlimmste. »Zum Glück«, so versuchte ich mich zu trösten, »wissen meine Eltern nichts von alledem hier.« Sie wären daran zerbrochen.

---

1 Alu: Aluminium.

2 Die Häftlinge erhielten statt Zahnpasta eine Art Stein, über den man mit der nassen Zahnbürste rieb, so dass etwas von der Substanz an der Bürste kleben blieb.

3 Laut »Haftraumordnung« war es den Gefangenen verboten, sich tagsüber auf die Pritsche zu legen.

4 Das Untersuchungsgefängnis des MfS in Berlin-Pankow befand sich in der Kissingenstraße.

5 Die Häftlinge durften einmal im Monat einen »Einkauf« tätigen, indem sie auf einer Liste bestimmte Waren ankreuzten, für deren Erwerb zuvor Geld eingezahlt worden sein musste.

WOLFGANG WELSCH
Ende einer Flucht

*Wolfgang Welsch (geb. 1944) war nach einem Fluchtversuch
mit einem westdeutschen Ausweis von Mai bis Oktober 1964
in den Untersuchungshaftanstalten des Staatssicherheitsdienstes
in Schwerin und Berlin-Pankow und anschließend im
DDR-Strafvollzug inhaftiert.*

Der rot-weiß markierte Schlagbaum hob sich wie in Zeitlupe,
als ein grau uniformierter Grenzsoldat das kastenähnliche End-
stück nach unten drückte. Seine Maschinenpistole schlug beim
Bücken dagegen. Es gab ein metallisches Geräusch. Ich fuhr in
die 500-m-Sperrzone ein, das kontrollierte Vorfeld zur eigentlichen Grenze.

Boizenburg lag unmittelbar vor mir, nur 50 Kilometer von
Hamburg entfernt. Mein kleiner, grauer westdeutscher Ausweis
hatte mich über das erste Hindernis gebracht. Ich traute ihm
magische Kräfte zu. Würde er auch den zweiten Schlagbaum
öffnen, an der eigentlichen Grenze der DDR? Vorsichtig gab ich
Gas. »Denk dran«, meldete sich Charly *(Freund von Wolfgang
Welsch – der Hg.)*, »noch bist du in der Zone.« – »Bis hierher
ging's jedenfalls gut«, antwortete ich und starrte angestrengt
auf die Straße. Er lachte: »Das erinnert mich an den Mann, der
aus dem 14. Stock eines Hochhauses springt. Als er am 7. vorbei-
fliegt, meint er, bis hierher ging's gut!« – »Lass deine dämlichen
Witze, Charly«, zischte ich. Mir war nicht nach Späßen zumute.
Alles in mir war angespannt.

»Was ist mit den Grenzern hinter uns?« – »Niemand zu sehen.« – »Glaubst du, es klappt?« – »Wie ich schon sagte, bis hierher ging's gut.« – »Was wirst du tun, wenn ich drüben bin?« – »Ich werde mit dem Wartburg bis zur Brücke fahren, wo wir deine Papiere versteckt haben, unterwegs Marita *(damalige Freundin von Wolfgang Welsch – der Hg.)* aufnehmen und nach Berlin zurückfahren.« Ich beobachtete Charly aus den Augenwinkeln. Er schwitzte. Warum er, dachte ich noch, ich bin es doch, der hier flüchtet. – »Du musst konsequent bleiben«, unterbrach er meine Gedanken. »Die werden dich an der Grenze in die Mangel nehmen.« – »Klar, kannst dich auf mich verlassen, deswegen sind wir doch hier.«

Charly hatte mich zu diesem Schritt ermutigt. Er muss wieder zurück und wäre doch gerne mitgekommen, wie auch Marita, der der Abschied schwer wurde. Ich wischte den Gedanken an sie weg. Jetzt bloß nicht daran denken. Bloß keine Gefühle. Es gibt kein Zurück mehr, so oder so. Dieser 22. Mai 1964 sollte die Entscheidung bringen.

Der NVA-Soldat an der Vorfeldgrenze hatte nur kurz in meinen westdeutschen Ausweis geblickt und sich die Erklärung Charlys angehört: »Mein Freund aus dem Westen war zum Deutschlandtreffen in der DDR. Jetzt fährt er zurück. Ich begleite ihn nur bis zur Grenze.« Warum hatte er nicht gefragt, wieso ich das DDR-Auto fahre, und auch nicht, wie Charly zu einem westdeutschen Freund komme?

»Scheiße, Charly! Ich habe ein schlechtes Gefühl bei der Sache!« – »Werd jetzt nicht nervös und fahr langsam. Hinter der Kurve kannst du anhalten, und wir wechseln die Plätze. Alles geht nach Plan. Hast du den dämlichen Sachsen gesehen? Der checkt doch nichts.«

Es war Mai, die Luft war warm, und auf den Feldern ringsum stand grün das frühe Korn. Mir wurde zunehmend heißer, je näher wir der eigentlichen Grenze kamen.

Der Plan ist nicht schlecht, redete ich mir ein. Ruhig bleiben, Nerven behalten. Was wird Marita jetzt machen, Marita, meine Freundin?

Ich kannte sie noch nicht allzu lange, hatte mich aber heftig in sie verliebt. Schlecht für eine Flucht. Doch irgendwie und ganz schnell waren wir uns sehr nahegekommen. Wie das so ist mit der Liebe. Sie hatte gerade Abitur gemacht. Bei einer Lyriklesung in Berlin lernten wir uns kennen. Sie kam zum Podium und sagte: »Du schreibst genau das, was ich denke.« Das gefiel mir.

Sie wusste sehr früh von meinen Fluchtabsichten, unterstützte sie und begleitete mich bis Gadebusch, wo wir sie abgesetzt hatten. Eine Art Selbstmord-Liebe. In der Nacht zuvor schliefen wir das erste Mal miteinander auf dem Rücksitz im Wartburg. Ich hatte ihn abends dicht an die Ostsee gefahren. Wir hörten das Rauschen der Brandung, und der Duft ihrer Haut ergriff mich und hüllte mich ein. Sie küsste mich immer wieder, und Tränen liefen über ihr Gesicht. Es war eine Liebe ohne Hoffnung, ohne Zukunft. Doch es gab kein Zurück für mich.

»Halt an! Wir wechseln jetzt!« Ich robbte auf den Rücksitz, während Charly hinters Steuer rutschte. Die Straße war leer. Offensichtlich wurde der Grenzübergang nicht besonders häufig frequentiert. Die Chausseebäume warfen dichte Schatten. Es war so weit. Ich war im Begriff, das Land zu verlassen, den DDR-Staat, die SED-Diktatur, dieses bedrückende, dumpfbiedere, atemraubende und allgegenwärtige Monster. Ich wollte sie nie mehr sehen, diese Untertanen; ihr Blockwartdenken, ihre Feigheit und Angst stießen mich ab.

Dann lag sie vor mir in ihrer taghellen, abstoßenden Hässlichkeit: die Grenze.

Charly hielt vor einem mächtigen Schlagbaum, der aus der Erde zu kommen schien. Dahinter befanden sich Baracken, Militärfahrzeuge, Stacheldraht und überall schwerbewaffnete Soldaten. »Mach's gut, Sauerbier.« So nannte er mich nur selten. Eine Anspielung auf den »großen Dichter Josef Maria Sauerbier«, die ironisierende Variante meiner selbst. Es entstand eine kurze Pause. »Mach's besser. Alles Gute.«

Ich stieg aus und ging direkt auf zwei Soldaten zu, die in voller Kampfausrüstung auf mich zu warten schienen. »Guten

Tag.« Ich hielt meinen Ausweis in der ausgestreckten Hand. »Ich möchte ausreisen.« Ein Grenzer nahm mir den Ausweis ab. »Gommse mit«, forderte er mich in breitem Sächsisch auf, ihm in die Baracke zu folgen. Er öffnete die Tür, und ich betrat den Raum.

»Wo ist Ihr Passierschein, wo sind Sie eingereist?« – »Den Schein habe ich in Berlin verloren, im Getümmel des Deutschlandtreffens.« – »Wo sind Sie eingereist.« – »Eingereist bin ich über den Kontrollpunkt Wartha.«

Die Tür ging auf, und Charly betrat mit einem weiteren Grenzer den Raum. »Sooo«, kam die langgezogene Antwort. Charly erklärte, dass ich in Berlin beim Deutschlandtreffen gewesen und nun auf dem Rückweg in die BRD war. Dieses Treffen, zu dem auch Jugendorganisationen aus dem Westen angereist kamen, wurde von der FDJ, der sogenannten Freien Deutschen Jugend der DDR, organisiert. Es war eine reine Propagandaveranstaltung zum höheren Ruhme des Regimes. Eine Teilnahme daran wies mich als Freund des DDR-Sozialismus aus, das sollte meinen Grenzübertritt erleichtern. Charly machte seine Sache überzeugend.

Der Grenzer ging mit meinem Ausweis zu einem Telefon. Sein Kollege forderte uns auf, ihm zu folgen. Wir verließen die Baracke und gingen zu einem massiven, älteren Haus, das jetzt wohl Teil der Grenzanlage geworden war, doch ursprünglich ein Bauernhof gewesen sein musste. Der Grenzer öffnete eine Tür. »Warten Sie hier!« Er verschwand mit schweren Stiefeltritten.

Drinnen standen ein leerer Tisch und mehrere Stühle. Ulbricht[1] starrte gerahmt von der Wand, und mir wurde langsam schlecht. Ich ging zum Fenster und öffnete es. Ein geteertes Garagendach befand sich etwa zwei Meter tiefer.

Sofort dachte ich an Flucht. Über dieses Dach wäre es einfach. Den Schlüssel zum Auto hatte ich noch. Vollgas zurück. Auf Biegen und Brechen.

»Was machen die jetzt?«, riss mich Charly aus meinen Gedanken. Ich blickte ihn an. »Wahrscheinlich überprüfen die den Ausweis oder mich oder uns beide.«

Eine düstere Vorahnung ließ uns schweigen. Ich musste an meine Mutter in Berlin denken, die mir kurz vor der Abfahrt meinen alten, bundesrepublikanischen Ausweis zugesteckt hatte. Natürlich wusste sie, wozu ich ihn brauchen würde. »Pass gut auf dich auf«, sagte sie beim Abschied und küsste mich. Im Rückspiegel des Autos sah ich sie aus dem Küchenfenster lehnen, als wir um die Ecke bogen.

War meine Entscheidung richtig? Selbstverständlich war sie das, denn die einzige Alternative wäre gewesen, weiter in der DDR zu leben.

Ich hatte keinerlei Grund zu der Annahme, dass sich in diesem Land etwas zum Positiven ändern würde. Die Mauer stand nun seit fast drei Jahren. Als sie gebaut wurde, am 13. August 1961, war ich zum ersten Mal hautnah mit der Brutalität eines Systems konfrontiert worden. An diesem Sonntag fuhren wir alle, Vater, Mutter und mein Bruder zur abgeriegelten Grenze in der Wollankstraße in Berlin-Pankow, sahen, wie den Passanten, die der Kette aus NVA-Soldaten und Kampfgruppenangehörigen zu nahe kamen, Gummiknüppel auf die Köpfe geschlagen wurden. Alle drängten zur Sektorengrenze und fanden die schlimmsten Befürchtungen bestätigt: Niemand konnte mehr die Grenze passieren. Sie war dicht. An den Volksaufstand vom 17. Juni 1953[2] konnte ich mich nur schwach erinnern, eben mit dem Unverständnis eines Neunjährigen, der zu Hause die vielen Tüten Mehl und die bis zum Rand mit Wasser gefüllte Badewanne sieht, in der wir Kinder nicht baden durften.[3]

Nur drei Jahre später drangen unverständliche Wortfetzen aus der »Goebbelsschnauze«[4], dem aus dem »Tausendjährigen Reich«[5] herübergeretteten Volksempfänger[6], in die Küche, die von Aufstand, Freiheit und Demokratie sprachen. Wenig später wechselten die Worte: Überfall, Panzer, Tod. Die ungarische Revolution[7] war verblutet. Immer galt es, irgendwo den Sozialismus zu retten.

Und immer geschah dies mit Gewalt und gegen den Willen vieler Menschen. Später, in der Schule, stach ich dem Abbild des Wladimir Iljitsch[8] auf einer Wandzeitung eine Stecknadel in den Kopf. Und war über die Wirkung erstaunt. Der Rektor kam, sprach lange, erregt und mit wütendem Gesicht. Die Klassenlehrerin stand daneben, schweigsam und ernst. Es war die Zeit, in der Aufsätze, in denen mindestens einmal der Satz »Der Sozialismus siegt« vorkam, die Note »1« in Deutsch garantierten. Jetzt herrschte der Kalte Krieg. Die Positionen waren abgesteckt und schienen unverrückbar. Die ersten Toten am »antifaschistischen Schutzwall«, wie die Machthaber die neuerrichtete Gefängnismauer zu nennen beliebten, ließen keinen Zweifel an ihrer Entschlossenheit und Unmenschlichkeit aufkommen und daran, dass die DDR zu einem riesengroßen Konzentrationslager mutiert war.

Ganz unmittelbar empfanden es die Menschen in Berlin, der geteilten Stadt. Doch der Fluchttrieb war zunächst wie paralysiert. Man begann, sich einzurichten und sich zu arrangieren. Nur einige Mutige wagten tollkühne Fluchten. Man sah und hörte davon im Westfernsehen. Tunnel wurden von West-Berlin herübergetrieben, präparierte Lastwagen, Lokomotiven und Schiffe durchbrachen die täglich unüberwindlicher werdende Grenze; viele aber resignierten. »Was bleibt uns denn anderes übrig«, hörte ich manchen sagen. »Wir sind nun mal hier und können daran nichts ändern.«

Damit wollte und konnte ich mich nicht abfinden. Ich wollte frei sein. Wollte jene Freiheit, welche die individuelle Entfaltung des Einzelnen ermöglicht und garantiert.

Alles Massenhafte war mir ein Greuel. Massenaufmärsche, Massenveranstaltungen, Massensport. Was hatte ich zu verlieren? Einen Förderungsvertrag beim DDR-Fernsehfunk, die ersten Rollenangebote bei der DEFA noch während meiner Ausbildung an einer Ost-Berliner Schauspielschule, die Teilnahme an den großen Lyrikabenden im Audimax der Humboldt-Universität. Als Sarah Kirsch[9] dort ihre Gedichte las, weitab von jeder Partei-Direktive, da wehte ein Hauch von Freiheit, eine Ahnung vom freien Wort durch die Aula. Wolf Biermann[10] hingegen »polarisierte« zaghaft mit seinem »siebener Bus/der mal gewaschen werden muss«. Kant[11] klopfte Klassenkampf, und alle agierten doch zum höheren Lob der Partei. Alle waren sie SED-Mitglieder. Wie die Sänger des unsäglichen »Oktoberklubs«, die infantil-stalinistische Elogen auf die Gefängniswärter der DDR zum Besten gaben.

Und in der Vorhalle, draußen, wo die standen, die auch Lyrik hören wollten, aber von dem angewidert waren, was sich drinnen abspielte, dort las ich, auf einem schnell herbeigerückten Stuhl stehend, meine Gedichte, deren unbotmäßiger Ton einige parteitreue Zuhörer provozierte. Es dauerte nicht lange, und ich wurde vom Stuhl heruntergeholt. Der Entschluss zu gehen fiel an diesem Abend. Endgültig, unwiderruflich. Die Kraft dazu und der Wille wuchsen mir förmlich zu.

Die Planung meiner Flucht nahm noch einige Monate in Anspruch. Heute sollte sie gelingen.

Über den Flur polterten schwere Stiefel. Die Tür wurde aufgerissen. In ihrem Rahmen drängten sich zwei, drei, vier Soldaten. Ein Offizier mit zwei goldenen Sternen auf silberfarbenen Schulterklappen löste sich aus ihrer Mitte und betrat den Raum. Einen Augenblick lang musterte er uns. Er erinnerte mich sofort an eine Bulldogge. Unter seinen buschigen Brauen blickten mich ein Paar Augenstriche unverwandt an. Wir schätzten uns sekundenlang ab. Ich versuchte, in den Gesichtern der Soldaten zu lesen. Doch sie waren, wie die Gesichter aller Handlanger und Uniformträger dieses Staates, verschlossen, abweisend, feindselig. Ihre lauernden Blicke ließen nichts Gutes ahnen. Charly kratzte sich am Ohr. Er war sichtlich nervös. Die Welt schien einen Moment stillzustehen. Nur der aufreizende Gesang der Lerchen war von draußen zu vernehmen.

»Herr Welsch«, blaffte die Dogge, »kommen Sie mal mit. Wir müssen die Frage Ihrer Einreise und des Verbleibs der Einreisedokumente klären.« Ich warf Charly noch einen schnellen Blick zu. Dann folgte ich den Soldaten über den Flur in ein anderes Zimmer. »Setzen«, kommandierte der Goldbetresste, als die Tür hinter uns ins Schloss flog. Er nahm auf der anderen Seite des Tisches Platz.

»Jetzt erzählen Sie uns mal, wo Sie in die DDR eingereist

sind«, begann er die Vernehmung. Auf diese Frage war ich vorbereitet, zumal sie wegen meines fehlenden Einreisepapiers zwangsläufig kommen musste. Diesen Schwachpunkt meiner Geschichte hoffte ich durch meine vorgebliche Teilnahme am Deutschlandtreffen mehr als wettzumachen. »Ich kam über den Grenzkontrollpunkt Wartha in die DDR und bin dann weiter in die Hauptstadt der DDR, nach Berlin, gereist, um dort am Deutschlandtreffen teilzunehmen«, erwiderte ich mit bemühter DDR-Formulierung und hoffte, er würde sich damit zufriedengeben. Der Offizier verzog sein Gesicht zu einer Grimasse, die man für ein Grinsen hätte halten können. Doch abrupt wechselte sein Ausdruck. Sein schwarzes, öliges Haar fiel ihm in die Stirn, als er sich über den Tisch nach vorn beugte und zischte, jedes Wort betonend: »Der Übergang Wartha ist seit einigen Monaten geschlossen, was sagen Sie dazu?«

Ich fühlte, wie eine kalte Faust nach meinem Herzen griff, wie sich lähmendes Entsetzen meiner bemächtigte. Dass das Ende so schnell und so banal kommen sollte, überstieg meine Kräfte. Trotzdem machte ich einen letzten Versuch, die Situation zu retten. »Ja, wissen Sie«, sagte ich angestrengt und sah ihm direkt in die Augen, »ich bin davon ausgegangen, dass es sich bei dem Übergang um Wartha handelt, denn ein Ortsschild habe ich nicht bemerkt.« – »Dann müssen Sie sich auch in der Richtung geirrt haben«, schrie er zurück. »In ganz Thüringen gibt es keinen anderen Übergang zur BRD. Geben Sie zu, dass Sie die Deutsche Demokratische Republik verlassen wollten, illegal nach Westdeutschland wollten, mit einem gefälschten BRD-Ausweis!«

Sein Gesicht war verzerrt und mit kaltem Triumph erfüllt. »Der Ausweis ist nicht gefälscht, und ich bin Bürger der Bundesrepublik Deutschland«, gab ich zurück, »daran zumindest gibt es keinen Zweifel.«

Er lachte höhnisch und schrie erneut: »Sie sind kein Bürger der BRD, sondern wohnen in der DDR.« Er nahm ein Blatt Papier und las ab: »Aus Berlin-Niederschönhausen, das haben wir inzwischen festgestellt. Sie wollten die DDR verlassen und haben unsere Sicherheitsorgane unterschätzt! Sie sind ein Feind der DDR, und für Feinde lassen wir uns etwas Besonderes einfallen.«

Aus, dachte ich. Sie haben meine Identität und sogar meine Ost-Berliner Adresse. Recht haben sie auch. Ich bin ihr Feind und habe sie unterschätzt. So einfach, wie ich mir das vorgestellt hatte, lief es offenbar nicht. Mein kleiner grauer West-Ausweis war nur begrenzt funktionsfähig. Ihm fehlte etwas ganz Wichtiges, der Passierschein.

»Ihre Reise ist beendet!«, brüllte der Offizier und sprang hinter seinem Tisch auf. Er gab den wartenden Soldaten ein Handzeichen. Ich hörte hinter meinem Rücken das Knacken der Schlösser, als sie ihre Maschinenpistolen durchluden. »Sie sind festgenommen.«

Nun hatte ich meinen bis jetzt respektierten Status als West-Bürger verloren. Ich war jetzt ohne Schutz und bekam das sofort zu spüren. Ein Schlag auf meinen Hinterkopf, dass mir fast die Sinne schwanden, beendete alle Illusionen. Ein Soldat riss mich vom Stuhl und bohrte mir den Lauf seiner Kalaschnikow schmerzhaft in die Rippen. Ich war wieder angekommen in dieser verfluchten DDR, die ich noch keinen Zentimeter verlassen hatte.

»Wie Sie mich behandeln, das werden Sie noch bereuen.« Letzter Widerstand zuckte bei mir auf. Ein wuchtiger Faustschlag traf mich mitten ins Gesicht. Ich schmeckte Blut auf der Zunge. »Bereuen wirst du Hund deine Frechheit«, brüllte die Bulldogge. Das ist es, dachte ich, das ist ihr Gesicht. Das sind die friedlichen Arbeiter und Bauern.[12] Meine Arme wurden auf den Rücken gerissen, Handschellen schnappten zu. Ein Soldat riss mich herum. Ein Stiefeltritt in die Kniekehlen trieb mich nach vorn. An beiden Armen gepackt, wurde ich aus dem Zimmer gezerrt.

Begleitet von den Flüchen und Verwünschungen der Soldaten – »du republikflüchtiges Schwein, jetzt lernst du die Arbeiter- und Bauernmacht kennen, mit so was wie dir machen wir kurzen Prozess« und andere Nettigkeiten – wurde ich die

Treppen in den Keller hinuntergeschleppt. Jemand riss eine Stahltür auf, man stieß mich in eine winzige Zelle. Ein Soldat schloss die Handschellen auf und versetzte mir noch einen Stoß. Mit lautem Knall flog die Tür hinter mir zu. Ich war allein. Meine Flucht, getragen von so viel Hoffnung und Optimismus, war gescheitert, endete in einer dreckigen Zelle an der Grenze zur Bundesrepublik.

Ich musterte mein Domizil. Eine trübe Glühbirne brannte an der Decke. Ein Fenster gab es nicht, ebenso wenig einen Stuhl oder sonstiges Mobiliar. Die Zelle war absolut kahl und leer. Diese Leere war auch in meinem Kopf. So sehr ich mich bemühte, ich konnte keinen klaren Gedanken fassen. Mein Gesicht war von dem Schlag geschwollen und brannte. Dort, wo die Handschellen die Gelenke umklammert hatten, war die Haut von roten, schmerzenden Einschnitten gezeichnet. Im Dämmerlicht tropften die Stunden, und die Stille verstärkte sich durch meine Reglosigkeit.

Wo war Charly? Weit weg, irgendwo draußen, dröhnte dumpf das Motorengeräusch abfahrender Autos. Nach endlosem Warten polterten Stiefel die Treppe herunter. Die Riegel der Zellentür wurden zurückgeschlagen und die Tür aufgerissen. Während zwei Soldaten ihre Kalaschnikows auf mich gerichtet hielten, legte mir der dritte Handschellen an und zerrte mich an ihnen aus der Zelle, die Treppen hoch. Meine Gelenke brannten wie Feuer.

»Wenn du Schwein versuchst zu flüchten, gibt's die Kugel«, knurrte er und stieß die Tür nach draußen auf. Das Sonnenlicht blendete meine Augen. Er stieß mich vorwärts. Vor dem Haus war ein Militärlastwagen mit olivgrüner Plane geparkt. Wir gingen auf ihn zu.

Weiter hinten sah ich den Wartburg stehen, den ich vor drei Tagen bei »VEB Taxi« in Ost-Berlin angemietet hatte. Dem einzigen Autoverleih der Stadt. Also war auch Charly nicht mehr zurückgefahren. Ich sah mich um, ob er vielleicht ebenfalls aus dem Haus geführt würde, was der Soldat hinter mir sofort mit einem Stiefeltritt in meine Kniekehle bestrafte, die noch vom letzten Tritt schmerzte. Ich schrie auf. »Halt dein Maul, du Sau«, brüllte er, »sonst kriegst du noch mehr!«

Wir waren am Lastwagen angelangt, einem H3A[13] aus DDR-Produktion. Die hintere Ladeklappe hing nach unten. »In den Wagen steigen, aber ein bisschen dalli«, brüllte einer der Soldaten. Irgendwie gelangte ich auf die Ladefläche. Die Soldaten kletterten ebenfalls auf den Lastwagen und hockten sich vorn an die Ladekante, die Maschinenpistolen zwischen ihren Beinen.

Wir fuhren offenbar über holprige Feldwege mit engen Kurven und Kehren. Ich hatte keine Ahnung, wohin die Fahrt gehen konnte.

»Entschuldigen Sie, wohin fahren wir jetzt?« – »Halt's Maul, wirst du noch früh genug sehen!«

Nach ungefähr 30 Minuten verließen wir die Straße. Der Wagen krachte durch Löcher und über Steine. Kurz darauf hielt er an. Der Motor erstarb. Augenblicke später wurde die Plane hochgerissen, und die Ladeklappe schlug nach unten. »Runter mit dir, na, wird's bald«, schrie einer.

Ich taumelte zum Ausstieg und sah, dass wir auf einem freien Platz standen. In einiger Entfernung war eine Kompanie Soldaten angetreten, Grenzsoldaten. Es schien das Gelände einer Militärkaserne zu sein. Im Hintergrund bemerkte ich etwa ein Dutzend Militärfahrzeuge. Die Soldaten starrten mich an, als ich versuchte hinunterzuklettern, was mit gefesselten Händen nicht einfach war.

»Spring endlich, sonst holen wir dich!«, schrie einer meiner Bewacher und richtete den Lauf seiner Waffe auf mich. – »Mit einer Kugel!«, rief ein anderer. Sie lachten brüllend. Ich war Mittelpunkt einer absurden Veranstaltung. Ich sprang. Mein rechtes Bein knickte weg, und ich schlug mit dem Kopf hart auf die Erde. Einen Moment sah ich nur rote Kreise. Ein Stiefeltritt brachte mich wieder hoch. Benommen taumelte ich zwischen den Grenzern zu einem abseits stehenden Gebäude. Wieder ging es in den Keller und dort in eine Zelle, deren Tür bereits weit geöffnet stand. Ein Stoß, und ich flog fast bis zur gegenüberliegenden Wand. Die Tür knallte ins Schloss. Ich setzte mich auf einen Hocker. Leere breitete sich in meinem Kopf aus. Ich weigerte mich, meine Situation zu realisieren. Nur eines war klar: Ich war gefangen. Die Minuten zerrannen zu Stunden.

Mit einem derartigen Ausbruch von Gewalt und Hass hatte ich nicht gerechnet. Brutalität und Menschenverachtung kannte ich bisher nur aus dem Geschichtsunterricht, wenn von Faschisten und Nazis die Rede war, von Konzentrationslagern und Verfolgung durch die Gestapo. So etwas hatte ich in der DDR immerhin für ausgeschlossen gehalten.

Jetzt wurde ich eines Besseren belehrt. Als Republikflüchtling hatte ich jeden Anspruch auf normale Behandlung verwirkt. Man konnte mit mir machen, was man wollte. Es war die Bestätigung einer lange gehegten Vermutung.

* * *

Auf dem Flur waren Schritte zu hören, die sich näherten. Die Riegel wurden wieder krachend zurückgeschlagen, und die Tür sprang auf. Mehrere Uniformierte standen draußen. Ich sah sofort, dass es keine Grenzsoldaten waren, sie redeten auch anders.

»Bitte kommen Sie mit«, sprach mich einer an. Ich trat vor die Tür. Jemand legte mir die obligatorischen Handschellen an und zog sie mit Rücksicht auf meine sichtbar geschwollenen Gelenke nicht so eng an. Wir verließen das Haus, es war bereits dunkel. Ein Kleintransporter vom Typ Barkas B 1000[14] parkte unmittelbar vor der Tür. Die Seitentür war geöffnet. »Steigen Sie in das Auto«, sagte jemand. Ich stieg ein und musste mich dabei bücken. Rechts und links befanden sich kleine Verschläge. Einer stand offen, und dort hinein wurde ich geschoben.

Ich hatte es bis dahin für undenkbar gehalten, dass diese kleinen Lieferwagen als Gefangenentransporter dienen können. Von außen schnappte ein Riegel. Ich konnte nur nach vorn gebeugt sitzen, mit eingezogenen Schultern, links die Außenwand, rechts die Tür. Es war beklemmend eng. Noch ein Verschlag wurde verriegelt. Charly? Kurz darauf setzte sich der Wagen mit dem zweitakterüblichen Geheul in Bewegung. Die harten Schläge der Räder und das penetrante Geräusch des Motors verhinderten, dass ich vor Erschöpfung einschlief.

Die Fahrt dauerte Stunden. Wahrscheinlich rollten wir auf einer Fernverkehrsstraße. Ohne Halt. Alles verschwamm in meinem Kopf. Ein Gedankenbrei kreiste unaufhörlich um die Frage: Was wird jetzt? Irgendwann wurde ich an die Außenwand gepresst. Eine scharfe Kurve beendete die Monotonie. Wir waren in einer Stadt angekommen. Immer wieder hielt der Wagen. Straßengeräusche waren zu hören. Einige enge Kurven, und der Wagen stoppte. Das Geräusch eines schweren Metalltores war zu vernehmen. Der Motor erstarb.

Augenblicke später wurde die Schiebetür geöffnet, gleich darauf die Tür meines Verschlages. Fast wäre ich hinausgefallen, so steif waren meine Glieder durch die stundenlange »Presspackung«. Benommen torkelte ich nach draußen und wurde an den Armen in ein Gebäude gezogen. Gittertüren krachten, Schlüssel klapperten. Das hörte sich nach einem Gefängnis an. In Berlin konnte es nicht sein, dafür war die Fahrt zu kurz gewesen. »Wo bin ich hier?« Niemand antwortete. In einem notdürftig möblierten Raum mit vergitterten Fenstern blieben alle stehen. Ich sah mich um. Es roch nach Bohnerwachs und Karbol. Jemand schloss die Handschellen auf. Ich hatte kein Gefühl in den Händen und sah im Schein der Zimmerbeleuchtung die blutverkrusteten Manschetten meines Hemdes.

»Ich habe Durst, bekomme ich etwas zu trinken?«

»Warten Sie ab, später, ziehen Sie sich jetzt aus, alles.«

Ich zog mich aus, was mir einige Mühe bereitete. Zum Schluss stand ich nur noch in der Unterhose da. »Alles«, kommandierte die Stimme. Dann stand ich nackt vor ihnen. Alle musterten mich. Ihre Augen glitten über meinen Körper. Mir fiel der Titel eines Buches von Bruno Apitz[15] ein: *Nackt unter Wölfen.* Genauso fühlte ich mich in diesem Moment. Nackt unter Wölfen. Ein Uniformierter warf mir einen Packen Sachen vor die Füße. »Anziehen!« Ich griff mir die Kleidungsstücke und zog mich an. Dann warf mir jemand ein Paar ausgetretene Latschen zu. Ursprünglich waren das mal schwarze Straßenschuhe gewesen, deren hinterer Teil bis auf die Sohle abgeschnitten worden war. Ein weiß-blau gewürfelter Stoffsack knallte auf den Boden, dicht neben mir. »Ihre Bettwäsche.« Ich zog den Sack zu mir.

»Sie sind hier beim Ministerium für Staatssicherheit«, sagte der Ältere.

In der Hand der Stasi, schoss es mir durch den Kopf. Angst würgte mich. Niemand kannte die Stasi genau. Sie war überall und doch nicht sichtbar, fassbar. Schild und Schwert der Partei. Das sang manchmal ein frisch klingender Militärchor, der sich »Feliks Dzierzynski«[16] nannte.

»Bin ich verhaftet?« – »Seien Sie ruhig«, herrschte mich der Ältere an. »Sie haben hier nicht zu sprechen, außer wenn Sie gefragt werden. Haben Sie das verstanden?« Ich nickte.

Trotzdem wagte ich einen weiteren Vorstoß: »Entschuldigung, aber ist es möglich, einen Arzt zu sprechen? Ich habe Schmerzen. Ich bin von den Grenzsoldaten geschlagen worden.« Ein pickliger Uniformierter mit einem goldenen Knopf auf der Schulterklappe trat dicht an mich heran und starrte sekundenlang in meine Augen.

»Hören Sie nicht gut? Überlegen Sie sich, was Sie sagen, und verleumden Sie nicht unsere Grenzorgane. Die Arbeiter- und Bauernmacht schlägt niemanden. Einem Arzt werden Sie morgen vorgestellt. Den Rest werden Sie noch früh genug erfahren. Kommen Sie jetzt mit.«

Ich nahm den verknoteten Sack auf und folgte dem Pickligen über einen langen Gang, an dessen Ende sich eine weitere Gittertür befand. Hinter ihr tat sich die Innenansicht eines Gefängnisses auf. Über drei Stockwerke Gänge und Zellentüren. Im zweiten Stock wartete bereits ein Wärter auf uns. Er schloss eine der Türen auf. Ich betrat einen düsteren, kleinen Raum. »Sie bekommen noch etwas zu trinken.« Die Tür fiel hinter mir leise ins Schloss. Der Schlüssel knirschte. Ein schwerer Riegel wurde vorgeschoben, rastete ein.

Ich sah mich um. In Kniehöhe befand sich ein Bretterboden,

der von Wand zu Wand reichte und wohl als Pritsche diente, darüber gab es ein Fenster aus Glasbausteinen, ein Kübel stand neben der Tür. An Steh- und Lauffläche blieben gerade knappe zweimal zwei Meter. Als ich den Deckel des Kübels öffnete, schlug mir ein stechender Geruch entgegen. Desinfektionspulver. Kein Tisch, kein Stuhl, auch kein Waschbecken. Über der Tür, in die Wand eingelassen und mit Drahtglas verschlossen, funzelte eine Glühbirne. Ich öffnete den Sack. Zwei Decken und Handtücher kamen zum Vorschein. Der Sack selbst diente offenbar als Bettbezug. Nachdem ich eine der löchrigen Decken bezogen hatte, fiel ich erschöpft aufs Bett. Das alles schien auf einen längeren Aufenthalt hinzudeuten. Meine Ruhepause war nicht von Dauer. Die Tür wurde geöffnet, und ein uniformierter Wachposten reichte mir wortlos einen Plastikbecher mit einer bräunlichen Flüssigkeit. Dünner Malzkaffee, »Muckefuck«[17], wie meine Mutter dazu sagte. Er war trotzdem willkommen, stillte meinen Durst.

Ich stand unter Schock. Ein dumpfes Gefühl des Verlorenseins packte mich. Angst und Ohnmacht wechselten mit Entsetzen und Hoffnungslosigkeit. Schließlich übermannten mich Erschöpfung und Müdigkeit. Ich schlief ein.

Ein Knall riss mich aus meinen Alpträumen. Vor meinem Bett stand ein Uniformierter, in der Hand einen Gummiknüppel. Noch einmal schlug er kräftig auf das Holzgestell.

»Raus, oder ich mach dir Beine!«

Sofort stand ich senkrecht. »Frühstück.« Der Wachposten ging nach draußen. »Ihren Becher.« Muckefuck. Dazu bekam ich einen Plastikteller in die Hand gedrückt, auf dem sich drei Scheiben trockenen Brotes und ein roter, zerfließender Klecks befanden, Marmelade. Noch ehe ich etwas fragen konnte, fiel die Tür wieder zu.

Am späten Vormittag wurde die Tür erneut aufgeschlossen. »Kommen Sie mit.« Ich verließ die Zelle. »Hände auf den Rücken«, kommandierte der Wachposten. Über Treppen und Gänge liefen wir durch das Gefängnis, das mir bei Tageslicht noch bedrückender erschien. Schließlich betraten wir einen Raum,

der nach Behandlungszimmer oder Sanitätsraum aussah. Weiße
Schränke, eine Liege. Ein Mann, unter dessen weißem Kittel
eine Uniformhose zu erkennen war, wandte sich mir zu. Sein
Stethoskop hing merkwürdig tief auf der Brust. Mein Bewacher
setzte sich auf einen Stuhl.

»Machen Sie den Oberkörper frei.« Der Arzt begann, mich
zu untersuchen. Dabei stieß er auf meine Verletzungen an Kopf
und Bauch. Er betastete meine lädierten Handgelenke.

»Tut das weh? Was haben Sie denn da gemacht?« – »Gute
Frage«, sagte ich niedergeschlagen und zugleich aufgebracht.
»Das ist mir gestern an der Grenze passiert«, formulierte ich
vorsichtig. Der Posten grinste.

Wortlos reinigte der Arzt mit einem Tupfer meine Kopfwunde und untersuchte die anderen Stellen. Die Quetschungen an
den Gelenken behandelte er mit einer roten Desinfektionstink-
tur, die höllisch brannte. Dann verband er die Verletzungen. »So,
das wird fürs Erste reichen.« Er prüfte mit einem Hämmerchen
meine Reflexe, fragte nach Vorerkrankungen und ging zum
Schreibtisch. »Unterschreiben Sie hier.« Sein Finger deutete
auf eine Stelle des Blattes, an die ich meine Unterschrift setzen
sollte. Es handelte sich um ein Formular, auf dem stand, dass
der eingelieferte Untersuchungshäftling sich bester Gesundheit
erfreut.

»Das unterschreibe ich nicht.« Arzt und Bewacher blickten mich an. »Warum nicht?«, fragte der Arzt. »Weil es nicht
stimmt. Ich bin nicht gesund. Ich bin geschlagen worden. Die
Wunden haben Sie doch gerade behandelt.«

Der Arzt flüsterte mit dem Bewacher, worauf der sich erhob.
»Hören Sie, wenn Sie gleich zu Anfang Ihres Aufenthaltes bei
uns Ärger machen wollen, werden wir andere Saiten aufziehen.
Unterschreiben Sie, Sie können hier nichts verweigern.« Ich
hielt ihm meine verbundenen Arme ausgestreckt hin. »Solche
Saiten?« Arzt und Bewacher schauten sich verblüfft an, dann
flüsterten sie miteinander. »Vorwärts, raus hier«, kommandierte
der Posten und stieß mich zur Tür.

»Hände auf den Rücken«, zischte er mir draußen drohend

zu. »Du wirst noch lernen, uns zu gehorchen.« Sie haben mich, dachte ich, und irgendwie haben sie mich doch nicht ganz.

Am Nachmittag wurde ich wieder aus der Zelle geholt. Man brachte mich zu einem Mann in Uniform, etwa Mitte 30, kurzes, gescheiteltes Haar über einer zu kurz geratenen Adlernase. Erst viel später sollte ich die Rangabzeichen auf den Schulterklappen kennen- und unterscheiden lernen. Dieser trug einen goldenen Stern auf Silberstreifen. Ein Unterleutnant. Er wies auf den Stuhl, der vor dem Schreibtisch stand.

»Setzen Sie sich. Wie geht es Ihnen?« Ohne meine Antwort abzuwarten, hielt er meinen westdeutschen Ausweis hoch: »Ist das Ihrer?« – »Ja.« – »Wo haben Sie den her?« Der hält sich nicht mit Vorreden auf, dachte ich. Der will die Überraschung nutzen, meinen Verhaftungsschock. »Ehe ich Ihre Fragen beantworte, möchte ich gerne wissen, wo ich hier eigentlich bin und ob ich verhaftet bin«, antwortete ich.

Er fixierte mich einen Moment und grinste. »Hat man Ihnen das bei der Aufnahme nicht gesagt? Sie sind in einer Untersuchungshaftanstalt des Ministeriums für Staatssicherheit in Schwerin.«

Jetzt hatte ich es offiziell. Ich atmete tief durch. »Und was werfen Sie mir vor?«

»Das fragen Sie mich?« – »Ja.« – »Sie haben nach unseren Erkenntnissen versucht, illegal die Staatsgrenze der DDR zu durchbrechen.« – »Durchbrechen? Ich habe nichts durchbrochen, ich wollte ausreisen.« – »Wenn ich sage, Sie wollten die Grenze durchbrechen, dann wollten Sie sie durchbrechen, haben Sie verstanden? Die Qualifizierung Ihrer Handlungen müssen Sie uns überlassen. Wir führen hier keine Unterhaltung, sondern ich vernehme Sie zu einem Verbrechen.«

Ich schwieg, während er eine Menge Fragen stellte. Mal drohend, mal um Verständnis werbend. Sehr bald stellte ich fest, dass er reichlich im Nebel der Spekulation herumstocherte und von mir mehr zu erfahren hoffte.

»Also, woher haben Sie den westdeutschen Ausweis?« – »Ich war vor dem Mauerbau kurze Zeit im Bundesgebiet. Dort habe ich ihn bekommen, wie alle anderen Deutschen. Auch Sie hätten darauf einen gesetzlichen Anspruch.« – »Von welchem Gesetz sprechen Sie?« – »Vom Grundgesetz, der Verfassung der Bundesrepublik Deutschland.« – »Sie sind aber kein Westdeutscher, Sie sind DDR-Bürger. Für Sie gelten nicht die Gesetze der BRD, sondern einzig unser Gesetz, das Gesetz der DDR.«

Er stand auf und kam um den Schreibtisch herum zu meinem Stuhl.

»Was meinen Sie denn mit Mauerbau? Meinen Sie damit etwa den antifaschistischen Schutzwall in der Hauptstadt der DDR?« Seine Stimme wurde drohend.

»Ich rate Ihnen, hier nicht zu hetzen und die DDR zu verleumden, sonst sind Sie sehr lange unser Gast.« Ganz plötzlich ging er zurück zum Schreibtisch und wechselte den Tonfall.

»Möchten Sie eine Tasse Kaffee, vielleicht ein Stück Kuchen oder eine Zigarette?« Seine Stimme klang wie die eines liebenswürdigen Kellners. »Ja.«

Er griff zum Telefon und gab die Bestellung auf. Wir saßen uns schweigend gegenüber. Für einen Moment war der offizielle Teil unterbrochen. Ich unternahm einen Erklärungsversuch. »Aus welcher Sicht auch immer Sie meinen Ausweis betrachten«, nahm ich den Faden wieder auf, »so lässt er erkennen, dass ich Bundesbürger und nicht DDR-Bürger bin.«

»Herr Welsch«, seine Stimme war sanft wie die eines Arztes am Krankenbett, »Sie sind DDR-Bürger, und Sie wohnen in der Hauptstadt der DDR, Berlin. Sie sind aus dieser Staatsbürgerschaft niemals entlassen worden.« Diese Bemerkung weckte mein Interesse. »Aus dem, was Sie sagen, schließe ich, dass es eine Entlassung aus der DDR-Staatsbürgerschaft gibt? Wie kann man daraus entlassen werden?« – »Darüber wollen wir uns jetzt nicht unterhalten, doch wenn Sie kooperativ sind und meine Fragen beantworten, kann man über manches sprechen.« – »Wie lange muss ich hierbleiben.« – »Das hängt ganz von Ihnen ab«, war die ausweichende Antwort.

Die Tür ging auf, und ein Uniformierter balancierte ein Tablett mit Thermoskanne und Tassen sowie zwei Stücken eines trockenen Kuchens. »Bitte, bedienen Sie sich.« Irgendwie fühlte ich mich korrumpiert, aß und trank aber trotzdem.

»Sie werden nicht lange bei uns bleiben, sondern demnächst nach Berlin überstellt. Als was haben Sie dort gearbeitet?« – »Ich bin Schauspieler und war beim DFF[18] beschäftigt.« – »Beim Fernsehfunk der DDR?«, fragte er erstaunt nach. »Ja.« – »Eine interessante Tätigkeit, warum wollten Sie dann nach Westdeutschland flüchten?«

Einen Moment war ich überrascht. Zum ersten Mal fragte mich jemand nach den Motiven meiner Flucht. Ich zögerte mit einer Antwort. Sagte ich die Wahrheit, so würde das bestätigen, dass ich flüchten und nicht ausreisen wollte. Aber die Fakten waren sowieso ganz eindeutig, und so sprudelte es aus mir heraus:

»Ganz einfach, weil ich frei sein will, frei und selbstbestimmt leben möchte und weil ich die kommunistische oder auch sozialistische Weltanschauung nicht teile. Ich will nicht länger in einem Staat leben, in dem ich deshalb keine Zukunft habe. Freiheit ist ein Menschenrecht. Das nehme ich für mich in Anspruch. Ich habe eine christliche Erziehung genossen und deren Werte übernommen. Sie bedeuten mir hundertmal mehr als die Ersatzreligion Marxismus und dessen Werte. Christliche Ethik fußt auf dem Prinzip Liebe. Der Kommunismus aber, nach allem was ich gehört, gelesen und erfahren habe, auf dem Prinzip Hass. Dem wollte und will ich mich nicht länger aussetzen. Das ist doch nicht schwer zu verstehen, oder?«

Eine Last war von mir abgefallen. Endlich hatte ich es einmal ausgesprochen.

»Ich entnehme Ihren Bemerkungen, dass Sie ein Feind unserer sozialistischen Gesellschaftsordnung sind.« – »Da hören Sie mehr, als ich gesagt habe. Das klingt wie: Und willst du nicht mein Bruder sein, dann schlag ich dir den Schädel ein.«

»Vorsicht, Herr Welsch, Vorsicht. Wir schlagen niemandes Schädel ein. Wir haben in der DDR Religionsfreiheit und respektieren auch die Minderheit bei uns, denen die neue Zeit noch nicht bewusst geworden ist.«

Er hielt mir einen Vortrag über sozialistische Menschenrechtsvorstellungen, der darin gipfelte, dass das höchste Menschenrecht das Recht auf Arbeit wäre und alle Menschen in der DDR dieses Recht wahrnehmen könnten und dass die DDR deshalb dem Glück der Menschen entgegenkommt. Armut für alle, auf gleichem Level, nur nicht für die, die gleicher sind. Ich sagte darauf nichts. Es erschien mir sinnlos.

Dann holte er aus einem Schrank eine Schreibmaschine und begann, ein Protokoll aufzunehmen. Meine Antworten waren darin weitgehend richtig wiedergegeben, so dass ich am Ende jede einzelne Seite unterschrieb. Das war nicht besonders klug und sollte später Folgen haben.

»Ich werde Sie morgen wieder holen lassen, und dann sprechen wir über Ihre feindlich-negative Einstellung.«

Ein Wachposten brachte mich in die Zelle zurück. Auf meinem Bett lagen ein Blatt liniertes Papier und ein Bleistift. Die vierzehnte Linie war markiert.

»Sie können Ihren Angehörigen schreiben, aber nur bis zur angekreuzten Stelle. Und schreiben Sie nichts über die Haft und über die Gründe«, fügte der Posten drohend hinzu, »sonst geht der Brief nicht raus.«

Was sollte ich schreiben? Wie konnte ich mit dieser Vorgabe meine Situation erklären? Es sollte wohl auf die Floskel, dass es mir »unter den Umständen gut geht«, hinauslaufen. Wie konnte ich damit meine Lage, meine Enttäuschung und meine relative Hoffnungslosigkeit beschreiben? Ich hatte eine bittere Niederlage einstecken müssen. Und so schrieb ich und beschrieb mein aufgewühltes Inneres mit unbeteiligten, dürren Worten. Am nächsten Morgen gab ich den Brief in einem offenen Kuvert dem Posten vor der Tür.

Die nächsten Tage vergingen in immer gleichem Rhythmus. Kurz nach dem Frühstück wurde ich zum Vernehmer geholt, der mir nach kurzer Vorrede anbot, das Protokoll auf der Schreibmaschine selbst zu schreiben. So weit reichte meine Kooperationsbereitschaft dann aber doch nicht.

* * *

Der Vernehmungsoffizier wollte alles Mögliche über meinen Freundeskreis wissen, insbesondere Namen. Dabei wich ich ihm nach Möglichkeit aus.

Meine Verletzungen verheilten langsam. Am Morgen des 19. Juni musste ich nach dem Frühstück alle Sachen in den blauweißen Bettsack packen und im unteren Stockwerk abgeben. Wieder wurden mir Handschellen angelegt. Ich reagierte panisch. »Wenn Sie die fest zuziehen, schreie ich.« – »Dann kriegst du eins in die Fresse, du Schwein!« Das war mir egal. »Dann schreie ich noch lauter! Außerdem war ich mit Ihnen noch nicht in einem Koben, dass Sie mich duzen.«

Der junge Stasi-Mann schlug sofort zu. Ich schrie. Sofort rannten andere Uniformierte herbei. Ich erwartete weitere Schläge, aber sie zerrten mich an den Handschellen unter wüsten Beschimpfungen nach draußen, zu einem Lieferwagen des gleichen Typs, mit dem ich hierher transportiert worden war.

An der Seitenwand befand sich die Aufschrift: »Fisch auf jeden Tisch«. Ein getarnter Gefangenentransporter also. Sind Gefangene des MfS geheim oder illegal? Fragen, die mir durch den Kopf gingen, während das Gefährt nach Berlin rumpelte. Irgendwie empfand ich Genugtuung, Grenzsoldaten und Stasi-Leute waren letztlich das gleiche brutale Pack. Lediglich der Vernehmer war bislang die Ausnahme. Was ich noch nicht wusste: Er sollte es auch bleiben.

Heiß brannte die Sonne auf das Dach. Der Schweiß rann mir aus allen Poren. Meine Kleidung war komplett nass, und ich japste nach Luft.

Nach schier unendlicher Fahrt wurde der Wagen langsamer und hielt schließlich. Metalltore rollten. Die Tür öffnete sich. Halb ohnmächtig taumelte ich mit steifen Beinen zum Ausgang. Die Sonne blendete.

»Los, weiter, nicht einschlafen«, schrie jemand. Türen schlugen hinter mir zu. Ich musste mich der gleichen Prozedur unterwerfen, die ich schon aus Schwerin kannte.

Niemand war zu sehen, als ich zu meiner Zelle geführt wurde. Am Ende des Ganges leuchtete rot eine Ampel.[19] Der Raum war erbärmlich klein. Gleich nachdem die Tür zugeschlagen war, maß ich mit Schritten zweimal vier Meter. In der Zellentür befand sich in Bauchhöhe eine Futterluke, die von außen geöffnet werden konnte. Es war halbdunkel und die Luft stickig. Rechts und links an der Wand gab es zwei Holzpritschen, deren Füße mit Winkeleisen am Boden verschraubt waren.

Die Klappe flog auf. »Sie beziehen das rechte Bett. Ab jetzt sind Sie nur noch ›Rechts‹, haben Sie verstanden«, rief der Posten, von dessen Gesicht ich nur Mund und Nase sehen konnte. Ich bejahte. Die Klappe flog zu. Auch die Hocker waren mit Winkeleisen an den Boden geschraubt. Hier wollte man wohl jedes Risiko ausschließen. Ich setzte mich. Wenig später flog die Klappe wieder auf. »Rechts, kommen Sie zur Tür!«

Ich trat näher und konnte Teile eines kleinen, doppelstöckigen Wagens erkennen. auf dem ein Kessel und Plastikteller mit Wurst standen. Der Posten schob einen dieser Teller über die Kante.

»Brot?« – »Ja.« – »Wie viel?« Er meinte die Anzahl Scheiben. »Vier bitte.« Mit einer schmierigen Hand reichte er die Brotscheiben. »Kaffee?« – »Ja.« – »Wo ist der Becher?« Ich lief nach hinten und holte den Becher, in den er die bräunliche Brühe füllte.

Die Klappe flog wieder zu. Ich hatte keinerlei Zeitgefühl, glaubte aber, dass es spät am Nachmittag sein müsse. An diesem Tag tat sich nichts mehr. Auch nicht an den folgenden. Also inspizierte ich meine Sachen. Dabei fiel mir eine kleine, viereckige rote Schachtel auf. Dem Aufdruck entnahm ich, dass sie aus Wehrmachtsbeständen stammte und einen sogenannten Zahnstein enthielt. Die Gebrauchsanweisung stand auf der Rückseite: Mit einer feuchten Zahnbürste auf dem Stein reiben, bis es schäumt. Mit dem Schaum putzt man die Zähne. Das sah nicht nur uralt aus, es schmeckte auch so. Reichspatent angemeldet. Na bitte. Wir schrieben das Jahr 1964, nicht 1944, aber mit Wehrmachtszahnsteinschaum im Mund lässt sich die Lage gleich viel besser ertragen.

Vor der Tür, auf der linken Seite, befand sich ein WC-Becken ohne Deckel und ohne Brille. Mittels eines in die Wand eingelassenen Knopfes betätigte man die Spülung. Darunter ragte schräg nach unten ein Rohr aus der Wand, das über dem WC endete und dessen Bedeutung sich mir wenig später erschloss. Ein Wasserrohr. Der Hahn dafür befand sich draußen im Gang. Dreimal am Tag, morgens, mittags und abends, wurde das Wasser für zwei Minuten vom Posten aufgedreht. Der tiefere Sinn dieser Maßnahme bestand wohl darin, dem Gefangenen seine totale Entmündigung zu demonstrieren. Rechts von der Tür simulierten einige gusseiserne Rippen eine Art Zentralheizung. Das war sie also, »meine« Zelle beim MfS in Berlin.

Ein Schlag gegen die Tür riss mich aus meinen Gedanken. »Rechts vom Bett runter!«, donnerte der Posten von draußen. »Lesen Sie die Haftraumordnung!« An der Innenseite der Tür hing ein Papier. Die »Haftraumordnung«. Danach, konnte ich lesen, war das Hinlegen auf dem Bett am Tage streng verboten, die Kontaktaufnahme mit anderen Häftlingen ebenso. In Notfällen sollte man einen Knopf in der Nähe der Tür betätigen. Für Verstöße oder Missbrauch wurden drakonische Strafen angedroht, wie etwa Entzug der Bettwäsche und der Matratzen, Entzug des Essens für drei Tage bis hin zum Arrest. Das waren ja tolle Aussichten.

Ich lief in der Zelle auf und ab, vier Schritte vor, Drehung, vier Schritte zurück, Drehung. Schlimme Zeiten erwarteten mich. Gegen Abend hob um mich herum ein mehr oder weniger intensives Klopfen an. Von allen Seiten hämmerte es lautstark in den Wänden. Ich konnte mir darauf keinen Reim machen, obwohl ich eine gewisse Systematik des Klopfens zu erkennen glaubte. Das Gefängnis schien offenbar voll belegt zu sein. Plötzlich rief eine Stimme von draußen, vermutlich aus einem der Zellenfenster ganz in meiner Nähe: »22, melde dich!«

Ob das die Nummer meiner Zelle war und der Rufer Kontakt mit mir suchte? Ich hatte auf meine Zellennummer nicht geachtet, doch gleich darauf dröhnten mehrere dumpfe Schläge an meiner Wand. Es galt also mir. Ich stieg auf einen der Hocker und zog mich am Fensterausschnitt nach oben.

»Wer ruft?« – »Dein Nachbar aus der 23«, kam sofort die Antwort. Nun war ich immerhin lokalisiert, und zudem interessierte sich jemand für mich. »Bist du heute gekommen?« – »Ja!«, rief ich zurück. »Du musst klopfen, nach dem ABC. Nach der Position der Buchstaben im Alphabet, A ist 1 und so weiter. Hast du verstanden?« – »Ja, ich versuch's!«

Die Welt sah plötzlich anders aus. In der Nachbarzelle befand sich ein Leidensgefährte. Nach einem Monat totaler Isolierung war ich nun nicht mehr allein. Sogleich begann ich mit dem Knöchel an die Wand zu klopfen. Das Prinzip war einfach, aber mühsam. Allein der Buchstabe »S« benötigt neunzehn Schläge. Eine schmerzhafte Art der Kommunikation. Doch sie funktionierte.

So erfuhr ich, dass mein Nachbar ein ägyptischer Student war, der seit Monaten auf seinen Prozess wegen »Verächtlichmachung der DDR« wartete. Außerdem, dass ich mich in der Untersuchungshaftanstalt des MfS, kurz UHA, in Berlin-Pankow, Kissingenstraße befand. Dieses Stasi-Gefängnis hat drei Stockwerke, im dritten sind Frauen untergebracht. Ich war also nur einen Steinwurf von Niederschönhausen entfernt, wo ich bis vor kurzem noch wohnte. Pankow kannte ich sehr gut. Doch hatte ich nie von einem derartigen Gefängnis der Stasi gehört oder es gar selbst gesehen.

Schon bald konnten wir uns recht flüssig unterhalten. Worte, deren Sinn sich schon nach den ersten drei oder vier Buchstaben erschloss, konnte man abklopfen, d.h., man schlug ein kurzes Stakkato an die Wand. was so viel wie »verstanden« hieß.

Mein Fingerknöchel schwoll an, wurde rot und schmerzte.

Einige Tage später, an einem Vormittag, forderte mich der Wachposten auf: »Rechts, kommen Sie, Hände auf den Rücken.«

Wir gingen durch den Gang. Wieder stand die Ampel auf Rot. Niemand sollte mich sehen, ich sollte niemanden sehen. Totale Isolation. Wir gelangten in einen zivilen Trakt. Einige Zimmertüren. Der Wachposten öffnete eine. Ich trat ein.

Ein Mann, klein, dick, ungefähr Ende 50, saß hinter einem

schmalen Schreibtisch und blickte auf. Vor ihm lag ein aufgeschlagener Aktenordner, in dem er geblättert hatte.

»Setzen Sie sich. Ich bin der Haftrichter. Ich lese Ihnen jetzt den Haftbefehl des Stadtgerichtes Berlin vor.« Er begann zu lesen. Ich hörte zu, aber was er sagte, schien nichts mit mir zu tun zu haben. Vom Dritten Weltkrieg, den meine Flucht hätte auslösen können, war da die Rede, von Staatsverrat, Hetze gegen staatliche Organe der DDR und so weiter. Stoff aus der ideologischen Mottenkiste der Diktatur also.

»Aus Gründen der Staatsräson erlasse ich deshalb einen Haftbefehl gegen Sie«, beendete er seinen Monolog. »Aus Gründen der Staatsräson? Erklären Sie mir das bitte. Eben haben Sie doch vorgelesen, dass ich den Dritten Weltkrieg auslösen wollte. Was trifft denn nun zu?« Der Dicke blickte überrascht auf, antwortete jedoch nicht. »Außerdem protestiere ich gegen die Misshandlung durch Soldaten der Grenztruppen in Boizenburg. Ich möchte das hiermit anzeigen. Ein Arzt im Schweriner MfS-Gefängnis hat meine Verletzungen gesehen und versorgt. Werden Sie dagegen vorgehen?« Nervös rückte er die vor ihm liegenden Papiere von rechts nach links und wieder zurück. Äußerungen dieser Art waren nicht vorgesehen. »Das gehört nicht hierher. Außerdem sollten Sie nicht die Grenzorgane verleumden. Das kann weitere strafrechtliche Maßnahmen nach sich ziehen.«

»Ah, ich verstehe, man kann mich schlagen und misshandeln. Das sind wohl alles Hirngespinste. Reale Schläge gelten bei Ihnen nicht, aber Absurditäten wie der Weltkriegsvorwurf begründen Ihren Haftbefehl.«

Ich spürte, wie mein Kampfgeist erwachte. In seinem aufgedunsenen Gesicht spiegelte sich die aufgeblasene Wichtigkeit und Hohlheit eines Regime-Lakaien, als er mich aufforderte, den Haftbefehl zu unterschreiben. Ich weigerte mich. »Sie haben mich verhaftet, aber Sie können mich nicht zwingen, diesen Akt durch meine Unterschrift zu legalisieren.«

»Wenn Sie sich weigern, wird es für Sie keine mildernden Umstände geben.«

»Von Ihnen erwarte ich keine mildernden Umstände. Mit Ihrem Staat bin ich fertig.«

Er notierte etwas und griff zum Telefonhörer, um mich abholen zu lassen.

»Hören Sie«, wandte ich mich an ihn, »ich möchte sofort einen Rechtsanwalt sprechen.«

»Einen Anwalt?« Er verzog das Gesicht, als hätte ich etwas Unanständiges gesagt. »Einen Anwalt gibt es nicht. Wenn Sie Ihre Verbrechen gestanden haben und die Ermittlungen abgeschlossen sind, können Sie dem Organ diesen Wunsch noch einmal vorlegen.«

»Welchem ›Organ‹? Was heißt ›Organ‹? Können Sie sich nicht deutlich ausdrücken?« Wut kroch in mir hoch. Diese platte ND-Semantik[20]. Wie sie mich anekelte!

»Ich habe ein Recht auf einen Anwalt …« – »Sie haben hier überhaupt keine Rechte«, unterbrach er mich sichtlich verärgert. »Für solche Leute wie Sie gibt es in der DDR keine Rechte.« Endlich war es heraus. Rechtlos. »Genau deswegen will ich diesen Staat verlassen, verstehen Sie das wenigstens jetzt? Weil es, wie Sie selbst sagen, hier keine Rechte für mich gibt, weil ich rechtlos bin.« Ich dehnte dieses Wort. In diesem Moment trat der Posten ein. »Gehen Sie«, forderte mich der Haftrichter auf. »Sie werden uns noch kennenlernen.« Sie mich auch, dachte ich im Rausgehen.

* * *

In den folgenden Wochen lernte ich, immer schneller zu verstehen und selbst schneller zu klopfen. Fast entstand dabei so etwas wie eine Unterhaltung. So vergingen die Wochen. Nichts tat sich. Niemand wollte mich sprechen. Lediglich der erste Brief von zu Hause kam. Es war die Antwort auf die vierzehn Zeilen aus Schwerin. Die Ohnmacht der Eltern, ihr Erschrecken waren deutlich zwischen den Zeilen zu lesen, auch ihr Mitgefühl. »Halte durch«, das waren die letzten Worte meiner Mutter. Durchhalten, das wollte ich.

Inzwischen kannte ich den Rhythmus des Gefängnisses ganz gut. Mein Nachbar gab mir zu verstehen, dass ich unbedingt das Morsealphabet lernen müsse. Erst dann würde eine Unterhaltung ökonomisch und schnell. Er hatte eine Vorlage und würde mir eine Abschrift davon in einer der Freistundenzellen deponieren, in einer Fuge zwischen den gemauerten Steinen, mit weichgekautem Brotbrei zugestrichen, so dass es wie Fugenmörtel aussieht.

Es gab sechs Zellen für die sogenannte Freistunde auf dem Innenhof des Gefängnisses. Darin lief jeder Gefangene 30 Minuten herum, allein. Ein Wachposten überblickte die mit Maschendraht überzogenen Käfige von einer Balkonplattform über der Anlage. Nichts blieb ihm verborgen. So war es schwierig, unbemerkt einen Kassiber[21] im Mauerwerk zu verstecken oder ihn an sich zu nehmen. Die Strafe für eine verbotene Kontaktaufnahme oder gar Nachrichtenübermittlung war schmerzhaft: Prügel mit dem Gummiknüppel. Auch wusste man nie, in welche Zelle man zum Rundgang eingesperrt wurde.

Zum Glück musste ich nicht allzu lange warten. Zwei Wochen nachdem mir mein Zellennachbar die genaue Lage beschrieben hatte, wurde ich eines Morgens in die »richtige« Zelle eingeschlossen und machte mich sogleich unauffällig auf die Suche.

Nach einigen Runden hatte ich die Ablagestelle gefunden. Als der Posten für einen Moment abgelenkt war, pulte ich schnell den erhärteten Brotbrei samt Inhalt aus einer Fuge. Zurück in der Zelle, zerbröselte ich den harten Teig und fand einen klein zusammengefalteten Zettel, den beschriebenen Rand einer Zeitung. Darauf das Morsealphabet und andere Informationen. Mein Nachbar erklärte mir auch das »Telefonieren« mit dem WC und riet mir dringend zu einem Decknamen, zum Schutz vor Mithörern. Ich beschloss sogleich, mich »Sascha« zu nennen.

Das Toilettentelefon funktioniert so: Mit einem Stück Stoff (Tipp von ihm: ein Stück vom Bein der langen Unterhose abreißen!) muss man das Wasser in der Toilette nach unten pumpen, bis das Rohr frei ist. Der Gesprächspartner macht das Gleiche, und man kann reden, bis zu drei Zellen weit und bis zum zweiten

Stock hoch. Das Ganze möglichst nach dem Abendessen, wenn sich auf den Gängen nichts mehr tut.

Außerdem erklärte er mir, wie man trotz Schreibverbot, ohne Bleistift und Papier schreiben kann. Dazu braucht man einen Knopf vom blau-weiß gestreiften Gefängnishemd. Man entfernt den weißen Stoffbezug und erhält so einen blanken Aluminiumknopf. Den knickt man exakt zur Hälfte um, damit hat er zwei scharfe Spitzen. Dann reißt man vom *Neuen Deutschland*, der Parteizeitung der SED, am besten den kompletten Mittelstreifen heraus und bestreicht ihn mit angefeuchtetem Zahnputzstein. Danach kommt das Papier unter die Matratze. Nach kurzer Zeit ist es trocken und rosarot. Wenn man nun mit der Spitze des Knopfes darauf schreibt, ist die Schrift gestochen scharf zu lesen. Diese Information war das Beste am ganzen Kassiber: Ich konnte endlich wieder etwas aufschreiben!

Wenige Tage später hieß es wieder: »Rechts, kommen Sie.« Ein Stasi-Leutnant in Uniform saß hinter dem Schreibtisch des kleinen Büros, in das ich geführt worden war. Neben ihm stand eine altertümliche Schreibmaschine. Er blätterte in irgendwelchen Akten. »Setzen Sie sich.« Er zeigte auf den Hocker. Er war um die 40, breites Gesicht, vulgärer Ausdruck, wie ich fand. Seine Finger waren an den Spitzen bräunlich verfärbt, offenbar ein starker Raucher.

Ohne weitere Vorrede eröffnete er mir: »Wir werden uns in den nächsten Wochen über Ihr Leben unterhalten, über Ihre Tat und wie es dazu kam. Wir haben viel Zeit. Das werden Sie schon bemerkt haben. Es liegt an Ihnen, ob Sie mit uns zusammenarbeiten oder nicht. Entsprechend werden das Protokoll und unser Bericht ausfallen. Ich habe die Beurteilung der Haftanstalt über Sie gelesen. Der konnte ich entnehmen, dass Sie renitent sind und sich den Anweisungen nicht fügen wollen.«

»Da hat man Ihnen etwas Falsches berichtet. Nennen Sie mir bitte konkrete Verstöße.« Meine Telefonate, Morsen und gelegentlicher Fensterkontakt waren bislang unentdeckt geblieben.

Sein Kopf ging ruckartig nach vorn. Er riss seine Augen weit auf. »Sie haben hier nichts zu verlangen. Wie kommen Sie darauf, dass Sie während der Ermittlungen Besuch bekommen können?«[22] – »Das ist mir aus rechtsstaatlichen Verfahren in der Bundesrepublik bekannt.« – »Wir sind hier aber nicht in der BRD, sondern in der DDR. Da gelten unsere Gesetze. Wir haben jetzt genügend Zeit, über Ihre« – er machte eine Kunstpause – »Verfehlungen zu sprechen.«

»Da bin ich aber froh, dass Sie von Verfehlung sprechen«, erwiderte ich ironisch. »Der Haftrichter erklärte mir nämlich kürzlich, dass mein Fluchtversuch ein Verbrechen sei. Was ist denn nun richtig?«

»Ich bin nicht hier, um mit Ihnen zu diskutieren, sondern um einen Sachverhalt aufzuklären, und Sie werden jetzt meine Fragen beantworten. Und ich rate Ihnen, bei der Wahrheit zu bleiben.« Was nun folgte, war ein endloses Frage-und-Antwort-Spiel, wobei ich weniger antwortete, als ich gefragt wurde. Er schrieb alles auf.

Mittags wurde ich von einem »Läufer« genannten Wachposten zum Essen abgeholt. Danach ging die Prozedur weiter. Am Ende tippte der Vernehmer alles mit der Schreibmaschine ab und schob mir das fertige Protokoll zur Unterschrift über den Tisch. »Wenn etwas nicht stimmt, können Sie damit Korrekturen anbringen.« Er reichte mir einen Bleistift. Ich las die Seiten einzeln.

Schon die ersten Absätze gaben nicht das wieder, was ich tatsächlich gesagt hatte. Er hatte meine Worte so zurechtgebogen, dass sie aus seiner Sicht passten. Ich machte ihn darauf aufmerksam.

»Gut, dann korrigieren Sie.« Das tat ich. Ungehalten sah er mir dabei zu, doch ich ließ mich nicht beirren. Nachdem ich alles durchgelesen und einiges ausgestrichen und verbessert hatte, wollte ich mit dem Bleistift auch unterschreiben. »Stopp!«, hielt er mich auf, »unterschreiben Sie hiermit«, und reichte mir einen Kugelschreiber.

Wenige Tage später hatte ich seinen Trick, oder sollte man sagen, sein übles Spiel, durchschaut. Meine Korrekturen waren sämtlich ausradiert worden. Das Protokoll war also verfälscht, nur meine mit dem Kugelschreiber geleistete Unterschrift war echt. Da konnte ich später erklären, was ich wollte. Es galt meine Unterschrift. Der Verhöroffizier verriet sich durch seine eigene Dummheit und Unbeherrschtheit.

Und das kam so: Irgendwann hielt er mir eine Aussage vor, die ich angeblich früher schon einmal gemacht hatte. Ich widersprach. Wütend holte er einen Ordner aus dem Panzerschrank, riss nach einigem Suchen ein Protokoll heraus und hielt es hoch.

»Und was ist das? Wollen Sie leugnen, dass das Ihre eigene Unterschrift ist?«

»Darf ich das mal sehen?«

»Wozu? Das hier ist doch Ihre Unterschrift, oder?« Er tippte mit dem Finger auf meinen Namenszug. Ich stand von meinem Hocker auf und trat zum Schreibtisch. »Zurück, sonst hole ich die Wache«, schrie er. Doch zu spät, ich hatte den Betrug bereits erkannt. Ein kurzer Blick auf den Text hatte genügt, um festzustellen, dass keine einzige meiner Korrekturen mehr vorhanden war. Ich setzte mich wieder auf meinen Hocker und erklärte: »Sie manipulieren die Vernehmungsprotokolle. Alle meine Korrekturen sind verschwunden. Ich bin fassungslos.«

Der Vernehmer steckte sich erneut eine Zigarette an, stand auf und kam auf mich zu. »Wissen Sie, was Sie da gerade gesagt haben?«, fragte er lauernd und blieb direkt vor mir stehen. Er grinste breit.

Ich fühlte mich sicher und stark, weil ich im Besitz der Wahrheit war. »Ja, ich kann es gerne wiederholen, das Protokoll ist manipuliert worden, und ich füge hinzu, dass ich ab sofort kein einziges mehr unterschreiben werde. Dann können Sie in Zukunft reinschreiben, was Sie wollen.«

Er lief zum Fenster und kam wieder zurück. »Sie unterstehen sich, mich einer Manipulation zu verdächtigen, Sie beleidigen und hetzen gegen das Untersuchungsorgan. Wissen Sie eigentlich, wer Sie sind und wo Sie sind?«

»Wie könnte ich das vergessen, jetzt um so wen ...« In diesem Augenblick explodierte die Welt, und Sterne tanzten vor meinen Augen. Ein wuchtiger Faustschlag hatte mich mitten ins Gesicht getroffen. Mein Kopf war in die Ecke geknallt und aufgeplatzt, im Mund hatte ich den süßlichen Geschmack von Blut. Ich war benommen und sah das Zimmer und den Vernehmer wie durch Nebel oder Watte. Er war erneut vor mir stehen geblieben. Ich hob meine Arme zum Schutz vor den Kopf. Ich war ihm total ausgeliefert. Hass stieg in mir hoch. Intensiv und körperlich ergriff er von mir Besitz. Ich spürte, wie mein linkes Auge zuschwoll. Betont langsam formulierte ich: »Sie haben das Protokoll gefälscht. Sie sind ein Fälscher!«

Ein erneuter Schlag warf mich vom Hocker. Er war wuchtig und gezielt. Wieder krachte mein Kopf gegen die Wand. Ich glaubte, meine Nase wäre gebrochen. Dann spürte ich nichts mehr. Als ich wieder zu mir kam, lag ich am Boden. Mir war schlecht, und ich musste mich andauernd übergeben. Das Würgen hörte nicht auf. Ich blieb einfach liegen. Der Vernehmer telefonierte.

Es dauerte nicht lange, und die Tür wurde aufgerissen. Es waren zwei. Sie stiefelten um mich herum und bemühten sich, nicht in das Erbrochene zu treten.

»Er hat mich angegriffen«, hörte ich meinen Vernehmer sagen. »Hoch, du Schwein!« Jemand trat mir mit seinem Stiefel in die Seite. »Stehen Sie auf«, schrie der Vernehmer. Ich blieb liegen. »Was hat er?« – »Der simuliert.«

»Ja, ja, aber der blutet auch. Ich sag dem Sani²³ Bescheid.« Die Tür fiel ins Schloss. Ich dämmerte wieder weg. Als ich zu mir kam, lag ich auf dem Rücken. Ein Mann im weißen Kittel beugte sich über mich. Plötzlich wurde ich an den Armen hochgerissen und aus dem Zimmer geschleppt. Ab und zu verließen mich die Kräfte, und meine Beine schleiften hinter mir her. Es ging zurück in meine Zelle. Dort warfen sie mich auf das Bett. Die Tür schlug zu, und die Riegel knallten.

Ich war allein, und mein Kopf dröhnte. »Feiges, hinterhältiges Schwein«, hörte ich mich selbst reden. Dennoch, irgendwie war ich ganz zufrieden, trotz meiner großen Schmerzen. Schließlich hatte ich ihn entlarvt. Das Spiel aus Drohung und Erpressung, Fälschung, Lüge, Malzkaffee und Zigarettenanbiederung, das sich Vernehmung nannte, hatte ich nun durchschaut. Die Inquisition würde mich nicht brechen können. Das nahm ich mir fest vor.

Ich hatte den Alarmknopf gedrückt. Die Futterluke flog auf. »Was willst du?«

»Holen Sie bitte den Arzt, ich bin verletzt und habe Schmerzen.« Die Klappe flog wieder zu. Kurz darauf Schlüsselrasseln. Die Tür öffnete sich, doch nicht der Arzt, sondern ein mir unbekannter, überaus fetter Zivilist mit hängenden Wangen betrat die Zelle. Die Posten blieben wieder draußen.

»Rechts, was wollen Sie?« – »Sind Sie Arzt?« – »Ich bin der Leiter dieser Anstalt.« – »Auch gut. Schauen Sie mich bitte genau an, kommen Sie ruhig näher und betrachten Sie mich. Ich habe wahrscheinlich eine handfeste Gehirnerschütterung. Könnten Sie außerdem bitte das Wasser andrehen, damit ich mein Gesicht und die Kopfwunde waschen kann. Was ich brauche, ist ein Arzt.« – »Das haben Sie sich selbst zuzuschreiben, Rechts. Sie haben Ihren Vernehmer angegriffen.« – »Ach, woher wissen Sie denn das? Waren Sie etwa dabei? Warum sollte ich das tun?« – »Sie sind nicht ohne Grund bei uns.« – »Ich bin nicht hier, weil ich gewalttätig bin. Ich bin vom Vernehmer zusammengeschlagen worden, weil ich bei ihm gefälschte Protokolle gesehen habe und ihn darauf ansprach. Das – und ich zeigte auf meinen Kopf – war seine Reaktion darauf.«

Ich erzählte ihm haarklein den ganzen Vorgang. Seine tiefliegenden Schweinsäugelein waren noch enger geworden. »Rechts«, zischte er durch die Zähne, »wenn Sie nicht sofort Ihr verdammtes Hetz- und Lügenmaul halten, werden Sie wohl wieder ausrutschen. Dann ist das andere Auge auch noch zu. Ich erlaube Ihnen für den Rest des Tages, dass Sie sich aufs Bett legen. Einen Arzt gibt es nicht. Ich drehe Ihnen das Wasser auf, und dann können Sie sich waschen.« Er drehte sich um und quetschte sich aus der Zelle.

Die Tür wurde verschlossen, und das Wasser kam. Behutsam wusch ich mein Gesicht und die Kopfwunde. Der Anstaltsleiter, hier besser als »Schweinebacke« bekannt, hatte seinem Namen alle Ehre gemacht. Es war nicht unsere letzte Begegnung. Ich fühlte mich sehr allein, sehr einsam.

Mir blieben nur meine Träume. In ihnen vollzog ich die Flucht aus einem Land, das mich schon vorher krank gemacht hatte, das nie mein Vaterland gewesen war. Unzählige Male in immer neuen Varianten. Immer passierte ich am Ende die Grenze. Sie lag in einem diffusen, bedrohlichen Dunkel. Ich spürte die Gefahr. Langsam und geduckt schlichen Soldaten mit bleckenden Masken auf mich zu, Hände zerrten an mir. Ich riss mich los, lief weiter, immer weiter. Kniehohes Gras peitschte meine Beine. Ich verdoppelte meine Anstrengung zu entkommen. Mein Herz schlug wie rasend. In Abständen ertönte ein dumpfer Knall wie ein Kanonenschlag. Wieder und wieder. Ein neuer Knall warf mich zurück in die Wirklichkeit. Draußen trat jemand gegen die Zellentür. Ich richtete mich mit einem Ruck auf. »Hören Sie auf zu schreien, Rechts, sonst geht's in den Keller!«, rief der Posten durch die offene Futterluke. Träume dieser Art würde ich nie mehr loswerden.

1 Walter Ulbricht (1893–1973), von 1950 bis 1971 Parteichef der SED, von 1960 bis zu seinem Tod Staatsratsvorsitzender der DDR.

2 In den Tagen um den 17. Juni 1953 kam es in der DDR zu einer spontanen Volkserhebung gegen das SED-Regime. Hunderttausende Arbeiter traten in den Streik, auf Demonstrationen in Berlin und zahlreichen weiteren Städten wurden freie Wahlen gefordert. Bürger besetzten vielerorts die Gebäude der Staats- und Parteiführung und verlangten die Freilassung aller politischen Häftlinge. Der Aufstand wurde durch sowjetische Truppen niedergeschlagen.

3 In der damaligen Krise legten sich die Eltern von Wolfgang Welsch einen Vorrat an Mehl und Trinkwasser zu.

4 Goebbelsschnauze: Radiogerät aus der Zeit des Nationalsozialismus, das im Volksmund nach dem Reichsminister für Propaganda Joseph Goebbels (1897–1945) benannt wurde.

5 Tausendjähriges Reich: Propagandabegriff aus der Zeit des Nationalsozialismus für das NS-Regime.

6 Volksempfänger: Radiogerät aus der Zeit des Nationalsozialismus, das vor allem als Propagandainstrument diente.

7 Ungarische Revolution: Ungarischer Volksaufstand, der am 23. Oktober 1956 mit einer Großdemonstration in Budapest begann und am 4. November 1956 durch sowjetische Truppen niedergeschlagen wurde.

8 Wladimir Iljitsch Lenin (1870–1924), Chef der Kommunistischen Partei Russlands und Begründer der Sowjetunion.

9 Sarah Kirsch (geb. 1935), deutsche Schriftstellerin.

10 Wolf Biermann (geb. 1936), deutscher Liedermacher und Lyriker. 1961 gründete er das »Ost-Berliner Arbeiter- und Studententheater«, das er bis zu dessen Verbot (1963) leitete. Nach Veröffentlichung seines ersten Gedichtbandes »Drahtharfe« in der Bundesrepublik (1965) erhielt er in der DDR Auftritts- und Publikationsverbot. Ein Konzert in Köln nahm die SED-Führung 1976 zum Anlass, ihm die DDR-Staatsbürgerschaft abzuerkennen und ihn auszubürgern.

11 Hermann Kant (geb. 1926), deutscher Schriftsteller und Vorsitzender des DDR-Schriftstellerverbandes.

12 Anspielung auf die Propagandafloskel, die DDR sei ein Arbeiter-und-Bauern-Staat.

13 IFA H3A: erster in der DDR entwickelter Lastwagen.

14 Barkas B 1000: DDR-Kleintransporter, der auch als Gefangenenfahrzeug genutzt wurde. Die Fahrzeuge waren als Lieferwagen getarnt.

15 Bruno Apitz (1900–1979), deutscher Schriftsteller.

16 Feliks Dzierzynski (1877–1926), Gründer und Leiter der sowjetischen Geheimpolizei.

17 Muckefuck: kaffeeähnliches Getränk ohne Koffein.

18 DFF: Deutscher Fernsehfunk, DDR-Fernsehsendeanstalt.

19 In MfS-Gefängnissen sorgten rote Ampeln dafür, dass sich die Häftlinge auf den Gängen nicht begegneten.

20 ND: *Neues Deutschland.* Tageszeitung der DDR und Zentralorgan der SED.

21 Kassiber: verbotene schriftliche Mitteilung eines Gefangenen.

22 In einer vorherigen Vernehmung hatte Wolfgang Welsch bereits den Wunsch geäußert, Besuch von seinen Angehörigen zu erhalten. Diese Bitte wurde aber schon da mit der Begründung, er dürfe lediglich schweigen und warten, abgelehnt.

23 Sani: Sanitäter.

ULBRICHTS LETZTE JAHRE

Mehr als zwei Jahrzehnte regierte der Altkommunist Walter Ulbricht die DDR mit harter Hand. Sein Versprechen, die Bundesrepublik zu »überholen, ohne einzuholen«, löste er nie ein. Nach der Niederschlagung des Prager Frühlings 1968 verloren die meisten Ostdeutschen jede Hoffnung auf eine Liberalisierung des sozialistischen Systems. Fieberhaft suchten immer wieder DDR-Bürger nach einer Möglichkeit zu fliehen. Viele von ihnen wurden verhaftet und verschwanden für Jahre in DDR-Gefängnissen.

WERNER BÄCKER
Game over

Werner Bäcker (geb. 1937) war wegen Fluchthilfe von Juli 1966 bis April 1968 mit Unterbrechung in der Untersuchungshaftanstalt des DDR-Staatssicherheitsdienstes in Berlin-Hohenschönhausen und anschließend in der Sonderhaftanstalt Bautzen II inhaftiert.

Langsam wurde es Zeit, dass die beiden ihre Verstecke einnahmen. Etwa 10 km vor dem Grenzübergang zur Türkei ergab sich seitlich des Weges eine geeignete Möglichkeit. Zuerst die Frau. Sie musste nicht unbedingt mitbekommen, wie unbequem es ihr Mann haben sollte Umarmungen nochmals. Hoffnungsvolle Blicke wie aus Hundeaugen. Keine Sentimentalitäten jetzt.

Die Rückwand hinter dem Vordersitz war schnell entfernt. Die Federn der Polsterung des Rücksitzes waren ja rausgeschnitten worden. Sie hatte genug Platz für sich und bekam genügend Luft.

Ich hatte ihnen klargemacht, dass Husten, Räuspern, Niesen oder geräuschvolle Bewegungen fatale Folgen haben könnten. Dies vor allem in den Momenten, in denen der Wagen an der Grenze zum Halten kommt. Keinen Mucks! Beide hatten verstanden.

Dann musste der Mann in sein Versteck.

Ich öffnete die Motorhaube und zog mit schnellen Griffen zwei Schrauben aus dem Kühlergrill. Hinter dem Grill befand sich das dunkle Tuch zur Abdeckung. Somit konnte man nicht sehen, was sich hinter dem Kühlergrill befand. Eine hohe, breite, aber nicht sehr tiefe Öffnung tat sich auf. Der Mann ging in die Hocke. Ich leistete ihm Hilfestellung.

Links seitwärts, noch auf der linken Seite liegend, schob er sich mit dem Oberkörper am Motor vorbei in den Radkasten. Über dem rechten Vorderrad war eine Platte eingeschweißt, auf der nun der Oberkörper ruhte. Hüfte und Beine befanden sich zwischen Kühlergrill und Kühler. Der Mann fluchte. Wir hatten das alles zigfach getestet, aber leider mit kaltem Motor. Die Motorhitze war wohl enorm. Außerdem verbrannte er sich den Oberschenkel am Kühler. Zu spät. Ich fand die Situation auch nicht gerade toll. Aber um den Preis der Freiheit?

Es ging los. Langsam. Ich fragte, wie es den beiden ginge. Die Frau war zufrieden, der Mann wohl weniger. Er sagte keinen Ton mehr. Die Nervenanspannung stieg ins Grenzenlose.

Da war sie. Plötzlich und unerwartet tauchte die Grenzstation auf. Kein vorheriger Hinweis, kein Schild und keine Laternen. Eine schwach beleuchtete Postenstelle, die eher einer verlassenen Tankstelle glich. Schnell versuchte ich, die Lage einzuschätzen.

Einfach los und Gas geben? Aber was war direkt am Schlagbaum? Drahtseile? Wassergefüllte Gräben, die durchfahren werden müssten?

Ein Mann trat aus der Tür. Seine Uniform glich der Montur der Russen im Zweiten Weltkrieg. Auf dem Rücken hing eine PPSch-41 »Balalaika«[1] mit rundem Trommelmagazin. Absolut zuverlässig, obwohl nicht mehr ganz zeitgemäß. Die Uniform war fleckig, die Stiefel mit Staub bedeckt. Ein einsamer Orden schmückte die linke Brust. Alles registrierte ich blitzschnell. Sollte er mich zum Handeln zwingen, würde ich ihn mit der Fahrzeugtür umhauen. Doch er hielt Abstand zum Wagen. »Dokumentär«, forderte er.

Ich reichte ihm meinen Reisepass. Er blätterte den Pass auf und sah sich die Seiten sehr genau an. Er schüttelte den Kopf. Verneinte er? Später erfuhr ich, Kopfschütteln bedeutet bei den Bulgaren »ja«, Nicken hingegen »nein«.

Mit dem Pass in der Hand trottete er los in Richtung Wachlokal. Über die rechte Schulter blickend deutete er an, dass ich ihm folgen solle. Klar doch, dachte ich, er muss dir ja einen Stempel in den Pass drücken.

Ich öffnete die Pkw-Tür, ließ sie aber weit offen stehen. Man weiß ja nie. Zeit könnte eine große Rolle spielen. Wenn ich zum Beispiel mit einem Satz in den Wagen zurückmüsste.

Zeit sollte ab diesem Moment für die nächsten Jahre keine Rolle mehr für mich spielen. Zeit sollte ich genug haben.

Schlagartig wurde es taghell an der alten »Tankstelle«. Blendende Scheinwerfer wie in einem riesigen Fußballstadion.

Vorn an der Grenze stieg eine farbige Leuchtrakete in den Himmel. Wie aus dem Boden gestampft, standen plötzlich jede Menge bulgarische Milizionäre und Sowjetsoldaten mit Maschinenwaffen im Anschlag im Kreis um das Auto. Kurze gutturale Befehle. Eindeutig die Aufforderung, mich flach auf den Bauch zu legen. Ein Dutzend Maschinenpistolenläufe verliehen ihr Nachdruck. Fini, Game over, das Spiel ist vorbei, Feierabend! Zielstrebig ging ein höherer Dienstgrad auf den Opel zu. Nachdem er den Kofferraum geöffnet hatte, rief er etwas hinein. Dabei lud er die Pistole durch und zielte wohl auf die Rückwand des Rücksitzes.

Zu meinem Erstaunen half er der Frau sehr höflich, ja fast schon galant aus ihrem Versteck. Hocherhobenen Hauptes schritt sie vorbei, mich keines Blickes würdigend. Nun wartete ich darauf, dass man ihren Mann aus seinem Versteck befreien würde. Nichts geschah. Durch Gesten versuchte ich darauf aufmerksam zu machen, dass noch jemand im Wagen ist. Man schüttelte den Kopf, was ja Zustimmung bedeutete, tat aber nichts.

Schließlich rief die Frau aus dem Wachlokal etwas heraus, das wie Russisch klang. Richtig, sie waren ja Riga-Deutsche. Sofort stürzten einige Leute raus.

Mich hatte man inzwischen in das Gebäude gebracht und mit Handschellen auf einem Stuhl fixiert. Nach dem Krach zu schließen, zerlegten sie das Auto inzwischen in seine Einzelteile. Dann fanden sie den Mann. Mit starken Verletzungen an den Oberschenkeln schleiften sie ihn in einen Nebenraum. Einige

Milizionäre kamen zu mir, grinsten und schlugen mir kumpelhaft auf die Schulter, so als wollten sie die gescheiterte Flucht nachträglich als Meisterleistung würdigen.

Nachdem man uns in Fahrzeuge verfrachtet hatte, gingen die Lichter an der Grenze wieder aus. Mücken und Motten schwirrten um die nun wieder spärliche Beleuchtung. Von türkischer Seite aus wurde übrigens alles beobachtet.

* * *

Meine Mutter hatte Feierabend. Wie jeden Abend saß sie vor dem Fernseher und lackierte gerade die Fingernägel. Im Fernsehen lief gerade die Berliner Abendschau; eine Art Sondermeldung! Auf dem Bildschirm, umgeben von zwei muskulösen Stasi-Männern, stand ihr Sohn, in Lumpen und in Ketten. Es war eine Sondermeldung des Ostfernsehens, die mitteilte, dass im sozialistischen Bruderland Bulgarien ein Provokateur und Grenzverletzer festgenommen worden sei. Dieser Fluchthelfer, wie der Sprecher sagte, würde angesichts des bevorstehenden 13. August 1966, des Jahrestages des Baus des »antifaschistischen Schutzwalles«, vor Gericht gestellt werden.

Jahre später erzählte mir meine Mutter, wie sie von meiner Festnahme erfahren hatte. Ich hatte zwar Fotografen bemerkt, Fernsehkameras waren mir aber nicht aufgefallen. Erst als alle Passagiere das Flugzeug verlassen hatten, war ich an der Reihe. Zwei neue Stasi-Leute lösten die beiden Helden neben mir ab. Staatsanwalt und Major verschwanden.

In einem Barkas[2] ging es durch Ost-Berlin. Eingepfercht wie ein Stück Vieh. Die Luft in dem Besenschrank, in dem ich glaubte zu sitzen, stank penetrant nach Zweitakt-Gemisch. Irgendwann hielt der Barkas. Stimmen, militärische Kommandos! Sofort fiel mir der sächsische Dialekt auf. Ein furchtbares Kauderwelsch. Ich erinnerte mich sofort an eine Behauptung, dass besonders linientreue Sicherheitskräfte aus Sachsen kämen.

Die Tür des Barkas öffnete sich. Handschellen hatte ich keine mehr an. Die bulgarischen Ketten waren schon auf dem Flugplatz mittels eines Bolzenschneiders durchtrennt worden. Dabei wurden mir fast die Hand- und Fußgelenke gebrochen. Auf die Bulgaren verspürte ich keinen Hass. Dieses arme Land war, ohne gefragt zu werden, vom Kommunismus einverleibt worden.

Das war es nun, dachte ich. Ich war im ersten sozialistischen Arbeiter- und Bauernstaat der deutschen Geschichte gelandet. Mitten in Berlin-Hohenschönhausen.

Ich erinnerte mich an Luftbilder. Diese konnten bei weitem nicht zeigen, wie es wirklich dort aussah. Die Stasi hatte bemerkt, dass die überfliegenden Zivilmaschinen der Pan Am oder der British Airways Luftbilder machten, und hatte irreführende Gegenmaßnahmen getroffen. Einzelne Objekte wurden besser getarnt. Die »Hundekäfige«, in denen die Gefangenen ihre Freistunde verbringen »durften«, wurden meist nur außerhalb der Linienflugzeiten benutzt. Nahten Flugzeuge, wurde der Laufsteg über den Gefangenenbuchten von den Aufsehern sofort geräumt, die sich dann in den Wachturm zurückzogen. Erwartungsvoll stellte man sich als Gefangener dann in die Mitte des Käfigs. Das Haupt nach oben gerichtet in der Hoffnung, dass die da oben Fotos machten. So scharfe Aufnahmen, dass man das Gesicht darauf erkennen konnte. An dieser Stelle sei bemerkt, dass das Interesse des Westens an uns »kleinen Würstchen« nicht gerade berauschend war. Zwischen den Anwälten Stange (BRD)[3] und Vogel (DDR)[4] lief zwar ein Freikaufdialog, das aber war es dann auch schon. Immerhin wurde gehandelt – mit Menschen als Ware.

In Hohenschönhausen kam die Ware meist aus dem langen, grauen Zellentrakt, in dem das MfS (Ministerium für Staatssicherheit) seine Klientel unterbrachte – Saboteure, Fluchtwillige, Fluchthelfer und Spione. Das Geschäft war für das Regime sehr einträglich, brachte es doch Devisen: Westwährung, Dollar und DM[5], die der marode Staat so dringend benötigte. Von Mangel an Devisen schien bei den Herren von der Stasi keiner etwas gehört zu haben. Sie trugen feine Westklamotten und teure Uhren. Selbst Feuerzeuge der Marke Dupont durften nicht fehlen.

Den Inhalt der Westpakete für die Inhaftierten in Hohenschönhausen und anderswo fraßen diese Typen selbst auf. Westautos vom Feinsten standen in der Fahrbereitschaft, natürlich mit westdeutschen Kennzeichen. Die Stasi verkehrte schließlich in West-Berlin, wann und wo sie wollte.

Nun war das System in der Ostzone/DDR so aufgebaut, dass das Anschwärzen und Denunzieren schon den Kleinsten eingebläut wurde. Dem Ministerium für Staatssicherheit konnte darin keiner auch nur annähernd das Wasser reichen. Chapeau, Herr Wolf[6]. Diese Erkenntnis bleibt als fader Beigeschmack. Schließlich sollte es Jahre dauern, bis ich »freigekauft«[7] werden sollte.

So weit war es 1966 noch lange nicht. Nun stand ich auf dem Hof des Gefängnisses. Zügig ging es dann durchs Gebäude. Begleitet von zwei unbewaffneten Frauen in der NVA-ähnlichen Stasi-Uniform. Frauen? Unbewaffnet? Die Stasi war sich ihrer Sache vollkommen sicher. Nur schwer zu erkennen, wo überall die elektronischen Augen saßen. Eine der beiden Frauen war ziemlich hübsch, die andere weniger. Die Damen sahen ungeniert zu, wie ich entlaust, geduscht und eingekleidet wurde. Ich erhielt ein gestreiftes Hemd, eine verwaschene blaue Arbeitshose und Schuhe. Zumindest sahen die Treter aus wie Schuhe. Eine Decke und ein Handtuch kamen dazu.

Die Zelle war ziemlich hell. Grelles Licht hinter Draht über der Tür. Gegenüber der Tür befand sich ein Fenster aus Glasbausteinen, kein richtiges Fenster. Durch die Glasbausteine konnte man nichts erkennen. Links neben der Tür eine Toilettenschüssel, offen und ohne Deckel. Durch den Spion in der Tür konnten die Wärter auch die Toilette beobachten. An der rechten Wand ein Betonabsatz als Liegestatt. Ein weiterer Betonabsatz an der gegenüberliegenden Wand. Zwischen den Schlafgelegenheiten ein Tisch. Die Wände graublau gestrichen. Ein Waschbecken mit Wasserhahn. Sonst nichts. Vor allem nicht die geringste Möglichkeit, etwas abzumontieren.

Die Tür wurde verriegelt. Absolute Stille, kein Ton zu hören. Man konnte nicht feststellen, woher Frischluft kam. Bei der Essensausgabe mussten die Gefangenen von der Tür zurücktreten. Die Klappe ging auf, ein Blick aus gebührender Entfernung, dann wurde das Essen durchgereicht. Zum Leben zu wenig, zum Verhungern zu viel.

Zunächst jedoch begannen die Vernehmungen. Mein spezieller Freund aus Bulgarien, der Stasi-Major, und ein hagerer Blonder wechselten sich ab. Beide waren die gleichen Ekel, arbeiteten aber mit unterschiedlichen Vernehmungstaktiken. Fuhr sich einer fest, machte der andere am nächsten Tag an der gleichen Stelle weiter, auf seine Weise.

Der Vernehmungsraum war ein ganz normales Büro mit quadratischem Grundriss. Ich saß auf einem Stuhl links neben dem Eingang, die Hände auf den Knien. Vor dem mit einem Vorhang verhängten Fenster standen ein Schreibtisch sowie der Stuhl des Stasi-Vernehmers. Kein technischer Schnickschnack. Ein Bild von Erich Honecker[8] verunzierte den Raum. Man machte keinen Hehl daraus, dass meine Überstellung – oder besser gesagt: meine Entführung – aus Bulgarien beinahe gescheitert wäre. Man gestand offen ein, dass die Genossen aus Südosteuropa eine etwas differenziertere Auffassung vom Sozialismus und besonders vom Kommunismus hätten. Nur, bis ich darüber im Westen meine Freude kundtun könne, vergingen bestimmt Jahre. Bis dahin hätte man die Genossen Bulgaren schon auf Spur gebracht. Der Witz der Vernehmungen bestand zunächst darin, den Vernehmenden nach Möglichkeit aus der Fassung zu bringen. Stunden- und tagelang immer die gleichen Fragen. Zur Familie, zur Person, zum Zweiten Weltkrieg und zur Rolle meines Vaters bei der Waffen-SS[9], zur Fremdenlegion[10] und zu hundert anderen Dingen. Sprunghaft von einem Thema zum nächsten.

Scheinbar ohne System kamen immer wieder die gleichen Fragen. Je öfter das Gleiche gefragt wurde, desto besser bekam man seinen Grips in den Griff. Viele Gefangene sind bei dieser Art der Befragung aus dem Ruder gelaufen. Die Befragungen waren zwar anstrengend, wurden aber bald zur Routine für mich. Selbst der Stasi fielen letztlich keine neuen Fragen mehr ein. Die unzähligen Beleidigungen meiner Eltern und verwandter Personen gehörten wie selbstverständlich dazu.

Besonders heiß wurden sie immer, wenn das Thema Fluchthilfe und die Organisation Schütz-Bley[11] an der Reihe waren. Sofort war ich hellwach. Ich bestätigte nur, was sie bereits wussten. Leugnen half nichts. Sonst keine Angaben. Sie gaben sich teilweise selber Antworten auf Fragen, die nur ganz wenige von uns in der Organisation wussten. Nun war es an mir, den Erstaunten zu spielen. Mein Spiel durchschauten die Stasi-Leute aber ebenfalls, und so endeten die Vernehmungen meist mit Beschimpfungen und irren Strafandrohungen. Kurz, am Ende erfuhr ich mehr über die Organisation Schütz-Bley durch die Stasi, als ich zuvor im Westen gewusst hatte.

Natürlich schoben sie mir auch alles Mögliche in die Schuhe. Manchmal ging es haarscharf am Eingemachten vorbei. Die Stasi kam manchem Fall von Schleusung oder Republikflucht, von dem ich wusste oder an dem ich persönlich beteiligt war, sehr nahe. Für die Vernehmer war ich jene Person in der Organisation Schütz-Bley, von der sie nur gehört, die sie aber niemals fotografiert hatten. Um wen es sich genau handelte, wussten sie nicht. Nun glaubten sie, diese Person zu haben.

Der Major erklärte mir eines Tages, dass er am Ausgang des Prozesses gegen mich keinerlei Zweifel hätte. 15 Jahre seien Standard. Ich bestreite nicht, dass sich mir die Fußnägel dabei kräuselten. Obwohl mir damals schon bekannt war, dass diese unmenschlichen Strafen in der Regel nach zwei Jahren endeten. Die Bundesrepublik kaufte ihre Schäfchen wieder frei. Ein winziger Funken Hoffnung blieb also.

Verstärkt versuchten sie, mir nun die Errungenschaften und Perspektiven des Sozialismus und vor allem des Kommunismus beizubringen. Sachte geäußerte Zweifel an der Echtheit des vom Bauernstaat praktizierten Sozialismus hatten zur Folge, dass ich regelrecht niedergebrüllt wurde. Allerdings haben mich die Stasi-Leute in Hohenschönhausen nicht geschlagen. Alles an seinem Ort.

Der Major und der farblose andere Stasi-Vernehmer erklärten

mir kurz vor dem Prozess den genauen Ablauf. Ja, selbst einen Pflichtverteidiger würde ich für die zwei Prozesstage bekommen. Allerdings erhielte ich keine Möglichkeit, mit dem Verteidiger eine Verteidigungsstrategie auszuarbeiten. So nach dem Motto: Warum lässt man die ausreisewilligen Bürger der DDR nicht gehen? Warum versuchen sie zu flüchten? Schön wäre es ja. Nein, keine Absprachen mit dem Pflichtverteidiger. Der Prozess würde vor dem Obersten Gericht der DDR stattfinden. Den Vorsitz als Richter hätte ein gewisser Genosse Ziegler. Später erfuhr ich, dass Ziegler ein Zögling der berüchtigten »roten Hilde«, sprich Hilde Benjamin[12], war, einer besonders berüchtigten Schergin des SED-Regimes. Hochrangige Sachverständige und Gutachter würden den Prozess begleiten. In den ersten Reihen würden verdiente Parteigenossen in Ledersesseln Platz nehmen. Dahinter drei Reihen für die eingeladene Presse, auch Westpresse. (Tatsächlich soll sich auch ein Schreiberling aus dem Westen gefunden haben, der für irgendein kommunistisches Käseblatt arbeitete.) Das Gros der Zuhörer stellten jedoch verdiente Arbeiter und LPG[13]-Bauern sowie Armeeangehörige. Alles ausgewählte Leute.

Bis zum Prozessbeginn hatte ich jegliche zeitliche Orientierung verloren. Keine Zeitung, kein Radio oder gar Fernsehen, nichts. Vor dem Prozesstag durfte ich duschen. Ich wurde rasiert, und man verpasste mir einen geruchsneutralen Anzug nebst Zubehör, anzuziehen am kommenden Morgen, dem ersten Prozesstag. Man schnitt mir die Haare. Innerlich war ich sehr gefasst. Die werden nicht erleben, dass ich einknicke, schwor ich mir. Keinesfalls. Dann ging es nochmals zu »meinen« beiden Stasi-Leuten.

Wir waren uns noch genauso unsympathisch wie am ersten Tag. Ein lockeres Schwätzchen. Jetzt nur den Delinquenten nicht noch verunsichern. Da kam der Hammer vom Stasi-Major: Sollte auch nur der geringste Zwischenfall von mir beabsichtigt sein, würde man mir blitzschnell anstatt sechs Jahren Haft lebenslänglich aufbrummen. Das ginge ganz schnell. Dabei öffnete der Stasi-Mann eine Schublade und entnahm dieser eine Akte.

Hatte ich schon einen trockenen Hals, sollte mir gleich die Luft wegbleiben.

»Was sagen Sie denn zu der von Schütz-Bley und Ihnen geplanten Flugzeugentführung?« Das war es, dachte ich. Immer hatte ich gehofft, dass ausgerechnet dieser Punkt nie aufs Tapet käme. Nun war er da. Ich schluckte, behielt aber die Fassung. Ich versuchte, so erstaunt oder so blöd als möglich aus der Wäsche zu gucken. »Natürlich keine Ahnung, wovon ich spreche«, so der Major. Weiter gespieltes Erstaunen. »Na, dann werde ich Ihnen auf die Sprünge helfen.«

Dann erzählte er Dinge, die nur im engsten Kreis von Schütz-Bley und mir besprochen worden waren. In stundenlangem Kreisen um die Frage, wie man Fluchtwillige aus der Zone loseisen könne. Es wäre wohl die erste Flugzeugentführung in Europa geworden. Jährlich fand die Leipziger Messe statt. Aus allen Teilen der Welt kamen Aussteller und Besucher. Maschinen der Interflug[14] brachten die internationalen Gäste von Berlin-Schönefeld nach Leipzig. Durch Kuriere informiert, sollten die Fluchtwilligen, die sich untereinander nicht kannten, an einem bestimmten Tag zu einer bestimmten Zeit eine bestimmte Maschine der Interflug buchen. Dieses allein schon wäre eine subversive Meisterleistung gewesen. Das Flugzeug vom Typ Iljuschin sollte auf dem Flug von Berlin nach Leipzig entführt werden. Drei unserer Leute an Bord würden kurz nach dem Start das Cockpit stürmen. Dabei spielte ein kegelförmiger, spitz zulaufender Schlüssel eine Rolle, mit dem sich damals so ziemlich jede Flugzeugtür öffnen ließ. Einer sollte an der Tür bleiben und die Fluggäste beruhigen. Zwei Mann sollten den Piloten dazu bringen, die Maschine nach Berlin-Tempelhof zu steuern. Bei Widerstand des Piloten sollte der Copilot mit einem Oberschenkeldurchschuss verletzt werden. Man hoffte dann auf die Einsicht des Piloten. Sollte er weiter störrisch bleiben, hätte es ihn ebenfalls erwischt. Einer von uns hätte sich vor der ganzen Aktion praktische Flugkenntnisse angeeignet, so dass mit Hilfe des Towers in Berlin-Tempelhof eine Notlandung möglich gewesen wäre.

Zu den Vorbereitungen gehörte auch das Abhören des Funk-

verkehrs. Wichtig auch deshalb, weil die sowjetischen Abfang-
jäger etwa 13 Minuten gebraucht hätten, um zu starten und die
Maschine zu stellen. Acht Minuten sollte der Flug von Berlin-
Schönefeld nach Berlin-Tempelhof dauern, mit 40 bis 50 Flucht-
willigen an Bord. So weit unsere damaligen Gedanken, die ein
Planungsstadium aber längst nicht erreicht hatten.

Ruhig und ohne sichtliche Erregung erzählte mir der Major
davon. Mir war klar, dass diese Angelegenheit viele zusätzliche
Jahre im Zuchthaus bringen könnte. Meine Gegenargumente
wurden überhört. Man wolle ja nur andeuten, was alles möglich
sei, wenn ich aus der Reihe tanzen würde. Das ganze Theater
sollte nämlich live im Ostfernsehen gesendet werden. Zuletzt
sogar ein dezenter Hinweis vom Major. »Ihre Leute« – gemeint
waren Schütz-Bley – ›sollten nicht zu viel auf Papier kritzeln.«
Ich hatte verstanden. Sicherlich hatte jemand in irgendeinem
Café oder einer Kneipe Gedanken zu Papier gebracht. Diese Zettel sind wohl sorgfältig von Stasi-Zuträgern gesammelt worden.
Diese Gedanken beschäftigten mich die ganze Nacht. Hatten wir
einen Maulwurf in unseren Reihen?

Am Ende dann das Urteil: sechs Jahre Freiheitsentzug. Erst
1971, fünf Jahre nach meiner Verhaftung, gelangte ich zurück in
die Bundesrepublik.

---

1 PPSch-41 (»Balalaika«): russischer Waffentyp.
2 Barkas B 1000: DDR-Kleintransporter, der auch als Gefangenenfahrzeug genutzt wurde. Die Fahrzeuge waren als Lieferwagen getarnt.
3 Dr. Jürgen Stange, Rechtsanwalt in West-Berlin, beteiligt am Häftlingsfreikauf.
4 Dr. Wolfgang Vogel (1925–2008), Rechtsanwalt, Bevollmächtigter der DDR-
   Führung für humanitäre Fragen und Unterhändler beim Häftlingsfreikauf.
5 D-Mark: Deutsche Mark.
6 Markus Wolf (1923–2006), von 1952 bis 1986 Chef der DDR-Auslandsspio-
   nage, ab 1956 Hauptverwaltung Aufklärung (HVA) des MfS.
7 Zwischen 1963 und 1989 wurden 33 755 politische Häftlinge von der Bundesrepublik freigekauft. Die DDR bekam für ihre Freilassung ca. 3,5 Milliarden
   D-Mark.
8 Erich Honecker (1912–1994), von 1971 bis 1989 Parteichef der SED und Vor-

sitzender des Nationalen Verteidigungsrates der DDR, ab 1976 auch Staatsratsvorsitzender.

9 Waffen-SS: der militärisch bewaffnete Teil der SS (Schutzstaffel) während des Zweiten Weltkrieges.

10 Fremdenlegion: militärische Einheit aus Freiwilligen, die als Zeitsoldaten im Dienst der französischen Streitkräfte standen.

11 Organisation Schütz-Bley: Fluchthilfeorganisation in West-Berlin.

12 Hilde Benjamin (1902–1989), von 1949 bis 1953 Vizepräsidentin des Obersten Gerichts, von 1953 bis 1967 Justizministerin der DDR.

13 LPG: Landwirtschaftliche Produktionsgenossenschaft.

14 Interflug: DDR-Fluggesellschaft.

ANATOL ROSENBAUM
Das Schachspiel

Der jüdische Arzt Anatol Rosenbaum (geb. 1939) war nach einem Fluchtversuch von Dezember 1968 bis Juli 1969 in der Untersuchungshaftanstalt des Staatssicherheitsdienstes in Berlin-Hohenschönhausen und anschließend im DDR-Strafvollzug inhaftiert.

Die große schwarze Limousine vom Typ Tatra hält mit einem Ruck, nachdem sie in schneller Fahrt eine Schleuse aus zwei großen Eisentoren passiert hat.

»Raustreten!«, rufen die bewaffneten Uniformierten, den Hof entlang, dann ein langer Gang, der in einen hell erleuchteten Raum mündet. Die Handschellen werden endlich abgenommen. »Ausziehen!«, ruft ein bulliger Unteroffizier der Staatssicherheit, ich reagiere nicht. »Sind Sie taub? Wir werden Ihnen hier schon Beine machen!« Beine breit, abtasten, grobe rektale Untersuchung, Behandlung wie die eines Verbrechers.

Mein Verbrechen besteht darin, zusammen mit meiner Familie das unfreie Land des roten Sozialismus verlassen zu wollen. Duschen, Desinfektion. Nur die Gedanken können sie nicht desinfizieren. Häftlingskleidung, Hemden wie auf dem Fischmarkt oder einem Fischkutter, mit blauen Streifen. Hosen und Jacken, alte verschlissene, braun eingefärbte Uniformen der Nationalen Volksarmee mit großen gelben Streifen zur Kennzeichnung auf dem Rücken und den Hosennähten. Ach, wäre ich doch auf einem Fischkutter auf hoher See, raus aus dem kleinbürgerlichen Mief ihres Sozialismus – oder besser: dem, was sie aus dem

Sozialismus gemacht haben. Die See ist offen, ein Auf und Ab. Hier im Lande soll alles genormt sein, nichts soll sich rühren, keine Gedankenwellenbrecher peitschen, die das Land erreichen. Und wenn man gedanklich ausbricht, dann peitschen sie einen hierher – ins Untersuchungsgefängnis der Staatssicherheit in Berlin-Hohenschönhausen.

Zwei Posten, diesmal unbewaffnet, begleiten mich in mein neues sozialistisches Zuhause. In Hohenschönhausen beginnt meine Häftlingsodyssee. Nur, Odysseus[1] kämpfte gegen Riesen, ich war wohl der kleine Muck[2], aber ich verkannte damals meine Situation und die Realität, dass die Staatssicherheit stärker war, und beschloss, der Gewalt zu widerstehen.

Zunächst gewöhne ich mich an die Dunkelheit. Eine spärliche Birne leuchtet über der Eisentür. Unheimliche Stille. In der Dunkelheit erkenne ich, dass die Wände grau gestrichen sind. Das Fenster ist mit Glasbausteinen vermauert. Ich lege mich auf die Holzpritsche und decke meinen Kopf mit einer dünnen grauen Decke zu, als ob ich mich hinter dieser Decke verstecken könnte. Ich will die Situation immer noch nicht wahrhaben. Heftiges Klopfen an der Eisentür: »Kopf frei!« Der Kopf des Gefangenen muss immer sichtbar sein.

Lautlos, wohl auf Socken, schleichen die Wachposten auf dem Flur und blicken durch den Spion an der Tür.

Es folgen quälende Tage mit endlosen Verhören. Offiziere und Soldaten tragen das Feldgrau der Nationalen Volksarmee. An verhörfreien Tagen, ohne jegliche Lektüre, glitt ich ins Grübeln ab. Mein Denken beschloss ich »Denkeln« zu nennen. Diese roten Offiziere waren besessen, aus mir einen Spion zu machen. Ist die Staatssicherheit schuld? Nein, nicht allein, alle machten sich mitschuldig. Aber später wird es so sein wie nach 1945. Einige Verbrecher werden bestraft, und das Volk spaziert in die nächste Epoche. Sie haben alle nichts gewusst. Ich fühle mich einigermaßen sicher. Zwar tragen die Schergen ähnliche Uniformen, denke ich zornig, und sie schreien das gleiche Kommandodeutsch, aber es gibt noch ein anderes Deutschland mit einer freien Presse wie dem *Spiegel*.

Auch leidet die DDR unter chronischem Arbeitskräftemangel, und trotzdem ruft ein aufgebrachter Gefreiter, als ich nicht schnell genug zur »Freistunde« marschiere: »Der Galgen ist schon für dich gebaut.« – »Freistunde«– in Wahrheit ein zehn Minuten dauerndes Luftschnappen in einer Einzelzelle auf dem Hof.

Nach vier Tagen werde ich von zwei unbewaffneten Soldaten aus der Zelle geführt. Wir betreten einen hell erleuchteten Raum im Erdgeschoss. Hinter dem Schreibtisch rekelt sich ein auffällig großer, blonder junger Mann in Zivil – der Untersuchungsrichter. Sein Blick ist stechend und bohrend. Ich muss stehen bleiben. Jetzt blättert er in einer auf dem Schreibtisch liegenden Akte. Ich habe Zeit, mich umzusehen. Hinter dem Schreibtisch hängt ein großes Bild von Feliks Dserschinskij.[3] Im Kopf schwirren die Gedanken. Welcher Hohn! Die Staatssicherheit spielt Rechtsstaat, setzt hierher einen Richter und verehrt gleichzeitig Dzierzynski, den Gründer der Tscheka – des sowjetischen Geheimdienstes.[4] Nur zwei Monate nach der Revolution in Russland erlangte die Tscheka das Recht, Verdächtige ohne Prozess hinzurichten. Die Losung der Tscheka lautete: »Wir sind das Schwert und die Flamme der Revolution.« Diese Flamme hat in Russland Millionen Menschen verbrannt.

Ich bin anscheinend sehr in meinen Gedanken versunken, denn ich muss die Frage nach meinem Namen wohl überhört haben. Der große Blonde steht jetzt hinter seinem Schreibtisch, ruft laut und gereizt: »Name, nennen Sie Ihren Namen und das Alter!« – »Dr. Anatol Held[5], 29 Jahre alt.« – »Den Doktor können Sie hier vergessen! Beruf?« – »Arzt«, antworte ich, »allerdings soll ich ihn wohl auch vergessen.« – »Wir werden Ihnen das Benehmen schon beibringen. Sie werden in Untersuchungshaft genommen wegen des Verstoßes gegen die Paragraphen 100[6] – staatsfeindliche Verbindungsaufnahme – und 213[7] – illegaler Versuch, die Deutsche Demokratische Republik zu verlassen –, weiterhin wegen eines Devisenvergehens. Ihnen wird vorgeworfen, Ihre Ehefrau gemeinsam mit Ihrem fünfjährigen Sohn zum Versuch des illegalen Verlassens der DDR verleitet zu haben.«

Ich höre ihm zu, und wie Messerstiche wirken die Schreie meines fünfjährigen Jungen, der von den Eltern getrennt wurde. Der Untersuchungsrichter liest monoton den Text weiter. Mir wird im Stehen ganz schwindelig, und ich höre die Worte wie von ferne. Plötzlich ertönt laut die Frage: »Für welchen Geheimdienst arbeiten Sie?« Mir verschlägt es die Sprache, und ich schüttele nur den Kopf. Nach etwa zehn Minuten ist alles vorbei, die Posten drängeln mich zur Tür hinaus und bringen mich in einen anderen Raum.

Nun geht es an meine Hände. Sie werden gepackt und die Finger auf einem großen Stempelkissen abgerollt. Ich bin ihnen wohl zu ungeschickt. Der Posten dreht meine Finger. Sie sind also Fingerverdreher, sonst sind sie auch Gedankenverdreher. Mit den Gedanken haben sie bei mir kein Glück. Selbst hier sind die Gedanken noch frei. Danach folgt die Aufnahme in die »Staatsfeindekartei«. Es wird ausgiebig fotografiert. Sie wollen doch nicht Fotos an meine Familie und Freunde verschicken?

In der Zelle auf meinem Hocker sitzend, fange ich an zu »denkeln«. Ich werde aus meinen Gedanken gerissen, denn man holt mich wieder zur Vernehmung ab.

So vergeht Tag für Tag. Dieses endlos zermürbende Verhör ist hoffentlich bald beendet. Ich sitze auf einem Hocker und kann mich kaum aufrecht halten. Mein uniformiertes Gegenüber, im Sessel hinter einem Schreibtisch, ist ein Leutnant der Staatssicherheit. Er grinst ganz zufrieden: »Bisher hat hier jeder geredet, wir haben viel Zeit, sehr viel Zeit. Geben Sie endlich zu, von wem Sie die falschen Pässe[8] haben. Für welchen Geheimdienst arbeiten Sie?«

Diese Verhöroffiziere haben keinen Namen, sie sind die Herren Vernehmer.

Seine Geduld ist für heute zu Ende, er drückt auf einen Knopf auf dem Schreibtisch.

Nach wenigen Minuten erscheint ein bulliger Gefreiter, ein Läufer, der einen Gefangenen in die Zelle bringt. Vom Vernehmertrakt erstreckt sich ein langer Gang, dann zwei Eisentüren. Nun befindet man sich im Gefangenentrakt. In den Gängen

Ampeln wie im Straßenverkehr. Rot bedeutet, sofort stehen zu bleiben. Bei Grün darf man passieren. Dies alles, um die Isolation perfekt zu machen, man soll keinen anderen Gefangenen zu Gesicht bekommen. Der Läufer geht hinter mir, so kann ich das Rot kaum übersehen. Ich denke, die Ampeln sind sicher aus dem Westen, sonst würden sie doch nicht funktionieren, denn die Ampeln in Ost-Berlin fallen dauernd aus.

Die Zellentür wird aufgeschlossen, in der Zelle steht ein anderer Gefangener, noch ein Junge. Das Gesicht jugendlich gerötet, mit winzigen Barthaaren. »Oh je«, denke ich, »ein Milchreisbubi«. Wenigstens bin ich nicht mehr allein.

»Michael«, murmelt er und gibt mir seine Hand. Sie fühlt sich wie eine Bärentatze an, und überhaupt bewegt er sich wie ein kleiner Bär. Die Stasi ist so konspirativ, dass die eigenen Wachmannschaften die Namen der Inhaftierten nicht kennen. Der Gefangene, der auf der rechten Holzpritsche nächtigen darf, ist Nummer 1. Die linke Seite ist für Nummer 2 vorgesehen. Für mich, die Nummer 1, ist die Zeit des Alleinseins nach einem Monat zu Ende. Wer ist das nun, der meine Einsamkeit durchbricht und etwas Licht in mein Seelendunkel bringen soll? Es ist ein 17-jähriger Junge, ein Spion nach Ansicht der Staatssicherheit. Aus Wut auf seine Lehrer und wohl auch auf die Mitschüler – er wurde dauernd gehänselt – setzte er einen Forstwagen mitten im Wald in Brand. Er murmelt nur: »Ich fackelte ihn ab.«

Sicher, es war Brandstiftung. Was der Junge nicht wusste, der Forstwagen stand an der Grenze zum »Städtchen« in Wandlitz[9], der Residenz von Honecker und Genossen. Nun wurde daraus Sabotage und ein Spionagefall. Die Stasi wollte zu gerne wissen, welcher westliche Geheimdienst den Anschlag auf die Staatsführung der DDR angeordnet hatte. Jetzt sitzt der Junge bei der Stasi in der Spionageabteilung und weiß nicht, wie ihm geschieht. Nachdem er mir die Geschichte stockend und umständlich erzählt hat, flüstere ich ihm zu: »Wir sind wohl beide die großen Meisterspione.«

In der Nacht heult Michael. Ich bin wieder in meinem Element, Kinder- und Jugendarzt, und versuche ihn zu beruhigen.

»Es wird sich alles aufklären, du bist kein Spion.« Wie ich später leidvoll erfahren werde, ist dies ein Irrtum. Wenn die Staatssicherheit sich vornahm, jemanden als Spion und Saboteur zu verurteilen, dann wurden die Tatsachen zurechtgebogen. In diesem Fall wussten sie ganz sicher, dass es sich um eine Pubertätsreaktion handelte.

Nach zwei Tagen, zurückgekehrt vom Freigang in der Frischluftzelle, bin ich wieder alleine. Sie haben meinen jungen Freund verlegt. Was führt die Stasi im Schilde? Frischluftzelle: hohe Betonwände, fünf Meter hoch, kahl, grau, Maschendraht darüber. Als ob man hochklettern und entweichen könnte. Am Rande hoch oben ein Laufsteg, auf dem ein bewaffneter Posten patrouilliert. In der Ecke entdecke ich einen kleinen Löwenzahn. Ich pflücke ihn und stecke ihn hastig in die Tasche. Mir fällt Wolfgang Borcherts Stück »Draußen vor der Tür« ein.[10] Wie schön kann ein Löwenzahn sein! »Raustreten!«, das Frischluftschnappen ist vorbei. Nun folgen wieder die Gänge mit den Ampeln. Die Zellentür wird aufgeschlossen.

Wieder allein. Nachts brennt ständig das Licht über der Zellentür. In der Zelle, statt eines Fensters, undurchsichtige Glasbausteine in zwei Reihen, 120 Zentimeter vom Fußboden entfernt. In der äußeren Reihe gibt es wohl eine Öffnung. Die zweite, innere Glasbausteinreihe hat eine Klappe, die an den äußeren Glasbausteinen angebracht ist. Wenn man sie öffnet, kommt etwas Luft herein. Ein sozialistischer Ventilator, ganz ohne Strom. Klappe auf, Klappe zu!

Die Zellenfarbe Grau soll einen mürbe machen. Aber: völlig ungewöhnlich, ein richtiges WC, ohne Toilettenbrille. Eisentür mit einer Klappe. Die Wachen sprechen nicht. Morgens kommt der Wasserschlauch, man bekommt Wasser und füllt es in eine Waschschüssel. Frühstück, Mittag, Abendessen, Stille. Totale Isolation. Keinerlei Ablenkung. In der DDR waren alle Waren knapp, auch Toilettenpapier. Hier gibt es welches, hart und grau. Leider kein Zeitungspapier, dann könnte man doch etwas lesen. Eine vollendete Organisation. Die Isolierung ist perfekt.

Beim ersten Versuch, Klopfzeichen in die Nachbarzelle zu senden, werde ich sofort ertappt. »Beim nächsten Versuch kommen Sie in den Keller, haben Sie verstanden, Nummer 1?«, brüllt ein ganz junger Gefreiter. Dabei habe ich mir lange überlegt, wie man sich verständigen könnte. Das Morsealphabet beherrsche ich nicht, aber an alte Kriminalromane erinnere ich mich. Einmal kurz klopfen, ein A, zweimal kurz klopfen, ein B und so weiter. Ich kann kurz die ersten Buchstaben meines Vornamens klopfen: A – N – A – bei T ist der Spaß zu Ende. Hier gilt das Sprichwort nicht: »Wer A sagt, muss auch B sagen.«

Man sitzt auf dem Hocker und »denkelt« vor sich hin. Deutsche Demokratische Republik? Sie ist weder demokratisch noch eine Republik. Die Sowjets haben das Sagen. Demokratisch? Wer hat sie gewählt? Republik? Eine Verhöhnung der Bedeutung »Recht des Volkes«. Nein, sie war wohl eher eine Diktatur. Ein Gefangener muss immer den Himmel sehen, so steht es in der UNO-Menschenrechtserklärung.[11] Die undurchsichtigen Glasbausteine sind der Stasi-Himmel.

* * *

Man sollte die Möglichkeit haben, einen Anwalt zu sprechen.

Welcher Hohn! Nach fünf Monaten sehe ich einen Herrn Rechtsanwalt Irmscher, Büro Professor Kaul.[12] Gleich zu Anfang erklärt er mir: »Wir dürfen nur über private Dinge sprechen und die Sachlage Ihres Falles nicht erörtern.«[13]

Privatbesuch statt Rechtsschutz – dennoch frage ich ihn: »Was soll ich in all den Verhören sagen?« Er antwortet: »Immer die Wahrheit.«

Der Besuch des sogenannten Anwalts ist schnell zu Ende. Zurück in der Zelle, denke ich, selbst hier greift die Organisation der Stasi. Im Westen darf Professor Kaul in Prozessen auftreten, und hier schickt er mir einen Anwalt, der nur als Maskerade für dieses System dient. Mir fällt der Satz ein, den ich laut und deutlich damals auf meiner Arbeitsstelle im Kinderkrankenhaus in Berlin-Buch, anlässlich der Aufnahme der DDR in die UNO[14] sagte: »Auf einen Scheißstaat mehr oder weniger kommt es in der UNO nicht an.« Ich dachte dabei auch an die vielen Diktaturen in Afrika und im Nahen Osten. Dieser Satz wurde natürlich registriert. Im Nachhinein wundere ich mich, dass ich nicht schon damals verhaftet wurde.

* * *

Ein neuer Tag, wieder eine Vernehmung. In meiner Akte blätternd, liest mir der Vernehmer meinen »UNO-Satz« vor. Ja, meine Akte. Wir Ärzte nennen das Anamnese, die Vorgeschichte. Meine ist lang. Ein Netz von Zuträgern umspannt die DDR. Die Stasi notiert alles. Studienzeit, persönliche Beziehungen, Verhalten auf der Arbeit, wissenschaftliche Veröffentlichungen und natürlich alle politischen Bemerkungen.

Um die Vernehmung etwas zu lockern, lässt sich der Stasi-Offizier meine Arbeit über Allergie, das sogenannte Lyell-Syndrom[15], ausführlich erklären. Plötzlich geht er aber wieder zum Verhör über: »Wer ist Else?«, schreit er. »Kenne ich nicht«, antworte ich. »Denken Sie nach.« Grotesk! Einen ganzen Tag wird dann nach Else gefragt. Dann fällt mir plötzlich ein, meine Mutter hatte früher stundenweise eine Haushaltshilfe, Fräulein Else. »Mit wem waren Sie im Tiergarten spazieren?« Mein erstes Rendezvous als junger Student war ein langer Spaziergang. Die Mauer stand noch nicht, und wir liefen auch in den West-Berliner Tiergarten. Immer wieder wollen sie den Namen der Studentin wissen. Innerlich beschämt muss ich eingestehen, dass sie sehr nett war, ich aber den Namen vergessen habe, zumal dies unser einziger Spaziergang blieb. Der Stasi sei Dank, sie haben den Namen in der Akte notiert – Jutta heißt das reizende Mädchen.

Ich bin wieder alleine in der grauen, fensterlosen, glasbausteinverbauten Zelle. Isolation! Die Staatssicherheit arbeitet mit dem Faktor Zeit und mit strenger Isolation. Sie spielen Rechtsstaat und verordnen sich Gesetze, wie die Bestimmung über den staatsfeindlichen Menschenhandel.

Staatsfeindlicher Menschenhandel, sie betonen das Staatsfeindliche. Sie meinen damit die sogenannte Republikflucht in den anderen Teil Deutschlands. Besonders verwerflich ist es für sie, wenn Menschen aus der Bundesrepublik oder dem westlichen Ausland dabei behilflich sind. »Staatsfeindlich« – man verliert die Fachkräfte und die Intelligenz. Der »staatsfreundliche« Menschenhandel floriert über Kontakte der Rechtsanwälte aus West und Ost, Stange[16] und Vogel[17], und bringt Devisen. In der grauen Stille mit Ausblick auf die Glasbausteine denkt man vor sich hin.

Es ist wohl Frühling, ich öffne die Klappe im Glasbausteinfenster – sehen kann man nichts. Die zweite Reihe aus Glasbausteinen versperrt die Sicht. Ich hechele etwas frische Luft und schwitze übermäßig stark, weil die Heizung trotz meiner Klage nicht gedrosselt wird. Mein Malzkaffee schmeckt so salzig. Haben sie den Kaffee präpariert? Nein, es wird reine Fürsorge sein, schließlich bekommt man in den Tropen auch Salztabletten. Hoffentlich mischen sie keine Medikamente in das Essen.

Mein Durst ist sehr groß, ich halte es nicht mehr aus. Ich gehe zum WC, betätige die Spülung und benetze mit dem Wasser meine Lippen. Ich versuche mich abzulenken, ich lache laut. Vor der Tür wird es unruhig, ich bemerke ein Auge am Spion. Ich lache immer lauter, denn ich denke an den Film »Die tollkühnen Männer in ihren fliegenden Kisten« mit Gert Fröbe[18] in der Hauptrolle. Wunderbar, ich sehe alles bildlich vor meinen Augen, und die graue Zellenwand verwandelt sich in eine Leinwand. Fröbe spielt einen deutschen kaiserlichen Offizier, der nach Lehrbuch zu fliegen versucht. Ich sehe ihn und lache immer lauter. Die Tür wird aufgerissen. »Nummer 1, stehen Sie auf, Gesicht zum Fenster.« Beine breit, Abtasten, als ob man das Lachen am Körper versteckt, es ist doch innen in meinem Gehirn oder in der Seele. »Verhalten Sie sich ruhig, sonst werden Sie uns noch anders kennenlernen.« Auf diese Bekanntschaft kann ich verzichten. Leider wird mir dies später nicht erspart. Die Tür fällt ins Schloss.

Das Lachen ist mir vergangen. Nun suche ich nach Ablenkung. Ich wiederhole Anatomie. Angelangt bei der Verdauung, rekapituliere ich alle Fermente[19], auch die Fermente im Spei-

chel. Blitzschnell greife ich nach dem grauen Toilettenpapier.
So schnell, als ob man mir meine Idee stehlen könnte. Bin ich
durchgedreht? Nein, noch nicht. Ich habe vor, Pappe herzustel-
len. Ich kaue das Papier, vermenge es mit Speichel und forme
Schachfiguren. Schach, o Schach!

Mein Bruder spielt so gut Schach, aber er ist nicht hier. Er
arbeitet als Wirtschaftswissenschaftler und baut mit an ihrem
Sozialismus. Im Inneren wird er seine Bedenken haben, aber es
ist schwer, den Schritt zur offenen Opposition zu wagen. Ein
kleiner Schritt mit großen Folgen. Ich habe viel Zeit zu kauen.
Vor lauter Begeisterung wird mir von dieser »Papierspeise«
nicht übel. Der Speichel ist auch sehr nützlich. Bakterien werden
abgetötet. Es ist eine andere Form der Zahnprophylaxe.

Endlich habe ich die Figuren fertig. Bauern, Pferde, Läufer,
Türme und die Fürsten, Dame und König. Und das alles doppelt.
Die Figuren sehen schmutzig gelb aus. Also denke ich, das sind
die weißen Figuren.

Meine Arbeit wird unterbrochen. Gang in die Freiluftzelle.
Auf dem Holzsteg stehen heute zwei Soldaten mit Maschinenpistolen. Kahle, graue, fünf Meter hohe Mauern, der Boden ist
betoniert, am Rande etwas Erde. Voller Freude fülle ich mir Erde
in die Tasche. Ich denke an meine schwarzen Figuren, die ich
mit der Erde schwarz färben möchte. Nun will ich schnell nach
oben in meine Zelle, und instinktiv fange ich an zu provozieren.
Ich rufe den Posten zu: »Na, heute schon was geschossen?« Das
reicht – Freigang sofort beendet. Außerdem ist er für die nächsten drei Tage gestrichen, aber ich bin glücklich, packe die Erde
aus meiner Tasche und reibe damit die Figuren ein.

Am nächsten Tag ritze ich mit dem Löffelstiel ein Schachbrett
auf den Tisch. Messer bekommen wir ja nicht. Jetzt stelle ich
voller Freude die Figuren auf das eingeritzte Schachbrett. Dann
mache ich eine Verbeugung und begrüße mich als Schachgroß-
meister von Hohenschönhausen. In diesem Moment wird die
Tür aufgerissen und der Posten schreit: »Freigang!« Nanu, Freigang war doch für drei Tage gestrichen? Ich freue mich dennoch.
Die Freude hält nicht lange an. Zurückgekehrt, ist mein Tisch

leer. Der Holztisch mit dem eingeritzten Brett wurde gegen einen anderen Tisch getauscht. Nun fließen meine Tränen. Wut und Ärger wühlen in mir.

Am Nachmittag wieder Vernehmung. Der Vernehmer sitzt genüsslich am Schreibtisch, lächelt. Vor ihm befinden sich meine Schachfiguren.

»Sie können ein richtiges Schachspiel haben, wenn Sie endlich anfangen zu reden. Von wem haben Sie die falschen Pässe bekommen? Wer war der Kurier? Die Pässe sind so gut wie echt, welcher Geheimdienst hat sie angefertigt?«

Die Fragen prasseln stundenlang auf mich ein, wie Hagelkörner. Ich kann aber keine Deckung suchen. Ich sitze auf meinem Hocker, kann mich darauf kaum halten und versinke in meinen Gedanken. Wir schweigen.

Der Vernehmer sagt plötzlich: »Dann spielen wir eine Partie Schach! Danach geht es vielleicht besser.« – »Nein, mit Ihnen spiele ich nicht!«, schreie ich plötzlich aufgeregt. »An Ihrer Uniform fehlt nur noch der Adler mit dem Hakenkreuz[20].«

Der Leutnant läuft rot an, kann sich kaum beherrschen, und seine Faust massiert meine Nase und meine Schneidezähne. Er tobt: »Ab in die Zelle!« Der Läufer ist jetzt bewaffnet. Sie haben wohl signalisiert, dass ich gefährlich bin. Es herrscht diesmal kein großer »Verkehr«. Wir haben grüne Welle. In der Zelle angelangt, lege ich mich trotz Verbot auf meine Pritsche. Den Gefangenen ist es untersagt, sich am Tage hinzulegen.

Meine Oberlippe schmerzt, und ich denke: »Nun bist du schachmatt, du läufst mit dem Kopf gegen die Wand!« Die Wände sind stärker. Wenn ich so weitermache, wird mein Kopf nachgeben.

Mein Kampfgeist flackert aber wieder auf. Ich verlange die Herausgabe meines Gebetbuches.[21] Alle persönlichen Sachen, natürlich auch das Gebetbuch, wurden mir nach der Verhaftung abgenommen. Die Wachen lachen nur. Ich beginne mit meinem Hungerstreik. Von Tag zu Tag wird das Essen durch eine Klappe in der Zellentür gereicht. Später, als ich es weiter verweigere, wird es auf den Tisch gestellt. Es wird immer appetitlicher, garniert mit Gemüse, und es riecht ganz anders als das bisherige Knastessen. Abends wird es von mir unberührt herausgegeben.

Zum Freigang schleppe ich mich nur noch, aber ich werde »belohnt«. Die Klappe zum Lüften in der Zelle ist verschlossen – mein sozialistischer Ventilator ist außer Betrieb. Ich ringe nach Luft. Die Zelle ist trotz Frühlings überheizt.

Am achten Tag legen sie mir eine Infusion. Ich kann nicht mehr, bin verzweifelt, auch über mich selbst. Herauskommen kann ich hier nur, wenn ich mitspiele. Mein Gebetbuch werden sie mir nie geben. Sie wollen einen reuigen Feind haben.

An all diesen acht Tagen des Hungerstreiks werde ich zur Vernehmung gebracht. Zuletzt kann ich kaum laufen, die Treppen nicht steigen. Den schlagenden Stasi-Offizier haben sie ausgewechselt. Der neue Vernehmer ist höflich und sagt immer wieder, dass er viel Zeit hat.

Mittags wird ihm ein Essen serviert. Es sieht sehr lecker aus. Der Anblick des Essens soll mich in meinem Hungerstreik wohl mürbe machen.

Er betont immer wieder, er sei Offizier der Spionageabteilung und mit mir könne er keine große Karriere machen. Meinen Hungerstreik beende ich unrühmlich. Ich kapituliere und beginne zu essen. Fürwahr, ich bin kein Held, auch wenn mein Nachname – Held – dies besagt. Eher ein aufbrausender junger Mann. Die Staatssicherheit ist sehr kreativ. Organisatorisch und psychologisch trainiert und mir in dieser Situation überlegen.

* * *

Im Frühjahr 1969, vier Monate nach meiner Einlieferung in Hohenschönhausen, händigt man mir meine Zivilbekleidung aus, und mit Handschellen versehen bringt man mich in einem kleinen Gefängniswagen in das Stasi-Gefängnis Magdalenenstraße.[22]

Ich nehme an, dass es die Magdalenenstraße ist, denn es ist ein Altbau aus der Kaiserzeit, und die Fahrzeit aus Hohenschönhausen dauert nur etwa zwanzig Minuten. Dort angekommen, bringt man mich in eine Einzelzelle. Ich bekomme ein außergewöhnlich gutes Essen. Nach sechs Stunden Wartezeit werde ich durch einen langen, dunklen, unterirdischen Gang geführt. Die Wachmannschaft, mit Karabinern bewaffnet, läuft hinter mir. Ich drehe mich um und sehe, wie sie die Karabiner auf mich anlegen. Die Gewehrschlösser knacken wie bei einem Ladevorgang. Habe ich zuvor die Henkersmahlzeit bekommen? Panische Angst überkommt mich. Wollen sie mich von hinten erschießen? Vor lauter Angst entleere ich meine Notdurft in die Hosen.

Ich erreiche lebend das Ende des Ganges und werde in einen hell erleuchteten Raum geführt. Dort begrüßt mich mit einem Grinsen der Vernehmungsoffizier. Er sieht, wie blass ich bin. Die Abschreckung hat gewirkt.

Bei dieser Vernehmung werde ich einem in Freiheit lebenden Freund gegenübergestellt. Wir kennen uns aus der Berliner Synagoge in der Rykestraße und sind nicht nur im Gebet, sondern auch in unseren Gedanken vereint. Man verdächtigt ihn einer Fluchtvorbereitung in den Westen und einer Mithilfe bei meinem Fluchtversuch. Ich schweige zu den Anschuldigungen. Nach wie vor bin ich verängstigt. Sie können ihm nichts nachweisen. Er bleibt zum Glück in Freiheit, aber er wird auf der Arbeitsstelle strafversetzt.

* * *

Duschen, wie schön kann eine Dusche sein. Hier kann man den Duschraum nur nach Beachtung der Ampelanlagen erreichen. Ein Posten läuft vor uns, einer bildet die Nachhut. Heute sind wir zu zweit. Es herrscht striktes Redeverbot. Bei Verletzung dieser Regel fällt das Duschen aus oder wird sofort abgebrochen. Nach einer Woche eine warme Dusche, welch eine Wohltat. Kernseife zum Waschen. Rebellische Gedanken schwirren in meinem Kopf herum. Nach wenigen Minuten wird das Wasser abgestellt. Nur nicht zu viel Spaß! Nagelpflege unter Aufsicht, man könnte sich ja etwas antun. Nichts entgeht den wachsamen Augen des Postens. Er handelt nach der Devise der Stasi: »Wir sind das Schild und das Schwert der Partei. Seid wachsam!« Der Posten ist wachsam.

Wir ziehen uns an, blaugestreifte Hemden, wie sie die Fischer bei der Arbeit tragen. Wir sind »Staatsfeinde« und »Staatshetzer«, die ihre Meinung offen äußern, also Menschenfischer! Ausrangierte Uniformen ihrer Armee müssen wir tragen, verziert mit gelben Streifen.

»Marsch, marsch über den Gang zurück«, höre ich. Nur gut, dass ich nicht an einer Rotgrünblindheit leide. Na, wenn schon, der Posten – genannt der »Läufer« – hätte mich unter der Benutzung seines sozialistischen Wegweisers (eines Gummiknüppels) schon auf den rechten Weg gebracht. Es gab wie im richtigen Verkehr – Ampelanlagen und Regelungen mit einem Verkehrsstab –, nur dass der Verkehrsstab hier in Hohenschönhausen ein sozialistisches Modell war.

In der Zelle angelangt, bin ich froh, heute keine Verhöre, keine Geständnisse zu haben. Ich freue mich auf die Vorlesung über die Hypnose. Nummer 2²³ ist sichtlich zufrieden, und nach wenigen Minuten beginnt er: »Die Hypnose ist eines der ältesten Verfahren seelischer Krankheitsbehandlung. Die Suggestion ist die Basis der Hypnosebehandlung. Über Suggestion haben wir in der letzten Vorlesung einiges gelernt.

Die Hypnose wird in einzelne Stadien unterteilt.

Stadium I: Ringen über die Rangordnung zwischen dem Arzt und dem Patienten.

Stadium II: die Annahme der Partnerschaft.

Stadium III: die eigentliche Suggestion.

Stadium IV: die Auswirkung.

Man nutzt natürliche Körpervorgänge aus, so ermüden die Augen schnell, wenn sie einen Punkt fixieren. Die Augen fangen an zu brennen, die Lider vibrieren, man kann nicht mehr scharf sehen. Oft kommt es zum Doppelsehen. Diese Vorgänge nutzt man aus und suggeriert diese Erscheinungen erst nach Eintreten dieser Veränderungen, die man durch die Pupillenerweiterung bei dem Patienten bemerkt. Der Patient merkt die Veränderungen und ist jetzt von der Wirkung der Hypnose überzeugt. Dann folgt die Suggestion durch Worte mit einer monotonen, einprägsamen Stimme. Der Patient atmet schnell, er hechelt sogar. Danach schreitet man zu der Hypnosetherapie einzelner Organe.

Die Hypnosevorlesung wird abrupt unterbrochen. Mein Psychiater Nr. 2 muss zum Verhör. Nach zwei Stunden kommt er mit blasser Miene und der Anklageschrift unter dem Arm in die Zelle zurück. Er ist ziemlich erregt. Auch er musste sogenannte staatsfeindliche Verbindungen zugeben und die Protokolle unterschreiben. Und das nur, weil er von Deutschland-Ost nach Deutschland-West flüchten wollte.

Ich habe jetzt vorlesungsfrei, denn er vertieft sich in die Lektüre der Anklageschrift. Alles muss gelernt werden, damit man bei der Inszenierung der Stasi, dem sogenannten Gerichtsprozess, wörtlich die Formulierungen der vorgesehenen Antworten auf Fragen in der Anklageschrift wiedergeben kann. Ein Versagen oder gar Aufbegehren würde die Stasi mit einer höheren Strafe ahnden. Die Strafen stehen vor dem Prozess längst fest, die Gerichtsverhandlungen unter Ausschluss der Öffentlichkeit dienen als Maskerade, man will einen Rechtsstaat vortäuschen.

In den nächsten drei Tagen dreht sich alles um seinen Prozess. Sichtlich erregt, beginnt mein Professor mit autogenem Training. Dabei sitzt er versunken auf seinem linken Hocker, den Kopf legt er verbotenerweise auf den Tisch. Ich gönne ihm diese Entspannung und stelle mich mehrmals vor den Spion in der Tür. Erst als der Wachhabende schreit: »Gehen Sie zur Seite!«, hebt er schnell seinen ermatteten Kopf. Zermürbende Tage!

Drei Tage später wird er vor dem Prozess erneut in Einzelhaft genommen, und ich bleibe wieder allein in meiner grauen, fensterlosen Zelle – ohne ein Stück Himmel zu sehen und nach Luft hechelnd.

---

1 Odysseus: Held aus der griechischen Mythologie.
2 Der kleine Muck: Märchen des deutschen Schriftstellers Wilhelm Hauff (1802–1827).

3 Feliks Dzierzynski (1877–1926), Gründer und Leiter der sowjetischen Geheimpolizei.

4 Tscheka: russische Abkürzung für »Außerordentliche Altrussische Kommission zur Bekämpfung von Konterrevolution, Spekulation und Sabotage«, im Dezember 1917 gegründete sowjetrussische Geheimpolizei.

5 Dr. Anatol Held nahm 2005 den Nachnamen Rosenbaum an.

6 Paragraph 100 (Staatsfeindliche Verbindungen) StGB der DDR in der Fassung vom 12. Januar 1968 besagte: »(1) Wer zu Organisationen, Einrichtungen, Gruppen oder Personen wegen ihrer gegen die Deutsche Demokratische Republik oder andere friedliebende Völker gerichteten Tätigkeit Verbindung aufnimmt, wird mit Freiheitsstrafe von einem Jahr bis zu fünf Jahren bestraft.«

7 Paragraph 213 (Ungesetzlicher Grenzübertritt) StGB der DDR in der Fassung vom 12. Januar 1968 besagte: »(1) Wer widerrechtlich in das Gebiet der Deutschen Demokratischen Republik eindringt oder sich darin widerrechtlich aufhält, die gesetzlichen Bestimmungen oder auferlegte Beschränkungen über Ein- und Ausreise, Reisewege und Fristen oder den Aufenthalt nicht einhält oder wer durch falsche Angaben für sich oder einen anderen eine Genehmigung zum Betreten oder Verlassen der Deutschen Demokratischen Republik erschleicht oder ohne staatliche Genehmigung das Gebiet der Deutschen Demokratischen Republik verlässt oder in dieses nicht zurückkehrt, wird mit Freiheitsstrafe bis zu zwei Jahren oder mit Verurteilung auf Bewährung, Geldstrafe oder öffentlichem Tadel bestraft. (2) In schweren Fällen wird der Täter mit Freiheitsstrafe von einem Jahr bis zu fünf Jahren bestraft. Ein schwerer Fall liegt insbesondere vor, wenn 1. die Tat durch Beschädigung von Grenzsicherungsanlagen oder Mitführen dazu geeigneter Werkzeuge oder Geräte oder Mitführen von Waffen oder durch die Anwendung gefährlicher Mittel oder Methoden durchgeführt wird; 2. die Tat durch Missbrauch oder Fälschung von Ausweisen oder Grenzübertrittsdokumenten, durch Anwendung falscher derartiger Dokumente oder unter Ausnutzung eines Verstecks erfolgt; 3. die Tat von einer Gruppe begangen wird; 4. der Täter mehrfach die Tat begangen oder im Grenzgebiet versucht hat oder wegen ungesetzlichen Grenzübertritts bereits bestraft ist.«

8 Anatol Rosenbaum, seine Frau und sein Sohn wollten mit bundesdeutschen Pässen aus der DDR fliehen (vgl. Autorenverzeichnis S. 360).

9 Wandlitz: Gemeinde im Bundesland Brandenburg. Bekannt wurde der Ort zu DDR-Zeiten durch die zwischen Wandlitz und Bernau gelegene Waldsiedlung, in der die Mitglieder des Politbüros der SED wohnten.

10 Wolfgang Borchert (1921–1947), deutscher Schriftsteller. 1947 schrieb er das Drama »Draußen vor der Tür«, das einen Tag nach seinem Tod uraufgeführt wurde. Ein Gefangener entdeckt darin eine Löwenzahnpflanze und bringt sie unbemerkt in seine Zelle.

11 UNO-Menschenrechtserklärung: Gemeint ist die Allgemeine Erklärung der

Menschenrechte durch die United Nations Organization als das ausdrückliche Bekenntnis der Vereinten Nationen zu den allgemeinen Grundsätzen der Menschenrechte. Sie wurde am 10. Dezember 1948 genehmigt und verkündet und ist Grundlage des humanitären Völkerrechts.

12 Friedrich Karl Kaul (1906–1981), DDR-Rechtsanwalt, der das besondere Vertrauen des MfS und der SED-Führung genoss. Aus propagandistischen Gründen trat er auch in der Bundesrepublik als Nebenkläger in NS-Prozessen auf.

13 Beim sogenannten Sprecher, wie das MfS das Gespräch mit einem Anwalt oder einem Verwandten im Gefängnis nannte, waren strenge Auflagen zu befolgen. So durfte in der Regel weder über die Haftbedingungen noch über Inhalt und Verlauf des Verfahrens gesprochen werden. Auch Berührungen waren verboten. Ständig war ein Mitarbeiter anwesend.

14 Am 18. September 1973 wurde die DDR zusammen mit der Bundesrepublik Deutschland in die UNO aufgenommen.

15 Lyell-Syndrom: Hauterkrankung.

16 Dr. Jürgen Stange, Rechtsanwalt in West-Berlin, beteiligt am Häftlingsfreikauf.

17 Dr. Wolfgang Vogel (1925–2008), Rechtsanwalt, Bevollmächtigter der DDR-Führung für humanitäre Fragen und Unterhändler beim Häftlingsfreikauf.

18 Gert Fröbe (1913–1988), deutscher Schauspieler.

19 Fermente: veraltete Bezeichnung für Enzyme.

20 Gemeint sind der Reichsadler und das Hakenkreuz als Symbole für die Zeit des Nationalsozialismus (1933–1945).

21 Gemeint ist ein jüdisches Gebetbuch (Siddur). Es enthält das Morgen-, Nachmittags- und Abendgebet sowie Segenssprüche für verschiedene Anlässe.

22 Die Zentrale des MfS befand sich im Berliner Stadtteil Lichtenberg, eingegrenzt durch die Frankfurter Allee, die Rusche-, die Normannen- und die Magdalenenstraße. In diesem Komplex existierte eine weitere zentrale Untersuchungshaftanstalt des MfS, das Gefängnis Magdalenenstraße.

23 Nummer 2: einer der Mitgefangenen von Anatol Rosenbaum, ein Oberarzt der Psychiatrie, der nach einem Fluchtversuch inhaftiert worden war.

AMANDA BOHLKEN
Ein bisschen Sterben

Amanda Bohlken war nach einem Fluchtversuch über Bulgarien von September 1970 bis April 1971 in der Untersuchungshaftanstalt des DDR-Staatssicherheitsdienstes in Magdeburg und anschließend im Frauengefängnis Hoheneck inhaftiert.

2. September 1970 – ein strahlender Sommertag in Bulgarien. Klaus *(Freund und späterer Ehemann von Amanda Bohlken – der Hg.)* und ich fahren von Sofia Richtung jugoslawische Grenze. Der Fluchtplan ist gut durchdacht. Wir gehen davon aus, dass ich illegal über die Grenze komme. Sollte es misslingen, werde ich sagen, dass ich Klaus nur zur Grenze gebracht habe. Einen Koffer mit Kleidung haben wir im Hotel »Sofia« gelassen. Es ist gegen 14.00 Uhr. Ungefähr sieben Kilometer vor der Grenze steige ich aus dem Auto und schlage mich links der Straße in die Büsche. Das Gelände ist hügelig und felsig, dicht mit Buschwerk bewachsen.

Seit wir uns in Bulgarien getroffen haben, zweifelte ich keine Minute daran, dass die Flucht diesmal gelingen würde. Jetzt geschieht etwas nicht Erwartetes. Mit dem Verlassen von Klaus verliere ich die Hälfte meiner »Fluchtenergie«. Von einem auf den anderen Augenblick fühle ich mich nicht mehr so stark. Allein. Hätte ich doch auf Heiners Vorschlag eingehen sollen, die Flucht gemeinsam mit ihm zu unternehmen? Heiner, der schon bei der Volksarmee gedient hatte und sicherlich über »Geländeerfahrung« verfügte. Zu spät. Nun bin ich allein unterwegs.

Ich schaffe das. Denn auf der anderen Seite der Grenze wartet Klaus. Karte und Kompass habe ich dabei, wenn auch die Karte keinen Wandermaßstab hat; eine genauere konnten wir in Sofia nicht bekommen.

In der Dämmerung will ich die Grenze erreichen. Jetzt sortiere ich mich hier erst einmal ein bisschen. Ob es richtig war, Frank *(Sohn von Amanda Bohlken und ihrem früheren Ehemann – der Hg.)* zu seinem Vater zu geben? Auf die Flucht hätte ich ihn nicht mitnehmen können. Das ist alles zu unsicher. Schade, dass Mutti ihn nicht für drei Wochen nehmen wollte. Ich glaube, meine Eltern haben etwas geahnt. Vielleicht wollten sie deshalb nicht so lange auf Frank aufpassen. Dass wir den Jungen über das Rote Kreuz nachholen können, daran zweifle ich nicht. Eva, eine gute Bekannte mit Westverbindung, hat mir von solchen Fällen berichtet. Trotzdem irgendwie Mist. Wer weiß, wie das ausgeht. Vor allem, wie lange das dauert.

Zuerst muss die Flucht gelingen! Ich hatte ja gedacht, dass man von hier leichter in die Türkei kommt. Vielleicht auch mit einem Schiff. Im Hafen von Burgas gab es leider Cholerafälle. Da waren die richtig scharf mit der Kontrolle. Schockiert hat mich vor ein paar Tagen ein Schild »Hier Staatsgrenze. Betreten des Geländes bei Strafe verboten«, ungefähr fünf Kilometer von der türkischen Grenze entfernt. Ein deutsch geschriebenes Schild Hunderte Kilometer von Deutschland entfernt an der bulgarisch-türkischen Grenze! Was das soll? Ob öfter Leute auf diesem Weg die DDR verlassen wollen? So einfach kann man gar nicht nach Bulgarien reisen. Für ein Visum braucht man eine private Einladung und für eine der wenigen Touristenreisen das Okay des Betriebes. Informationen, wie stark die Grenze nach Jugoslawien bewacht ist, haben wir nicht bekommen können. Jugoslawien ist ja ein halber Bruderstaat. Da laufen sicher nicht so viele Grenzer herum.

Mann, worauf habe ich mich eingelassen! Wenn das schiefgeht! Nicht auszudenken! Ich muss es schaffen! Wie warm das heute ist. Und ich hier mit der Lederjacke und den dicken Jeans. Sieben Kilometer ist nicht viel. Wenn ich querfeldein gehe, kann das allerdings länger dauern. Was ist das denn in dem Gebüsch vor mir? Da und da auch! Ekelhaft, das sind dicke, fette schwarze Spinnen! Na, das fehlt gerade noch. Da könnte ich glatt Panik bekommen und alle Pläne vergessen! Nein, nach rechts zur Straße gehe ich nicht. Dann lieber durch das Buschwerk nach links. Das darf ja nicht wahr sein, die Spinnen scheinen hier zu Hause zu sein. Alles voller Spinnennetze! Ich gehe vorsichtig weiter, immer darauf achtend, kein Spinnennetz zu berühren. Na, im Dunkeln möchte ich hier nicht entlanggehen.

Ungefähr eine Stunde ist vergangen. Zögerlich bewege ich mich in Richtung Grenze, dauernd mit mir selbst im Dialog. Soll ich das Ganze abbrechen? Widerlich, diese schwarzen Spinnen. In Sofia steht ja der Koffer im Hotel. Nein, nein, nein, ich will zu Klaus!

Von weitem höre ich Stimmen. Sie kommen näher. Ich verkrieche mich im Gebüsch. Auch das noch! Die wollen hier Picknick machen! Oder etwas anderes. Ich kann durch das Dickicht nicht genau sehen, wie viele Leute das sind. Ich höre Frauen- und Männerstimmen. Viel Lachen. Die sind richtig fröhlich. Und ich hänge jetzt hier im Gebüsch fest und traue mich nicht weiterzugehen. Ich glaube, das schaffe ich nicht, hier durch die Landschaft zur Grenze. Vielleicht gibt es in dieser Gegend sogar Wölfe. Nein, im Dunkeln gehe ich hier nicht weiter. Dann bleibt nur die Straße. Ich halte mich damit nicht mehr an unseren Plan. Allein ist das so unheimlich. Wer weiß, wer da noch alles unterwegs ist. Das mit den Picknickleuten ist blöd. An denen komme ich nicht vorbei. Da müsste ich einen großen Bogen schlagen. Dann verlaufe ich mich vielleicht noch! Meine Richtung ist Westen.

Ob das mit Frank klappt? Und Mutti? Wenn ich erst im Westen bin, werde ich meine Eltern so bald nicht wiedersehen. Der Gedanke ist richtig grausam. Und mein kleiner Frank? Das habe ich doch aber vorher gewusst. Die Zeit mit Klaus ist so schön, jede Stunde. Gibt es wirklich einen generellen Unterschied zwischen west- und ostdeutschen Männern? Ich bin sicher, es gibt nur eine große Liebe. Warum wohnt meine im Westen, quasi auf einem anderen Stern? Hat man eigentlich auch einem Staat gegenüber Verpflichtungen?

Mist, so allein unterwegs. Das Lachen und Quatschen der Leute geht mir auf den Geist. Ich gehe jetzt ein Stück zurück und dann zur Straße. Was soll ich machen? Eine Lösung wird sich finden, irgendwie.

Für eine Weile beobachte ich die Straße. Es ist nicht viel los. Nur vereinzelt fahren Autos in die eine und in die andere Richtung. Ob ich doch per Anhalter bis zum Grenzkontrollpunkt fahre? Oder zumindest ein Stück. Das ist schon nicht mehr planmäßig. Wie weit mag es noch bis zur Grenze sein? Ich gehe auf die Straße. Kurz darauf hält ein Auto neben mir. Ein türkischer Fahrer. Auch das noch! Klaus hatte mir gesagt, dass den Türken nicht zu trauen sei. Er hatte sich über Hilfen für die Flucht eingehend erkundigt (später wissen wir, dass er nicht die richtigen Leute gefragt hat). Trotzdem steige ich in das Auto ein, sage, dass ich zur Grenze möchte. Bald kommen wir zu einer Wasserstelle. Der Fahrer will seine Wasserflasche füllen. Mir ist die Situation zu heikel. Ich bleibe an der Wasserstelle.

Ein deutsches Auto kommt von der Grenze. Es hält. Ein älteres Ehepaar steigt aus. Ich frage, wie weit es noch bis zur Grenze ist. Es ist verrückt: Die beiden können sich darüber nicht einigen! Ungefähr eine Viertelstunde Fahrzeit, weil die Straße schlecht ist. Oder weniger. Ich sitze im Schatten an der Wasserstelle und denke und denke und komme zu keiner Entscheidung. Ich will und will doch nicht. Ich bin schon auf dem Weg und halte mich nicht an Absprachen.

Schön ist es hier. So still und friedlich. In mir ist kein Frieden. In mir ist Chaos. Ich hatte mich doch schon entschieden! Dachte ich jedenfalls. Und wieso läuft jetzt alles schief? Wenn doch Klaus hier wäre! Mit ihm ist es viel leichter. Langsam wird es Abend. Ich muss mich entscheiden. Ich werde bis zur Kontrollstelle mitfahren und mich dort umsehen. Ich glaube, die Idee ist gut. Mal sehen, wer als Nächstes in Richtung Grenze fährt. Da kommt ein grauer VW. Mist, wieder ein Türke. Schon hält er und fragt freundlich, ob er mich mitnehmen soll. Eigentlich sieht der ganz vertrauenerweckend aus. Spricht auch gut Deutsch. Er fährt nach Köln, arbeitet dort bei Ford. Was für ein Zufall! Ich sage ihm, dass ich auch gern nach Köln möchte. Er schlägt vor, mich in einen seiner Teppiche einzurollen. Er als Türke würde von den Bulgaren kaum kontrolliert werden. Mein Gefühl sagt: »Mach es!« Aber Klaus hat mich vor den Türken gewarnt. Ich lasse mich also nicht einrollen. Wir fahren durch eine Rechtskurve und sind an der Grenzübergangsstelle Kalotina[1]. Mann, ging das schnell! Nein, ich möchte nicht weiter mitfahren. Ich sehe mich auf dem Grenzkontrollpunkt um. Direkt dahinter ist Jugoslawien. Einfach durchgehen!

Zunächst brauche ich eine Toilette. Eine Frau redet deutsch mit ihren kleinen Zwillingsmädchen. Als ich sie anspreche, erzählt sie mir wasserfallartig ihr Missgeschick. Sie kommt aus Remscheid und wartet mit den Kindern schon Tage darauf, dass ihr Mann sie mit dem reparierten Auto abholt.

Die Toilette befindet sich hinter dem Schlagbaum. Niemand kümmert sich um mich. Ob ich einfach weitergehe? Und wenn die schießen? Und was ist bei den Jugoslawen? Etwas zieht mich zurück. Ich setze mich auf eine Bank und könnte heulen. Die Freiheit so nah und doch so weit weg. Ein Grenzposten kommt auf mich zu, will meinen Pass sehen …

Ich bin verhaftet. Tatsächlich, richtig verhaftet. Das nicht für möglich Gehaltene ist geschehen. Verhaftet. Von einem zum anderen Moment ändert sich mein Leben völlig. Seitenwechsel. Nicht von Ost nach West, wie ich es gehofft hatte, sondern von draußen nach drinnen. Drinnen ist nun ein kleines Postenhäuschen, ähnlich einem Kiosk, mit geschlossenen großen Fenstern an allen vier Seiten. Die Tür ist abgeschlossen, von außen. Gern würde ich hinausgehen. Es ist unmöglich, denn ich bin verhaftet. Eingesperrt. Noch kann ich es nicht wirklich fassen. Von einem zum anderen Moment. Verhaftet. Inhaftiert.

Nach dem Moment der Verhaftung kommt die Zeit der Inhaftierung. Minuten sind erst vergangen, seit ich, auf einer Bank sitzend, dem Grenzposten diesen ungeliebten blauen Ausweis vorgezeigt habe. Ein blauer Ausweis reicht aus, mich zu verhaften. Das Gewehr auf mich gerichtet, um zu signalisieren, dass mein Platz nicht mehr die Bank mit dem freien Blick nach Jugoslawien ist, sondern dieses verschlossene Postenhäuschen.

Ich bin nicht allein in dem Häuschen. Eine Frau und zwei Männer, alle in meinem Alter, unterbrechen ihr Gespräch und schauen gespannt auf mich, als der Posten mich hineinbeordert. Wir mustern uns. Die Frau hat verweinte Augen. Muss ich denn weinen? Alles ging so schnell. Blauer Bruderausweis ohne Recht, vorgehaltenes Gewehr. Bin wirklich ich gemeint? Gefangen!

Die drei Verstummten setzen ihr Gespräch fort. Nein, Russisch ist das nicht. Während ich noch versuche herauszufinden, woher die wohl kommen, wendet sich einer der Männer an mich. Ich verstehe ihn nicht, ahne aber, dass er wissen möchte, weshalb auch ich hier eingesperrt bin. Aus einem Russisch-deutsch-englisch-Sprachgemisch erfahre ich, dass die drei aus Prag kommen und mit gefälschten Pässen in die Freiheit wollten. Aha, daher die Kontrolle! Vielleicht glauben die Bulgaren, ich würde zu den Tschechen gehören. Von der Kleidung her passen wir zusammen.

Die Zeit vergeht oder steht still. Draußen ist es jetzt dunkel. Scheinwerferlicht blitzt auf, wenn Autos zur Schranke fahren. Glücklich können sich die schätzen, die die richtigen Papiere haben!

Der Kopf beginnt zu rattern. Wie wird das weitergehen? Eigentlich habe ich doch nichts getan. Vielleicht ist das nur ein Irrtum, bis die merken, dass ich nicht zu den Tschechen gehöre. Es ist doch wohl niemand so blöd und fälscht einen DDR-Ausweis, mit dem man sich selbst einsperren würde. Wie wird es Klaus gehen, wenn ich nicht auf der anderen Seite in Jugoslawien auftauche? Ob er, wie verabredet, etwas für mich tun kann? Magdeburg, Frank und die Eltern, bloß nicht daran denken! Dass ich verhaftet werden könnte, haben wir nur wenig durchgespielt.

Nein, das ist nicht wahr. Die können mich doch nicht wegen des blauen Personalausweises verhaften. Und einsperren. Langsam beginne ich zu realisieren, dass die Situation echt ist. Die können mich doch nicht festhalten, wenn ich sage, dass ich Klaus zur Grenze gebracht habe. Immerhin steht im Hotel in Sofia ein Koffer von mir. Ich weiß nicht, es sollen schon Pferde vor der Apotheke gekotzt haben.

Hoffentlich tut sich bald irgendetwas. Ich fühle mich auf einmal schlapp, und Durst habe ich auch. Seit dem Mittag war ich unterwegs zur Grenze und immer noch mit dem Gedanken beschäftigt, ob ich es tatsächlich tue oder ... So wie das letzte Jahr in der DDR verlaufen war, hatte ich gar keine andere Wahl. Vieles war geschehen, was mit meinem gelernten harmonischen DDR-Bild nicht übereinstimmte. Wenn nur Frank nicht wäre.

Mann, Jutta[2], ist das eine Mistsituation. In den Westen wolltest du. Und hast im letzten Moment gekniffen, als es darum ging, einen gut vorbereiteten Plan in die Tat umzusetzen! Wie dumm! Jetzt sitzt du in der Falle. Bekommst ein doppelt schlechtes Gewissen wegen Klaus und wegen deiner Familienverantwortung. Wolltest doch Frank übers Rote Kreuz nachholen. Und nun? – Alles kaputt. Mal wieder auf der ganzen Linie versagt. Es allen recht machen wollen und dabei alles zerstört. Ich bin eine Versagerin.

Mein Kopf arbeitet wie ein Mühlrad. Immer weiter, immer weiter. Je mehr ich mich runterziehe, desto elender fühle ich mich. Langsam kriecht das Heulen in mir hoch. Nun laufen die stummen Tränen. Wer hat sich bloß diese unmenschliche Grenze ausgedacht? Mitten durch Deutschland. Mitten durch Familien. Mitten durchs Herz. Politik ist ein Sumpf. Wer sich hineinbegibt, kommt darin um. Das habe ich irgendwo gelesen. Ich wollte keine Politik und keinen Sumpf, ich wollte zu Klaus auf der anderen Seite der Grenze in Deutschland.

Männer in Uniform kommen auf das Häuschen zu. Einer reicht reihum eine Flasche Wasser. Das tut gut. Wir müssen in eine Art Geländewagen steigen. Als wir sitzen, werden wir beiden Frauen mit Handschellen zusammengekettet. Ich sehe zum ersten Mal Handschellen, ich spüre sie kühl, hart am Handgelenk. Wenn ich meine Hand bewege, weiß ich, dass ich nun eine echte Gefangene bin. Es ist kein Traum, aus dem es ein Erwachen gibt. Trotzdem hat das etwas Unrealistisches. Ich in Handschellen im

Auto durchs nächtliche Bulgarien. Wohin? Wahrscheinlich nach Sofia. Heute Morgen noch in umgekehrter Richtung in einem Ford Capri. Frei. Voller Hoffnung! Wie blitzschnell ein Seitenwechsel geschieht! Ich brauchte noch nicht einmal etwas dafür zu tun. Nur auf einer Bank sitzen ...

Wir fahren durch Sofia. Gestern strahlte die Sonne. Heute ist alles schwarz, trotz Straßenlaternen. Es ist, als wäre etwas in mir gestorben. Ich sehe und sehe doch nicht. Mir ist etwas übel und flau. Jutta, jetzt nicht schlapp machen.

Das Auto hält, nachdem wir mehrere Tore durchfahren haben, in einer riesigen, grellweiß gekalkten und von Neonröhren gleißend hell ausgeleuchteten Garage. Wir werden von den Handschellen befreit. Uniformierte mit rauem Ton führen recht unsanft die tschechischen Männer ab. Als ich aus dem Auto steige, huscht etwas an meinen Füßen vorbei. Ich schaue genauer hin und entdecke an einem nahen Pfeiler Kakerlaken, braune Kakerlaken, ungefähr drei Zentimeter lang. Jede Menge. Das müssen Franzosen sein, denn Russen sind schwarz, hatte Willi *(Stiefvater von Amanda Bohlken – der Hg.)* mir erklärt. Oder doch umgekehrt? Ist auch egal. Ich finde diese Tiere widerlich. Und wie viele das hier sind! Mein Körper fängt an zu jucken. Wohin haben die mich nur gebracht?

Ein Flintenweib. Ja, so stelle ich mir ein Flintenweib vor. Khakifarbene Uniform mit Rock, hohe, schwarz gelackte Lederstiefel, Haare streng nach hinten gebunden. Ein zunächst zusammengekniffener Mund, lauernde Spaltaugen, die mich von oben bis unten begutachten, vielleicht, um irgendetwas herauszufinden. Tut mir leid, in diesem Moment muss ich an die vielen Filme über die Nazizeit denken, die anzusehen in der Schule Pflicht war. Komisch, wie sich Bilder im Kopf festsetzen und irgendwann erscheinen. So aus dem Zusammenhang. Und eigentlich verdreht. Da kann man leicht Fehlschlüsse ziehen.

Jetzt bin ich allein. Mit diesem lauernden Flintenweib, das mindestens einen Kopf größer ist als ich. Ob die hier schlagen? Nun reißt der zusammengekniffene Mund auf, und eine eher maskuline Stimme entweicht ihm. Wirklich ein Flintenweib! Ich verstehe zunächst nicht, was sie von mir will. Sie macht mir deutlich, dass ich mich ausziehen soll. Was heißt das denn? Während ich langsam meine Bluse aufknöpfe, kommt sie mir gefährlich nahe, redet, brüllt etwas. Ich soll mich wohl beeilen. Es fällt mir schwer, mich vor einer fremden Frau auszuziehen, deren Sprache ich nicht verstehe und die mir nicht gerade sympathisch ist. Ich fühle mich ausgeliefert. Nun soll ich auch noch Büstenhalter und Schlüpfer ausziehen. Das ist demütigend. Nackt vor einem Flintenweib. Und bücken. Ich möchte die Augen schließen und im Boden versinken. Meinen Schlüpfer bekomme ich wieder. Dazu gibt es einen russengrünen Rock und eine ebensolche Bluse, die beide einen undefinierbaren Geruch ausströmen. Sonst nichts. Ich bestehe aus drei Kleidungsstücken, von denen eines mich noch mit mir selbst verbindet. Keine Schuhe.

Ein Gewehrposten kommt, nimmt mich mit, schiebt mich mehr oder weniger über Flure und Treppen. Das scheint ein riesiges Gebäude zu sein. Der kühle Steinfußboden fühlt sich sogar angenehm an. Nun sind wir auf einem Gang, von dem rechts und links Türen abgehen. Das sind wahrscheinlich Zellen. Am Ende des Ganges ein eigenwilliger Geruch, eine Mischung aus Chlor, Desinfektionsmittel und scharfem Urin. Ich muss niesen. Ach, das sollen Toiletten sein. Eine Vertiefung, ein Loch im Fußboden, rechts und links daneben zwei markierte Schuhsohlenabdrücke, keine Tür. Der Posten bedeutet mir, hineinzugehen. Ich bin barfuß. Igitt! Er bleibt direkt daneben stehen.

Die Wand ist aber so weit vorgezogen, dass er mich nicht sehen kann. Trotzdem, er steht verdammt nahe. Es stinkt nicht nur aus dem Loch, sondern überall. Ich müsste, kann aber nicht. Es dauert. Es geht nicht. Der Posten macht sich bemerkbar. Ich sage in meiner Muttersprache: »Wenn du hier direkt am Klo stehst, dann kann ich nicht!« Und dann ein Wunder. Aus einer der Zellen ruft eine deutsche Frauenstimme: »Hallo, wir sind hier viele!« Der Posten brüllt etwas zurück und dann auf Deutsch: »Halt!« Keine Ahnung, was das bedeutet.

Die Frauenstimme hat mich ein klein wenig aufgemuntert. Doch nicht ganz allein! Endlich tut mein Körper seine Pflicht.

Kein Papier, eine Spülung gibt es auch nicht. Nur ein Eimer mit Wasser. Darin hängt ein Becher. Ich will einen Becher Wasser ins Loch kippen, obwohl ich das schon unangenehm finde, wenn ich daran denke, dass der Becher von anderen auch benutzt wird. Leider treffe ich das Loch nicht richtig, sondern eher meine Füße. Wohin bin ich nur geraten? Mit nassen Pinkelwasserfüßen tapse ich den Gang zurück.

Vor einer der Türen bleibt der Posten stehen, schlüsselt, schiebt mich hinein. Tür zu. Eine ungefähr drei mal vier Meter große Zelle. Spitzer, grauweißer Rauputz an den Wänden, kein Fenster, über der Tür mit einem Guckloch eine rechteckige Öffnung, in der hinter einem Gitter eine Glühbirne fahles Licht in die Zelle streut. Tag und Nacht, ohne Ende. Auf dem Fußboden sehe ich an der linken Wand drei schmuddelige Strohmatratzen. Auf der hinteren liegen zwei dunkelgraubraune Decken. An der rechten Seite steht eine Flasche, daneben ein Eimer. Ich weiß nicht, wozu die Flasche und der Eimer in der Zelle stehen. Ich bin allein. Traurigkeit überkommt mich, unendliche Traurigkeit. So verlassen. Das ist wie ein bisschen Sterben.

Eine Flasche, ein Eimer, drei Matratzen. Eine brauche ich nur. Ich setze mich auf die mit den beiden Decken. Obwohl ich müde bin, finde ich keinen Schlaf. Was soll nur werden? Mein Kopf läuft auf Hochtouren. Ich werde abstreiten, dass ich abhauen wollte. Die können mir doch nichts nachweisen. Und der Koffer mit den Sachen, die Klaus nicht mit in den Westen nehmen wollte, steht noch im Hotel. Das dürfte gut für mich sein. Vielleicht kann Klaus doch etwas von der bundesdeutschen Botschaft in Belgrad aus tun. Womöglich klärt sich alles zum Guten. Aber in die DDR will ich nicht zurück! Kann ich nicht zurück. Mann, ist das kompliziert! Diese Scheißgrenze durch Deutschland!

Ich muss jetzt schlafen. Wer weiß, was morgen oder besser nachher auf mich zukommt. Wie mache ich das mit den zwei Decken? Eine brauche ich zum Zudecken. Dann lege ich mir die andere unter den Kopf. Wie eklig das alles ist! Diese Knastklamotten und darin auch noch schlafen. Keine Decke zum Drauflegen. Wie viele unglückliche Leute mögen hier schon gelegen haben? Ich finde, dass ich stinke. Diese ganze Aufregung, kein Wasser zum Waschen, keine Seife, keine Zahnbürste, kein Kamm. Ab morgen spätestens muss ich die Antibabypille wieder nehmen, sonst gibt es eine Abbruchblutung. Wie schrecklich unter diesen Bedingungen!

Ich lege meinen Denkkopf auf die gefaltete Decke und ziehe die andere über mich bis auf Brusthöhe. Alles kribbelt. Ob es hier Flöhe oder gar Wanzen gibt? Kakerlaken habe ich in der Zelle noch nicht gesehen. Wann machen die denn endlich das Licht aus? Vor ungefähr fünf Stunden bin ich verhaftet worden. Verhaftet. Ich glaube, niemand, der so etwas nicht erlebt hat, kann das wirklich nachfühlen. Ich will hier raus! Warum muss ausgerechnet mir so etwas passieren?

Nun ziehe ich doch diese Ekeldecke über den Kopf. Die sollen nicht sehen, dass ich heule. Kein Taschentuch, kein Papier. Tränen und Rotz fließen auf die Decke …

4. September 1970: Über zwei Tage bin ich bei der bulgarischen Staatssicherheit in Haft. Es hat keinen Sinn, die Stunden zu zählen. So viel habe ich inzwischen verstanden: Hineingekommen bin ich sehr schnell, aber wieder hinaus, das ist nicht so leicht.

Gestern das erste Verhör. Das war schrecklich. Zwei Männer. Einer sprach bulgarisch, der andere hat ins Tschechische übersetzt. Der hat die ganze Zeit tschechisch auf mich eingeredet. Zuerst habe ich versucht, ihnen zu erklären, dass ich deutsch bin. Dann wurden beide lauter. Kein Wort habe ich verstanden. Ich habe das alles über mich ergehen lassen. Vor meinen Augen wurden die Männer immer gewaltiger. Ich habe mich gefühlt, als würden die mich unter sich begraben. Meine Ohren haben gedröhnt. Irgendwann habe ich das nicht mehr ausgehalten und zu heulen angefangen, richtig laut. In dem Moment ist ihnen wohl aufgegangen, dass ich sie wirklich nicht verstehe. Darauf wurde ich wieder in die Zelle gebracht.

Am Abend ist eine junge Bulgarin in die Zelle gekommen Sie heißt Jolante und macht einen netten Eindruck. Wir beide können uns mit Händen und Füßen und ein wenig Russisch verständigen. Nun weiß ich, wozu die Flasche und der Eimer sind. In der bauchigen Flasche ist unsere tägliche Trinkwasserration. Wir müssen beide aus dieser Flasche trinken. Das Wasser hat Zellentemperatur, ist labberig lau. Der Eimer ist unsere Toilette und wird einmal am Tag von uns geleert, wenn wir zu dem stinkigen Kloloch geführt werden. Dort nebenan gibt es Kaltwasserhähne. Da der Posten immer direkt bei uns steht, mag ich mich nicht richtig waschen. Seife gibt es tatsächlich nicht. Auch keine Zahnbürste und keinen Kamm. Die Knastklamotten behalten wir Tag und Nacht an. Ich könne froh sein, sagt Jolante sinngemäß zu mir, in Bulgarien im Gefängnis zu sein. Gegenüber Rumänien sei das hier der reine Luxus! Sie komme gerade von dort. Mir ist es egal, wie der Knast in Bukarest aussieht. Sofia reicht mir vollends. Nie hätte ich gedacht, dass in einer zivilisierten Gesellschaft verhaftete Verdächtige, deren Schuld nicht bewiesen ist, in solch unwürdigen, die Persönlichkeit verletzenden Verhältnissen gefangen gehalten werden.

Ich fühle mich hundeelend. Vorhin haben sie mich erneut zum Verhör geholt. Wieder zwei Männer, andere. Endlich, der Dolmetscher spricht Deutsch! Der Vernehmer hat meinen Personalausweis vor sich Der Übersetzende spricht Deutsch mit Lücken und scheint sich darüber zu ärgern. Das Gespräch, besser die Vernehmung, zieht sich zäh in die Länge. Ich habe den Eindruck, dass der Dolmetscher mich nicht gut versteht oder schlecht ins Deutsche übersetzt. Ich kann nicht wirklich etwas erklären. Die Atmosphäre wird unangenehmer. Da beschimpft mich der Dolmetscher: »Du jüdische Ziege!« Ich bin geschockt. Solche Äußerung verbinde ich mit der Zeit des Nationalsozialismus. Aber hier, im sozialistischen Bruderstaat? Was will er damit ausdrücken? Da hilft kein Grübeln. Ich verstehe diesen Satz wirklich nicht. Schließlich wird mir erklärt, dass ich auf den deutschen Chef warten muss. Komisch, wieso arbeiten hier Deutsche? Ich scheine vieles nicht zu wissen.

Der zehnte Tag in Haft. Noch immer war der deutsche Chef nicht da. Vielleicht gibt es gar keinen. Ich fühle mich beschissen und denke manchmal, dass ich hier nie wieder rauskomme. Es sind noch andere Deutsche eingesperrt. Ab und zu höre ich von weitem ihre Stimmen. Oft ist es laut in dem Gebäude. Es hallt so unheimlich. Manchmal sind auch Schreie zu hören. Wie ein Horrorfilm.

Ich vertrage das Knastessen nicht gut. Morgens gibt es zwei Scheiben Weißbrot mit einem kleinen Stück fester, dunkelroter, zuckersüßer Marmelade. Das Weißbrot kaue ich im Laufe des Vormittags auf. Jolante nimmt gern die Marmelade. Mittags bekommen wir eine undefinierbare warme, rote Brühsuppe, hin und wieder mit ein paar großen weißen Bohnen oder einem Stück Fettfleisch darin. Die abgekühlte Suppe bekommen wir abends noch einmal. Dann haben sich Fettaugen abgesetzt, die Suppe hat jetzt Zellentemperatur. Wenn ich sie schon sehe, steht sie mir regelrecht vorm Magen. Neulich habe ich gedankenverloren ein bisschen in der Schüssel herumgerührt, überlegt, ob ich überhaupt essen soll. Gleich mit dem ersten Löffel fischte ich eine Kakerlake heraus. Da war es vorbei. Ich dachte, mein leerer Magen kommt zum Hals raus. Der wollte sich gar nicht wieder beruhigen …

Lena, bestimmt um die Vierzig, ist in die Zelle gekommen. Die ist mir nicht so sympathisch. Mit Jolante streitet sie manchmal und wird dabei richtig laut. Ihre Nerven liegen blank. Die beiden haben wohl politische Differenzen. Wir benutzen nun zu dritt den Eimer und trinken alle drei aus der Wasserflasche. Ich wundere mich, dass ich noch keinen Herpes bekommen habe. Seit ich hier drin bin, habe ich mir weder die Zähne geputzt, außer mit dem Finger, noch die Haare gewaschen oder mich gekämmt. Ich nehme schon nicht mehr wahr, wie sehr ich stinke. Die arbeiten hier viel mit Desinfektionsmittel und Chlor. Auch die Zelle müssen wir mit dem Zeug auswischen. Das hat einen Vorteil. Es gibt keine Tierchen in der Zelle.

Vorhin wurde ich zum deutschen Chef gebracht. Endlich! Ich bin bei meiner Version geblieben, dass ich nicht in den Westen wollte und Klaus nur zur Grenze gebracht habe. Keine Ahnung, ob der mir das glaubt. Auf jeden Fall hat er bestätigt, was die Bulgaren mir auch schon gesagt hatten: Gegen bulgarische Gesetze habe ich nicht verstoßen. Nicht gegen bulgarische Gesetze verstoßen und trotzdem eingesperrt. Aufgrund welcher Gesetzeslage behalten die mich in Haft? Auf meine Frage, ob ich denn freigelassen werde, meinte er, dass das zu Hause überprüft würde. Zu Hause, das heißt in Magdeburg! Was für ein Staat ist das, der sogar im fernen Bulgarien seinen Bewohnern nachspioniert?

Meinen Koffer haben sie inzwischen aus dem Hotel geholt, alles durchwühlt und natürlich nichts Belastendes gefunden. Trotzdem bleibe ich in Haft. Das ist Willkür! Hat mit einem Rechtsstaat, der sie sein wollen, nichts zu tun. Im Zweifel gegen die Angeklagte! Dieses Lügenpack. Und ich bin denen so lange auf den Leim gegangen. In dem Moment wird mein Widerspruchsgeist hellwach. Das ist eine echte Schweinerei, was die mit mir machen. Wie bin ich denen ausgeliefert! Wäre ich an der Grenze doch nur nicht so zögerlich gewesen! Wut steigt in mir auf. Ich kann nicht unterscheiden, ob auf mich, auf die Situation oder auf dieses System. Das innere Aufbäumen hält nicht lange an. Zu entwürdigend ist das hier alles, zu verletzend. Ich kann sowieso nichts machen. Auf Gedeih und Verderb ausgeliefert! Zumindest verspricht mir der Chef, dass er sich um die nötigsten Kosmetikartikel kümmern wird.

Der schwatzhafte »gemütliche« Sachse ist ganz klar von der Stasi. Die haben alle so etwas Funktionelles an sich. Man könnte auch mit einer Wand kommunizieren. Wie ein Roboter. »In diesem Sommer könnten wir ein ganzes Krankenhaus aufmachen«, sagt der Stasi-Typ zu mir. »Von der Krankenschwester bis zum Oberarzt haben wir alles an Personal hier. Und nun auch noch eine Lehrerin, die hatten wir bisher noch nicht.« Zum ersten Mal wird mir klar, dass meine Variante vom »Nicht-flüchten-Wollen« auf Skepsis trifft.

Es ist wohl mein persönliches Pech, dass der Stasi-Vernehmer bei meiner Einlieferung gerade abwesend war. So bleibe ich drei Wochen in Sofia, während sich der »normale« Aufenthalt für gescheiterte Fluchtwillige auf zwei Wochen beläuft. Den ganzen Sommer über fliegt wöchentlich eine Sondermaschine von Sofia nach Berlin mit ostdeutschen Bürgern, die den Seitenwechsel aus den verschiedensten Gründen nicht geschafft haben. Die erwischten Republikflüchtigen werden sogar von Jugoslawien aus noch nach Bulgarien zurückgebracht, um sie dann der Stasi auszuliefern. Die Jugoslawen machen sich die Hände nicht selbst schmutzig. Es soll Kopfgeld auf Menschen mit blauem Personalausweis geben, wird erzählt.

In meinen Aufzeichnungen für die Therapiestunde habe ich geschrieben: Noch immer steckte in allen Bewusstseinsfalten der Begriff Verantwortung. Für Frank, für Mutti, für meinen Stiefvater Willi und sogar ein wenig für diesen Staat, dessen Unmenschlichkeit Andersdenkenden gegenüber ich erst später verstand.

Anstatt alle Kraft und Aufmerksamkeit auf das Ziel Grenzübertritt zu richten, haderte ich mit mir, ohne meinen inneren Konflikt lösen zu können. Ein Teil von mir war noch immer der Vergangenheit verhaftet. Die familiären Bindungen waren übermächtig. Ich hatte geglaubt, mich entschieden zu haben. Die Realität spürte ich erst, als ich auf mich allein gestellt auf dem Weg zur Grenze war. Unter diesen Umständen konnte die Flucht nicht gelingen.

$$* * *$$

Erstes Tor, zweites Tor, drittes Tor. Noch einmal kurz anfahren, dann steht das Auto. Motor aus. Die Tür zu meiner Kabine in der Knast-Minna[3] wird geöffnet. Gleißendes Licht erhellt einen Gefängnisinnenhof. Das Gebäude ist aus rotem Backstein. Ich habe keine Zeit, mich umzusehen. Das grelle Licht tut den Augen weh, die in der letzten halben Stunde nur Schwarz gesehen haben. Ich werde durch eine Tür beordert, ein paar Stufen hoch, rechts und links Gittertüren, rechts um die Ecke, eine dunkle Granittreppe in den ersten Stock. Auf der linken Seite wird eine schwere Gittertür aufgeschlossen. Wie unangenehm das Schlüsseln und Zuschlagen der Gittertür hinter mir hallt! Die nächste Tür, die mit diesem klirrenden Geräusch geöffnet wird, ist eine

Zellentür gleich am Anfang des Ganges. Wie in Trance gehe ich hinein. Rums, die Tür fällt zu, wird abgeschlossen. Und noch ein Riegel davor. Ich bin allein. Allein.

An der linken Wand eine Holzpritsche mit einer Matratze und Militärdecken, rechts eine Toilette, daneben ein Waschbecken. Über die Toilette freue ich mich und über das Wasser. Echt. Ich setze mich auf die Holzpritsche und versuche noch einmal herauszufinden, wo genau ich mich in Neustadt[4] befinden könnte. Ich bekomme kein Bild. Es ist auch egal. Wenn ich richtig gezählt habe, dann trennen mich jetzt sechs Türen von draußen. Welche Verbrecher sperrt man so sicher ein? Verbrecher wie mich. Die behandeln mich wie eine Schwerverbrecherin.

Ob die mir glauben, dass ich nicht abhauen wollte? Stimmt ja gar nicht. Ich kann nicht so gut lügen. Hoffentlich verquatsche ich mich nicht. Leicht wird das bestimmt nicht. 22 Tage bin ich nun schon in Haft. Ganz gut, dass ich jetzt in Magdeburg bin. Dann geht es wenigstens weiter.

Wieso machen die eigentlich dauernd das Licht an und aus? Und dieses hässliche Spiongeräusch. Klick, Spion auf, klick, Spion zu. Wer hat das Wort »Spion« für das kleine runde Fenster in der Tür erfunden? Wollen die die ganze Nacht in die Zelle glotzen? Da kann ich ja noch nicht einmal in Ruhe auf das Klo gehen. Eine Frau habe ich vorhin nicht gesehen. Immer und überall gibt es nur Männer. Muss wohl zu schön sein, Macht auszuüben! Der mich in die Zelle eingeschlossen hat, war solch ein Milchbartbubi. Schon wieder der Spion und das Licht. Mann, das nervt! Vielleicht machen die das mit Absicht, damit ich nicht richtig schlafen kann. Oder denken die, ich hänge mich auf? Würde gar nicht gehen. Hier gibt es kein Gitter vor dem Fenster, es besteht ganz aus Glasbausteinen.

Was sind das für komische Geräusche? Die scheinen aus der Wand zu kommen. Och, ist das unheimlich. Da wieder. Wie Hämmern oder Klopfen und Kratzen. Was ist das? Mal so, als wäre es direkt nebenan, mal weiter weg. Jetzt schlüsselt es im Gang. Eine Männerstimme, ziemlich hart. Noch eine Männerstimme. Ich verstehe nichts. Das Schlagen einer Zellentür,

Schlüsselgeräusch, Riegel davor. Mir ist richtig kalt. Ich glaube, das ist Angst. Diese Geräusche, alles so bedrohend und beklemmend. Am liebsten würde ich in mich selbst hineinkriechen. Da, der Spion und wieder das Licht. Was soll ich bloß machen? Kein Mensch würde merken, wenn mir hier etwas zustößt. Hinter sechs Türen gefangen, das ist wie nicht mehr wirklich leben. Leise weine ich mich in den Schlaf. Unheimliches Klopfen. Licht an, Licht aus. Spion auf, Spion zu.

* * *

Nun bin ich in einer Zelle im Parterre. Das ist sozusagen der Frauenflur. In der Zelle stehen zwei weiße Metallbetten, wie es sie im Krankenhaus gibt. Dazu saubere blau-weiß karierte Bettwäsche. Ein Tisch und zwei Hocker. Eine Toilette und ein Waschbecken mit einem Kaltwasserhahn. Mein neues Zuhause! Einzelhaft.

»Wir können warten ...« Nichts in der Zelle – nur ich. Denken. Abstreiten oder zugeben? Was wissen sie? Was wissen sie wirklich? Was können sie wissen? Schlechtes Gewissen gegenüber Frank, Mutti, Willi und auch Klaus. Was ist mit Klaus? Ich will raus! Was haben die mit mir vor? Allein. Kein Buch, kein Papier, kein Stift. Allein. Einzelhaft. »Wir haben Zeit.«

Die unheimlichen Geräusche werden vertrauter. Das Klopfen – langsam begreife ich, dass das die anderen Untersuchungshäftlinge sind. Ich versuche, das System zu verstehen. Das ist nicht schwer: einmal klopfen = A, zweimal = B und so weiter.

Zweimal kurz hintereinander = ich habe verstanden. Ein bisschen Übung gehört dazu. – Doch nicht allein! – Etwas kann ich schon mitbuchstabieren, habe aber Angst, selbst zu klopfen. Immer wieder die Frage aus den anderen Zellen: »Wer bist du?« Von nebenan, von oben. Wer war ich? Wer bin ich noch? Wer werde ich sein, wenn ich hier jemals wieder rauskomme?

Die erste Freistunde in einem der Käfige, Freihof genannt. Es ist ein grauer Tag. Wie der Posten von dem Beobachtungsgerüst dauernd in diesen Käfig hinunterglotzt! Mit einem Gewehr über der Schulter. Als ob hier jemand ausbrechen könnte! Da müsste einer schon Saugnäpfe an Händen und Füßen haben, um an der vier Meter hohen Mauer hochklettern zu können. Der Käfig ist gar kein Quadrat. Das war eine optische Täuschung. Wenn ich die Wände in Pisspottschritten[5] abtippele, kommt jedes Mal eine andere Zahl heraus. Vielleicht habe ich mich verzählt, weil meine Gedanken immer wieder abschweifen. Ob andere nachdenken und gleichzeitig die Pisspottschritte zählen können?

Ich höre Kinderlärm. Die Untersuchungshaftanstalt und die Schule befinden sich in unmittelbarer Nachbarschaft. Ist das makaber! Meine ehemalige Kommilitonin unterrichtet in der Freiheit. Ich bin gleich daneben eine Beschuldigte oder besser eine Nummer: 3/1. Direkt nebeneinander und doch Welten auseinander. Im Zellentrakt habe ich keinen Namen mehr. Ich bin hier eine Nummer, eine Doppelnummer! Ich muss mich als Nummer melden. Wenn Renate wüsste, dass ich jetzt eine Nummer bin ... Das tut ganz schön weh, die Kinder lärmen zu hören.

Dieser Untersuchungsführer oder Vernehmer ist in meinem Alter. Wieso hat der das Recht, über mich zu bestimmen? Ich streite immer noch ab, dass ich die DDR verlassen wollte. Zuerst sah es so aus, als würde er mir glauben. Sagte, dass sich sicher alles aufklären würde. Ich könnte dann vielleicht irgendwo in Mecklenburg als Lehrerin arbeiten. Nein, das will ich nicht. Bloß nicht. Kein Blabla von Fehler gemacht und so. Ich will zu Klaus in den Westen! Nach diesen Erfahrungen seit der Verhaftung würde ich in der DDR ersticken. Ich kann hier nicht mehr leben. So viele Lügen! Fehlende Informationen und bewusste Fehlinformationen. Wer da mitheult, missbraucht sich selbst.

Jutta, dann sag' doch endlich die Wahrheit! Die Wahrheit wäre auch, dass ich weiter in der Haft bleiben muss. Das ist so unvorstellbar grausam! Ich will raus! Aber in den Westen! Nun mal ganz sachlich, entweder bereuen und vielleicht bald frei oder die Fluchtabsicht zugeben und im Knast auf die Ausweisung in den Westen warten. Wie lange? Warum gibt es keinen einfacheren Weg? Warum liegen die beiden Entscheidungspole so weit auseinander? Selbst wenn ich jetzt alles bereuen würde, wäre das keine Gewähr dafür, dass sie mir glaubten.

5. Oktober 1970 – ich kann nicht mehr. Auf meine Erinnerung, was ich gedacht, was ich mir ausgedacht und was ich gesagt habe, ist kein Verlass mehr. In meinem Kopf ist nur noch Chaos. Meine Geschichten werden mir selbst zu eng. Alles geht durcheinander. Zu den unmöglichsten Zeiten werde ich zum Verhör geholt. Stundenlang, ohne Pause. Kein Wasser zwischendurch. Manchmal sitze ich ungekämmt vor diesem geschniegelten Jüngelchen. Und manchmal bin ich einfach nur müde. In solch einer Situation holt Unterleutnant Hühne einen Offizier zur Unterstützung. Den Vater meiner Kommilitonin! Das darf nicht wahr sein! Erst redet er sanft auf mich ein. Dann wird er lauter, brüllt, droht. Dazwischen die Stimme des Vernehmers. Meine Ohren dröhnen. Alles dreht sich im Kopf. Es gibt nur eine Wahrheit. Mit dem Mut der Verzweiflung schreie ich: »Ja, ich wollte abhauen!« Für einen Moment ist absolute Stille im Raum. Dann: »Na, also.«

Komisch, das Dröhnen ist weg. Mein Kopf ist klar. Die Wahrheit ist geboren. Es ist ganz einfach: »Ja, natürlich wollte ich abhauen. In die Freiheit. Zu Klaus in den Westen. Bulgarien war schon mein zweiter Versuch.« Hätte ich Letzteres besser nicht gesagt? Ich habe mich entschieden. Ich habe die Seite gewechselt. Es ist gut, einen eindeutigen Standpunkt zu haben. Alles ist klar. Ich kann mir wieder in die Augen schauen und brauche mich zunächst nicht mehr zu verdrehen. Und wie geht es weiter?

Für eine spätere Therapiestunde schreibe ich zu Hause dazu: »Ungewissheit, ausgeliefert, isoliert. Jeder Tag ist mit Angst gefüllt. Trotz der Wahrheit oder wegen der Wahrheit. Ich bin aus der Welt gefallen. Das Leben lebt ohne mich. Ich existiere. Und nehme nicht mehr am Leben teil.«

Freiheit ist zum Beispiel, auf die Toilette gehen zu können, ohne dabei beobachtet zu werden. Freiheit beginnt da, wo ich mit meinen intimsten Grundbedürfnissen allein bin. Die Haftbedingungen sind verletzend und demütigend. Ich kann mich nicht wehren. Ich muss einen inneren Widerstand aufbauen.

Eingesperrt sein bedeutet, dass ich immer unter Beobachtung stehe, laufend kontrolliert werde, nur noch unter Druck lebe. Der Druck ist allgegenwärtig, jede Sekunde – Körper, Geist, Seele sind gefangen in diesem Druck. Die Zelle ist mit Druck gefüllt, der Flur, das Vernehmerzimmer – jeder Platz, an dem ich mich aufhalte, überall, ständig. Gegen diesen Druck muss ich einen Gegendruck aufbauen, sonst werde ich erdrückt. Das Aufrechterhalten des Gegendrucks über Wochen, Monate, Jahre kostet ungeheure Kraft, raubt viel Lebensenergie, ohne dass diese erneuert werden kann.

Das weiß und spüre ich erst Jahre, Jahrzehnte später. Jetzt bin ich noch jung und vital und versuche zu überleben, um irgendwann wieder leben zu können.

* * *

Ich habe die Wahrheit gesagt und werde belohnt. Sabine kommt zu mir in die Zelle. Nicht mehr allein! Sabine, du Großstadtkind aus Berlin, bist in »Ost-West-Geschäften« erfahren. Dein älterer Bruder wurde aus der DDR ausgewiesen. Ich staune, was du mir alles erzählst! Vieles ist neu für mich. Gegen Berlin ist Magdeburg tiefste Provinz. Ich erhalte Staatsbürgerkundeunterricht live aus anderer Sicht. Ob das alles stimmt? Wenn das alles stimmt …

Für eines danke ich dir von Herzen, Sabine. Da so viele Menschen die DDR abgelehnt und gehasst haben und sie verlassen wollten, glaubt mir die Stasi nicht, dass mein Fluchtversuch vor allem private Gründe hat. Also programmiere ich mich mit deiner Unterstützung bewusst um, lehne die DDR ab. Und nun passe ich ins Bild, bin einem »verbrecherischen Kapitalisten« aufgesessen! Dein Rat ist drastisch: »Sag ihnen, dass die DDR scheiße ist und dass du freigekauft werden willst. Frag, wie viel sie für dich haben wollen.«

Ersteres formuliere ich etwas sanfter, und sie schlucken es. Es macht mich innerlich stärker, dagegen zu sein. Man sollte nie versuchen, sich mit den Schergen gut zu stellen, weil man dann noch mehr zu ihrem Spielball wird. Bei dem Thema Freikauf lässt sich Vernehmer Hühne auf keine Diskussion ein: »Die DDR verkauft keine Menschen! Menschenhandel, das sind kapitalistische Methoden.« Du Lügner! Für Tausende habt ihr euch bezahlen lassen. Oder bist du ein so ein kleines Rädchen, dass du darüber tatsächlich nicht Bescheid weißt?

Langsam begreife ich, dass meine Freiheit in immer weitere Ferne rückt. Es ist ein Fortschritt in meiner Einstellung zu dieser ungerechtfertigten Haft, als ich beginne, nicht mehr die Tage, sondern die Monate zu zählen. Drei sind es schon. Drei lange Monate Gefangenschaft.

Wenn wir nicht gerade zum Verhör geholt werden oder die Traurigkeit uns im Griff hält, dann gestalten wir unser Zellenleben. Erzählen uns unsere mehr oder weniger bewegten Lebensgeschichten. Reden über Gott und die Welt. Malen uns die freie Zukunft aus, natürlich im Westen!

Singen ist verboten. Na und? Dieses Verbot zu übertreten, hat nicht wirklich Folgen. Es sei denn, die Frauen in den anderen Zellen stimmen in unseren Gesang ein … Klopfen ist verboten. Wir werden Profis. Eine horcht an der Tür, die andere klopft.

Bücher. Wer aus Stasi-Sicht genug ausgesagt hat, darf sich fast regelmäßig selbst Literatur in der gut ausgestatteten Bücherei aussuchen. Unterstreichungen mit dem Fingernagel mangels Bleistift gibt es in allen Büchern. Interessant, wie Wörter verstanden und missverstanden werden können. Ich schließe mich Cicero an: »Summum ius summa iniuria.« Das strengste Recht ist oft zugleich höchste Ungerechtigkeit. Mehrmals unterstreicht mein rechter Daumennagel diesen Satz. Und ich lerne ihn auswendig. Für alle Fälle! Beeindruckend und bis heute als Titel in meinem Gedächtnis: »Der Doppelgänger« von Erich Fabian. Ein Roman über Dostojewskij, der davon spricht, dass die Hafteinsamkeit Genies oder Idioten hervorbringt.

Duschen. Wenn wir Glück haben, einmal in der Woche warm. Dabei lärmen wir absichtlich und flutschen die Seife durch den zur Dusche umfunktionierten Kellerraum.

Bett. Wir dürfen tagsüber auf dem Bett sitzen, weil die Stasi nicht will, dass wir Frauen uns in der fußkalten Zelle erkälten. Das ist wesentlich bequemer, als auf dem Hocker zu sitzen.

Freistunde. Das graue Viereck gibt uns für rund zwanzig Minuten frische Luft. Zu zweit können wir sogar etwas herumalbern.

Flintenweib. Es macht Spaß, sie zu ärgern. Wir sind da erfinderisch. Dabei ziehen wir manchmal den Kürzeren.

Eines beunruhigt mich mehr und mehr. Rechtsanwalt Dr. Vogel[6] hat sich noch immer nicht bei mir gemeldet, obwohl der November fast vorbei ist. Es war verabredet, dass Klaus ihn einschalten würde. Ich spreche meinen Vernehmer darauf an. Sagt der miese Typ doch zu mir: »Da wird Sie Ihr Herr Bohlken wohl vergessen haben. Außerdem kann er doch, wenn er sie wirklich liebt, in die DDR übersiedeln.« Ich lasse mir nichts anmerken, aber es verunsichert mich zusätzlich. Ob Klaus …? Nein, das kann ich mir nicht vorstellen.

Diese tödliche Ungewissheit! Immer mehr schwindet der Boden unter meinen Füßen. Worauf ist überhaupt noch Verlass?

Was ich nicht wissen kann: Schon in Belgrad hat Klaus die bundesdeutsche Botschaft unterrichtet, dass ich nicht verabredungsgemäß in Jugoslawien angekommen bin. Noch im September bat er das Auswärtige Amt um Unterstützung. Alles geht seinen Gang. Anfang November schreibt sein West-Berliner Rechtsanwalt Herrn Dr. Vogel an. Dieser antwortet am 18. November 1970:

»Sehr geehrter Herr Kollege!

Auf Ihr Schreiben vom 5. XI. muss ich Ihnen mitteilen, dass ich bisher kein anhängiges Verfahren ausfindig machen konnte. Offensichtlich ist Frau Schulze noch nicht überstellt. Ich überwache.«

Ein vom 23. XI. datierter Brief folgt:

»Sehr geehrter Herr Kollege!

Telefonisch habe ich in Magdeburg erfahren, dass sich bereits ein Anwalt gemeldet hat. Offensichtlich auf Veranlassung der Eltern.

Bei dieser Sachlage scheint es nicht angeraten, mit den Eltern Verbindung aufzunehmen. Ich überwache.«

Lügen, nichts als Lügen. Die Stasi spielt mit falschen Karten. Ich sitze in der Zelle, zermartere mir den Kopf, bin todunglücklich, weil ich nichts von Dr. Vogel höre. Dr. Vogel, für alle Republikflüchtigen der rettende Strohhalm. Der Mann, der uns in den Westen bringen kann. Welches makabre Spiel wird mit mir getrieben? Warum? Wollen die mich psychisch kaputtmachen? Oder glauben die, dass ich ohne Rechtsanwalt umkippe? Soll ich etwa die Chance für einen Neuanfang in der DDR bekommen? Das wäre denkbar.

Mein im sozialistischen Sinne »vorbildlicher« Lebenslauf und ein Stiefvater, der bei der Volkspolizei arbeitet; meine Mutter, die meinen Fluchtversuch bei der Stasi-Vernehmung bagatellisiert – die Kleine ist mal eben durchgedreht –, alle Schuld auf Klaus schiebt und mich so schnell wie möglich in die DDR entlassen sehen möchte.

Alles Spekulation. Tatsache ist, dass ich seit Ende September in Magdeburg bin. Tatsache ist, dass ich seit meiner Verhaftung mit keinem Familienmitglied gesprochen habe, noch nicht einmal zensierten Briefkontakt hatte. Tatsache ist, dass sich bei mir kein Anwalt gemeldet hat. Es ist, als hätte das Draußen mich vergessen. Dabei arbeitet das Draußen für mich, mit aller Kraft und den Möglichkeiten, die die Stasi zulässt. Aber diese äußere Wahrheit findet keine Verbindung zu meiner inneren Wahrheit in der Zelle. Das Draußen und alle Menschen, die für mich dazu gehören, versinken in Schweigen. Ich bin ganz allein auf mich gestellt und habe das Gefühl, dass nichts für mich getan wird. Diesen misslichen Zustand festigt der Stasi-Vernehmer mit hämischen Bemerkungen.

Wie dankbar bin ich für die wenigen erlaubten und die nicht erlaubten Kontakte hier drinnen mit den anderen Eingesperrten. Sie helfen mir immer wieder, nicht die Hoffnung zu verlieren. Und sie unterstützen mich, das menschenverachtende Spiel der Staatssicherheit zu durchschauen, für die es nur eine Wahrheit gibt, nämlich ihre.

* * *

Es geht auf Weihnachten zu. Die Verhöre sind weitgehend abgeschlossen. Nur hin und wieder werde ich vom Vernehmer geholt. Es ist eine dunkle Zeit. Jetzt, wo zumindest äußerlich eine gewisse Ruhe eingetreten ist, werden die Selbstvorwürfe wieder stärker. Die Gedanken nehmen bisweilen zerstörerische Formen an. Frank und meine Eltern … Kein Ausweg in Sicht. Wie konnte ich nur? Auf der anderen Seite immer mehr die Erkenntnis, dass meine Entscheidung richtig war. Auch ohne Klaus wäre ich wahrscheinlich irgendwann angeeckt. Ein ganzes Volk lässt sich auf Dauer nicht einsperren. Andere haben die Zusammenhänge eher erkannt. Sicher gibt es auch Sozialisten aus ehrlicher Überzeugung, wozu ich Papa Lu rechne, meinen ehemaligen Geschichtslehrer. Mit dem möchte ich gern einmal sprechen. Was würde der wohl sagen, wenn er wüsste, dass ausgerechnet ich in die Fänge der Stasi geraten bin? Und dass hier im Arbeitskommando meine Klassenkameradin Petra arbeitet. Zwei aus einer Oberschulklasse wollten in den Westen …

An der Vorsehung muss etwas dran sein. Hat Papa Lu mich doch in Staatsbürgerkunde mit dem Thema »Das Verhältnis von Sein und Bewusstsein« ins Abi genommen. Viel zu komplex für eine Abiturprüfung. Und auch unfair, weil es eine Gesinnungsprüfung ist. Es gibt das offiziell Vorgeschriebene aus dem Lehrplan und meine eigenen Gedanken. Dabei habe ich mich irgendwie verheddert. Vielleicht wegen der verschiedenen Ebenen der Wahrheit. Papa Lu hat mich von der philosophischen auf die materielle Schiene herunter gefragt, bis wir schließlich über meine Leichtathletik-Kampfrichtertätigkeit während der Oberschulzeit sprachen. Das schien dem zuhörenden Herrn von der NVA zu gefallen. Zum Glück keine weiteren Fragen! Aus Frust über dieses blöde Prüfungsthema bin ich abends mit einer Freundin ausgegangen und habe Franks Vater kennengelernt. Wie das Leben so spielt!

Mein Stiefvater wird mich heute besuchen. Sprecher nennt sich das.[7] Ich bin ganz schön aufgeregt. Mit sehr viel Mühe habe ich einen Kassiber[8] vorbereitet. Irmchen, zu der ich als 2/2 in die Zelle verlegt worden bin, hat von einer inzwischen verurteilten

Frau ein verbotenes Bleistiftstummelchen übernommen. Wie durch ein Wunder hat es alle Zellenrazzien überstanden. Auf Toilettenpapier habe ich sorgfältig Buchstaben für Buchstaben gemalt, während Irmchen an der Tür Schmiere gestanden hat. Ein verbotener Bleistift und ein verbotenes Schriftstück. Nicht auszudenken, wenn die uns erwischt hätten! Unerlaubte Kontaktaufnahme oder Schlimmeres.

Die Anstrengung hat sich gelohnt. Der Kassiber ist fertig. Zwei Fragen bewegen mich: Warum hat sich Dr. Vogel noch nicht bei mir gemeldet? Gibt es Kontakt zu Klaus? Dr. Vogels Telefonnummer habe ich vorsichtshalber mit aufgeschrieben. Jetzt muss der Kassiber nur in die richtigen Hände gelangen. Vati ist da. Er sieht mitgenommen aus. Ein »Wachhund« sitzt neben uns, verfolgt jede Bewegung, registriert jedes Wort. Unter diesen Umständen haben wir uns nicht viel zu sagen. Mutti ist krank, seit ich im Gefängnis bin. Sie hat es nicht geschafft, mich zu besuchen. Der Blutdruck, der Augendruck, das Herz, die Nerven. Alles seit Wochen durcheinander. Es war richtig, dass die Eltern Frank nicht genommen haben, als ich nach Bulgarien gefahren bin. Es hätte für sie noch mehr Aufregung gegeben. Nein, von Frank haben sie nichts gehört. Mit seinem Vater könne man nicht sprechen.

Gibt es eine Chance, den Kassiber zu übergeben? Ich versuche, Augenkontakt zu Vati aufzunehmen. Er reagiert nicht. Leutnant Schulze reagiert nicht. Mir kommen Bedenken. Nein, ich möchte Vati und Mutti nicht noch mehr Unannehmlichkeiten bereiten. Es reicht so schon. Unberechtigterweise habe ich durch meine misslungene Flucht mit Macht in ihr Leben eingegriffen. Ich resigniere und mache keinen weiteren Versuch, den Kassiber zu übergeben. Unser Gespräch wird unecht. Ohne Seele. Vielleicht wäre es besser, gemeinsam zu schweigen. Schließlich versuche ich, etwas Zuversicht auszustrahlen. Es stimmt sogar, ich habe ein Ziel! Ob ich da mit den Eltern übereinstimme? Vati tut mir leid. Wie zusammengefallen er vor mir sitzt! Und Muttis Krankheiten. Alles meine Schuld! Ihre Lebensplanung, eingerichtet auf ein begrenztes Leben in diesem Staat, gerät durcheinander.

Das einzige Kind, als Vorzeigetochter erzogen, angepasst und nett, mit einem gewissen Drang, auch einmal aus der Reihe zu denken, sitzt im Gefängnis.

Wieder in der Zelle, heule ich, bis keine Tränen mehr kommen. Ich mache mir Vorwürfe und Sorgen um meine Eltern, besonders um Mutti. Noch immer halte ich den Kassiber in der Hand. Alle Mühe umsonst. Eine Hoffnung gestorben, eine Chance verpasst. Bedächtig zerreiße ich den Kassiber, werfe die Schnipsel in die Toilette und spüle nach. Ich bleibe von den Draußentatsachen ausgeschlossen. Jedenfalls habe ich nichts zwischen den offiziellen Worten heraushören können. Wie lange werde ich das noch aushalten müssen? Ich bin unendlich traurig.

---

1 Die Grenzübergangsstelle Kalotina lag zwischen Bulgarien und Jugoslawien, zwei Kilometer westlich des gleichnamigen bulgarischen Dorfes, im äußersten Westen Bulgarien.

2 Amanda Bohlken hieß ursprünglich Jutta Schulze (Vgl. Autorenverzeichnis S. 356 f.).

3 Knast-Minna: umgangssprachliche Bezeichnung für einen Gefangenentransportwagen.

4 Die Untersuchungshaftanstalt der Magdeburger MfS-Bezirksverwaltung befand sich in Magdeburg-Neustadt (heute Gedenkstätte Moritzplatz).

5 Pisspottschritte: Schrittfolge, bei denen die Ferse des einen Fußes immer direkt an die Fußspitze des anderen Fußes gesetzt wird.

6 Dr. Wolfgang Vogel (1925–2008), Rechtsanwalt, Bevollmächtigter der DDR-Führung für humanitäre Fragen und Unterhändler beim Häftlingsfreikauf.

7 Beim sogenannten Sprecher, wie das MfS das Gespräch mit einem Anwalt oder einem Verwandten im Gefängnis nannte, waren strenge Auflagen zu befolgen. So durfte in der Regel weder über die Haftbedingungen noch über Inhalt und Verlauf des Verfahrens gesprochen werden. Auch Berührungen waren verboten. Ständig war ein MfS-Mitarbeiter anwesend.

8 Kassiber: verbotene schriftliche Mitteilung eines Gefangenen.

ENTSPANNUNGSPOLITIK

Anfang der 1970er Jahre hofften viele DDR-Bürger auf humanitäre Erleichterungen durch die Entspannungspolitik der Regierung Brandt. In verschiedenen zwischenstaatlichen Verträgen wurden eine Normalisierung der Ost-West-Beziehungen und die Einhaltung der Menschenrechte vereinbart. Die Abschaffung der Zollkontrollen auf den Transitstrecken zwischen Westdeutschland und West-Berlin eröffnete einen neuen Weg zur Flucht. Trotzdem kamen Tausende Flüchtlinge und ihre westdeutschen Helfer in Haft.

ELLEN THIEMANN
Die Unterschrift

Ellen Thiemann (geb. 1937) war wegen eines geplanten Fluchtversuchs in einem umgebauten Pkw von Dezember 1972 bis Juni 1973 in der Untersuchungshaftanstalt des DDR-Staatssicherheitsdienstes in Berlin-Hohenschönhausen und anschließend im Frauengefängnis Hoheneck inhaftiert.

Schrill läutet das Telefon. Klaus *(damaliger Ehemann von Ellen Thiemann und DDR-Sportreporter – der Hg.)* nimmt den Hörer ab und meldet sich: »Ja, bitte ...« Am anderen Ende der Leitung entsteht eine kurze Pause. Dann fragt eine männliche Stimme: »Wer ist dort?« – »Thiemann«, sagt Klaus. »Oh, entschuldigen Sie, falsch verbunden!« Der Hörer wird aufgelegt. Es ist 22.00 Uhr. Der 29. Dezember 1972.

Wir wissen, in wenigen Minuten werden sie bei uns sein. Schnell gehen wir noch einmal die wichtigsten Punkte durch, um wenigstens unserem Sohn die Einweisung in ein Kinderheim zu ersparen, wenn wir wegen geplanter »Republikflucht« verhaftet werden sollten. »Einer von uns muss draußen bleiben«, schlage ich meinem Mann vor. Er nickt. »Am besten du, denn dich hat der Fahrer ja nicht kennengelernt ...«, füge ich hinzu.

»Wir müssen fest dabei bleiben. Selbst auf die Gefahr hin, dass sie mich foltern sollten, ich sage nichts über dich. Es bleibt dabei, dass ich die Absicht hatte, dich und die ›Republik‹ mit unserem Sohn zu verlassen!«, sage ich mit Bestimmtheit.

Im Wohnzimmer brennt nur eine Stehlampe. Die Rollos im

Schlafzimmer haben wir herabgelassen und äugen aus den Sehschlitzen hinaus auf die Straße. Ungefähr eine Dreiviertelstunde nach dem nicht schwer zu deutenden Anruf quietschen unten die Räder zweier Wartburgs[1]. Sechs Männer in Zivil steigen aus.

Ich gehe ins Wohnzimmer und lege mich auf die Couch. Ein Glas Tee steht halb ausgetrunken auf dem Tisch. Einigermaßen gefasst versuche ich, dem Kommenden entgegenzusehen. Doch ich zittere am ganzen Körper. Nicht einmal nach außen hin bin ich ruhig. Blitzartig ziehen die Stunden vom Nachmittag nochmals an mir vorbei. Unsere ursprünglichen Pläne, die Flucht gemeinsam und mit falschen Pässen über das sozialistische Ausland durchzuführen, waren kurzfristig über den Haufen geworfen worden.

Angeblich gab's Schwierigkeiten bei der Beschaffung der Pässe. Die Flucht über West-Berlin – und dann noch in einem Autoversteck – wäre das Allerletzte gewesen, was uns in den Sinn hätte kommen können. Doch dann stand die Entscheidung plötzlich vor uns. Und irgendwann greift man nach dem rettenden Strohhalm, so auch wir.

Seit 1968 hatten wir unsere Flucht ernsthaft ins Auge gefasst. Eine endlos lange Zeit, wenn man in einem Lande lebt, das überall und immerzu mit wachsamen Augen, durch das Ministerium für Staatssicherheit, die Bürger observiert. Alles über uns wurde registriert – die »von der Musik« oder »die vom Konsum«, wie die »Staatssicherheit« im Volksmund genannt wurde, war unser ständiger Begleiter.

Am Nachmittag des 16. Dezember hatte meine Tante aus dem Harz plötzlich vom Alexanderplatz aus angerufen. »Komm doch bitte gleich mal her, ich bin's«, erklärte sie nur kurz. »Jaja«, stammelte ich aufgeregt. Unser Telefon wurde seit Jahren abgehört … Verdammt! Hatte sie unsere diversen Schreiben nicht bekommen? Wir hatten ihr doch mehrfach geschrieben – aus Bulgarien, vom Flughafen Schönefeld, ein Brief wurde einem West-Berliner Studenten mitgegeben –, dass wir von unserem Vorhaben zurücktreten …

Ein mit uns bekannter stellvertretender Minister hatte im

Oktober anlässlich eines Fußballspiels Klaus auf dem Sportplatz zugezischt: »Lass die Finger von der Sache mit deiner Tante! Es steht sehr ernst!«

Hatte sie unsere Schreiben nicht bekommen? Gleich würde ich darauf eine Antwort erhalten. Ich schwang mich ins Auto. Immer wieder musste ich auf den Tacho sehen ..., hohe Geschwindigkeit war hier nicht erlaubt ..., und dann noch mit einem Westwagen! »Ich bin gerade mit der S-Bahn angekommen«, empfing mich meine Tante. »Ja, aber ..., hast du denn nicht unsere Absagen erhalten?« – »Na ja, ich habe schon ... aber der West-Berliner Architekt meint, dass das hier eine ganz sichere Sache sei. Es soll heute losgehen.« – »Wie, gleich heute? Wie denn?«, fragte ich ungläubig. »Ja, und zwar hat's mit den falschen Pässen nicht geklappt. Nun soll's im Autoversteck über West-Berlin durchgeführt werden. Der einzige Haken: getrennt.« – »Um Gottes willen, nein, das geht nicht!« Ich war völlig entnervt. »Ohne Carsten *(elfjähriger Sohn von Ellen Thiemann – der Hg.)*, einzeln ..., über West-Berlin? Kein Berliner macht das!« – »Aber es soll eine ganz hundertprozentige Sache sein. Der Architekt versicherte mir, dass sie so schon sehr viele rübergeholt hätten.« – »Aber ..., nein ..., ich weiß nicht ...«, ich zitterte wie Espenlaub.

Jetzt war er endlich da, der große Tag. Jetzt endlich sollte es die so lange erwartete Gelegenheit geben – und ich wurde schwach? »Sie meinten, dass erst du, morgen dann Carsten kommen soll«, fuhr meine Tante fort. »Und Klaus?« – »Am besten ist es, wenn du ihm vorläufig noch nichts sagst. Er hat doch keine Courage. Das kannst du dann von drüben aus machen. Wer weiß ..., vielleicht hat er euch gar verraten?« – »Das ist absurd! Er will doch auch weg! Sonst hätte ich schon längst im Westen sein können, es gab etliche Möglichkeiten für mich und Carsten. Außerdem hättest du dich dann ja nicht drum kümmern müssen. Wir waren uns einig über die gemeinsame Flucht.« – »Ich habe das jetzt erst einmal für euch beide eingefädelt«, erklärte Tante Lola leise.

Die unterschiedlichsten Gedanken schossen mir durch den Kopf. Ob sie vielleicht doch schon was an die Organisation bezahlen musste und nur für zwei Personen anzahlen konnte?

Ob's eine von der Stasi gesteuerte Organisation ist, die nur auf einen dicken Fisch wartet, um zuzuschlagen? Soll ich Klaus heute wirklich nicht einweihen?

Fast täglich erörterten wir unsere Flucht. Wir waren der Meinung, nun nicht mehr zurückzukönnen, nachdem wir innerlich so eindeutig mit diesem Regime gebrochen hatten. Wir gaben immerhin einiges auf. Und schließlich waren wir nicht mehr zwanzig, sondern trugen selbst schon die Verantwortung für einen elfjährigen Sohn.

»Jetzt muss erst Gras über die Sache wachsen. Dann können wir erneut etwas in Angriff nehmen«, sagte Klaus im Oktober. »Ich kann nicht mehr allzu lange hier leben mit diesem Vorhaben, das frisst zu sehr an mir«, entgegnete ich ihm. Klar, nach der Warnung durch den Stellvertreter des Ministers für Staatssicherheit hatte Klaus erst mal die Hosen voll gehabt. Mir war's auch nicht einerlei. Doch eine eingehende Unterhaltung brachte uns zu dem Schluss: Hier können wir nicht mehr leben!!!

Nun kam's doch ganz anders. Jetzt hieß es handeln. Jetzt war keine Zeit für nervenaufreibende, verunsichernde Überlegungen. Tante Lola hatte sich für uns eingesetzt, Strapazen und Geldausgaben auf sich genommen. Jetzt konnten wir ihr nicht aus Angst einen Korb geben. »Wieso ich zuerst?«, fragte ich. »Na ja, sie meinen, dass es besser wäre, wenn du zuerst drüben bist, damit Carsten keine Angst alleine hat.« – »Das ist doch merkwürdig. ... Du bist doch da ...?« Schulterzucken. Unsicherheit. Ratlosigkeit.

Tante Lola wollte helfen, unbedingt helfen. Doch war die Lage nicht ernster, sehr viel ernster? Irgendwas kam mir verdächtig vor ...

»Ich mache dich jetzt mit Manfred bekannt. Stelle ihm keine Fragen, das wollen die nicht. Ich kenne ihn auch nur mit dem Vornamen«, erklärte mir Tante Lola. Vor einem weißen BMW, älteres Baujahr, machte sie halt. Wir stellten uns vor. Ich war noch verunsicherter, als ich dieses Auto sah. »Was, mit diesem Wagen soll das durchgeführt werden?«, fragte ich Manfred entsetzt. »Warum nicht, damit habe ich schon einige Leute rübergeholt.« Wir gingen in ein Restaurant. Unsere Unterhaltung drehte sich um belanglose Dinge. Obwohl mir dutzendweise die Fragen auf den Lippen lagen ...

Plötzlich steuerte ein schlanker, grauhaariger Mann, vielleicht Mitte fünfzig, Brillenträger, zielstrebig unseren Tisch an. Überall gab's freie Tische! Was sollte das? War man uns schon auf den Fersen? Noch belangloser wurde das Gespräch fortgeführt. Dann zahlten wir und brachen auf.

Im Freien besprachen wir rasch Einzelheiten. Im Auto erklärte mir Manfred die Beschaffenheit des Fluchtwagens. »Der Tank ist umgebaut. Dort findet eine Person Platz.«

»Ich kann das jetzt nicht allein entscheiden, das kommt alles so überraschend ... Das muss noch mal überdacht werden!« – »Ja, aber ... eigentlich machen wir das nicht ... mit Bedenkzeit und so. Das ist viel zu gefährlich, so oft rüberzufahren ...«, erklärte Manfred. »Das leuchtet mir ja alles ein. Aber, verstehen Sie mich doch auch: getrennt ... von Ost- nach West-Berlin. Das ist doch Wahnsinn!« – »Na na, denken Sie etwa, dass ich Lust habe, von denen geschnappt zu werden?« – »Aber das muss trotzdem noch mal überlegt werden. Kommen Sie in einer Woche wieder. Und wenn überhaupt, dann zuerst unser Kind ...«, erklärte ich mit Nachdruck.

Wir verabschiedeten uns. Er fuhr los. Tante Lola ging zur S-Bahn.

Zwei Wochen später war's dann so weit. »Können wir uns treffen?«, fragte Manfred nur kurz am Telefon. »Ja, an der alten Stelle.«

Mein Bruder, der gerade auf Besuch aus Köln da war und eingeweiht war, lud Carsten und mich samt einer großen Reisetasche in seinen Ford Capri. Beim Einsteigen blickte ich hoch zu unseren Wohnzimmerfenstern. Da! War das nicht Klaus hinter der Gardine? Noch hatte ich ihm nichts erzählt, außer, dass mein Bruder uns zur Vorstellung in den Friedrichstadt-Palast führe. Wenn er jetzt die Reisetasche gesehen hatte, was würde er wohl denken? Gleich nach meiner Rückkehr wollte ich ihm alles erklären – auch gegen Tante Lolas Bedenken ...

Am Alexanderplatz setzte uns mein Bruder ab. Aufmerksam schaute ich in die Runde vor dem Bahnhof. Ob sie sich platziert hatten? Ob sie uns beobachteten? Ich entdeckte nichts Verdächtiges. Na ja, bei dem Trubel dort …

Nachdem wir eine Weile in dem weißen BMW durch Berlin gefahren waren, eröffnete ich unserem Sohn: »Wir wollen für immer in den Westen gehen. Heute nimmt dich Manfred mit, morgen komme ich und etwa in zwei Wochen Vati.« Ungläubig schaute er mich an. »Und was wird mit Pitti?«, fragte er und meinte seinen Wellensittich.

»Der kommt zu Oma«, beruhigte ich den Kleinen. Gegen 18.00 Uhr wurde es dunkel. Wir fuhren in eine etwas abgelegene Gegend in Pankow, einem Berliner Villenviertel. Vorher hatte ich noch 500 Mark vom Postscheckkonto abgehoben, es konnte ja nicht schaden. Auch so blieb noch genug zurück … Manfred begann, den Rücksitz abzumontieren. Dann musste Carsten ins Versteck klettern. »Hier passt ihr doch niemals hinein!«, gab der Kleine zu bedenken. »Wieso? Was ist?«, fragte ich aufgeregt. »Nein, nein, keine Bange, die letzte Frau im Oktober war viel dicker als deine Mutti«, beruhigte Manfred meinen Sohn. »Das kann alles verstellt werden«, fügte er noch besänftigend hinzu.

Wir gaben uns zufrieden. Sehr langsam ging's dann durch die Straßen von Berlin. Alle paar Meter musste Manfred Benzin nachfüllen, bedingt durch den umgebauten Tankraum. Ich spürte eine panische Angst in mir aufsteigen. Ob ich mein Kind wieder rausholen sollte?, schoss es mir durch den Kopf. Feigling!, sagte ich mir immer wieder selbst. »Wie geht es dir dahinten? Atmest du nicht zu viel Benzindämpfe ein?«, fragte ich Carsten besorgt. »Ruhe!«, schrie mich Manfred nervös an. »Das kann man alles draußen hören, wenn der Junge antwortet!« Ich wurde noch unruhiger. Wir passierten die letzte Strecke: Chausseestraße – Invalidenstraße. »Carsten, morgen bin ich bei dir«, verabschiedete ich mich. »Tschüs, es geht sicher gut!«, tröstete mich Manfred und küsste mich flüchtig auf die Wange.

Wie verloren stand ich plötzlich draußen und schaute dem davonfahrenden Wagen nach. Zögernd lief ich ein Stück hin-

terher. Meine Nerven waren zum Zerreißen gespannt. Sand-
krugbrücke, Grenzübergang. Wenige Meter davon entfernt eine
Bushaltestelle, einige Leute warteten. Ich war wie in Trance. Der
Grenzübergang war hell erleuchtet. Der weiße BMW näherte
sich dem Schlagbaum. Plötzlich schoss es mir durch den Kopf,
dass es doch weitaus günstiger gewesen wäre, die Grenze zu den
Hauptandrangzeiten – also gegen Mitternacht, wenn alle West-
Berliner und westdeutschen Besucher das DDR-Territorium zu
verlassen haben – zu passieren. Aber dazu war es jetzt zu spät.

Sollte Manfred ein Spitzel sein? Ein verdammter, hunds-
gemeiner Spitzel? Ich versuchte zu kombinieren: Ich sollte zuerst geschmuggelt werden. Wollte man unserem Sohn die Entdeckung ersparen? Aber ... so menschenfreundlich dachten die
doch gar nicht ... Zweifel über Zweifel kamen mir. Wieso hatte
der Architekt die zu zahlende Fluchtsumme mit »von 4000 bis
40 000 Westmark« angegeben? Ob Tante Lola unserer Bitte, vorher keinen Pfennig zu bezahlen, nachgekommen war? Fragen
tauchten auf, überstürzten sich ... So, als ob ich auf den Bus
wartete, verfolgte ich gespannt die Abfertigung an der Grenze.
Die Sehschärfe meiner Augen war ausgezeichnet. So konnte ich
alles genauestens erkennen. »Nein! Nein! Das darf nicht sein!
Das ist doch unmöglich!«, schrie es in mir auf. Ich kämpfte gegen eine Ohnmacht ...

Wenige Sekunden dauerte es nur, da war Manfreds Wagen
von etwa zwölf bis fünfzehn Soldaten umstellt. Sie trugen lange
Mäntel und die typischen Ohrenfellmützen der Russen. Verrat!!! Verrat!!! Man hatte also auf den Wagen gewartet! Wo
war die undichte Stelle? Da! Sie schoben das Auto rechts um die
Ecke ... Wohin??? Ich hatte keinen Einblick mehr. Mein Kind ...
was sollte ich machen? Sollte ich hinlaufen ... ihn ihren Klau-
en entreißen? Sollte ich zu Klaus auf die Bowlingbahn ... Oh,
mein Gott! Meine Knie wurden weich. Nur jetzt nicht schlapp-
machen! Retten, was zu retten ist! In panischer Angst flehte ich
alle nur denkbaren Heiligen an, dass das ein Irrtum sein müsse,
dass ein Wunder geschehen solle! Doch nichts geschah ...

Nach zehn Minuten, fünfzehn oder auch zwanzig, ich erlebte

alles ganz weit hinten im Kopf, führten mehrere Uniformierte Manfred und Carsten von rechts nach links über den freien Platz zu einem Gebäude. Was würden sie mit meinem Kind tun? Warum, warum das alles?

Kaum noch irgendeiner Handlung fähig, bekämpfte ich erneut die aufkommende Ohnmacht. Die Beine wollten mir den Dienst versagen. Aber ich hatte hier nichts mehr zu suchen. Ich musste nach Hause. Schnellstens. Ich musste allerschnellstens von hier weg! Nur nicht auffallen. Gelassen versuchte ich über die Straße zu gehen. Die anderen Wartenden, ein Bus war immer noch nicht gekommen, beobachteten mich wohl schon? Alles Einbildung ... nur ganz lässig erscheinen ... Oh, das soll mir mal einer vormachen, wenn man kiloweise Blei mit sich herumschleppt! Und dann diese Leere im Kopf ...

Immer wieder drehte ich mich um. Waren sie schon auf meiner Spur? Ein Jeep mit drei Soldaten fuhr an mir vorbei. Nahmen sie mich wahr? Sie durften nicht! Verdammt! Ich musste erst mit Klaus alles besprechen!

Eine Möglichkeit der Entdeckung hatten wir vorher überhaupt nicht ins Auge gefasst ...

Klaus wartete zusammen mit meinem Bruder aus Köln auf der Bowlingbahn. Was sollte ich machen? Dorthin laufen? Rennen? Fahren? Aber dort trieben sich immer so viele Mitarbeiter der Stasi herum ... das war viel zu gefährlich. Also nach Hause. Und auf seinen Anruf warten. Schließlich waren wir seit etwa 19 Uhr verabredet.

Ich hastete durch die Straßen. Taxi ... Taxi ... warum gab's denn keins? Bis zum Rosenthaler Platz rannte ich streckenweise. Unterwegs kein Auto. An der Taxihaltestelle natürlich auch keins. Wie's in solchen Situationen immer ist ...

Ich stellte mich an der Rufsäule auf. Die Minuten vergingen wie Stunden. Hartnäckig wartete ich. Was hätte ich auch anderes tun sollen? Ein weißer Ford mit West-Berliner Kennzeichen näherte sich meinem Standort. Das Fenster wurde heruntergelassen.

»Kann ich Sie ein Stück mitnehmen?«, fragte ein junger

Italiener. Und ob! Erleichtert stieg ich ein. Nur weg von hier. Schnell nach Hause. In einer Nebenstraße ließ ich mich absetzen. Der Verabredung mit dem Italiener an einem der nächsten Tage sagte ich zu. Das ersparte mir eine längere Unterhaltung. »Danke, Italiano, du hast mir einen guten Dienst erwiesen! Du wirst diese Begegnung schneller vergessen als ich ...«

Voller Konzentration näherte ich mich unserem Haus. Keine Autos auf der Straße. Keine Personen. Nichts Verdächtiges. Ungesehen kam ich zur Tür hinein, schloss die Wohnung auf und holte tief Luft. Erst mal gerettet! Wenn sie kommen sollten, ich ließe sie nicht herein! Nicht freiwillig ..., erst mit Klaus sprechen ...

Ganz kopflos lief ich jetzt in der dunklen Wohnung hin und her. Von einem Fenster zum anderen. Nichts tat sich draußen. Alles war wie sonst. Gegen 20 Uhr rief Klaus von der Bowlingbahn an und fragte, wo ich denn bliebe. »Komm sofort nach Hause, mir ist hundeelend, ich sterbe ...«, jammerte ich. Ich musste nicht lange auf ihn warten. Er musste wie der Teufel gefahren sein! Mein Bruder fuhr weiter zu meinen Eltern. Kurz zuvor hatte ich beobachtet, dass ein Wagen mit einem Zeichen für radioaktives Material etwa zehn Minuten auf der gegenüberliegenden Seite unseres Hauses hielt. Hatte das etwas zu bedeuten?

War das Zufall? Wer weiß ...

»Carsten ist entdeckt worden!«, erklärte ich aufgeregt. Kreidebleich wich Klaus zurück. »Wir müssen weg!«, reagierte er dann. »Aber wohin denn?«, wagte ich einzuwenden. »Weg, nur einfach weg! Über die Grenze zu fliehen versuchen ..., mit einem Diplomaten ... irgendwie!« Er wusste selbst, wie aussichtslos das ist. »Und unser Sohn? Ich lasse doch nicht unser Kind in deren Klauen!«, protestierte ich. Ruhig bleiben, Nerven behalten, nach einer anderen Möglichkeit suchen ... Gegen 21 Uhr rief Klaus im Ministerium für Staatssicherheit an. Durch seine Tätigkeit als Spitzensportler waren wir mit jemandem von höchstem Dienstrang bekannt. Wir brauchten seine Hilfe, seinen Rat ... Doch: Um diese Zeit war er natürlich nicht mehr anwesend.

Dann klingelt es. »Sind Sie Herr Thiemann?«, höre ich einen Mann fragen. »Ja«, antwortet Klaus verstört. »Deutsche Volkspolizei, ziehen Sie sich an und kommen Sie zur Klärung eines Sachverhaltes mit!«, fordert man ihn auf. Ich liege noch auf der Couch, als plötzlich vier Mann im Zimmer stehen. In Zivil. Einer sagt so nebenbei: »Sie kommen ebenfalls mit.« Sollten sie gar nicht so scharf auf mich sein? Komisch ... dann waren also Manfred und Carsten noch nicht richtig befragt worden ...??? Oder wusste – wie so oft – die eine Hand nicht, was die andere tat? Wie dem auch sei, uns half es im Moment sowieso nicht. Ich streife meine vorher abgelegten Ringe über. Gewohnheit. Ziehe mir Schuhe und Mantel an. Und glaube zu diesem Zeitpunkt noch daran, in wenigen Stunden meine vier Wände wiederzusehen. Welche Einfalt!

Getrennt müssen wir in je einem »Wartburg« mit je drei Mann Bewachung Platz nehmen. Dann geht es los in flotter Fahrt. In äußerst flotter Fahrt! Das hätte sich unsereins mal erlauben sollen! Mit 120 km/h durch Berlin zu rasen! Aber mit einem roten Ausweis[2] in der Tasche hat man natürlich Narrenfreiheit! Immer wieder blicke ich auf den Tacho. Jetzt nähern wir uns der Dimitroffstraße, einer Schnellstraße[3]. Die Ampel zeigt bereits Gelb, als wir noch etwa 300 Meter entfernt sind. Der Wagen mit Klaus rast bei Rot noch über die Kreuzung. Mein Fahrer scheint es ebenfalls vorzuhaben. In letzter Sekunde sieht er das sich von links mit großer Geschwindigkeit nähernde Auto und bremst scharf. Ich habe das Gefühl, als wenn die Reifen plötzlich Feuer fangen. Mich selbst wirft es fast bis vorn an die Scheibe. Nein, Leute, so lass ich mir von euch mein Leben noch lange nicht beenden!!!, schreit es in mir.

Als die Ampel auf Grün schaltet, ist der Wagen mit Klaus schon außer Sicht. Wieder geht's mit 120 km/h die Leninallee[4] entlang. Vor einem großen Gebäude – der Untersuchungshaftanstalt in der Keibelstraße[5] – halten wir. Eine Tür öffnet sich – und wir fahren auf einen Hof. Dort warten die anderen drei Begleiter und Klaus. Gesprochen wird nichts. Da der Fahrstuhl defekt ist, müssen wir vier Etagen zu Fuß hochlaufen. Es sind sehr hohe, alte Treppen. Das ist sehr anstrengend. Meinetwegen hätten sie allerdings hundert Etagen haben sollen, verlängerte es doch unsere Freiheit! Wir wechseln kein Wort mehr miteinander. Ich weiß nicht, wie sie reagiert hätten. So haben unsere Begleiter keine Mühe mit uns. Sie benehmen sich korrekt.

Eine Tür wird aufgeschlossen. Ein langer Gang verbirgt sich dahinter. Mit vielen Zimmern. Wir werden getrennt. Ich sehe mich einem jungen Mann am Schreibtisch gegenüber. Vielleicht 27 Jahre alt, vielleicht jünger. Blonde Locken. Konservativ gekleidet. Und nun beginnt ein Frage- und Antwortspiel ... Ich friere. Trotz Lammfellweste aus Bulgarien und Seehundmantel aus dem Exquisitgeschäft.

Das Zimmer ist so ungemütlich, wie es an solch einem Ort auch nur sein kann. Ich erzähle, soweit ich mich in meiner Verfassung erinnern kann. »Nur keinen Fehler machen wegen Klaus! Nur das nicht!«, hämmert es in mir. Meine Nerven sind zum Zerreißen gespannt. Nebenan höre ich ein männliches Wesen derart unartikuliert brüllen, als gelte es, eine Weltmeisterschaft zu gewinnen! Hat er Klaus oder Manfred beim Wickel? Hoffentlich Letzteren, ihn kenne ich nicht weiter. Ob Klaus der Brüllerei standhielte? Ich bezweifle es ...

Wird es mir auch noch so ergehen? Und schon bildet sich in mir eine Wand aus Wut und Hass. Die Fragen prasseln pausenlos auf mich nieder.

Warum das Ganze? Wohin? Woher die Bekanntschaft mit Manfred? Wer steckt noch dahinter? Jede Minute vom Verlassen meiner Wohnung an will der junge Mann protokollarisch festhalten. Aber: Ich will erst meinen Sohn sehen. Unvermittelt frage ich: »Wo ist mein Kind?« – »Es schläft.« – »Hat mein Sohn geweint? Wie geht es ihm?« – »Na ja, ein bisschen hat er schon geweint. Es geht ihm den Umständen entsprechend. Jetzt schläft er.« – »Ich will ihn sehen. Ich sage nichts mehr. Ich will erst meinen Sohn sehen!« Die Verzweiflung lässt mich mutig reagieren. »Beeilen Sie sich mit Ihrer Aussage, umso eher können Sie zu Ihrem Sohn.« – »Okay, machen Sie schnell, fragen

Sie.« Woher kam nur diese idiotische Vertrauensseligkeit? Wieso konnte ich hoffen, dass sie mir mein Kind bringen würden? »Und Ihr Mann hat mit der Angelegenheit nichts zu tun?«, fragt er lauernd. Da steht die Frage im Raum. Bedrohlich, unerbittlich. »Nein.« – »Absolut nichts?« – »Nein, absolut nichts.« – »Das glaube ich Ihnen nicht.« – »Kann ich mir denken ... Ich kann Ihnen aber nichts anderes sagen«, erwidere ich standhaft. »Und das ist die Wahrheit?« – »Selbstverständlich!« (Als ob ihr wüsstet, was Wahrheit ist!!!) Pause. Er steht auf und geht aus dem Zimmer.

Nach einer Weile erscheint er wieder und fragt völlig unvermittelt: »Wissen Sie eigentlich, dass Ihr Mann mehrere Beziehungen unterhält?« Aha, jetzt versucht er's mit dieser Masche! Ich stelle mich blöd. »Wie meinen Sie das?« – »Na ja, Verhältnisse zu anderen Frauen.« – »Soooo?« – »Das wussten Sie nicht?« – »Nein, und ich glaube es auch nicht!« Nun erst recht nicht, denn vor dieser Angelegenheit hattet ihr Moralapostel ja offenbar auch nichts dagegen! »Ich glaube nur das, was mein Mann mir sagt.« Basta. »Na ja, im Übrigen sagt man dasselbe auch von Ihnen.« Bedeutungsvolle Miene seinerseits. »Wer ist ›man‹?« (Frechheit, in dieser Form zu sprechen. Aber wiederum bezeichnend für Individuen dieser Zunft!) Danach Schweigen.

Ihm fällt wohl dazu nichts mehr ein. Will er mich demoralisieren? So schaffst du mich nicht, Bürschlein. Damit zeigt ihr mir nur eure Schwächen, wenn ihr zu derartig primitiven Mitteln greift! Plötzlich fordert er mich auf, das Zimmer zu verlassen. Er begleitet mich in ein anderes. Meine weiße Handtasche muss ich in seinem Raum zurücklassen. Ich tue es ungern, denn eine Durchschnüffelei ist mir lieber, wenn ich dabei bin. Und mit hundertprozentiger Sicherheit kann ich damit rechnen.

Im anderen Zimmer bin ich nicht lange allein. Ein Angestellter in Zivil setzt sich in einiger Entfernung von mir auf einen Stuhl. Aha, jetzt scheint es ernst zu werden! Hatte dieser unscheinbare Kerl vorhin nicht gesagt, dass ich bald zu meinem Sohn könnte??? Die ausgekühlten Räumlichkeiten und meine Übernächtigkeit fordern bald ein dringendes Bedürfnis heraus.

Ich bitte, zur Toilette gehen zu dürfen. Man ermöglicht es, aber mit Bewachung! Das darf doch wohl nicht wahr sein! Direkt vor der Tür nimmt meine Bewachung Aufstellung. Ich kann nicht. Beim besten Willen nicht. Offensichtlich dauert es ihm da draußen zu lange. Er macht sich bemerkbar. »Fertig?« – »Nein, es dauert noch.« Denkt der Kerl etwa, dass ich mich in der Toilette aufhänge? Ich will nach Hause mit Klaus und Carsten! Ich lass mich doch nicht wegen dieser dämlichen Fragerei einschüchtern. Schließlich habe ich gar nichts getan. Nur geplant. Na ja, und dafür kann man ja wohl noch nicht bestraft werden.

Dass wir diesen Schritt unternehmen wollten, ist einzig und allein eure Schuld. Das kann ich euch schwarz auf weiß geben! Schließlich kann man nicht unter jahrzehntelanger, ungerechtfertigter Bespitzelung leben! Wieder diese verdammte Naivität!

3.00 Uhr morgens. Ich werde wieder zu dem Beamten, der mich verhören soll, geführt. Er stellt noch verschiedene Fragen, dann eröffnet er mir, dass er nun protokollieren will. Zuvor fragt er mich, ob ich einen Kaffee trinken möchte. Möchte ich nicht. In solcher Gesellschaft! In diesen Räumen! »Ich will mein Kind!«, erkläre ich ihm erneut. Doch er fängt an zu schreiben. Fein säuberlich, alles mit der Hand. Zwischendurch stellt er ab und zu noch Fragen. Dann darf ich mir sein Werk durchlesen. »Unterschreiben Sie«, fordert er mich auf. »Aber ... da sind ja jede Menge Verdrehungen drin!«, protestiere ich. »Na ja, das können Sie ja wohl nicht behaupten ...«, versucht er, mir seine Wortstellungen zu erklären. »Nein, damit bin ich trotzdem nicht einverstanden. Das ergibt ein völlig falsches Bild. Damit belaste ich mich doch mehr als nötig!«

»Aber, das ist doch nur ein vorläufiges Protokoll. Der Wortlaut ist gar nicht so wesentlich. Bei einer weiteren Befragung wird das noch ganz detailliert behandelt. Dann können Sie diese Punkte immer noch richtigstellen«, beruhigt er mich. Ungläubig schaue ich ihn an. Ob das alles stimmt, was er sagt?

»Schließlich wollen Sie doch schnellstens mit Ihrem Kind und Ihrem Mann nach Hause gehen«, fährt er fort. »Ja, ja ... geben

Sie her …, ich unterschreibe!« Beim letzten Buchstaben meines Namens erfasst mich eine unbeschreibbare Unruhe. Habe ich soeben einen nicht wiedergutzumachenden Fehler begangen? Aber nein, das können die nicht gegen mich auslegen … es hat sich ja so wirklich nicht abgespielt …

Wieder werde ich aus diesem Raum geführt. Und da! Am Ende des Ganges läuft Carsten! Ich rufe ihn. Er dreht sich um und kommt auf mich zugerannt. Bleich. Übernächtigt. Aber sie können es nicht mehr verhindern. Ich nehme ihn in meine Arme, und wir schluchzen beide. Seine erste und einzige Frage: »Kommst du mit mir nach Hause?«, beantworte ich mit einem überzeugten »Ja«. Dann werden wir getrennt. Oh, ihr Barbaren, ihr widerlichen. Ich sehe meinen Sohn in seinem bunten Palominohemd in das ihm angegebene Zimmer gehen. »Popcorn« nannte ich ihn immer, wenn er dieses Hemd trug. Und schon muss auch ich wieder eine Tür passieren. Eine Begleitung habe ich ständig bei mir. Was wird Klaus machen? Hat er die Wahrheit gesagt? Bloß nicht! Bloß das nicht! Carsten muss vor ihren Klauen geschützt bleiben! Ein Heim wäre sein psychisches Ende, das würde er nicht verkraften.

Diese Ungewissheit ist quälend. Meine Kraft reicht kaum noch aus, mich gerade zu halten. Schließlich ist es 9.00 Uhr früh. Man fragt mich, ob ich etwas essen möchte. Ich bedanke mich dafür, ich kann ja gleich mit meiner Familie frühstücken! (Diese Naivität ist wohl kaum noch zu überbieten!)

Plötzlich öffnet sich die Tür, drei merkwürdige Gestalten erscheinen. Einer sieht aus wie der Henker persönlich (wollen sie mir jetzt an den Kragen?), quer über der linken Wange eine ganz tiefe Narbe, könnte von einer handfesten Schlägerei durch einen Hieb mit einer Flasche oder etwas Ähnlichem stammen; untersetzte Statur, grobschlächtig, Stiernacken. Der jüngere Mann sieht aus wie ein Krimineller aus einem Gangsterfilm; gewöhnlich, mager, widerlicher Gesichtsausdruck. Und die dicke weibliche Begleiterin erweckt in ihrer schmuddeligen Kleidung auch nicht gerade Sympathiegefühle in mir. Drohend stehen alle drei in der Tür und fordern mich auf mitzukommen.

Im Bruchteil einer Sekunde überlege ich, ob ich mich weigern soll. Aber die sehen nicht gerade so aus, als ob sie mich zweimal aufforderten! Also stehe ich auf. Und da geht's auch schon los in reichlich saloppem Ton: »Los, los, bisschen dalli, mach, dass du vorwärts kommst!«

Habe ich richtig gehört? Dieses miese Bürschlein, das tausend zu eins einiges auf dem Kerbholz hat und jetzt wahrscheinlich als dankbarer vorzeitig Entlassener fürs Wohl des Staates Dienst tut, redet mich einfach mit »Du« an? Noch ehe ich es recht begreife, haben wir die vielen Treppen hinter uns gebracht und befinden uns auf einem Gelände, das ich bei meiner Ankunft noch nicht gesehen hatte.

Von weitem erblicke ich drei Feuerwehrmänner, die mir interessiert entgegenstarren. In diesem Moment muss dieser widerliche Knabe wieder seine uneingeschränkte Macht über mich beweisen. Was ist er doch für ein toller Kerl! Los geht's mit: »Na, hopp, hopp. Mach mal ein bisschen schneller, vorwärts!« Das ist mir denn doch zuviel. Ich schnauze ganz einfach zurück: »Was fällt Ihnen eigentlich ein? Was ist denn das für ein Ton? Ich verbitte mir das!« – »An diesen Ton werden Sie (aha, er hat ›Sie‹ gesagt!) sich schon noch gewöhnen müssen!« – »Werde ich nicht!« Stille. Die Feuerwehrmänner grinsen amüsiert und beifällig.

Sie gehen auf einen Kleinbus zu, der keine Fenster hat. In meiner Allgemeinbildung wird ein Mosaiksteinchen seinen Platz erhalten, so etwas von Barkas[6] habe ich nämlich noch nicht gesehen! Lauter kleine Zellen innen. Vielleicht drei oder vier oder auch fünf. Ich kann es nicht so schnell erfassen. Ein Metallsitz, die Wände aus Metall, in der Tür nur ein winziges Guckloch.

Ich rücke meine Glieder zurecht. Überall stößt man an. Und ich bin schlank. Wie transportiert man pfündigere Personen? Undenkbar! Ehe ich zu einer Lösung komme, knalle ich mit voller Wucht mit der Stirn gegen die Metallwand. Dann das Gleiche noch einmal mit dem Hinterkopf! Aha, ihr wollt mich also auf eure Weise fertig machen! Nein, so nicht. So schnell nicht!

Ich stemme mich mit Knien und Händen gegen die Rückwand und ziehe den Kopf nach vorn. Es dauert eine ganze Weile, ehe ich die richtige Position gefunden habe, um dem scharfen Anfahren, dem noch heftigeren Bremsen und den Kurven (er scheint absichtlich so viele zu fahren), durch Gegendrücken ausweichen zu können. Natürlich pralle ich noch mehrmals mit dem Kopf gegen die Metallwände. Jahrelange Übung wird diese »Mordbuben« wenigstens auf einem Gebiet perfektioniert haben! Meine Wut steigert sich.

Und meine Hilflosigkeit wird mir von Minute zu Minute mehr bewusst. Ich bekomme kaum noch Luft. Wohin bringen sie mich? Die Fahrt scheint endlos zu sein. Hupen ... Rechtsabbiegen ... Ein Tor wird aufgeschlossen. Der Wagen hält. Man lässt mich heraus.

Mehr tot als lebendig werde ich in ein Gebäude geführt. Und da sehe ich zum ersten Mal etwas, was ich bislang nur aus Filmen kannte: Gitter, überall Gitter. Ein schauerlicher Anblick! Durch mehrere Türen geht's in einen Keller hinunter. Ich muss einen Raum betreten, in dem ich mit der Dicken allein bin. Sie herrscht mich an: »Ausziehen!« Fassungslos starre ich sie an. Sie wiederholt noch einmal barsch: »Ausziehen!«

Und da ist's aus mit meiner Fassung. Hemmungslos bricht es aus mir hervor, ich kann die Tränen nicht mehr halten, die in einem Schluchzen enden, das nicht mehr kontrollierbar ist. Ich bin dem Umfallen nahe. Der erste Schock hat von mir völlig Besitz ergriffen. Langsam ziehe ich mich unter größter Anspannung aus. »Ganz ausziehen!«, höre ich von weitem. Meine Unterwäsche also auch?

Ach, wie furchtbar ist das alles! Ich werde ja wie ein Verbrecher behandelt! Dann gibt sie mir einen Packen Häftlingskleidung – und nimmt mir damit meine Persönlichkeit ... Meine neue Hülle besteht aus einem Unterhemd, wie es wohl früher mal unsere Großmütter trugen. Es reicht fast bis in die Kniekehlen, schlottert um Busen und Hüften. Die Armlöcher hängen fast in der Taille. Dazu passend »Langschäfter«,[7] nein, so etwas habe ich wirklich noch nicht gesehen! Auch diese Dinger baumeln bis in die Kniekehlen und sind im Schritt mehrfach übereinandergestopft. Wenn sie mich damit schaffen wollen, dann haben sie's zumindest vorläufig geschafft! Alles schön Grau in Grau. BH fällt ganz weg. Dann erhalte ich ein gestreiftes Sträflingshemd, drei Nummern zu groß, damit's recht schön schlampig aussieht, einen Trainingsanzug. der um vier Nummern zu groß ist. Ein Paar ganz dünne graue Herrensöckchen und ein Paar aus einer dünnen Sohle und einem Riemen bestehende Pantoffeln runden das Bild ab.

Mein eigenes Taschentuch rette ich, ohne dass sie es bemerkt. Normalerweise hätte ich auch das abgeben müssen. Aber ich muss mich unentwegt schnäuzen, dadurch geht's. Dann erfrecht sie sich noch, sich über meinen Tangaslip und meinen Spitzen-BH zu mokieren, weil das für die Jahreszeit zu dünn sei. Als wenn solch eine Hyäne fähig wäre, an die Gesundheit anderer zu denken!!! Neidhammel! Bei dieser Figur!

Am Boden zerstört. krampfhaft mein Taschentuch umklammernd, das mich wenigstens noch daran erinnern soll, dass ich einmal Mensch war, verlasse ich derart verunstaltet die Kleiderkammer. Die Dicke führt mich einige Gänge entlang, überall ist zur nächsten Etage Drahtgitter gespannt, damit sich keiner der »gerechten Strafe« durch Selbstmord entziehen kann. Zelle an Zelle. Und viele junge Soldaten, die offenbar die Aufsicht führen. Wie kann man sich für so etwas nur hergeben??? Wie kann ein junger Mensch so einen schändlichen Beruf ausüben? Das geht mir pausenlos durch den Kopf.

Ein blonder Soldat lächelt mir im Vorbeigehen zu. Was, das gibt's auch? Wie werde ich wohl aussehen in meinem lächerlichen Aufzug? Ungewaschen, ungekämmt und das vormals perfekte Augen-Make-up gewiss in einer surrealistischen Form ineinanderfließend vom vielen Heulen!

Mir ist gotterbärmlich zumute. Vor einer Tür bleibt sie stehen, ein Soldat schließt mich ein. Ich befinde mich in einer Zelle. In einer richtigen Gefängniszelle. Ich, ein anständiger, unbescholtener Mensch! Welten brechen zusammen, ganze Lehren verlieren in diesem Augenblick an Glaubwürdigkeit. Ich bin verzweifelt. Aber dazu lässt man mir keine Zeit. Das Klappenfenster an der Tür wird unter Rasseln und Klappern aufgemacht. Ein etwa zwanzigjähriger Soldat gibt mir eine Plastiktasse, einen Plastikteller, einen Plastiklöffel ... alles Plastik, Plastik, Plastik. Na ja, die Zeiten haben sich wohl geändert. Ich denke an Falladas »Wer einmal aus dem Blechnapf frisst«[8], und ich werde noch sehr häufig Vergleiche ziehen müssen.

Die Zelle ist scheußlich. Grüne Wände, grüner Wandschrank, grünes Klappbett, das am Tage an der Wand angeschlossen wird, damit man nur auf dem harten Holzhocker sitzen kann. Auch der in Grün. Dazu an der Wand befestigt eine Essfläche – grün natürlich! Und eine Toilette, nicht in Grün. Ein Waschbecken, winzig klein. In diesem trostlosen Raum kann man wahnsinnig werden! Ich muss mich also darauf einstellen und dagegen ankämpfen. Aber noch schaffe ich das nicht. Ich hoffe immer noch auf ein Wunder. Sicher wird man mich wieder rauslassen, und ich kann nach Hause zu meinen Lieben. Ob Klaus mit Carsten zu Hause ist? Oh, mein armes Kind! Wenn ich dich doch nicht so falsch getröstet hätte!

Wieder wird die Klapptür aufgeschlossen. Ich bekomme Handtücher und Waschlappen. Also soll ich ernsthaft hierbleiben? Nein! Nein! Das darf nicht sein! Das kann einfach nicht sein! Mein Kind braucht mich! Das könnt ihr doch nicht mit mir machen! Wofür denn? Alles schreit in mir auf gegen diese Gemeinheit, diese Barbarei, diese ungerechtfertigte Freiheitsberaubung ... Ich wollte doch nur in ein anderes Land gehen ... dafür kann man doch nicht derart hart bestraft werden!

Wieder rasselt es am Türschloss. »Kommen Sie mit«, fordert mich ein Soldat auf. Es geht den Gang entlang, die Treppe hinunter, wieder einen Gang entlang. Ob hinter den vielen Zellentüren auch Menschen hocken? Menschen mit gleichem oder ähnlichem Vorhaben? Ich zweifle ..., ich bin gewiss allein hier ...

Außer dem Schlüsselrasseln und den Stiefelschritten der Soldaten hört man keinen menschlichen Laut. Wir sind angelangt. Vor einer Tür macht mein Begleiter halt. Am Schreibtisch sitzt ein etwa 50-jähriger Mann in Zivil. Brillenträger. Geheimratsecken. Augen ohne Wärme. Furchen um die Mundwinkel – vielleicht von einem Magenleiden ... Links neben ihm sitzt eine Sekretärin und mustert mich. »Ich bin der Haftrichter«, stellt er sich vor und liest mir den Haftbefehl vor.

Jetzt sehe ich ein, dass es ernst ist. »Unterschreiben Sie das«, fordert er. »Nein, da steht Paragraph 213[9], Republikflucht, ich war aber noch gar nicht geflohen. Ich hatte es nur vor. Man holte mich von zu Hause ab«, weise ich den ernst blickenden Mann auf die tatsächlichen Umstände hin. »Das ändert nichts«, erklärt er nur kurz. »Und der Paragraph 100[10], staatsfeindliche Verbindungsaufnahme, der trifft erst recht nicht zu. Ich habe zu keinem Zeitpunkt etwas gegen den Staat unternommen!« Verdammt! Was reimt man sich denn da zusammen?

Der Haftrichter versucht zu erklären. »Der Sachverhalt ist klar. Sie können die Tat oder das Vorhaben nicht leugnen.« Doch, ich kann! »Zu wem habe ich denn staatsfeindliche Verbindung gehabt?« – »Zu der Person, die das Vorhaben ausführen wollte.« – »Was? Das nennen Sie staatsfeindliche Verbindungsaufnahme? Oh, Sie verstehen es, Paragraphen zu machen!« Immer und immer wieder versucht er, mich von der Aussichtslosigkeit meiner Unterschriftsverweigerung zu überzeugen. »Sie müssen so oder so dableiben. Ob Sie nun unterschreiben oder nicht, das spielt überhaupt keine Rolle.«

Also gut, ich lasse mich überzeugen und unterschreibe. Ich setze meinen »Wilhelm« unter diesen Wisch! Was kann ich armes Würstchen schließlich von dieser Position aus gegen die Allgewalt einer totalitären Staatsmacht ausrichten, die sich mir hier so richtig offen in ihrer ganzen Schändlichkeit zeigt? Ich weiß ja nicht einmal, wo ich mich befinde ...

Und man vermeidet tunlichst, mich darüber aufzuklären. Schließlich werde ich abgeholt. Wieder geht's die Gänge entlang, Treppen hoch, hinten den Gang wieder runter. »Nanu, an der Zelle, wo ich vorhin war, sind wir doch längst vorbei?«, schießt's mir durch den Kopf. Was wollen die mit mir machen? Wo bringen die mich hin? Ich werde noch ängstlicher, zittere. Doch meine Füße haben schneller begriffen als mein Gehirn. Automatisch setze ich den linken vor den rechten – immer brav der Uniform hinterher. Metalltreppen ... Metallgeländer ... überall Baumaterialien. Dreck – zum Schaudern! Die Tür nach »draußen« führt in einen garagenähnlichen Raum. Aha, da steht wieder so ein wohlkonstruiertes Zellenauto! »Einsteigen«, fordert mich ein Soldat auf. Ich wage nicht zu fragen, wohin es geht. Und die nächste Wahnsinnsfahrt beginnt ...

Wieder sitze ich in diesem winzigen metallenen Loch. Die Knie stoßen vorn an, der Kopf hinten. Der Wagen setzt sich in Bewegung. Ich versuche, die Geräusche von draußen zu analysieren. Straßenbahnen ... Autos ... Menschen ... Oh, ihr Glücklichen! Ihr seid frei, richtig frei! Wie elendig komme ich mir vor!

Doch die Wirklichkeit lässt keine Sekunde für Selbstmitleid zu. Der nächste Schlag mit dem Kopf gegen die Metallwand macht mir das klar. Ich muss mich schützen – das verlangt volle Konzentration. Wenn nur diese Angst nicht wäre, diese lähmende Angst, dass sie mich umbringen wollen! Ich bin sicher, dass sie das wollen. Kein normaler Mensch darf im Straßenverkehr derart wüten!

Es geht quer durch Berlin in rasender Fahrt. Häufig wird angehalten. Wahrscheinlich Ampeln. Dann höre ich plötzlich ein Geräusch, als ob ein großes Tor geöffnet wird. Und weiter geht die Fahrt ... Aber nicht lange. Stimmen, wie aus einem hohlen Raum, dringen an mein Ohr. Die Türen werden geöffnet. »Steigen Sie aus!«, fordert mich der große blonde Soldat auf, der mich begleitet hat. »Mitkommen!«, brüllt mich ein primitiver Typ in rotem Pullover an. Ich gehorche zitternd. Wie ein Hund laufe ich hinter ihm her. An jeder Ecke steht ein Soldat. Manchmal sind's auch zwei. Geschäftiges Treiben, endlose Gänge. Dritte Etage. Zelle 305 gehört ab sofort mir. Wumm! Die Stahltür wird zugeschlagen! Dann rasseln die Schlüssel.

Ich versuche zu hören, wievielmal abgeschlossen wird. Aussichtslos. Ich kann's nicht bestimmen. Im Raum zwei Pritschen aus Holz, ein schmaler Tisch, zwei winzige Holzhocker, Waschbecken und Toilette. Kein Fenster, nur eine Luftklappe und ein paar Glasziegel – undurchsichtig, versteht sich! Ein Vorteil: Die

Wände sind hellgelb angestrichen. Alles wirkt sauberer. Auf einmal Schlüsselrasseln. Klappe auf: »Herkommen!«, brüllt eine männliche Stimme. Ich beuge mich zum Klappfenster runter. Eine Hand reicht mir eine Plastikschüssel, eine Plastiktasse und einen Plastiklöffel. Klappe zu. Nach wenigen Minuten – Klappe auf. »Herkommen«, diesmal ist's eine weibliche Stimme. Anscheinend gibt's hier nur Sachsen, geht es mir durch den Kopf. Die Uniformierte gibt mir ein widerlich riechendes Stück Seife, eine Tube Zahncreme Jahrgang 1962 (!), eine Zahnbürste, einen Kamm. Klappe zu. Schlüsselrasseln.

Ich stelle die Utensilien aufs Waschbecken. Plötzlich ein Geräusch an der Tür. Ein Auge glotzt durchs Guckloch. Kalt, beinahe böse. Wer wird das sein? Ob er mich kennt? Ich habe ihm gewiss nichts getan ...

Wieder rasselt's an der Tür. Doch diesmal wird nicht nur die Klappe geöffnet, sondern die ganze Tür. Zwei Uniformierte stehen vor mir. Sie bringen drei Matratzenstücke und eine Decke. »Aber jetzt wird noch ni hingeläscht. Dagsüber dürfen Se nur offm Hocker sitzän«, schnarrt der eine wichtigtuerisch. Dann zeigt er mir noch, wie ich mein »Bett« zu bauen habe und verschwindet mit dem anderen.

Ich nehme auf dem Hocker Platz. Haltlos fange ich an zu schluchzen. »Ich will zu meiner Familie, was habe ich denn nur getan, dass man mich wie einen Verbrecher behandelt?« Mich schüttelt es hin und her. Ich bekomme kaum Luft und sinke auf den Tisch vor mir. Doch der »große Bruder« am Guckloch ist damit nicht einverstanden. Er donnert wild gegen die Tür und brüllt: »Sätzen Se sech anständsch hin!« Aha, auch ein Sachse ... gibt es denn in allen Gefängnissen nur sächsisches Aufsichtspersonal?

Ich setze mich aufrecht hin, die Hände beide auf dem kleinen Tisch. Und weine, weine, weine ... Das Glotzen am Guckloch ist mir widerlich. Aber man wird sich sicher dran gewöhnen ... Dann beginne ich zu überlegen, womit ich mich umbringen kann. Strümpfe habe ich nicht. Der Hocker hat keine Lehne, Fensterhaken gibt's nicht. Also aussichtslos? Warum hilft mir denn keiner? Ich denke an Klaus. Ob er frei ist? Oder hat er alles zugegeben? Bloß nicht! Dann ist unser Mäuschen jetzt in einem Kinderheim. Nicht auszudenken! Gewiss lassen sie ihn nicht zu Oma und Opa, diese Barbaren!

Tausende Gedanken schwirren mir durch den Kopf. Wie lange werde ich diese Isolation aushalten? Was kommt noch? Werde ich Klaus wie besprochen decken können? Was werden sie mit mir tun? Wie kann ein sozialistischer Staat so menschenunwürdige Handlungen durchführen? Ich komme nicht klar – ich begreife nichts mehr. Ich schluchze, mich schüttelt's, ich bin am Ende ...

Plötzlich höre ich Geräusche auf dem Gang. Klappen werden geöffnet. Klappen werden geschlossen. Dann rasselt es bei mir. »Schüssel«, brummt eine Stimme. Eine männliche. Ich reiche meine Plastikschüssel hinaus. Klappe zu, Klappe auf. In der Schüssel ist eine undefinierbare Wassersuppe mit etwas Kraut, ein paar Kartoffelstücken, ohne Fleisch. Klappe zu. Nun soll ich essen. Ich stelle die Schüssel auf den Tisch. Keinen Löffel davon bekomme ich runter. Etwas später wird die Klappe wieder aufgerissen und ein abscheuliches weibliches Gesicht sagt: »Ham Se alles aufgegessen?« – »Nein, ich kann nichts essen.« – »Und ob Sie das können! Los, aber ein bisschen schnell!«, fährt sie mich böse an. Doch auch das hilft nichts. Ich weine weiter vor mich hin ... Wieder wird die Klappe aufgerissen und ein Mann in weißem Kittel sagt: »Sie müssen essen.« Ich kann nicht und werde nicht!

Nach einer geraumen Zeit geben sie es auf, mich zu überzeugen. »Schütten Sie das Essen nicht in die Toilette, gäben Se her und spüln Se de Schüssel aus«, fährt mich die weibliche Uniformierte an. Ich komme ihrem Wunsch nach, völlig verschüchtert, voller Angst, was weiter passieren wird.

Der nächste Tag beginnt wie der vorige. Inzwischen zwinge ich mich, eine halbe Scheibe von ihrem »Gnadenbrot« zu essen. Ich möchte lebend hier raus. Wenn sie mir schon den Schlaf rauben, muss ich wenigstens körperlich nicht auch noch vom Fleisch fallen!

Plötzlich Rasseln an der Tür. »Eins, mitgommn!«, fordert mich ein Läufer auf. Mein Herz schlägt bis zum Hals. Wo mag es hingehen? Gang lang, rechts rum. Aha, hier war ich am 31. Dezember zur Vernehmung. Geht es jetzt endlich weiter? Noch immer glaube ich, dass man mich, wenn die Untersuchungen abgeschlossen sind, freilässt. Diesmal werde ich in ein Zimmer auf der linken Seite geführt. Doppeltüre. Links ein Sessel, daneben ein kleiner Tisch. Vorm Fenster der Schreibtisch, links daneben ein flaches Regal, rechts ein Panzerschrank. Vorm Schreibtisch ein Stuhl, rechts von der Tür eine Vitrine mit Glaseinsatz. Ein paar Bücher stehen drin. Links an der Wand eine Lithographie mit Soldaten drauf. Ob dahinter ein Abhörgerät installiert ist?

Der große Mann in Zivil kommt hinter dem Schreibtisch vor, gibt mir die Hand. »Guten Tag, Frau Thiemann. Ich bin ab heute Ihr Vernehmer. Sie reden mich mit Oberleutnant an. Der Name tut nichts zur Sache.« Ich wüsste ihn natürlich trotzdem gern … »Bitte schön, nehmen Sie doch Platz«, fordert er mich höflich auf. »Aber nein, doch nicht auf dem Stuhl. Machen Sie sich's doch bequem, hier auf dem Sessel …« Ich überlege. Warum ist er so ausnehmend freundlich? Das passt nicht in dieses Haus. Was steckt dahinter? »Möchten Sie einen Kaffee?« – »Nein, danke.« – »Einen Tee?« – »Nein, danke.« – »Eine Zigarette?« – »Nein, danke.« – »Kann man Ihnen denn gar keinen Gefallen tun?« – »Doch.« – »Na, raus mit der Sprache.« – »Ich möchte zu meiner Familie.« – »Tja, das liegt ganz an Ihnen. Wenn Sie alle Fragen schnell und wahrheitsgemäß beantworten, sind Sie vielleicht bald wieder draußen.« – »Werde ich verurteilt?« Er zieht die Brauen hoch. »Na ja, da werden Sie wohl nicht drum herum kommen. Aber wie gesagt, es liegt ganz an Ihnen.« – »Wie viel Strafe bekomme ich?« – »Das kann man so nicht sagen … vielleicht ein Jahr, vielleicht zwei …« – »Um Himmels willen, das halte ich nicht aus! – Warum denn?« – »Na ja, wenn Sie sich gut führen – und das werden Sie ja sicherlich – können Sie schon nach der Hälfte entlassen werden.« Ich rechne: Entweder ein halbes, maximal ein Jahr … Nie im Leben halte ich das durch!

»Hat Ihr Sohn eine Eisenbahn?«, fragt er plötzlich unvermittelt. »Nein, aber mein Neffe. Sie spielen immer zusammen.« Eine ganze Weile plaudert er so mit mir. Doch ich bin nicht blöd. Diese Tour durchschaue ich sofort. So freundlich ist man hier nun mal nicht. Ich betrachte ihn genauer. Groß, kräftig, mittelbraunes Haar – unmöglich geschnitten (hinten viel zu kurz, typischer Knastschnitt könnte man sagen). Die Augen sind klein und liegen etwas zu eng beieinander. Brauner Anzug, weißes Hemd, Krawatte, goldene Uhr, gepflegte Hände. Ein Durchschnittstyp, der sich aber ungeheuer interessant vorkommt. Nicht nur bezüglich seiner Stellung – auch als Mann. »Eine Frau wie Sie hat sicher viele Chancen bei Männern«, flötet er süßlich zu mir rüber. Was soll das nun wieder? Ich antworte nicht, sondern warte auf weitere Erklärungen. »Ich glaube, ich habe Sie schon mal gesehen«, fährt er fort. »Ich glaube dasselbe auch von Ihnen.« – »Meinen Sie?« – »Ja, ich weiß nur nicht wo. Vielleicht haben Sie mir mal vis-à-vis in der Straßenbahn gesessen.« – »Aber, aber, dann würden Sie sich doch niemals an einen Mann wie mich erinnern«, säuselt er, Bescheidenheit heuchelnd.

Weiter geht's mit lapidaren Fragen. Mit Nebensächlichkeiten, die mich verwundern. Wann kommt er endlich zur Sache? »Also, Sie wollten mit Ihrem Sohn allein die Republik verlassen?« – »Ja.« – »Das glauben wir Ihnen nicht.« Ich zucke die Schultern. »Stimmt aber.« – »Und wenn wir's besser wissen?« – »Das geht gar nicht, weil's nicht so ist.« – »Na, kommen Sie, Frau Thiemann, machen Sie's nicht noch schwerer, als es schon ist. Sie wissen doch, Ihre Aussagewilligkeit entscheidet über das Strafmaß …« Trotzdem, denke ich, Klaus verrate ich nicht – Carsten darf nicht ins Kinderheim! »Sie können ihre Lage hier sehr vereinfachen. Je eher Sie aussagen, umso eher bekommen Sie von Ihrem eigenen Geld Zusatzeinkauf wie Butter, Salami, Süßigkeiten, Obst …« Mir läuft das Wasser im Mund zusammen. Aber auch das zieht nicht. »Sie können sich auch zweimal am Tag Kaffee oder Tee bestellen …« – »Und Sie können Bücher lesen …« Zähl ruhig auf. Ich bleibe stark. Dafür verrate ich doch nicht meinen Mann!!!

»Wann war denn Ihr Bruder das letzte Mal hier?«, fragt er plötzlich. Um Gottes willen, ob sie ihn haben? Laut Aufenthaltsgenehmigung müsste er noch bei unseren Eltern sein. Aber er wird doch wohl sofort die Zelte abgebrochen haben? Ich kombiniere: Wenn ich »Jetzt« sage und sie haben ihn noch nicht, holen sie ihn … Wenn ich »Mai« sage, können sie mir nicht vorwerfen, dass ich das »Jetzt« unterließ. Sie wissen ja alles! Behaupten sie jedenfalls. »Im Mai war's«, antworte ich. Er ist zufrieden damit. War's ein Trick? Ich erfahr's nicht.

Plötzlich klopft es an die Tür. Er geht hinaus, ohne die Doppeltüren zu schließen. Getuschel. Er kommt wieder rein, geht an den Vitrinenschrank. Er kramt und kramt. Hinter seinem breiten Kreuz entdecke ich, dass meine weiße Handtasche aus Knautschlack in seinen Händen ist. Was fummelt er nur darin herum? Da hat er das Gesuchte! Durch einen Spalt seiner Finger erkenne ich eine Filmrolle, gelb mit blau. Aha, unser Urlaubsfilm vom letzten Polenurlaub … Da sind ein paar Nacktfotos von mir drauf, vom FKK-Strand. Er reicht den Film dem anderen hinaus. Ich überlege, warum man sich dafür interessiert. Doch was soll's, es ist nichts Ehrenrühriges oder für sie Interessantes drauf. Weiter geht's mit belanglosen Fragen.

Doch diesmal habe ich auch eine. »Was sind Sie eigentlich für ein Landsmann?« – »Warum wollen Sie das wissen?« – »Na ja, hier gibt's fast nur Sachsen, keine Berliner. Aber Ihren Dialekt kann ich nicht recht bestimmen. Vielleicht Mecklenburger?« – »Ja, da haben Sie den Nagel auf den Kopf getroffen.« – »O wei, auch das noch«, entfährt es mir. Ich denke an Klaus, seine Antipathie gegen Mecklenburger. »Fischköppe« nannte er sie immer. Automatisch übertrage ich diese Abneigung auf mein Gegenüber. »Wie meinen Sie das?«, fragt er halb erstaunt, halb drohend. Ich fange mich schnell. Ihn nur nicht unnütz verärgern … meine Situation nur nicht noch mehr verschlechtern … »Na ja, man sagt, dass die Mecklenburger solche Hallodris seien«, rasple ich. Er rutscht auf seinem Stuhl hin und her – und ist versöhnt! Noch mal Glück gehabt, denke ich. Also Vorsicht in Zukunft, nicht so spontan.

Plötzlich greift er zum Telefon. »Kann abgeholt werden.« Ich habe gute Augen. Auf seiner Uhr erkenne ich, dass es kurz nach eins ist. Um neun hat er angefangen. Es klopft. Der Läufer holt mich. Zurück geht's die Gänge und Treppen entlang. Dann befinde ich mich wieder in meiner Zelle. Klappe auf, Essen, Klappe zu. Wenige Löffel würge ich hinunter, der Rest wandert in die Toilette. Das ewige Palaver, wenn ich's zurückgebe, geht mir auf die Nerven. Nur niemanden zusätzlich aufregen. Ich bin gewiss kein Duckmäuser. Aber total verängstigt. Wieder drücke ich die Klingel. Klappe auf. »Was gibt's?« – »Ich möchte bitte meine Privatkleidung!« – »Warum denn? Ist Ihnen die Anstaltskleidung nicht fein genug?« – »In der Anstaltsordnung steht, dass ich sie tragen darf.« Klappe zu. Ich klingle erneut. Klappe auf. »Hörn Se endlich off zu klingeln! Wir ham ooch noch was andres zu tun, als nur Ihre Fragerei anzuhörn!« – »Aber ich möchte meine Kleidung, das steht mir zu.« Klappe zu mit großem Geknalle. Soll ich's noch mal versuchen? Die Vernunft siegt. Die werden brutal, wenn ich jetzt wieder klingle. Also lasse ich's, aber nur momentan.

$$* * *$$

Irgendwann falle ich in einen kurzen Schlaf. Ich träume von einer Katze, die leise schnurrend auf mich zukommt. Sie streicht um meine Beine und reibt ihr Fell daran. Ich trage eine grüne Bluse. Plötzlich ... ich weiß nicht warum ... verfärbt sich die Bluse ... sie wird blau, wie mein Sträflingshemd! Und da geht mit der Katze eine Veränderung vor sich, wie sie krasser nicht sein kann! Ihr Fell sträubt sich, sie macht einen großen Buckel, das Gesicht verzerrt sich zur grässlichen Fratze! Große, spitze Zähne werden sichtbar, die Augen nehmen einen immer böseren Ausdruck an. Schweißgebadet wache ich auf. Ich kann kaum atmen. »Meckvieh«, ist mein erster Gedanke ...

Am nächsten Tag bin ich unruhig. Wann lässt er mich holen? Wieder klingle ich nach meinen Privatsachen. »Wie oft sollen wir Ihnen noch sachen, dass Se endlich uffhörn solln mit der

Klingelei! Se kriecher schon noch Ihre Sachn!« Klappe zu. Ich starre die Wand an und denke an meine Familie. Ob sie alle frei sind? Die Ungewissheit quält mich. Auf einmal Schlüsselrasseln. Aha, jetzt lässt er mich holen ... Ich zittere wie Espenlaub. Doch nicht der Läufer steht vor mir, sondern ein älterer, griesgrämiger Mensch in weißem Kittel. Er müsste längst im Rentenalter sein. Auf dem Kittel sind seine Epauletten ... das muss was Hohes sein ... Noch beherrsche ich den ganzen Dienstrangkram nicht. Böse Augen, eine Spalte von einem Mund, zerknitterte Haut, so steht er vor mir. Kein Wort kommt über seine Lippen. Nur eine Handbewegung macht er, die andeutet, dass es diesmal nach links geht. Dann läuft er vor mir ... dann rechts ab. Gitter. Schlüsselrasseln. Das macht nervös und deprimiert. Durch eine Tür geht's, noch eine. Aha, ein Arztzimmer.

Ein Weißkittel ohne Rangzeichen sitzt am Schreibtisch. Schwarzumrandete Brille, schütteres Haar, aber ziemlich lang, etwas fettig. Schlanke Statur, nicht sehr groß, etwa 40 Jahre alt. »Der typische Stasi-Mann«, schlussfolgere ich. »Ausziehen!«, herrscht er mich an. Ich gehorche. Wut und Scham über meine »Staatsunterwäsche« treiben mir die Röte ins Gesicht. Dass ich Wäschefanatiker in solch einem Aufzug vor einen Arzt treten muss! Oh, das werde ich euch nie verzeihen! Das Hemd schlottert bis in die Kniekehlen, ebenso die hundertmal gestopften, harten »Liebestöter« – »Treiben Sie Sport?« – »Wieso?« – »Na ja, bei der Figur ...« – »Ein bisschen Tischtennis, häufiges Tanzen, bisschen Schwimmen ...«, erkläre ich. »Affe«, denke ich insgeheim. »Haben Sie Beschwerden?« – »Ja, 'ne ganze Menge. Herzschmerzen, Gallenschmerzen, Atemnot ...« – »Glauben Sie denn, dass das eine oder andere in irgendeinem Zusammenhang mit Ihrer Tat steht?«, fragt er herausfordernd. »Was hat das denn mit meiner Tat zu tun?«, frage ich zurück. »Na ja, ich meine nur eben. Könnte ja sein, dass Sie sich damit herausreden wollen, dass Sie das alles unternommen hätten, weil Sie von Krankheiten beeinflusst waren ...«

Oh, was für ein Idiot! Ich könnte ihn umbringen! Wie er dasitzt, wie er's auskostet, dass ich mich meiner Haut nicht wehren kann! »Anziehen«, sagt er, ohne mich untersucht zu haben.

Dann kommt der Zerknitterte und dirigiert mich wieder mit seinen marionettenhaften Handbewegungen bis in die Zelle. Kurz darauf klingle ich wieder. Klappe auf. »Was is 'n?« – »Ich möchte bitte meine Privatkleidung haben!« – »Mensch, verdammt noch mal, gäbn Se ändlisch Ruhe!« Klappe zu.

Nichts tut sich. Täglich vier- bis fünfmal wiederhole ich's voller Verzweiflung. Und mit Angst. Jawohl, jedes Mal mit Angst! Aber nach neun Tagen bekomme ich meine Kleidung – und damit etwas Menschliches, etwas von meinem Ich zurück! Ich streichle über die vertrauten Stoffe. Ich atme ihren Geruch ein. Die Tränen rinnen mir übers Gesicht. Egal. Ich hab's geschafft! Ein winzig kleines Stückchen meines Ichs habe ich mir aus deren Klauen zurückgeholt!

Es rasselt wieder. Die Marionette steht da. Zeigt nach links. Gang lang. Treppe runter. Gitter. Noch eine Treppe, dann geht's in einen garagenähnlichen Raum. Ich muss einen Zellenwagen besteigen, so einen wie vom ersten Tag. Wo mag's nur hingehen? Wieder in ein anderes Zuchthaus? Ich bin furchtbar aufgeregt. Zittere. Der Wagen fährt nur eine ganz kurze Strecke. Treppe hoch, Gitter. Gang lang. »Platz nehmen!«, herrscht mich ein jüngerer Soldat an. »Kommen Sie mit!«, fordert mich eine junge Frau im weißen Kittel kurz darauf auf. Blondes Haar, hübsches Gesicht, etwas dicklich, aber nicht unfreundlich – das zählt hier viel.

Die Lunge wird geröntgt. Dann geht's zurück. Endloses Warten, das nur von den vorbeirollenden Essenkarren unterbrochen wird. Klappe auf. Inzwischen bin ich etwas vertrauter geworden und stehe bereits mit meiner Schüssel da. Mutig beuge ich mich hinunter, um die Gesichter der beiden Essenverteiler zu sehen. Er hat schwarzes Haar, bereits stark ergraut, er ist Ende 50, nicht sehr groß. Sein Gesicht wirkt nicht böse. Aber dafür ist sie umso erschreckender! In jeder Hänsel-und-Gretel-Oper hätte sie als Hexe Furore gemacht! Dünnes, schütteres Haar, kantiges, faltiges, fahles Gesicht, große Nase, giftige Augen, statt Mund einen schmalen Strich, kleine Gestalt, vielleicht 60 Jahre alt, vielleicht 70, Säbelbeine. Ich nenne sie »Gänsegräte«, denn sie ist nicht Fisch und nicht Fleisch.

Auf dem Essenwagen sehe ich drei Kübel. Und, ich glaube meinen Augen nicht zu trauen, unten drauf zwei Gedecke wie in einem Restaurant! Ich muss wohl etwas zu fasziniert dahin gestarrt haben. »Diese Augen, nein, diese Augen!«, brüllt die »Gänsegräte« böse und knallt mir die Klappe vor der Nase zu. Meine Nasenspitze tut weh und die rechte Augenbraue. Aber was ist schon körperlicher Schmerz gegen den seelischen, den man uns pausenlos und mit einer solchen Vehemenz zufügt?

An diesem Tage warte ich umsonst auf meinen Vernehmer. Taktik? Völlig zerschlagen stehe ich am nächsten Morgen auf. Ich bin nur noch ein Schatten meiner selbst. Kein Schlaf. Nach wie vor werde ich alle zwei Minuten angestrahlt. Auf meine Bitte, das abzustellen, sagt man nur: »Da müssen Sie mit Ihrem Vernehmer sprechen!«

Waschen … Pritsche bauen … Zelle reinigen … Frühstück. Ich nehme Platz auf dem Hocker. Langsam beginnt mein Hinterteil zu schmerzen. Ich habe beträchtlich abgenommen. Plötzlich Schlüsselrasseln. Ein Läufer steht in der Tür. »Eins, mitkommen!« Es geht die Treppe runter und die Gänge lang in den Vernehmertrakt. Diesmal geht's aber links um die Ecke. Ich werde in ein Zimmer gelassen. »Guten Tag, Frau Thiemann!«, empfängt mich betont höflich der Mann, der mich vor ein paar Tagen mit »Mörderin« und »Selbstmörderin« beschimpft hatte. Warum diese Maske? Warum diese Freundlichkeit? Meine Gedanken beginnen zu arbeiten, ich bin auf der Hut. »Wie geht's Ihnen? Wenn man das hier so fragen darf …«, fügt er hinzu. Auf seinem Schreibtisch sehe ich meine Filmrolle von Polen liegen. Schweinerei! Da ergötzt ihr euch wohl an meinen Aktfotos! Was gehen die euch eigentlich an?

Ich bin hier wegen »Republikflucht«, wie ihr es nennt! Wut kommt in mir auf. »Ihr Fall ist doch eigentlich ganz sonnenklar. Sie sollten im Nu mit den Protokollen fertig sein …« säuselt er. »Na klar, mein Fall ist wirklich simpel«, antworte ich. »Dann sollten Sie aber auch endlich alles sagen. Es nützt doch nichts, wir kriegen's sowieso raus!« – »Aber ich habe nichts weiter zu sagen … Moment, eine Frage beschäftigt mich: Ich hätte es nie für möglich gehalten, dass es in der DDR solche fürchterlichen Gefängnisse gibt.« Entgeistert schaut er mich an, dann antwortet er: »Wieso furchtbar? Sie haben's doch gut hier! Da müssten Sie mal die Gefängnisse in Bulgarien oder Polen sehen!«

Ich kann's nicht fassen. Doch lange zum Überlegen komme ich nicht. »Einen guten Rat möchte ich Ihnen geben: Stellen Sie sich mit Ihrem Vernehmer gut!«, empfiehlt er. »Wie denn, wenn er mich dauernd anschreit?«, entgegne ich. »Stellen Sie sich mit Ihrem Vernehmer gut!«, betont er nochmals. Das werde ich nie schaffen, ich bin kein Arschkriecher, geht es mir durch den Kopf. »Wie viel Strafe werde ich denn bekommen?«, forsche ich weiter. »Nach meiner Einschätzung – wie der Fall so liegt – vielleicht ein Jahr. Hmmm, vielleicht auch zwei, das kommt ganz auf Ihre Bereitwilligkeit an, den Fall so schnell wie möglich aufzuklären und zu beenden.« Da sind wir zum ersten Mal einer Meinung: »Den Fall so schnell wie möglich beenden …« An mir soll's beim besten Willen nicht liegen.

Er plaudert noch über dies und über das. Ich bin vorsichtig. Dann gibt er Signal und lässt mich abholen. An der Tür schaut er mich bedeutungsvoll an und wiederholt: »Also, merken Sie sich, stellen Sie sich mit Ihrem Vernehmer gut!« Ich verabscheue ihn. Ich werde mich niemals mit diesen Schergen gut stellen können …

Der Tag nimmt seinen üblichen Lauf. Am nächsten Morgen bekomme ich nichts zu essen. Galle und Magen sollen geröntgt werden. Ein junger, gutaussehender Mann im weißen Kittel steht vor mir, er ist vielleicht 23 Jahre alt. Er hat weiße Tabletten in der Hand. Acht Stück. »Schlucken!«, sagt er betont scharf. »Wie, alle auf einmal?«, frage ich entsetzt. »Was denken Sie denn! Wir haben nicht so viel Zeit! Los, los, runter mit den Dingern!« Und das mir, wo ich mich bei einer einzigen schon so anstelle! Lieber habe ich Schmerzen, als Tabletten zu schlucken … Ich werfe sie mir in den Hals, Wasser hinterher. Alles bleibt kleben. Ich würge.

Laufe rot an. Sie gehen nicht vor und nicht zurück. Ich schütte immer mehr Wasser in mich rein. Von Husten und Würgen geschüttelt. Ich bin dem Ersticken nahe. Entsetzt schaut er zu. Das hat er offensichtlich doch nicht gewollt ... Oder? Als ich zu mir komme, verlässt er etwas unsicher meine Zelle. Sicher ist's nur für einen Augenblick.

Die Schule der Stasi ist hart – und sie formt fürs Leben! Einige Zeit später – mir ist hundeelend – werde ich geholt. Treppen runter. Zellenwagen, Röntgenstation. Das Röntgen der Galle ergibt nichts. Mit einem geschlagenen Eidotter wird der zweite Versuch unternommen. Oh, welche Köstlichkeit! Seit Tagen die erste süße »Speise«! Diesmal klappt's offensichtlich. Aber noch bin ich nicht erlöst. Ein weißer Brei, geschmacklos, wird mir gereicht. Auch der Magen soll noch geröntgt werden. Ich wage nicht zu widersprechen. Aber: Das ist doch zu viel auf einmal! Kein Arzt draußen würde binnen zwei Tagen so viele Strahlen auf einen Patienten senden! Ich bin der letzte Dreck für sie, restlos ausgeliefert! Oh, ich hasse sie alle!!!

»Nehmen Sie draußen noch Platz. Sie werden dann abgeholt!«, sagt die Röntgenassistentin. Ob sie auch zur Stasi gehört? Keine Frage. Wer sonst dürfte und würde so viel medizinischen Hickhack mit reinem Gewissen begehen können? Dann geht's zurück. Ich nehme auf meinem Hocker Platz, starre die Wand an und hoffe, zur Vernehmung geholt zu werden. Diese Ungewissheit zermürbt. Fast drei Wochen geht das so. Ich weiß gar nicht mehr, was in der Welt vor sich geht. Kein Radio ... keine Zeitung ... keine Gespräche ... nur Wandanstarren. Von früh bis abends. Taktik, alles Taktik! Wie viele mögen sie so weichgeklopft haben? Ab und zu gibt's Neuzugänge ...

Eins steht fest: Ein im Sinne des Staates erzogener Mensch, der jahrelang an die ihm eingeimpften sozialistischen Ziele glaubte und relativ spät erst aus diesem Traum erwacht, hat's ungleich schwerer an diesem Ort als die, die den Staat mit seiner Ideologie von vornherein ablehnten. Mit dem ganzen Ausmaß an Diskriminierung und Diffamierung kann jener einfach nicht fertig werden. Egal, aus was für Gründen auch immer er diesen

Staat verlassen wollte, unfassbar erscheinen ihm die Methoden, über die er bislang nur aus Chile- und Uruguay-Berichten Einzelheiten erfuhr. Er zerbricht über kurz oder lang zwangsläufig daran. Aber das ist deren Absicht. Das erkennt man nur nicht sofort ...

Hinzu kommt der totale Reizentzug, der dem Gebildeten aufgrund seines intensiveren Lebens schwer zu schaffen macht. Kein Theater, kein Kino, keine Konzerte, kein Radio, keine Bücher, keine Gespräche ... nur tage- und wochenlanges Wandanstarren – diese stumpfsinnige Eintönigkeit führt unweigerlich zur Verwirrung des Geistes oder zu Apathie. Dann haben die Stasi-Schergen leichtes Spiel. Sie sind die einzigen »Kommunikationspartner«. Man »sehnt« sich geradezu danach, zum Verhör geholt zu werden. Auch in der Gewissheit, wieder vielen Demütigungen und Quälereien ausgesetzt zu sein. Faktoren wie Einzelhaft, Schlaflosigkeit, körperliche Überbeanspruchung führen bis zur Selbstaufgabe der Persönlichkeit, zum Zweifel an bestehenden Werten. Man befindet sich in einem ständigen Spannungsfeld, dem ganz wenige politische Häftlinge mit unbeschadeter Psyche entrinnen können. Hat man anfangs noch genügend Reserven, um gegen Verdrehungen und bewusst falsche Auslegung zu protestieren, erlischt die Widerstandskraft im Laufe der Zeit. Schuldgefühle kommen sogar auf – Resultat einer bewussten Methode der Vernehmungstaktik.

$$* * *$$

Am nächsten Morgen verrichte ich alle üblichen Arbeiten in der Zelle. Mir ist hundeelend. Alle Glieder sind wie gelähmt. Ich kann nicht richtig denken. Was ist nur? Es kann nur mit diesem höllischen Drink zusammenhängen! Meine rechte Kopfhälfte ist am meisten davon betroffen. Plötzlich rasselt's draußen. Ich werde geholt. Ich kann kaum die Gänge langlaufen. Ich tu's wie in Trance. Fies lächelnd empfängt mich der »Herr Oberleutnant«, lauernd schaut er mich an. Ich versuche, mich auf seine Visage zu konzentrieren. Was erwartet mich heute? Werde ich's durchstehen? Ständig neue Zimmer, neue Gesichter, weitere Verhöre, Protokolle ...

Mir ist momentan alles egal. Mir ist nur elend zumute. Dann geht's los. »Na, haben Sie gut geschlafen?« Teufel der ...!!!

»Nein, überhaupt nicht!«

»Sooo?«, fragt er mit scheinbar echter Verwunderung. Dann betrachtet er mich noch eine Weile und beginnt mit dem Verhör.

»Erzählen Sie mir doch mal, wie sich am Fluchttag alles abgespielt hat.« – »Das habe ich doch bereits.« – »Nein, nein, Sie sollen heute mal die Wahrheit sagen.« – »Das habe ich bereits getan.« – »Aber, aber, Sie wollen mich doch nicht für dumm verkaufen.« Ich schweige. Worauf will er hinaus? Wenn ich mich nur besser fühlte. Das kann ja noch heiter werden – bei meiner Verfassung! Fragen ... Brüllen ... Beleidigungen ... Antworten ... Schweigen – meinerseits. Aha, jetzt kann ich ungefähr einschätzen, was er mit mir machen will: Ich bin mit diesem Trunk wehrlos gemacht worden! Ich kann nicht mehr richtig gegen ihn ankämpfen! Ich habe kaum noch Widerstandskraft! »Aber Vorsicht, Genosse! Ich werde selbst in diesem Zustand nicht allzu leicht zu knacken sein!«, warne ich ihn innerlich. Stundenlang geht's so weiter. Ich soll mich und Klaus belasten – das wird mir klar.

»Na, haben Sie sich's inzwischen überlegt?«, fragt er plötzlich. »Was denn?« – »Tun Sie doch nicht so! Ich will von Ihnen endlich die Wahrheit hören!« – »Ich erzähle ja ohnehin immer nur die Wahrheit. Es gibt nichts mehr hinzuzufügen!« – »Das können Sie mir aber nicht erzählen!!!« Ich schweige. Was wissen die? »Los, sonst können wir auch anders. Dann lasse ich Sie monatelang in Ihrer Zelle schmoren, ohne Sie auch nur ein einziges Mal zum Verhör zu holen. Sie werden noch winseln, mal zu mir gelassen zu werden! Wenn's dann so um zwei Jahre U-Haft geht oder vier Jahre, das haben wir alles schon gehabt!« – »Dann fragen Sie mich doch, ich habe Ihnen von meiner Seite alles erzählt«, entgegne ich. »Gut, fangen wir an.« Er beginnt, seinen Protokollzettel zurechtzulegen. Es müssen inzwischen etwa acht bis neun Stunden vergangen sein. Ich falle bald vom Stuhl. Mein Körper ist nicht mehr mein eigener. Mein Geist hält bald nicht mehr stand. Aber noch habe ich die Alarmlampe an – ich werde keinesfalls noch einen anderen belasten! Sie wollen unbedingt Klaus! Werde ich's schaffen?

Noch mal muss ich erzählen, wie sich am Fluchttag von Carsten alles abgespielt hat. Ich erzähle meine erste Version. Die ja nicht ganz stimmt. Aber die sie auch nicht anders kennen können. Oder doch? »Lügen Sie doch nicht so!!!«, brüllt er los. »Wir wissen das alles viel besser!« – »Wenn Sie's wissen, warum fragen Sie mich dann?« – »Weil wir's aus Ihrem Munde hören wollen!« Es ist entsetzlich – immer dieses unmenschliche Brüllen! »Lügen nützen Ihnen gar nichts. Wir haben Sie nämlich an der Grenze genau beobachtet.« – »Wo denn, das geht ja gar nicht«, wage ich einzuwenden. Dann überlege ich: Vielleicht haben mich Stasi-Leute in Zivil von Anfang an beobachtet? Ich habe zwar darauf geachtet, doch wer weiß, wie viele es waren? Gesehen hatte ich nichts, was zu der Annahme führen könnte. Doch warum brüllt er so? Das kann er doch nur aus Wut machen. Also wissen sie vielleicht doch nichts? »Wir haben Sie mit Ultraviolettstrahlen an der Grenze fotografiert! Na, was sagen Sie nun? Jetzt sind Sie platt, was?«, fragt er triumphierend. »Zeigen Sie mir doch mal die Aufnahmen«, stoße ich hervor. »Das könnte Ihnen so passen!« Die haben gar nichts! Diesen Trumpf würden sie mir sehr wohl unter die Nase halten! »Na los, nun erzählen Sie schon. Ich will endlich Feierabend machen!« Er brüllt und brüllt und brüllt. Ich kann bald nicht mehr. Diese ständigen Überlegungen: Was wissen die? Was haben die wirklich gesehen? Belaste ich mich durch mein Schweigen?

Mein Zustand ist gotterbärmlich. Und er schreit weiter, immer weiter. »Wir werden die ganze Nacht weitermachen! Sie werden froh sein, wenn ich Sie in Ihre Zelle lasse! Sie werden mich noch auf den Knien anflehen, Sie wieder wegbringen zu lassen!« O ja, ich bin bald an dem Punkt angelangt, wo ich nicht mehr kann. Stundenlang ohne Essen, ohne Trinken, nur einmal zur Toilette. Dann brüllt er nochmals seine üblichen Beleidigungen. Es geht gegen mich, meine Familie, insbesondere meinen Vater. »Ja, wenn Sie schon immer Ihren Vater angeben. Was ist er denn früher gewesen?« – »Auch Journalist.« – »Lügen Sie doch nicht!« – »Ich lüge nicht! Das lässt sich ja ganz leicht nachprüfen.« – »Das haben wir schon. Wir sind bestens informiert. Über alles. Sie wollen mir doch nicht erzählen, dass Sie nicht wussten, dass Ihr Vater in der Nazipartei war!?« – »Natürlich weiß ich das. Na und? In der Partei waren schließlich viele.« – »Wissen Sie denn, bei welcher Zeitung Ihr Vater arbeitete?« – »Nein.« – »Soll ich's Ihnen sagen?« – »Ja.« – »Beim *Völkischen Beobachter!*«[11] – »Na und?« Damit kann ich wirklich nichts anfangen ... »Ja, wissen Sie denn überhaupt, was für eine Zeitung das war?« – »Sie wissen doch, wie alt ich bin, müsste ich das denn wissen?« – »Es war eine Nazi-Zeitung! Und Sie wollen immer nur so positiv von Ihrem Vater sprechen!« Es ist sinnlos, er will mich damit nur fertigmachen. Mein Vater hat nie bei dieser Zeitung gearbeitet, aber ich antworte nicht mehr. Ich bin am Ende. Am liebsten würde ich ihn umbringen. Doch wie, womit? In dieser aussichtslosen Situation ...

Außerdem: Vielleicht ist das alles auch wieder nur ein Trick von denen, um mich mürbe zu machen. Und sie schaffen's ja auch. Ich kann nun wirklich nicht mehr. Er betreibt Gehirnwäsche in höchster Perfektion!

»Wie lange wollen Sie noch so weitermachen?«, fragt er unvermittelt, aber scharf. »Ich möchte endlich nach Hause gehen!«, fügt er hinzu. »Gut, machen Sie ein Protokoll, wie es Ihnen beliebt. Ich kann nicht mehr. Ich kann Sie nicht mehr sehen! Ich kann das alles nicht mehr ertragen! Ich will meine Ruhe haben! Schreiben Sie, ich unterschreibe alles!«, sprudelt's aus mir hervor. Verwundert nimmt er das zur Kenntnis – was er doch in zehn Stunden angestrebt hatte! Jetzt bin ich endlich dort, wohin er mich haben wollte. »Damit Sie dann hinterher sagen können, ich hätte Sie erpresst!«, brüllt er los. »Nein, nein, ich unterschreibe alles. Fangen Sie an.«

Er beginnt mit seinen Aufzeichnungen. Ohne aufzublicken, schreibt er. Unentwegt Er schreibt langsam. Ich versuche indessen, mich zu beruhigen. Es gelingt mir nur schwach. Außerdem spüre ich, dass ich jeden Moment vom Stuhl fallen werde …

Wieder geht mir das Medikament durch den Kopf. Doch wen soll ich fragen? Wenn ich auch nur einen Verdacht äußere, werde ich gleich wieder angebrüllt und bedroht. Und wer weiß, was das noch nach sich zieht. Man darf hier in diesen Räumen ja keinen »beleidigen«, auch wenn's noch so sehr der Wahrheit entspricht. Sie knallen einem prompt noch was an Strafe drauf … Nachdem er einige Seiten geschrieben hat, stellt er nochmals eine belanglose Frage. Dann schreibt er weiter. Endlich ist er fertig.

Er legt mir sein Produkt vor die Nase. Erstunken und erlogen! Damit belaste ich mich selbst! Es geht nicht gegen Klaus oder andere Mitglieder der Verwandtschaft … Es geht einzig und allein gegen mich selbst. Aber warum denn??? Das hat sich doch so nun wirklich nicht abgespielt! »Na, unterschreiben Sie?«, fragt er lauernd.

»Das ist doch alles gar nicht wahr!«

»Fangen Sie schon wieder an? Jetzt reicht es mir langsam mit Ihnen! Ich habe keine Lust, die ganze Nacht noch mit Ihnen zuzubringen!« Er brüllt und brüllt. Ich kann nicht mehr.

Auf der letzten Seite setze ich meinen Namen unter das simple, aber so überaus verhängnisvolle Protokoll. Er hat den Stil eines Dreizehnjährigen. Aber na ja, darauf kommt's bei denen ja nicht an … hier zählt der Inhalt. Und der ist schwerwiegend! Gezielt formuliert …

Nachdem er meine Unterschrift wohlwollend betrachtet hat, greift er zum Telefon. »Abholen!« – »Ich hätte jetzt auch mein Todesurteil unterschrieben, um von Ihnen wegzukommen!«, sage ich im Hinausgehen.

---

1 Wartburg: Handelsmarke eines DDR-Pkw, benannt nach der gleichnamigen Burg in Eisenach.
2 Gemeint ist ein Ausweis des MfS.
3 Dimitroffstraße: Straße in Ost-Berlin (heute: Danziger Straße).
4 Leninallee: Straße in Ost-Berlin (heute: Landsberger Allee).

5 Keibelstraße: Sitz des Ost-Berliner Polizeigefängnisses.

6 Barkas B 1000: DDR-Kleintransporter, der auch als Gefangenenfahrzeug genutzt wurde. Die Fahrzeuge waren als Lieferwagen getarnt.

7 Langschäfter: Schuhe mit längerem Schaft. Hier ist damit die Unterhose gemeint.

8 Hans Fallada, eigentlich Rudolf Wilhelm Friedrich Ditzen (1893–1947), deutscher Schriftsteller. In seinem Roman *Wer einmal aus dem Blechnapf frisst* verarbeitete er seine Gefängniserfahrungen.

9 Paragraph 213 (Ungesetzlicher Grenzübertritt) StGB der DDR in der Fassung vom 12. Januar 1968 besagte: »(1) Wer widerrechtlich in das Gebiet der Deutschen Demokratischen Republik eindringt oder sich darin widerrechtlich aufhält, die gesetzlichen Bestimmungen oder auferlegte Beschränkungen über Ein- und Ausreise, Reisewege und Fristen oder den Aufenthalt nicht einhält oder wer durch falsche Angaben für sich oder einen anderen eine Genehmigung zum Betreten oder Verlassen der Deutschen Demokratischen Republik erschleicht oder ohne staatliche Genehmigung das Gebiet der Deutschen Demokratischen Republik verlässt oder in dieses nicht zurückkehrt, wird mit Freiheitsstrafe bis zu zwei Jahren oder mit Verurteilung auf Bewährung, Geldstrafe oder öffentlichem Tadel bestraft. (2) In schweren Fällen wird der Täter mit Freiheitsstrafe von einem Jahr bis zu fünf Jahren bestraft. Ein schwerer Fall liegt insbesondere vor, wenn 1. die Tat durch Beschädigung von Grenzsicherungsanlagen oder Mitführen dazu geeigneter Werkzeuge oder Geräte oder Mitführen von Waffen oder durch die Anwendung gefährlicher Mittel oder Methoden durchgeführt wird; 2. die Tat durch Missbrauch oder Fälschung von Ausweisen oder Grenzübertrittsdokumenten, durch Anwendung falscher derartiger Dokumente oder unter Ausnutzung eines Verstecks erfolgt; 3. die Tat von einer Gruppe begangen wird; 4. der Täter mehrfach die Tat begangen oder im Grenzgebiet versucht hat oder wegen ungesetzlichen Grenzübertritts bereits bestraft ist.«

10 Paragraph 100 (Staatsfeindliche Verbindungen) StGB der DDR in der Fassung vom 12. Januar 1968 besagte: »(1) Wer zu Organisationen, Einrichtungen, Gruppen oder Personen wegen ihrer gegen die Deutsche Demokratische Republik oder andere friedliebende Völker gerichteten Tätigkeit Verbindung aufnimmt, wird mit Freiheitsstrafe von einem Jahr bis zu fünf Jahren bestraft.«

11 *Völkischer Beobachter*: Parteiorgan der Nationalsozialistischen Deutschen Arbeiterpartei (NSDAP).

MATTHIAS BATH
In völliger Isolation

Matthias Bath (geb.1956) war nach einem Fluchthilfeversuch mit einem Pkw von April bis August 1976 in der Untersuchungshaftanstalt des DDR-Staatssicherheitsdienstes in Berlin-Hohenschönhausen und anschließend in der Strafvollzugsanstalt Berlin-Rummelsburg inhaftiert.

Gegen 15.00 Uhr hörte ich Türenklappen auf dem Gang. Das Transportkommando war gekommen. Unser Büro[1] betrat ein bulliger älterer Mann, grauer Bürstenhaarschnitt, schwarze Lederjacke, der mich anblaffte: »Name? Vorname? Geboren?« Ich antwortete ihm, worauf er mich anknurrte: »Hände vor!« Ich streckte sie vor und bekam Handschellen angelegt. Um die Fessel zu verbergen, legte man mir meine Lederjacke über die Handgelenke. Wir verließen den Raum und das Gebäude.

Unten stand ein tarngrüner Kastenwagen vom Typ Barkas B 1000[2] vor der Tür. Wenige Schritte nur, und ich befand mich in der Enge des Fahrzeuges. Im fensterlosen Heckteil des zum Gefangenentransportfahrzeug umgerüsteten, etwa einem VW-Bus entsprechenden Kleinbusses befanden sich fünf abgeteilte Zellen mit jeweils 60 mal 50 Zentimeter Grundfläche. So passt gerade ein Notsitz in ein derartiges Abteil. Mit der »Acht« gefesselt, musste ich mich in eine derartige Zelle zwängen. Ich war darin so eingeengt, dass ich mit Armen, Knien und Rücken die grau gestrichenen Wände berührte. Auch zwischen meinem Kopf und der Decke des Kabuffs befand sich nur ein handbreiter

Zwischenraum. Licht erhielt der Raum durch eine winzige Lampe, die aber nicht einmal ausreichte, um diese kleine Fläche auszuleuchten, sondern mich und die Trennwände in ein flackriges Dämmerlicht hüllte. Die Luftzufuhr erfolgte durch mehrere etwa fingergroße Löcher, die in das Oberteil der Tür gebohrt waren. Allerdings befand sich von außen vor diesen Löchern wiederum eine Blende, so dass auch hier nicht allzu viel Luft durchkam.

Als ich mich in diese Räumlichkeit gezwängt hatte und hinter mir die Tür rasselnd abgeschlossen worden war, überkam mich erstmals Verzweiflung. »Mein Gott, das gibt es doch gar nicht. So etwas kann man mir doch nicht antun«, dachte ich schockiert. Aber man konnte! Und zwar nicht nur mir! In mehrminütigen Abständen hörte ich es noch zweimal schließen. Wahrscheinlich wurden die Flüchtlinge mit mir zusammen abtransportiert. Ich hörte es auch poltern, als man unser Gepäck auf die Bank des Begleitpostens packte. Der Wagen setzte sich endlich ruckend in Bewegung. Während er über die Autobahn holperte, suchte ich trotz der Enge eine möglichst bequeme Haltung zu finden, was aber gar nicht so einfach war, denn bei jedem Schlagloch oder jedem Ruck des Wagens stieß ich schmerzhaft gegen die Seitenwände oder die Decke meines Abteils. Endlich hatte ich die bestmögliche Stellung gefunden und schloss, eingeschläfert vom monotonen Stuckern des Motors, die Augen. Plötzlich wurde die Tür aufgeschlossen. Jemand rüttelte mich und fragte: »Bist du noch da?« Als ich mich blinzelnd zurechtrückte, erkannte ich einen der uns begleitenden Posten.

Anscheinend hatte selbst das Transportkommando Sorgen, wie man eine mehrstündige Fahrt in einem derartigen fahrenden Sarg überstehen würde. In der Folge wurde etwa alle halbe Stunde die Abteiltür geöffnet, um einen Schwall frischer Luft hereinzulassen und zu überprüfen, ob wir noch bei Bewusstsein wären. Natürlich war nicht daran zu denken, hierbei Schlaf zu finden. So dämmerte ich, trotz meines Schlafdefizits, nur so vor mich hin. Halb hörte ich noch, wie vorne im Radio über die Spiele der DDR-Oberliga – es war ja Samstagnachmittag – berichtet wurde und die Posten daraufhin eine Fachsimpelei über das Thema Fußball begannen.

Nach einigen Stunden verließ der Wagen offensichtlich die Autobahn und fuhr durch städtische Straßen. Das Holpern und Stuckern verstärkte sich. Wir fuhren um mehrere Ecken, was ich daran merkte, dass ich jeweils gegen die Seitenwände gestoßen wurde. Auch hörte ich Verkehrslärm. Endlich hielten wir ein paarmal kurz an, wobei es jedes Mal so klang, als ob große Tore geöffnet würden und hinter uns wieder zuschlügen. Schließlich hielt der Wagen endgültig. Die Tür wurde geöffnet, und mir wurden die Handschellen abgenommen. Man nahm auch meinen Transportgefährten die Fesseln ab. Dann öffnete sich meine Tür abermals, und ich durfte das Fahrzeug verlassen. Ich stand in einer großen Fahrzeughalle. Durch das geöffnete Schiebetor fiel noch etwas Sonnenlicht herein. Es dämmerte aber schon. Mir schien es gegen 19.00 Uhr zu sein.

Ich musste vom Transportwagen nur wenige Schritte bis zu dem ein paar Stufen hoch gelegenen Eingang des Gefängnisgebäudes machen. Vor mir lag ein heller Gang, der mit einem roten Läufer ausgelegt war. Rechts und links des Ganges befanden sich Türen, die offensichtlich in Büros führten. Das Ganze wirkte wie ein Verwaltungsgebäude. Am Beginn dieses Ganges erwartete mich ein Uniformierter. Der Gang endete vor einer großen, hell gestrichenen Stahltür. Mein Begleiter öffnete sie, wobei mir auffiel, dass ihre Rückseite mit einem düsteren, grauen Farbton gestrichen war. Unmittelbar rechts hinter dieser Stahltür befand sich die Aufnahmezelle. Hier musste ich mich vollständig ausziehen. Es fand eine eingehende, bis hin zum Zurückschieben der Vorhaut reichende körperliche Durchsuchung statt. Schließlich erhielt ich ein blau-weiß gestreiftes Schweißhemd, eine gleichartige Unterhose, einen dunkelblauen Trainingsanzug, Hausschuhe, Schlafanzug sowie Bett- und Waschzeug. Meine Privatkleidung blieb zurück. Nachdem ich unterschrieben hatte, dass ich »ohne Wertsachen in die UHA gekommen« sei, wurde ich wieder auf den Gang geführt. Links von uns befand sich nun eine große Gittertür. Durch diese ging es in den Zellentrakt.

Rechts und links befanden sich in Abständen von drei bis vier Metern grau gestrichene Zellentüren. Auf dem Gang patrouillierten zwei militärisch Uniformierte, die hin und wieder einen Blick durch den Spion in die einzelnen Zellen warfen. Nach vielleicht 25 Metern machten wir vor einer auf der linken Gangseite gelegenen Zelle halt: Zellennummer 128. Es wurde aufgeschlossen, und ich trat ein. Hinter mir fiel die Tür zu, und dröhnend wurden Schloss und Riegel vorgeschoben. Ich war endgültig Gefangener.

Als das Dröhnen der Riegel verklungen war, sah ich mir meine neue Umgebung an. Vor mir lag ein schmaler, etwa vier Meter langer und etwa zweieinhalb Meter breiter Raum. Die Einrichtung bestand aus zwei Holzpritschen mit erhöhtem Kopfende, einem kleinen Holztisch unter dem Fenster sowie einem Schemel vor dem Tisch. Das Fenster war mit zwei kaminartig gegeneinander versetzten Schichten von Glasziegeln so vermauert, dass nur ein schmaler Spalt dazwischen zum Luftschnappen übrig blieb. Hinausgucken konnte man durch dieses »Fenster« natürlich nicht. Immerhin war es lichtdurchlässig, und man konnte die Tageszeit erkennen. Neben der Tür befanden sich ein WC und ein Handwaschbecken. Die Wand über dem Waschbecken war gekachelt und enthielt einen eingelassenen Spiegel. Die Wände waren an den übrigen Stellen brusthoch mit beigegrauer Ölfarbe gestrichen, darüber wie auch die Decke kalkig geweißt. Von der Decke hing eine Neonröhre herab. Über der grauen Tür befand sich noch ein Notlicht. Auf einer der Holzpritschen lagen drei Matratzen und eine Decke.

Als ich mit meinen Betrachtungen so weit gekommen war, ging rasselnd die Klappe meiner Zellentür auf. Hereingereicht wurden eine hohe grüne Plastikschüssel, die mich lebhaft an einen Hundenapf erinnerte, und ein weißer Kunststoffbecher mit einer dampfenden schwarzen Flüssigkeit. In dem »Hundenapf« befanden sich zwei Paar mit Margarine beschmierte Brote, ein Apfel und ein Löffel. Während ich diese mir wortlos überreichten Gaben noch musterte, schloss sich die Klappe wieder geräuschvoll. Ich setzte mich an den Tisch und verzehrte dieses kärgliche

Abendbrot. Besonders missfiel mir die schwarze Flüssigkeit, von der ich vermutete, dass es sich um Kaffee handeln sollte.

Nach dem Essen machte sich bei mir immer stärker die Müdigkeit bemerkbar. So hockte ich auf einer der Pritschen und hoffte, dass es bald Schlafenszeit würde. Draußen war es schon längst dunkel, aber hier drinnen zog sich die Zeit endlos hin. Schließlich hörte ich es klingeln. Ein Posten bedeutete mir daraufhin durch die Tür, dieses Signal bedeute »Fertigmachen zur Nachtruhe«. Sobald es ein zweites Mal geklingelt habe, würde er das Licht ausschalten. Morgens würde ich auf die gleiche Weise wieder geweckt werden. So baute ich schnell mein Bett und machte mich zur Nacht fertig.

Obwohl ich noch nie auf so einer, trotz der Matratzen doch recht harten Holzpritsche geschlafen hatte, fand ich sie – zumindest am ersten Abend – nicht sonderlich unbequem. Kaum hatte ich die Augen geschlossen, da schlief ich auch schon ein, obwohl das Licht noch brannte.

Am nächsten Morgen weckte mich das Klingeln. Draußen war es schon hell, und es schien auch – soweit man es durch die Glasziegel erkennen konnte – die Sonne. Ich hatte sehr gut geschlafen und fühlte mich entsprechend frisch und munter. Dieses Gefühl hielt aber nur einen Augenblick an, bis mir meine Umgebung meine neue, noch ungewohnte Lage ins Bewusstsein rief und mich daran erinnerte, wo ich mich befand.

Ich baute mein Bett, wie man mir das gestern gewiesen hatte. Kaum war ich damit fertig, als sich die Klappe öffnete und ich die Worte »Schüssel, Becher« vernahm. Ich reichte beides hinaus und erhielt zwei Paar Brote, eins mit Margarine und eins mit Marmelade beschmiert, und einen Becher schwarze Kaffeeersatzflüssigkeit. Das war das Frühstück, welches die nächsten Monate Tag für Tag das Gleiche blieb. Nach einer halben Stunde öffnete sich abermals die Klappe, und man reichte mir einen Elektrorasierer herein. Zugleich wurde die Steckdose neben der Tür, die zu den übrigen Tageszeiten unterbrochen war, eingeschaltet. Ich beschabte einige Minuten mein Kinn. Dann öffnete sich die Klappe wiederum, und der Apparat wurde mir wieder abgenommen. Das alles geschah fast wortlos. Nun hieß es wieder warten. Abwechselnd lief ich in der Zelle auf und ab oder hockte trübsinnig auf der Pritsche oder dem Schemel und überlegte, wie spät es wohl sein möge. So vergingen einige Stunden.

Dann wurde meine Zelle aufgeschlossen. Ein Oberfeldwebel wies mich an herauszukommen. Auf dem Gang musste ich mich mit dem Gesicht zur Wand stellen, während er die Zelle wieder abschloss. Dabei fiel mir auf, dass an der Wand in Brusthöhe eine lose elektrische Leitung verlief, die durch in die Wand eingelassene Ringe gehalten wurde. Etwa alle fünf Meter waren die Kabel durch Bananenstecker miteinander verbunden. Später hörte ich, dass diese Reißleitung in Eventualfällen zur Alarmierung der schwerbewaffneten Hauswache durch die Posten diente.

Mit den Worten »Kommen Se!« bedeutete mir der Schließer, ihm zu folgen. Nach wenigen Metern bog der Gang um eine Ecke. Davor befand sich auf dem Boden ein weißer Strich, an dem ich warten musste. Der Oberfeldwebel schaute um die Ecke, ob der Gang frei sei, betätigte dann eine rote Signallampe, die den Gang wohl für Transporte anderer Gefangener sperrte, und wies mich an weiterzugehen. Wir stiegen eine Treppe aufwärts und folgten weiter dem Gang. Bei jeder Richtungsänderung musste ich an den weißen Strichen warten, bis sich der Posten überzeugt hatte, dass der Weg für uns frei und für andere gesperrt sei.

Wir passierten am Ende des Zellenganges im ersten Stockwerk eine große Stahltür und befanden uns wieder in einem düsteren Korridor mit Bürotüren an beiden Seiten. Nachdem wir noch einmal rechts abgebogen waren, hielten wir schließlich fast am Ende des Ganges vor einer dieser Bürotüren. Ich musste mich wieder mit dem Gesicht zur Wand drehen. Mein Begleiter klopfte an, öffnete die gepolsterte Doppeltür und befahl mir einzutreten.

Vor mir lag ein kleiner Büroraum mit vergittertem Fenster, durch das man ein nur wenige Meter entferntes zweites graues Gebäude erblickte, dessen vergitterte Fenster ebenfalls mit Glasbausteinen zugemauert waren. Hinter einem Schreibtisch saß ein vielleicht 26 Jahre alter Mann mit dunklem, gekraustem, nach hinten gekämmtem Haar. »Guten Tag, Herr Bath, kommen Sie rein, machen Sie die Tür zu und nehmen Sie Platz«, begrüßte er mich.

Rechts neben der Tür befand sich noch ein kleinerer Tisch mit einigen Stühlen. Hier, meinem Gegenüber zugewandt, war mein Platz. Im Zimmer befanden sich außerdem noch ein Stahlschrank und ein Regal. Ich fragte, ob ich hier beim Haftrichter sei. »Nein, Herr Bath, ich bin Ihr Untersuchungsführer. Wir werden in den kommenden Monaten viel miteinander zu tun haben. Allerdings werden Sie den Haftrichter heute auch noch zu Gesicht bekommen«, erhielt ich zur Antwort.

Nachdem er mir einen (richtigen) Kaffee angeboten, ihn telefonisch bestellt und ihn mir, nachdem er an der Tür das Tablett entgegengenommen hatte, auch serviert hatte, begann die Vernehmung.

Es ging noch einmal um den schon in Marienborn[3] behandelten Fragenkomplex. Geduldig schrieb der Vernehmer dann das, was er als Antworten akzeptierte, nieder. Nach vielleicht zwei Stunden erschien ein weiterer Zivilist, der mich mitnahm.

Wir gingen nur eine Tür weiter. Hier, im Zimmer 517, in einem größeren Büro, das sogar ein Vorzimmer hatte, saß ein unauffälliger Mann, der sich mir als Haftrichter des Stadtbezirkes Berlin-Mitte vorstellte. So erfuhr ich erstmals, dass ich mich in Ost-Berlin befand. Allerdings blieb mir mein genauer Aufenthaltsort vorerst weiter unbekannt. Der Haftrichter teilte mir kurz mit, dass gegen mich Haftbefehl wegen eines »Verbrechens nach Paragraph 105 des Strafgesetzbuches der DDR«[4] beantragt sei. Ob ich mich dazu äußern wolle. Daran anschließend nahm er eine Kurzfassung meiner bisherigen Aussagen zu Protokoll. Die Angaben diktierte er einer vollbusigen Blondine, die hinter einer überdimensionalen Schreibmaschine seitlich von uns saß, in die Maschine.

Im Anschluss teilte er mir mit, dass er gegen mich Haftbefehl erlasse, da ich keinen festen Wohnsitz in der DDR habe, mithin also Fluchtgefahr bestehe. »Bis zur Klärung dieser Geschichte müssen Sie also vorläufig erst einmal hierbleiben«, waren seine verharmlosenden Worte. Die Sekretärin nahm auch die Entscheidung über den Erlass des Haftbefehls zu Protokoll. Ich wurde gefragt, ob ich Widerspruch einlegen wolle, verzichtete aber darauf, da mir das von vornherein witzlos erschien und ich durch einen offiziellen Einspruch erst die Legitimität des Haftrichters bestätigt hätte.

Interessant ist, dass nach Paragraph 126, Absatz 4 der Strafprozessordnung der DDR[5] ein vorläufig Festgenommener, sofern er nicht sofort wieder entlassen wurde, unverzüglich, spätestens aber am Tage nach seiner Ergreifung, dem Kreisgericht vorzuführen war.

Da meine Festnahme bereits am 9. April erfolgt war, also zwei Tage bevor ich dem Haftrichter vorgeführt wurde, lag hier eine Verletzung der DDR-Bestimmungen durch die eigenen zuständigen Stellen vor. Als ich später meinen Vernehmer darauf aufmerksam machte, tat dieser erstaunt: »Wie kommen Sie denn darauf? Das ist mir aber völlig neu! Da müssen Sie sich wohl irren!« Was sollte ich machen – den Text der Strafprozessordnung enthielt man mir während der gesamten Untersuchungshaft vor. Als ich sie unter Berufung auf die Hausordnung der Untersuchungshaftanstalt anforderte, erhielt ich stattdessen nur circa 20 Fotokopien, jede mit einem Paragraphen, zur einmaligen Ansicht beim Vernehmer. Alles Weitere sei für mich nicht von Belang und würde mir deswegen auf Weisung des Staatsanwalts nicht ausgehändigt, teilte mir der Vernehmer dazu mit. Schon dieser Vorfall zeigt, wie ernst die DDR-Behörden ihre eigenen Gesetze nahmen und wie es um die Rechtssicherheit in der DDR bestellt war.

Zurück beim Vernehmer (Zimmer 516), wurde ich noch etwa eine Stunde zur Fluchthilfefahrt vernommen. Auch eine erweiterte Neufassung meines Lebenslaufs wurde von mir verlangt.

In meiner Zelle wartete schon das inzwischen kalt gewordene Mittagessen im grünen »Hundenapf« auf mich. Es gab Hackbraten, Karotten und einen Berg Kartoffeln mit Soße. Allerdings machte ich die Erfahrung, dass, aus einer derartigen Schüssel gegessen, alles zum Eintopf wird. Es war auch ungewohnt, dem Braten nur mit einem Löffel zu Leibe zu rücken.

Nach dem Essen hieß es wieder warten. Am Nachmittag geschah nichts mehr. Stumm zogen sich die Stunden hin. Ich saß und brütete vor mich hin oder lief auf und ab, jeweils fünf Schritte. Gelegentlich stierte ein Auge durch den Türspion. Durch die Glasbausteine versuchte ich, den Stand der Sonne auszumachen, aber der Erfolg war gering. Das Abendessen, vielleicht gegen 17.30 Uhr, war eine willkommene Abwechslung. Es gab die zwei obligaten Margarinestullen, ein Stück Wurst und zur Abwechslung sogar einen Becher Pfefferminztee. Nach dem Abendessen begann es draußen zu dämmern und wurde schließlich dunkel. Wieder zogen Stunden dahin. Was ich im Einzelnen gedacht habe, weiß ich heute nicht mehr, wahrscheinlich, wie lange ich wohl dort bleiben müsste, was meine Angehörigen, Eltern und Geschwister, im Moment machen würden und wie ich das alles überstehen würde.

Endlich ertönte das Klingelsignal zur Nachtruhe. Im Vergleich zum Vorabend fand ich die Pritsche heute wesentlich unbequemer. Auch nachdem das Licht ausgegangen war und nur noch ein bläulicher Scheinwerfer, durch die Glasbausteine gefiltert, den Raum in ein gespenstisches Licht hüllte, wälzte ich mich noch lange hin und her. Alle paar Minuten wurde vom Gang her das Notlicht über der Tür sekundenlang angeschaltet, wohl um nachzusehen, ob ich noch da sei, noch lebe oder was sonst sei. Jedenfalls störte es.

Der 12. April brachte ein ähnlich tristes Erwachen wie der Vortag. Nach Frühstück und Rasur hieß es wieder etwa zwei Stunden warten. Dann wurde ich erstmals zur »Freistunde« geholt. Es ging ein paar Stufen hinab auf einen leeren gepflasterten Hof. Auf der gegenüberliegenden Seite des Hofes lagen nebeneinander wie Zelleneingänge an die zehn Türen. Wir gingen über den Hof und auf eine noch offene Tür zu. Dahinter lag mein »Freihof«.

Man muss ihn sich wie eine kleine Garage vorstellen, deren Wände allerdings vier bis fünf Meter hoch waren. Anstelle des

Garagendaches befand sich in etwa fünf Metern Höhe ein eng-
maschiges Drahtgitter. Die »Garageneinfahrt«, die Seite, an der
sich die Eingangstür befand, war nur etwa drei Meter hoch. In
dieser Höhe verlief hier ein Steg aus Drahtrosten, auf dem uniformierte Posten auf und ab gingen. Ich durfte nun in meinem
»Käfig« ebenfalls auf und ab gehen oder auch im Kreis herum.
Um mich herum befanden sich meterhohe graue Rauputzwände.
Sonne und Himmel sah ich, wenn ich die Augen hob, nur wie
durch ein Sieb. Beobachtet wurde ich von der Galerie aus durch
Posten, die, wenn ich mich an der Tür befand, direkt über meinem Kopf herumtrampelten. Auch hier war ich allein. Alles war
ungemein deprimierend. Ich kam mir wie in einem Zwinger vor.
Nach vielleicht 20 Minuten derartiger »Bewegung im Freien«
brachte man mich wieder zurück in meine Zelle.

Auch heute ging es wieder zum Vernehmer ins Zimmer 516.
Die Vernehmung drehte sich vor allem um die Vorgeschichte
des Fluchthilfeunternehmens. Dann, nach einer Stunde, während einer kleinen Kaffeepause, sagte mir der Vernehmer, wie er
sich den von mir zu schreibenden Lebenslauf vorstelle. »Damit
Sie aber nicht denken, wir wüssten gar nichts, gucken Sie sich
mal das hier an«, meinte er abschließend. Dabei kam er hinter
seinem Tisch hervor und legte mir einige Fotokopien von Zei-
tungsartikeln vor, die 1974/75 im Zusammenhang mit meinen
seinerzeitigen Aktivitäten in der Berliner Schülerunion in der
Berliner Zeitung *Der Abend* erschienen waren. Danach schrieben wir beide, er das Vernehmungsprotokoll und ich meinen Lebenslauf. Diesmal beschränkte ich mich nicht auf bloße Daten,
sondern ging auch auf meine Mitgliedschaft in der CDU, in der
Jungen Union und der Schülerunion ein.

Wieder in meiner Zelle, wartete ich auf das Essen. Plötzlich
wurde dröhnend meine Zellentür geöffnet. Herein stürmten
zwei uniformierte Offiziere, ein Oberleutnant und ein Leutnant.
In aggressivem Ton wiesen sie mich an, auf der Pritsche Platz
zu nehmen. Während der Leutnant in der Nähe der Tür stehen
blieb, rückte der Oberleutnant sich den kleinen Fenstertisch zurecht, holte eine Kladde hervor und begann, meine persönlichen

Daten abzufragen. Dabei wandelte sich meine Staatsangehörigkeit überraschend von »deutsch« zu »West-Berliner«. Das wurde, ohne meine anderslautende Auskunft und meinen Widerspruch zu beachten, einfach verordnet. Später wurden mir diese Angaben in einem zu unterschreibenden »Aufnahmebogen« noch einmal vorgelegt, der mich dann die ganze Haftzeit über begleitete.

Nach diesem Erlebnis schmeckte mir die inzwischen ausgeteilte Kohlsuppe nicht mehr sonderlich. Den Nachmittag verbrachte ich wieder allein, konnte mir aber die Zeit mit der Lektüre der Anstaltsordnung etwas verkürzen, die meine beiden »Besucher« bei mir liegen gelassen hatten. Erst jetzt fiel mir auf, dass ich seit meiner Einlieferung in die Untersuchungshaftanstalt weder eine Zeitung noch ein Buch zu Gesicht bekommen hatte. Ich nahm mir vor, meinen Vernehmer danach zu fragen. Gegen Abend musste ich auch die kleine Broschüre wieder herausgeben. Immer schmerzlicher wurde mir meine Isolation bewusst. Ich hatte nichts zu lesen, nichts, um mich irgendwie zu beschäftigen, und auch niemand, mit dem ich reden konnte. Die Posten auf den Gängen, sie waren wohl Angehörige des MfS-Wachregiments »Feliks Dzierzynski«[6] und zum Großteil noch jünger als ich, beschränkten sich auf wortlose Gesten oder kurze Befehle.

Als einziger Gesprächspartner bot sich der Vernehmer an, der aber zugleich mein gefährlichster Gegner war. Zum ersten Mal überlegte ich, was wohl gewisse Leute im Westen, die seinerzeit im Zusammenhang mit den Haftbedingungen in bundesdeutschen Gefängnissen gerne den Begriff »Isolationsfolter« gebrauchten, wohl sagen würden, wenn es eine derartige Unterbringung von Häftlingen in Zellen, die nicht einmal ein richtiges Fenster aufwiesen, auch im Westen gäbe. Der Abend wurde mir noch länger als der gestrige. Auch mit dem Einschlafen hatte ich wegen der ständigen störenden Lichtkontrollen große Schwierigkeiten.

Der Morgen des 13. April 1976 verlief wie in den Vortagen. In der Freistunde versuchte ich erstmals, etwas vom Gebäude der Haftanstalt zu erkennen. Ich sah ein mehrstöckiges, grau verputztes Gebäude mit flachem Dach. Die blinden Fensterhöhlen waren zusätzlich zu den Glasbausteinen von außen noch vergittert. In jedem Stockwerk war lediglich neben der Treppe ein Zimmer mit vergitterten Flügelfenstern, offenbar die Wachstube. Der Bau sah nicht alt aus. Er mochte wohl erst nach dem letzten Krieg entstanden sein.

Nach der Freistunde wurde ich zum Duschen geholt. Die Duschzelle lag schräg gegenüber von meiner Zelle. Sie bestand aus zwei Räumen, von denen einer als Wäschekammer und Umkleideraum diente. Das Duschen wurde von einem etwa 30-jährigen dicklichen Feldwebel beaufsichtigt. Dieser war an den Werktagen für das leibliche Wohl der Untersuchungshäftlinge zuständig, teilte die Mahlzeiten und Reinigungsmittel aus, war erste Instanz bei Meldungen zu irgendwelchen Stellen im Haus und sammelte Essensreste und Abfälle aus den Zellen ein. Soweit ich mich erinnern kann, benahm er sich immer korrekt. Zum wöchentlichen Duschen samt Kopfwäsche (alle 14 Tage) hatte ich zehn Minuten Zeit. Danach gab es neue Handtücher und Wäsche, und ich wurde noch tropfnass in meine Zelle zurückgebracht.

Beim Vernehmer erhielt ich an diesem Tag die Protokolle der letzten beiden Tage zur Unterschrift vorgelegt. Erneut fiel mir dabei auf, dass sie nicht entsprechend meinen zusammenhängenden Antworten, sondern in Dialogform als Fragen und Antworten niedergeschrieben waren, wobei der Dialog nur sehr indirekt das tatsächliche Vernehmungsgespräch wiedergab. Mir schien, dass die Protokolle vorher nach Plan ausgearbeitet worden waren und die Aussagen nur noch in die vorgegebene Form gepresst wurden. So traten alle belastenden Momente hervor, während alles Entlastende unwichtig erschien.

Welcher Art diese Dialektik der MfS-Untersuchungsführer war, sei nur an zwei Beispielen aufgezeigt. Ich hatte den Fluchtwagen vor Fahrtantritt in Berlin schon einmal probeweise benutzt, um mich mit dem Fahrverhalten des Opels vertraut zu machen und seine Verkehrssicherheit zu testen. Hätte ich das unterlassen, hätte man mir grobe Fahrlässigkeit bis hin zur

Verkehrsgefährdung sowie die Inkaufnahme einer möglichen Gefährdung der Flüchtlinge vorgeworfen. Dass ich es nicht unterlassen hatte, bewies aber, dass mir am Gelingen der »Schleusung« gelegen war und ich »mit hoher Tatintensität« darauf gedrungen hatte, mich mit dem Fluchtfahrzeug vertraut zu machen. Das aber war als Vorbereitungshandlung schon allein strafbar. Oder: Hätte die junge Frau aus meinem Kofferraum ihren kleinen Sohn in Ost-Berlin zurückgelassen, so hätte sie nach der Dialektik des MfS als »Rabenmutter« ihr Kind im Stich gelassen. Aber sie tat es ja nicht, sondern nahm ihr Kind mit. Somit hatte sie nicht nur rücksichtslos das Leben ihres Kindes gefährdet, sondern als Erziehungsberechtigte gemeinsam mit dem zu erziehenden Kind eine strafbare Handlung begangen, was zusätzlich belastend war.

Mein Vernehmer (»Sie können mich mit ›Herr Unterleutnant‹ anreden«) war über meine Fragen zur Art des Protokolls nicht sonderlich erfreut. »Das ist hier so üblich«, bemerkte er nur. Gänzlich abhold zeigte er sich einigen Änderungswünschen, welche wohl sein Konzept störten. Schließlich, nach langem Hin und Her, einigten wir uns auf einen nur geringfügig veränderten Wortlaut der fraglichen Passagen. Nun hatte ich wieder Seite für Seite der Protokolle zu unterschreiben. Auch jede Textänderung musste noch einmal gesondert signiert werden.

Bevor die neue Vernehmung begann, legte mir der Vernehmer eine Reihe Fotos vor: Passbilder, zum Teil aus westlichen Ausweisen abgelichtet, und normale Fotos, die bis auf eine abgebildete Person mit Schablonen abgedeckt waren. Darunter befand sich auch ein Passfoto meines Auftraggebers, den ich erwartungsgemäß identifizierte. Ansonsten erkannte ich keine weitere Person.

Anschließend wurde ich eingehend über meine Motive, Fluchthilfe zu leisten, befragt. Dabei gerieten wir ins politische Debattieren. Gerade als die Wellen besonders hoch schlugen, öffnete sich die gepolsterte Doppeltür des Zimmers, und ein hagerer Mann von etwa 40 Jahren trat ein. Er war mittelgroß, hatte schütteres, sehr kurzes Haar, trug eine dünnrandige Brille und wirkte wie ein Intellektueller. Bei ihm schien es sich um einen höheren Vorgesetzten zu handeln, wie ich dem Verhalten des Vernehmers entnahm, der eilfertig aufstand und auch mich nötigte, mich zu erheben. Der Neuankömmling erkundigte sich nach dem Stand der Vernehmung, stellte mir dann einige Fragen politischer Art zu dem gerade akuten Streitpunkt und verwickelte mich in eine sehr unsachliche Diskussion. (»Ihre bürgerliche Wissenschaft interessiert mich überhaupt nicht, befassen Sie sich erst mal mit ›objektiven‹ Darstellungen.«)

Nach zehn Minuten hatte ich jede Lust an dieser Art von Unterhaltung verloren. Er brach daraufhin ab und verabschiedete sich von mir, nicht ohne mir den »guten Rat« zu geben, mich stetig weiterzubilden, jetzt aber zunächst einmal umfassende Aussagen zu machen. Dieser Mann tauchte bei den folgenden Vernehmungen noch öfter auf. Rein zufällig ließ er sich immer dann blicken, wenn meinem jungen Vernehmer die Diskussion am Rande der Vernehmung über den Kopf zu wachsen drohte oder die Vernehmung sich an einem Punkt festfraß.

Dieser Obervernehmer beherrschte gut die Klaviatur menschlicher Verhaltensweisen. Mal drohte er, mal mahnte er, scheinbar um mich besorgt, mal bluffte er aber auch oder versuchte, mich durch Fangfragen zu überrumpeln. Ich fragte an diesem Tag auch den Vernehmer, wann ich auf der Zelle etwas zu lesen erhalten würde, und bekam zu hören: »Das muss der Staatsanwalt erst noch entscheiden. Ich werde mit ihm sprechen.« Übrigens verschanzte sich mein Vernehmer oft bei Fragen wie dieser, die er in eigener Kompetenz zu meinen Gunsten entscheiden konnte, mir aber wohl nicht bewilligen wollte, hinter dem ominösen Staatsanwalt. Doch dahinter kam ich erst später.

Nachmittags dehnten sich die Stunden wieder endlos, aber lange nach dem Abendessen hörte ich plötzlich an der Wand meiner rechten Nachbarzelle ein Klopfen. Große Freude erfüllte mich: Ich war doch nicht völlig allein; zumindest ein Mensch befand sich in unmittelbarer Nähe und in der gleichen Situation. Zuerst lauschte ich bloß. Dann klopfte ich hastig ebenfalls an die Wand. Das Klopfgeräusch verstärkte sich. Zunächst schien es mir völlig willkürlich und ohne System. Dann stellte ich fest, dass ein bestimmter Rhythmus geklopft wurde. Nach einiger Zeit erwiderte ich diesen. Daraufhin ging das Klopfen zu einem monotonen Gleichmaß über. Dumm, wie ich war, konnte ich damit allerdings nichts anfangen und erwiderte auch dieses. Eine sinnvolle Verbindung kam so nicht zustande. Zudem ging plötzlich die Türklappe auf, und der Kopf eines Feldwebels wurde sichtbar. Ich wurde barsch angefahren, von der Wand zu verschwinden. Das schüchterte mich zum damaligen Zeitpunkt noch sehr ein.

So beschränkte ich mich darauf, gelegentlich zaghaft bei meinem unbekannten Nachbarn anzuklopfen, der sich in den nächsten Tagen auch regelmäßig meldete, bis er wohl erkannte, dass ich des Klopfens unkundig und eine Verbindung mit mir unfruchtbar sei. Dennoch brachte mir dieser Kontakt zum damaligen Zeitpunkt sehr viel. Wenngleich mir auch der Verstand schon vorher sagte, dass ein derartiges Haus bestimmt nicht für eine einzige Person allein bestimmt sei, so fehlte doch der Beweis dafür, und unterschwellig nagte die Furcht an mir, ganz allein zu sein. Nun war der Beweis gegeben, und geteiltes Leid ist halbes Leid.

Auch an den kommenden Tagen wurde ich vernommen. Zum Wochenende erhielt ich auch die ersten Bücher. Leider gab es nur drei Titel, die für eine Woche ausreichen mussten. So las ich jedes Buch mindestens doppelt. Die Auswahl der Bücher war sehr willkürlich. Man erhielt, was gerade in Reichweite des Postens auf dem Bücherwagen lag, meist Trivialliteratur. Gelegentlich hatte man aber auch Glück und erhielt Werke der Weltliteratur oder solche, die zum Nachdenken anregten. Unter Letzteren ist mir besonders Martin Luther Kings[7] *Warum wir nicht länger warten können* über die gewaltlosen Rassenauseinandersetzungen in den Südstaaten der USA zu Beginn der 60er Jahre in Erinnerung geblieben. Das Buch war im Ost-Berliner Union-Verlag erschienen und gab einmal Anlass zu sarkastischen Überlegungen, etwa wenn ich las, dass King einmal in Polizeigewahrsam länger als 14 Stunden an einer Kontaktaufnahme mit seinem Anwalt gehindert wurde, und mir dabei vor Augen hielt, dass ich schon länger als 14 Tage in strikter Isolierung saß, von Kontaktaufnahme mit einem Anwalt ganz zu schweigen.

Aber Kings Buch gab mir auch moralischen Rückhalt. Er schrieb, dass er auch in der Einzelzelle des Polizeigewahrsams nie allein gewesen sei. Nicht nur sei er sich der Anteilnahme seiner Mitkämpfer sicher gewesen, sondern er sei sich auch immer bewusst gewesen, dass, wo immer sich ein gläubiger Mensch aufhalte, auch Gott im Raum stehe. Obwohl ich mich nicht als sonderlich religiös im kirchlichen Sinne betrachte, stärkte mich diese Aussage. Dass Angehörige und Freunde sich um mich kümmern würden, schien mir sicher, und die Vorstellung, dass über uns allen ein höheres Prinzip im Sinne von Hoffnung und Gerechtigkeit steht, gab mir die Zuversicht, aus eigener Kraft über die Runden zu kommen.

Übrigens musste ich meinem Vernehmer den Erhalt der Bücher schriftlich bestätigen, wie man überhaupt über jede Kleinigkeit, die man in der U-Haft zur Verfügung gestellt oder auch nur angeboten bekam, Reverse zur Unterschrift vorgelegt erhielt. Offensichtlich sollte so bei späteren Beschwerden des Inhaftierten die Humanität der Gefangenenbehandlung bewiesen werden. Allerdings hat man mir keinen Revers über die Art der Unterbringung oder die mehrwöchige Isolation zur Unterschrift vorgelegt.

Die folgenden Wochen verliefen ähnlich wie die erste, mit dem Unterschied, dass die Vernehmungen nicht mehr so häufig waren. Allmählich gewöhnte ich mich an den Tages- und Wochenablauf. Allmorgendlich wurde gegen 6.00 Uhr geweckt, an Wochenenden und Feiertagen eine Stunde später. Im Anschluss an die Morgentoilette musste das Bett gebaut werden, indem man Matratzen, Decken und Bettwäsche am Fußende der Pritsche aufstapelte. Danach gab es Frühstück. Anschließend wurde kurz der Elektrorasierer durch die Klappe gereicht, und es hieß, vielleicht zwei Stunden bis zum 20-minütigen »Freigang« zu warten. Entweder wurde man danach zur Vernehmung gebracht, oder man wartete noch drei bis vier Stunden bis zum

Mittagessen gegen 13.00 Uhr. Montag, Mittwoch und Samstag waren Eintopftage. An den anderen Tagen gab es Mahlzeiten, die erst beim Einfüllen in die hundenapfartige Schüssel zum Eintopf gerieten. Man konnte auch manchmal mit dem Plastiklöffel einem Stück Fleisch zu Leibe rücken. Nach dem Mittagessen wurde man entweder gegen 15.00 Uhr zur Nachmittagsvernehmung geholt oder dämmerte vor sich hin, bis es gegen 17.30 Uhr Abendbrot gab. An den Eintopftagen gab es zu den erwähnten Margarinestullen ein Stück Wurst. Donnerstagabend gab es oft ein Stück Käse. An den übrigen Tagen beherrschten Äpfel oder Krautbecher, mit rohem geraspeltem Kohl gefüllt, den Abendbrottisch.

Nach dem Abendbrot hatte man bis gegen 20.30 Uhr »freie Zeit«. Dann ertönte das Klingelzeichen zum »Fertigmachen zur Nachtruhe«. Nach dem zweiten Klingeln um 21.00 Uhr erlosch das Licht. Dienstags war Duschen mit Wäschewechsel, donnerstags erhielt man Reinigungs- und Desinfektionsmittel. Außerdem wurde der angesammelte Abfall fortgeholt. Freitags war Büchertausch. Jeden zweiten Tag hätte man der Hausordnung zufolge die Zelle einer gründlichen Reinigung unterziehen müssen.

Die Isolation in den ersten Wochen war, abgesehen vom Klopfen mit der Nachbarzelle, vollkommen. Die Zellen waren schalldicht. Man bekam kaum mit, was auf dem Gang geschah. Weder auf den Gängen noch in der Hofzelle traf man andere Gefangene. Längere Gespräche konnte man nur mit dem Vernehmungspersonal führen. Beinahe freute man sich daher nach längerer Isolierung auf die nächste Vernehmung. Die Vernehmer waren sich natürlich ihres »Kommunikationsmonopols« voll bewusst und nutzten es für ihre Zwecke weidlich aus.

Es war schon paradox, dass der schlimmste erdenkbare Gegner zum Hauptgesprächspartner wurde, bei labilen Gefangenen vielleicht sogar zum echten Partner. Dabei gab es keine harmlosen Gespräche. Auch scheinbar noch so belanglose Unterhaltungen am Rande wurden von den MfS-Leuten als Nachrichten und Informationen verwertet. Unterhielt man sich über Autos, war man oft schnell bei der Größe ihrer Kofferräume und der Verwertbarkeit für »Schleusungsfahrten« angelangt. Unterhielt man sich über Getränke und Zigaretten, so kamen scheinbar belanglose Fragen, wer welches Getränk und welche Zigarettenmarke bevorzugte. Selbst bei Unterhaltungen über das Wetter konnte man noch über Reaktionen anderer auf bestimmte Wetterverhältnisse befragt werden.

Die Zwangslage, in der man ohnehin bei diesen Vernehmungen steckte, wurde durch bestimmte strafprozessrechtliche Bestimmungen der DDR noch verstärkt. So erhielt man erst, wenn es den »Untersuchungsorganen« beliebte, die Möglichkeit, mit einem Anwalt Kontakt aufzunehmen. Dieser hatte nicht das Recht, eigene Ermittlungen durchzuführen, sondern war weitgehend auf das ihm von der Staatsanwaltschaft und den »Untersuchungsorganen« zur Verfügung gestellte Material angewiesen. Mein Vernehmer sagte einmal zu mir: »Ihr Anwalt befindet sich auf freiem Fuß und besitzt juristische Fachkenntnisse. Ansonsten hat er die gleichen Rechte und Möglichkeiten wie Sie.« Das drückte wohl treffend aus, was man von der Verteidigung im gerichtlichen Verfahren in der DDR erwarten konnte.

Die Strafprozessordnung der DDR besagte ferner in Paragraph 8, dass der Beschuldigte das Recht zur Mitwirkung an der »allseitigen Feststellung« der Wahrheit besitze.[8] Darüber, dass dieses Recht auch als Pflicht zu interpretieren war, wurde mit mir am 24. April 1976 eine Rechtsbelehrung in Form eines gesonderten Protokolls durchgeführt. Sofern man immer noch keine befriedigenden Aussagen machte, konnte man durch die Deklarierung der Vernehmung als »Vernehmung des Beschuldigten als Zeugen« nach den Paragraphen 25, 26, 27 der DDR-Strafprozessordnung aussagepflichtig gemacht werden.[9] Ein Recht zur Aussageverweigerung bestand bei »Staatsverbrechen«, zu denen Fluchthilfe gehörte, nicht. Wer auch hier die Aussage verweigerte, konnte schon allein deswegen gemäß Paragraph 225 des DDR-Strafgesetzbuches bestraft werden.[10]

Erst Ende April wurde mir vom Vernehmer die Möglichkeit eingeräumt, einen Verteidiger zu nehmen. Nach einiger Überlegung fiel mir der Name des Ost-Berliner Anwalts Dr. Vogel[11] ein, der einen guten Ruf genoss und führend beim Freikauf politischer DDR-Häftlinge durch die Bundesregierung mitgewirkt haben sollte. Als ich meine Wahl dem Vernehmer mitteilte, schmunzelte er leicht und meinte: »Na, hoffentlich werden Sie da auf Ihre Kosten kommen.« Ich schrieb an das Anwaltsbüro. Heute würde ich über diesen Brief wahrscheinlich laut lachen, damals aber war ich noch hoffnungsvoll und glaubte tatsächlich, so etwas Positives zu bewirken. Wenige Tage später kam jedenfalls eine Vollmacht des Anwaltsbüros Vogel, die ich unterschrieb. Weiter hörte ich jedoch zunächst nichts von meinem Verteidiger.

Unterdessen gingen die Vernehmungen, nunmehr zu meiner Person, weiter. Penibel wurden meine Aktivitäten für CDU, Junge Union und Schülerunion in West-Berlin durchleuchtet. Meine Taktik war durch ein Versehen des Obervernehmers bestimmt, der mir einmal aufgrund meiner Aktivitäten noch ein zusätzliches Verfahren wegen »staatsfeindlicher Hetze« gemäß Paragraph 106 DDR-Strafgesetzbuch[12] angedroht hatte. Daraufhin beschränkte sich die von mir zugegebene Zielrichtung meiner seinerzeitigen Unternehmungen natürlich nur noch auf West-Berliner Probleme. Es war nicht ganz einfach zu erklären, weswegen man beispielsweise am 13. August[13] demonstriert habe, wenn sich diese Demonstration nicht gegen die DDR gerichtet habe, aber irgendwie gelang es mir immer, alles zu erklären.

Um meinen guten Willen zur »allseitigen Feststellung« der Wahrheit zu zeigen, brachte ich irgendwelche Ausarbeitungen zu Papier. Auch darüber könnte ich heute lachen, damals aber belastete mich das ziemlich. Was ich aufschrieb, handelte im Wesentlichen vom Ablauf bestimmter Aktionen der genannten Organisationen und von meiner Auffassung zu bestimmten politischen Fragen. Ich sollte auch meinen Bekanntenkreis angeben. Nach anfänglicher Weigerung schusterte ich einen Kreis zusammen, der aus lockeren Bekanntschaften mit Parteifreunden, Beziehungen zu ehemaligen Schulkameraden und Ähnlichem bestand. Die Vernehmungsprotokolle drehten sich eine ganze Zeit lang nur um diese Punkte.

So verging die Zeit bis Mitte Mai 1976. Nach fast fünf Wochen befand ich mich noch immer in völliger Isolation. Bis jetzt hatte ich auch noch keine Zeitung erhalten, da der Staatsanwalt noch nicht entschieden hatte, ob man mir diese »ohne Gefährdung des Zwecks der Untersuchungshaft« zugänglich machen könne. Allerdings hatte ich mich inzwischen auf eine länger währende Einzelhaft eingerichtet und litt nicht mehr so darunter wie am Anfang. Eher belastete mich noch die Ungewissheit über meine Angehörigen, zu denen ich bisher keinerlei Verbindung hatte.

Endlich, am 14. Mai, erlaubte mir mein Vernehmer, nach Hause zuschreiben. Ich machte mich mit großem Elan an die Abfassung eines längeren Briefes. Als ich eineinhalb Seiten geschrieben hatte, machte mich mein Vernehmer darauf aufmerksam, dass ich lediglich eine DIN-A4-Seite schreiben dürfe. Also war der Brief Makulatur, und ich begann einen kürzeren. Der Vernehmer las ihn sich durch und sagte, so gehe der Brief nicht hinaus, es sei denn, ich würde einiges ändern oder weglassen. Auch eine dritte Version wurde von ihm verworfen, da ich darin vom »Vertrauen auf die Richtigkeit meiner Handlungen« geschrieben hatte. Dies sei eine Propagierung meiner »Straftat«. So änderte ich denn »Handlungen« in »Überzeugung« um, was hieß, die ganze Seite noch einmal zu schreiben. Auch diese vierte Fassung nahm der Stasi-Mann nur »vorbehaltlich der Entscheidung des Staatsanwalts« an. Ich war so gereizt, dass mir vor Wut fast die Tränen gekommen wären.

Wie um mich zusätzlich zu verhöhnen, überreichte mir nun der Vernehmer, nachdem ich meinen Brief gerade abgegeben hatte, den ersten Brief meiner Eltern. Nur nach vielem Hin und Her erhielt ich meinen Brief noch einmal zurück, um wenigstens mit einem kurzen Postskriptum auf den erhaltenen Brief antworten zu können. Als ich danach auf meine Zelle zurückgebracht wurde, war ich ziemlich fertig.

1 Gemeint ist ein Büro im Verwaltungsgebäude innerhalb des Kontrollpunkts Marienborn, an dem Matthias Bath verhaftet wurde.

2 Barkas B 1000: DDR-Kleintransporter, der auch als Gefangenenfahrzeug genutzt wurde. Die Fahrzeuge waren als Lieferwagen getarnt.

3 Gemeint ist die DDR-Grenzübergangsstelle Marienborn, wo Matthias Bath verhaftet und zum ersten Mal verhört worden war.

4 Paragraph 105 (Staatsfeindlicher Menschenhandel) StGB der DDR in der Fassung vom 19. Dezember 1974 besagte: »Wer es 1. mit dem Ziel, die Deutsche Demokratische Republik zu schädigen; 2. in Zusammenhang mit Organisationen, Einrichtungen, Gruppen oder Personen, die einen Kampf gegen die Deutsche Demokratische Republik führen, oder mit Wirtschaftsunternehmen oder deren Vertretern unternimmt, Bürger der Deutschen Demokratischen Republik in außerhalb ihres Staatsgebietes liegende Gebiete oder Staaten abzuwerben, zu verschleppen, auszuschleusen oder deren Rückkehr zu verhindern, wird mit Freiheitsstrafe nicht unter zwei Jahren bestraft.«

5 Paragraph 126 (Richterliche Vernehmung) der StPO der DDR in der Fassung vom 12. Januar 1968 / Absatz 4 besagte: »Der Staatsanwalt hat zu veranlassen, dass der vorläufig Festgenommene, sofern er nicht sofort wieder in Freiheit gesetzt wird, unverzüglich, spätestens am Tage nach der Ergreifung, dem Kreisgericht vorgeführt wird. Er ist unverzüglich, spätestens am Tage nach der Vorführung, zu vernehmen.«

6 Das 1954 gegründete Wachregiment des MfS wurde 1967 nach dem Gründer der sowjetischen Geheimpolizei Feliks Dzierzynski (1877–1926) benannt. Es bewachte in der DDR vor allem Staats- und Parteigebäude und sollte im Spannungsfall Unruhen niederschlagen. Anders als der Autor annahm, wurden die Untersuchungsgefangenen aber nicht von Mitgliedern des Wachregiments, sondern von Mitarbeitern der MfS-Abteilung XIV bewacht.

7 Martin Luther King (1929–1968), US-amerikanischer Bürgerrechtler im Kampf gegen die Unterdrückung der Afroamerikaner und Schwarzafrikaner.

8 Paragraph 8 (Feststellung der Wahrheit) der StPO der DDR in der Fassung vom 12. Januar 1968 besagte: »(1) Das Gericht, der Staatsanwalt und die Untersuchungsorgane sind verpflichtet, als Voraussetzung der Entscheidung über die strafrechtliche Verantwortlichkeit die Straftat, ihre Ursachen und Bedingungen und die Persönlichkeit des Beschuldigten und des Angeklagten allseitig und unvoreingenommen festzustellen. (2) Der Beschuldigte und der Angeklagte haben das Recht, an der allseitigen und unvoreingenommenen Feststellung der Wahrheit mitzuwirken. Sie können Beweisanträge stellen; ihnen darf jedoch nicht die Beweisführungspflicht auferlegt werden.«

9 Paragraph 25 (Aussagepflicht) der StPO der DDR in der Fassung vom 12. Januar 1968 besagte: »Der Zeuge ist zur Aussage vor dem Gericht, dem Staatsanwalt und den Untersuchungsorganen verpflichtet. Er hat diese Organe

bei der Erforschung der Wahrheit im Strafverfahren zu unterstützen.« § 26 (Recht zur Aussageverweigerung) der StPO der DDR in der Fassung vom 12. Januar 1968 besagte: »(1) Zur Verweigerung der Aussage sind berechtigt: 1. der Ehegatte des Beschuldigten oder Angeklagten; 2. die Geschwister des Beschuldigten oder Angeklagten; 3. Personen, die mit dem Beschuldigten oder dem Angeklagten in gerader Linie verwandt oder durch Annahme an Kindes statt verbunden sind. Dieses Recht besteht nicht, soweit nach dem Strafgesetz Anzeige zu erstatten ist. (2) Diese Personen sind vor jeder Vernehmung über ihr Recht zur Verweigerung der Aussage zu belehren. Sie können den Verzicht auf dieses Recht auch während der Vernehmung widerrufen.« Paragraph 27 (Recht zur Aussageverweigerung) der StPO der DDR in der Fassung vom 12. Januar 1968 lautete: »(1) Zur Verweigerung der Aussage sind berechtigt: 1. Geistliche über das, was ihnen bei der Ausübung der Seelsorge anvertraut worden oder bekannt geworden ist; 2. Rechtsanwälte, Notare, Ärzte, Zahnärzte, Psychologen, Apotheker und Hebammen sowie deren Mitarbeiter über das, was ihnen bei der Ausübung ihres Berufes oder ihrer Tätigkeit anvertraut oder bekannt geworden ist. Dieses Recht besteht nicht, soweit nach dem Strafgesetz Anzeige zu erstatten ist. (2) Rechtsanwälte, Notare, Ärzte, Zahnärzte, Psychologen, Apotheker und Hebammen sowie deren Mitarbeiter dürfen die Aussage nicht verweigern, wenn sie von der Verpflichtung zur Verschwiegenheit befreit sind. (3) Für das Recht der Abgeordneten der Volkskammer, die Aussage zu verweigern, gilt die Verfassung der Deutschen Demokratischen Republik. (4) Jeder Zeuge kann die Aussage über solche Fragen verweigern, deren Beantwortung ihm oder einem der im § 26 Abs. 1 Ziffern 1 bis 3 bezeichneten Angehörigen die Gefahr strafrechtlicher Verfolgung zuziehen würde. Bezüglich der Angehörigen gilt dieses Recht nicht, soweit nach dem Strafgesetz Anzeige zu erstatten ist.«

10 Paragraph 225 (Unterlassung der Anzeige) StGB der DDR in der Fassung vom 19. Dezember 1974 besagte: »(1) Wer von dem Vorhaben, der Vorbereitung oder der Ausführung 1. eines Verbrechens gegen den Frieden und die Menschlichkeit; 2. eines Verbrechens gegen die Deutsche Demokratische Republik; 3. eines Verbrechens gegen das Leben. 4. eines Verbrechens oder Vergehens gegen die allgemeine Sicherheit oder gegen die staatliche Ordnung; 5. eines Vergehens oder Verbrechens des Missbrauchs von Waffen oder Sprengmitteln; 6. eines Verbrechens oder Vergehens der Fahnenflucht vor dessen Beendigung glaubwürdig Kenntnis erlangt und dies nicht unverzüglich zur Anzeige bringt, wird mit Freiheitsstrafe bis zu fünf Jahren oder mit Verurteilung auf Bewährung, Geldstrafe oder mit öffentlichem Tadel bestraft. (2) Ebenso wird bestraft, wer glaubwürdig Kenntnis von einem Waffenversteck erlangt und dies nicht unverzüglich zur Anzeige bringt. (3) In besonders schweren Fällen ist auf Freiheitsstrafe von zwei bis zehn Jahren zu erkennen. (4) Die Anzeige ist bei einer Dienststelle der Sicherheitsorgane oder der Staatsanwaltschaft der Deutschen Demokratischen Republik zu er-

statten. Die Anzeige kann erforderlichenfalls auch bei einem anderen staatlichen Organ erstattet werden.«

11 Dr. Wolfgang Vogel (1925–2008), Rechtsanwalt, Bevollmächtigter der DDR-führung für humanitäre Fragen und Unterhändler beim Häftlingsfreikauf.

12 Paragraph 106 (Staatsfeindliche Hetze) StGB der DDR in der Fassung vom 19. Dezember 1974 lautete: »(1) Wer mit dem Ziel, die sozialistische Staats- oder Gesellschaftsordnung der Deutschen Demokratischen Republik zu schädigen oder gegen sie aufzuwiegeln, 1. Schriften, Gegenstände oder Symbole, die die staatlichen, politischen, ökonomischen oder anderen gesellschaftlichen Verhältnisse der Deutschen Demokratischen Republik diskriminieren, einführt, herstellt, verbreitet oder anbringt; 2. Verbrechen gegen den Staat androht oder dazu auffordert, Widerstand gegen die sozialistische Staats- oder Gesellschaftsordnung der Deutschen Demokratischen Republik zu leisten; 3. Repräsentanten oder andere Bürger der Deutschen Demokratischen Republik oder die Tätigkeit staatlicher oder gesellschaftlicher Organe und Einrichtungen diskriminiert; 4. den Faschismus oder Militarismus verherrlicht, wird mit Freiheitsstrafe von einem Jahr bis zu fünf Jahren bestraft. (2) Wer zur Durchführung des Verbrechens Publikationsorgane oder Einrichtungen benutzt, die einen Kampf gegen die Deutsche Demokratische Republik führen oder das Verbrechen im Auftrage derartiger Einrichtungen oder planmäßig durchführt, wird mit Freiheitsstrafe von zwei bis zu zehn Jahren bestraft. (3) Im Fall des Absatzes 1 Ziffer 3 ist der Versuch, in allen anderen Fällen sind Vorbereitung und Versuch strafbar.«

13 13. August 1961: Datum des Mauerbaus in Berlin.

EVA-MARIA NEUMANN
Wo ist Constanze?

Eva-Maria Neumann (geb. 1951) war nach einem gescheiterten Fluchtversuch mit Hilfe einer Fluchthelferorganisation von Februar bis August 1977 in der Untersuchungshaftanstalt des DDR-Staatssicherheitsdienstes in Leipzig und anschließend im Frauengefängnis Hoheneck inhaftiert.

20. Februar 1977, 0.30 Uhr. Zwei Männer in Zivil betreten den Raum. Sie sind eindeutig von der Stasi. Aber ich bin froh, endlich von der Grenze wegzukommen. Ich frage, ob ich Rudolf *(Ehemann von Eva-Maria Neumann – der Hg.)* noch einmal sehen kann, die beiden Stasi-Leute schütteln den Kopf. Vor der Baracke steht ein großer Gefängniswagen, eine »grüne Minna«[1], ganz ohne Fenster. Im Inneren befinden sich mehrere winzige Zellen, wahrscheinlich sitzt Rudolf hier schon irgendwo, denn es geht sofort los, nachdem man mich eingesperrt hat. In diesem Blechkäfig habe ich nicht viel mehr Platz als im Kofferraum. Ich kann mich kaum bewegen. Jedes Mal, wenn der Fahrer zu heftig bremst, stoße ich mit dem Kopf an die Blechwand. Kaum vorstellbar, dass Rudolf in ein solches Loch passt.

Es ist kalt, und die Luft wird nach einiger Zeit knapp. Wieder höre ich Tanzmusik, dieses Mal sozialistische, die sich wie immer durch eine ganz besondere Fröhlichkeit und Banalität auszeichnet. Nach etwa zwei Stunden hält der Wagen. Ich habe keine Ahnung, wohin man uns gebracht hat. Wahrscheinlich zurück nach Leipzig. Als meine Käfigtür geöffnet wird, schaue ich in einen düsteren Gefängnishof, in dem mich mehrere bewaffnete Männer erwarten, die auf mich zielen.

Wo ist Rudolf? Ich gäbe alles darum, ihn noch einmal zu sehen. Aber er ist spurlos verschwunden. »Da lang«, sagt einer der Stasi-Männer und weist auf eine graue Eisentür. Zum ersten Mal in meinem Leben sehe ich ein Gefängnis von innen: lange Gänge mit schweren Eisentüren, gespenstisch leer, überall rote Lampen, ein Drahtgeflecht in der Mitte gibt den Blick ins Untergeschoss frei. Ob es aufgespannt ist, damit sich niemand in die Tiefe stürzen kann?

Zelle Nr. 42 ist mein neues Domizil.

Warum müssen Zellen immer grün sein?, denke ich. Es ist dasselbe schmutzige Grün wie im Gefängniswagen und in dem Raum, in dem ich gefilzt worden bin. Auch dieser hier ist winzig. Kein Fenster, nur ein paar Glasziegel unterhalb der Decke, ein Hocker, ein Waschbecken, eine Toilette, aber kein Bett. Aber ich freue mich über das Klo, ich hatte schon mit einem Kübel gerechnet. Wenig später betritt eine uniformierte ältere Frau die Zelle. Sie bringt die »Kleidung des Hauses«: einen viel zu kurzen und zu weiten Trainingsanzug, dunkelblau mit gräulichem Einschlag, eine knallrote, hässlich gemusterte Bluse, einen überdimensional großen BH, wahrscheinlich aus Großmutters Zeiten, ein Unterhemd und zwei Schlüpfer, die ungefähr in den Kniekehlen enden. Ein Paar Pantoffeln, die viel zu groß sind, und geflickte Socken vervollständigen meine Ausstattung. Ich muss mich wieder ausziehen und all meine Privatsachen abgeben. Dafür bekomme ich noch eine Zahnbürste, Zahnpasta, Waschlappen, Handtuch, Kamm, Seife, einen Schlafanzug und eine Schüssel. Da es keinen Schrank gibt, muss ich sämtliche Sachen in dieser Schüssel verstauen. Ich bitte darum, meine Uhr behalten zu dürfen, ernte jedoch wiederum nur Kopfschütteln.

Auf die Frage, wo ich hier eigentlich bin, reagiert die Frau überhaupt nicht. Sie scheint taubstumm zu sein. Nein, doch nicht. Einen Satz gibt sie von sich: »Sie sind Nummer eins.« Vielleicht kommt noch eine Nummer zwei? Doch das erscheint mir unmöglich, die Zelle ist viel zu klein. Es muss inzwischen gegen vier Uhr morgens sein. Ich bin müde und fühle mich zerschlagen. Ob der Kasten dort an der Wand ein Bett sein soll? Bei näherer Betrachtung entpuppt er sich als Pritsche, die man offensichtlich herunterklappen kann. Plötzlich geht die Zellentür wieder auf.

»Eens, gommse, gommse, gehnse, gehnse.« Der Wachtmeister, der vor mir steht, scheint keinen vernünftigen Satz zusammenzukriegen. »Hände offn Rüggen. Höher!« Aber das gerade ist mein Problem: Entweder ich richte mich nach der Vorschrift, dann verliere ich meine Hose, halte ich diese aber fest, bekomme ich Ärger. Ich entscheide mich für Letzteres, mein Schamgefühl siegt. Der Wachtmeister schimpft. Seine Blicke durchbohren meinen Rücken. Ich werde durch unendlich viele Gänge geführt. Immer wieder tauchen Eisentüren und Gitter auf, vor denen ich stehen bleiben muss, mit dem Gesicht zur Wand, bis der Wachtmeister auf- und zugeschlossen hat.

Dann stehe ich vor meinem ersten Vernehmer. Er sitzt in einem Zimmer typischer DDR-Gemütlichkeit hinter einem mit Akten beladenen Schreibtisch. Schmales intelligentes Gesicht, Goldrandbrille. Mit einer knappen Handbewegung bedeutet er mir, mich zu setzen. Suchend blicke ich mich um und entdecke in der äußersten Zimmerecke, dem Vernehmer diagonal gegenüber, einen Holzschemel. Auf diesen hocke ich mich, während sich der Mann bequem in seinem gepolsterten Stuhl zurücklehnt. Ich bin erschöpft und kann keinen klaren Gedanken mehr fassen. Fragen prasseln auf mich nieder, Stunde um Stunde. Wenn ich jetzt etwas Falsches sage, kann das Jahre unseres Lebens kosten.

Inzwischen ist es Tag geworden, unter vielen »Gommse, gommse, gehnse, gehnse« werde ich von dem sprachbegabten Menschen, der hier »Läufer« genannt wird, zurück in meine Zelle geschlossen und bekomme ein Frühstück durch die Klappe in der Tür: Brot, Margarine und etwas Marmelade, die nach Seife schmeckt. Nach dem Frühstück wird das Verhör fortgesetzt, zum Mittagessen gibt es drei kleine Stücke fetten Fleisches in Mehlsoße – es ist Sonntag – und Kartoffeln, die mit schwarzen Flecken übersät sind.

Danach wieder Verhör. Meine Vernehmer wechseln sich ab, sie sind topfit, ich aber rutsche gegen Abend vom Hocker. Der dritte Vernehmer, ein gutaussehender, braungebrannter Mittvierziger, drückt mir eine Tasse Kaffee nebst einer Zigarette in die Hand und fragt mich zum wiederholten Mal nach dem Hergang der Flucht. »Beschreiben Sie alles noch einmal genau. Was wissen Sie über die kriminelle ›Menschenhändlerbande‹?« Also erzähle ich meine Geschichte wieder von vorn, wobei ich peinlichst darauf achte, immer dasselbe zu sagen. Die missglückten Fluchtversuche lasse ich unter den Tisch fallen, doch dann merke ich, dass man darüber Bescheid weiß. Wahrscheinlich hat unser Fluchthelfer ausgepackt. Und noch etwas ist ganz klar: Die Verhöre werden mitverfolgt, denn der Stasi-Mann erhält immer wieder Anrufe und stellt danach neue, manchmal ganz andere Fragen. Ab und zu verlässt er auch den Raum, wohl um sich mit seinen Genossen zu beraten.

Die Fragen nach der Schleuserorganisation sind heikel. Ich merke bald, dass meine Antworten die Höhe unseres Strafmaßes beeinflussen können. Ich bleibe bei der Version, die Rudolf und ich im Falle einer Festnahme vereinbart haben, und ich bin sicher, dass er das auch tun wird: »Meine Schwiegermutter hat einen Lkw-Fahrer kennengelernt, der oft auf der Transitstrecke fährt und uns für 5000 Mark mitnehmen wollte.« Also keine »Menschenhändlerbande«. Irgendwann wird der Vernehmer richtig wütend und schreit mich an: »Wir sind doch hier nicht bescheuert! Sie wurden aus dem Kofferraum eines Pkw geholt und nicht aus einem Lkw.«

Es wird immer brenzliger für mich. Doch dann kommt mir die rettende Idee. Im Fernsehen habe ich oft den Satz gehört: »Nicht ohne meinen Anwalt.« Das werde ich genauso machen. Ich setze mich aufrecht hin und verkünde so kühl wie möglich: »Ohne meinen Anwalt sage ich überhaupt nichts mehr.« Dem Vernehmer bleibt der Mund offen stehen über so viel Dreistigkeit. Doch dann breitet sich ein Grinsen auf seinem sonnengebräunten Gesicht aus. »Anwalt? Einen Anwalt möchten Sie sprechen? Das können Sie vergessen. Sie sind doch hier nicht im Kintopp, Sie sind im Gefängnis. Mit einem Anwalt können Sie zwar sprechen, aber über Ihren Fall erst, wenn die Vernehmungen abgeschlossen sind.« Na großartig, dann brauche ich auch keinen mehr.

Der Vernehmer reitet weiter auf der Ausschleusung herum. Ich bleibe bei meiner Geschichte: »Irgendetwas wird schiefgegangen sein. Vielleicht hat der Lkw-Fahrer Angst bekommen und ist abgesprungen. Wen meine Schwiegermutter dann beauftragt hat, können wir doch nicht wissen. Natürlich haben wir bemerkt, dass alles anders läuft, aber erst am Fluchttag, und da konnten wir nicht mehr zurück.« Überhaupt schiebe ich, wie ausgemacht, alles auf meine Schwiegermutter. Die ist im Westen in Sicherheit, ihr kann nichts passieren. Wieder erfolgt ein Anruf, und der Vernehmer sagt nach dem Auflegen: »Schluss für heute.« Es muss früh am Morgen sein, Montagmorgen, schätze ich. Aber es ist noch stockdunkel draußen, vielleicht ist es auch mitten in der Nacht. Ich habe völlig das Zeitgefühl verloren und frage den Vernehmer nach der Uhrzeit: Es ist vier Uhr morgens. Demnach bin ich ungefähr vierundzwanzig Stunden am Stück verhört worden, abgesehen von den Mahlzeiten. Dafür habe ich mich relativ tapfer geschlagen, finde ich.

Aber in der Zelle kann ich mich kaum noch aufrecht halten. Ich wasche mich schnell, darf die Holzpritsche herunterklappen und bekomme eine dreiteilige Strohmatratze ausgehändigt. Die Teile passen nicht zusammen, ich kann sie drehen und wenden, wie ich will. Bald darauf geht das Licht aus. Die Pritsche erweist sich als so hart, dass ich nicht weiß, wie ich liegen soll. Außerdem ist es furchtbar kalt. Plötzlich geht das Licht wieder an. Entsetzt springe ich auf. Soll ich etwa schon wieder verhört werden? Da sehe ich, was ich bisher nicht registriert habe: einen kleinen runden Spion in der Tür, durch den ich beobachtet werde. Dann haben sie mir auch beim Waschen und auf der Toilette zugesehen, denke ich, und möchte am liebsten im Erdboden versinken. Licht an, Licht aus, ungefähr alle anderthalb Minuten. Ist das Schikane – Schlafentzug soll ja eine Foltermethode sein – oder nur Kontrolle? Denken die, ich will mich umbringen? Doch es gibt in dieser Zelle nichts, womit man das tun könnte, keinen

Haken zum Aufhängen, keinen Strick oder wenigstens eine Strumpfhose, kein Messer, nichts.

Richtig zudecken darf ich mich auch nicht, als ich es versuche, geht sofort die Klappe auf: »Hände auf die Bettdecke!« Obwohl ich todmüde bin, kann ich nicht schlafen. Irgendwann bleibt das Licht an. Die Nacht ist zu Ende. Ich muss aufstehen und die Pritsche wieder hochklappen. Zwei Möglichkeiten habe ich nun: Entweder sitze ich auf dem Hocker, oder ich laufe in der Zelle hin und her. Doch die ist so klein, dass mir schwindelig davon wird. Ich finde bald heraus, dass ich einige Schritte mehr machen kann, wenn ich mich in »Achten« fortbewege. Ich friere, mir ist schlecht, und mein Kopf schmerzt unerträglich. Rudolf. Constanze *(vierjährige Tochter von Eva-Maria Neumann – der Hg.)*. Mutter. Nie im Leben habe ich mich so verlassen gefühlt.

Am nächsten Tag werde ich noch einmal verhört und danach dem Haftrichter vorgeführt. Er lässt mich nicht zu Wort kommen, sondern unterschreibt sofort den Haftbefehl. Ich wollte ihn noch nach meinen Privatsachen fragen. Man hatte mir gestern die Anstaltsordnung vorgelegt, in der ich gelesen habe, dass man als Beschuldigter, aber noch nicht Verurteilter seine Privatsachen behalten kann und Zeitungen und Bücher erhält. Wenigstens ein bisschen Normalität wäre für mich jetzt wichtig. Aber Fragen sind nicht erlaubt. Ich werde ganz schnell wieder hinausbugsiert und in einen dunklen Raum geschoben. Dort nimmt man mich in die Verbrecherkartei auf, fotografiert mich von allen Seiten und macht Hand- und Fingerabdrücke. Zuletzt geht es noch zum Gefängnisarzt. Der stellt die Haft-, Vernehmungs-, Transport- und Arbeitsfähigkeit fest. Mein Blutdruck – sonst immer zu niedrig – ist auf 160 zu 110 gestiegen. »Das ist nach einer Verhaftung ganz normal«, klärt mich der Arzt auf.

Ein Tag nach dem anderen vergeht. Leider habe ich irgendwann einmal vergessen, sie zu zählen. Die Uhrzeit kann ich nur nach den jeweiligen Mahlzeiten schätzen, da ständig die Neonröhre brennt. Manchmal erhasche ich durch die Glasziegel einen matten Schimmer Tageslicht. Das Schlimmste ist, dass nichts mehr passiert. Kein Buch, nichts zu schreiben, niemand, mit dem ich reden könnte. Selbst ein Verhör wäre mir jetzt lieber als dieses endlose Warten. Dreimal am Tag geht die Klappe auf, und das Essen wird durchgereicht. Schweigend. Ich kriege kaum etwas runter. Mittags gibt es meistens eine dünne Suppe: Möhren, Kohlrüben, Graupen, sonntags Fleisch und Kartoffeln, abends so viel Brot, wie man möchte. Der Belag allerdings reicht nur für ein oder zwei Schnitten. Wie mag es Rudolf ergehen, der doch so gerne isst? Ich zähle Minuten und Stunden. Vierzehn Stunden dauert mein Tag. Vierzehn Stunden, in denen nichts geschieht. Ich weiß nicht, wo Rudolf und Constanze sind. Und meine Eltern? Haben sie schon von unserer Verhaftung erfahren, was mögen sie denken? Wahrscheinlich können sie überhaupt nicht verstehen, warum wir sie nicht eingeweiht haben.

Die Heizung ist ständig kalt. Ich bitte um eine zweite Decke – und bekomme keine. Ich frage nach einem Arzt. Keiner da, so die knappe Antwort. Ich würde gern einmal duschen und mir die Haare waschen, aber das ist offensichtlich nicht vorgesehen. Ein Spiegel wäre auch nicht schlecht. Als ich danach frage, wundert sich der Wachtmeister, der das Essen austeilt, sehr: »Was wolln-se denn damit?« Ich warte auf ein Wunder, entgegen aller Vernunft. Mir kommt hier alles so ungeheuerlich und absurd vor, dass sich mein Verstand sträubt, dies als Realität zu akzeptieren. Ich male mir aus, dass man mich bald freilässt. Helga (geflüchtete Schwägerin von Eva-Maria Neumann – der Hg.) kann doch unmöglich zulassen, dass ich in dieser Zelle bleiben muss. Sie wird mich hier rausholen, ganz bestimmt!

Doch Stunden, Tage vergehen. Nichts passiert. Ich starre auf die Tür und erwarte jeden Augenblick, dass sie sich öffnet, damit ich die Zelle verlassen kann. Ich verliere jeden Sinn für die Wirklichkeit und höre Rudolf ganz deutlich mit Helga reden. Ich will etwas sagen, aber ich bringe kein Wort heraus. Ich renne zur Tür, um mich bemerkbar zu machen. Da sehe ich, dass mich jemand unverwandt durch den Spion fixiert. Ich bleibe stehen, der da draußen auch. Minutenlang. Da verschwinden die Stimmen, und ich merke, dass ich gerade dabei bin, durchzudrehen. Ich muss mich zusammennehmen. Ich muss. Irgendwann komme ich bestimmt wieder hier raus. Ich will gesund bleiben für meine Tochter, für meinen Mann, für meine Familie. Ich darf mich nicht gehenlassen, ich werde noch gebraucht. Von nun an verbringe ich meine Zeit damit, Noten zu repetieren, Gedichte zu machen und diese auswendig zu lernen. Mit manchen dieser Verse mache ich mir selbst Mut:

Ich glaube fest, dass unser Gott
bei uns ist in aller Not.
Drum sind wir niemals ganz allein
und dürfen froh und dankbar sein.

Vom vielen Sitzen auf dem harten Hocker habe ich Hornhaut am Po. Rund um die Uhr werde ich beobachtet, nur von Männern. Mittlerweile ist mir das gleichgültig. Meine Sehnsucht nach Licht, Luft und Himmel ist groß. Aber erst nach ungefähr einer Woche führt mich der Läufer auf den Freihof, und auch nur für zehn Minuten. Meine Fernsehbildung spielt mir wieder einen Streich: Die Hoffnung, andere Gefangene, vor allem aber Rudolf zu sehen, erweist sich als irrig.

Freihof bedeutet, dass man sich wieder allein in einer Zelle befindet. Im Unterschied zu der anderen ist sie nur etwas größer, vollkommen ausbetoniert und oben offen. Wie ich bald feststelle, gibt es mehrere solcher Boxen nebeneinander und einen Wachturm, auf dem ein bewaffneter Stasi-Mann aufmerksam jede meiner Bewegungen beobachtet. Von einer der Freihofzellen sehe ich eines Tages den oberen Teil einer Skulptur, die ich gut kenne. Es ist die mehr als dreiundzwanzig Meter hohe Darstellung der »Wahrheit«, und ich weiß, wo sich diese befindet: auf dem ehemaligen Leipziger Reichsgericht, dem jetzigen Dimitroff-Museum. Nach der Wiedervereinigung wird dort das Bundesverwaltungsgericht einziehen. Also bin ich wirklich wieder »zu Hause«. Wie oft sind wir an diesem repräsentativen wilhelminischen Kuppelgebäude vorbeigegangen, nicht ahnend, was sich nur wenige Meter entfernt abspielt. Die Musikhochschule ist ganz in der Nähe, und mein Geigenbauer hat seine

Werkstatt sogar in derselben Straße, in der ich jetzt »sitze«: in der Beethovenstraße.

Die Isolation ist perfekt. Es hat den Anschein, als wäre ich mit meinen Bewachern allein auf der Welt. Doch plötzlich bin ich wie elektrisiert. Da pfeift doch wirklich jemand den Anfang von Bachs[2] Violinkonzert in d-Moll, ein für Laien relativ unbekanntes Konzert. Ich habe es während meines Studiums gespielt, und Rudolf korrepetierte es. Meine Wärter können dieses Stück unmöglich kennen, das traue ich ihnen nicht zu. Es gibt unter den Gefangenen auch Kenner, denke ich. Das Motiv erklingt in den nächsten Tagen oft. Erst sehr viel später erfahre ich von Rudolf, dass dieser »Gruß« von ihm stammte.

Immer dann, wenn gerade jemand durch den Spion geschaut hatte, kletterte er schnell auf den Hocker und pfiff durch den Luftspalt unterhalb der Glasziegel das wunderbare Thema des ersten Satzes. Dass ich darauf nicht gekommen bin! Sicherlich ein Indiz dafür, dass ich zu dieser Zeit nicht klar denken konnte. Aber einen anderen Gruß verstehe ich: einen Bassschlüssel, mit den Fingernägeln an die Wand in einer der Freihofboxen gekratzt. Ich bin glücklich. Ein Lebenszeichen von Rudolf. So oft es geht, hinterlasse ich auf gleichem Wege einen Violinschlüssel. Das ist schwierig, weil ich ununterbrochen fixiert werde, aber hin und wieder sind die Posten eben doch abgelenkt.

Eines Tages werde ich wieder geholt. Endlich. Ein neuer Vernehmer, sehr freundlich. Ich beschließe, auf der Hut zu sein. Zuerst frage ich nach Constanze: Ist sie noch in dem Kinderheim oder schon bei meinen Eltern? Wie geht es ihr? »Das wissen wir nicht«, sagt der Vernehmer mit sichtlichem Vergnügen. »Und ich glaube Ihnen das nicht! Die Stasi weiß alles.« Ein lässiges Achselzucken ist die Antwort, und mir ist klar, dass Nachfragen zwecklos ist. Ich spreche ein anderes Thema an. »Ist es vielleicht möglich, die Heizung in meiner Zelle zu reparieren? Sie wird einfach nicht warm, und ich friere.« – »Das ist im Winter immer so«, werde ich belehrt. »Außerdem heißt es nicht Zelle, sondern Verwahrraum.« Dann kommt es: »Die DDR kann alles vergessen. Gehen Sie zurück an Ihren Platz. Ich gebe zu, es wurden

Ihnen gegenüber Fehler gemacht, und Ihr Mann muss endlich befördert werden. Wir besorgen Ihnen auch eine Wohnung in Dresden, damit Sie dort im September anfangen können. Gehen Sie nach Hause zu Ihrem Kind, wenn Sie möchten. Es hängt ganz von Ihnen ab.«

Mein Herz beginnt, wild zu schlagen. Er trifft mich an der empfindlichsten Stelle. Noch einmal frage ich: »Wo befindet sich Constanze jetzt?« Die Antwort ist ein lässiges Schulterzucken. Ich bin wütend und verzweifelt: »Soll das ein Witz sein?« – »Wenn Sie Ihr Kind wiederhaben wollen, brauchen Sie nur zu unterschreiben. Gehen Sie jetzt in Ihren Verwahrraum zurück und überlegen Sie sich das gut.« Bevor ich noch etwas sagen kann, werde ich geholt und in meine Zelle zurückgebracht.

Niedergeschlagen setze ich mich auf den Hocker. Mir kommt eine Kollegin in den Sinn, die nach einer missglückten Flucht sehr schnell in das Kabinett für Instrumentalerziehung zurückkam. Offensichtlich hat sie das Angebot der Stasi angenommen. »Umdrehen« nennt man das. Wahrscheinlich versuchen sie es bei Rudolf genauso. Was wird er tun? Ich bin ganz sicher, dass er ablehnen wird. Doch der Gedanke, in ein paar Stunden Constanze wiederhaben zu können, ist so unglaublich. Aber dann müssten wir für immer in der DDR bleiben. Und nicht nur das: Wahrscheinlich käme eines Tages die Stasi und würde eine Gegenleistung verlangen: »Wir haben Ihnen geholfen, jetzt helfen Sie uns ...« Ich kenne solche Fälle. Und wir stünden auf Dauer unter Beobachtung. Nein, die Entscheidung ist endgültig.

Aber Constanze ... Ich male mir aus, sie wieder in die Arme zu schließen. Diese Vorstellung bringt mich zur Verzweiflung, weil es in meiner Hand liegt, sie zu realisieren. Doch auch für sie wäre das keine gute Entscheidung. Ich laufe wie ein wildes Tier in meiner Zelle herum. Wenn man nur mit jemandem reden könnte! Aber das hat Methode: Einzelhaft, Isolation, Erpressung übelster Art, Ungewissheit über alles und jedes sind probate Mittel, jemanden kleinzukriegen.

Tags darauf werde ich, wenn schon nicht zu einem Arzt, so doch wenigstens zu einem Sanitäter gebracht. Wahrscheinlich, weil ich nur noch Haut und Knochen bin. Er stellt mich auch gleich auf die Waage, fünfzehn Pfund habe ich abgenommen. Der Blutdruck ist jetzt bei 180 zu 120. Ich sage ihm, dass ich ständig starke Kopfschmerzen habe und in der kalten Zelle friere. »Kommt vom Blutdruck, Sie müssen einfach mehr essen.« Ich glaube, mich verhört zu haben. Aber immerhin erhalte ich eine zweite Decke und Beruhigungstabletten.

Kurz danach tut sich wieder etwas. Zunächst werde ich in eine andere Zelle geführt und darf einen Brief an meine Eltern schreiben. Erleichtert setze ich mich an den Tisch, auf dem Papier und ein Kugelschreiber liegen. Als ich fertig bin, übergebe ich das Schreiben dem Wachhabenden, der aber nach kurzer Zeit zurückkehrt. »Ihr Brief ist nicht durch die Zensur gegangen«, teilt er mir schadenfroh mit. Ich nehme noch dreimal Anlauf, und am Schluss steht über mich nur noch drin, dass es mir hervorragend geht. Fragen nach dem Wetter und sogar nach meiner Tochter sind ebenfalls erlaubt. Ich rechne damit, dass ich so schnell keine Antwort erhalte – und liege mit dieser Vermutung richtig. Aber immerhin, es ist nicht nur eine Abwechslung, sondern der erste bescheidene Kontakt zur Außenwelt. Während ich noch darauf warte, zurück in meine Zelle geschlossen zu werden, höre ich plötzlich, dass jemand an die Wand klopft. Was ist das? Doch dann erinnere ich mich, in einem Buch gelesen zu haben, dass Gefangene ein Morsealphabet benutzen. Da ich überhaupt keine Ahnung habe, wie das funktioniert, klopfe ich ohne jedes System zurück. Was muss nur mein Nachbar denken? Egal, es ist das erste Lebenszeichen von einem Mithäftling, und es stimmt mich froh.

In diesem Augenblick kommt der Läufer herein. Ich werde zu meinem Vernehmer gebracht, direkt von der Schreibzelle aus. »Nun, haben Sie es sich überlegt?« – »Ja, vielen Dank«, sage ich äußerst höflich. »Aber ich lehne Ihr Angebot ab. In diesem Staat bleibe ich nicht freiwillig.« Er merkt sofort, dass bei mir nichts zu machen ist, und ich bin jetzt ganz sicher, dass Rudolf ähnlich reagiert hat.

Der bisher auffallend freundliche Stasi-Mann bekommt einen

hochroten Kopf und brüllt unbeherrscht los: »Das werden Sie noch bereuen.« Wütend springt er auf und kommt auf mich zu. Schützend halte ich die Arme vor mein Gesicht, aber er dreht sich um, reißt die Tür auf und ruft nach dem Läufer: »Wegbringen!« Ich mache mich darauf gefasst, dass ich noch bis in alle Ewigkeiten in Einzelhaft bleiben muss. Doch meine Zellentür öffnet sich nach kurzer Zeit erneut. Ich muss mein Bündel packen. Als ich durch die sonst leeren Gänge geführt werde, sehe ich auf einmal vor mir eine junge Frau, vielleicht ein, zwei Jahre älter als ich, klein, zierlich, mit kurzem mittelblondem Haar, genauso bewacht wie ich. Auch den obligatorischen Trainingsanzug trägt sie, nur ist dieser ganz schwarz. Mein Herz beginnt zu klopfen: Ist das meine zukünftige Zellengenossin? Die Gefangene bleibt vor einer Tür stehen, sie muss auf mich warten und lächelt mich schüchtern an. Ich lächle überglücklich zurück. Gemeinsam werden wir in eine etwas größere Zelle geschlossen, in der schon drei Frauen an einem Holztisch sitzen. Der Läufer teilt uns mit, dass wir die Nummern 68/4 und 68/5 sind, anschließend verschwindet er. Erleichtert atme ich auf und hoffe, dass ich das Schlimmste überstanden habe.

* * *

Ich hatte lange kein Verhör mehr; so bin ich nervös, als ich eines Tages wieder geholt werde. Immer noch geht es um die Schleuserorganisation. »Sie sollten von der kriminellen Menschenhändlerbande Pudelski[3] in den Westen verbracht werden.«

»Davon weiß ich nichts. Das habe ich doch schon beim letzten Verhör ausgesagt.« Zur Hälfte stimmt das sogar: Den Namen dieser Organisation habe ich wirklich noch nie gehört. Wahrscheinlich ist es die von Lenzlinger[4] beauftragte Unterorganisation. Der Vernehmer erklärt mir herablassend, dass es in unserem sozialistischen Staat keine Verhöre gibt, nur im Westen, wo noch faschistische Methoden angewendet würden. Also eine Zelle ist keine Zelle, ein Verhör ist kein Verhör, und die Mauer ist, wie bei uns jeder weiß, ein antifaschistischer Schutzwall[5].

»Es ist mir egal, was Sie wissen oder nicht«, fährt er fort. »Das ist eine Tatsachenfeststellung. Spätestens am Fluchttag mussten Sie doch merken, dass es sich nicht um den Fernfahrer handeln konnte, den Ihre Schwiegermutter angeheuert hatte. Trotzdem haben Sie nicht von Ihrem Vorhaben abgesehen.« Das ist genau die Version, die wir rüberbringen wollten: Dass wir ursprünglich nicht vorhatten, von einer professionellen Organisation »in den Westen verbracht zu werden«, sondern uns nur damit abgefunden haben Und die Stasi glaubt das auch. Hervorragend!

Eines Tages bekommen wir eine neue Zellengenossin. Sie ist jung und hat einen dicken Bauch. Schwanger, ist mein erster Gedanke. Doch dann stellt sich heraus, dass Marion kein Wasser lassen kann. Sie erträgt es nicht, dass ständig Männer durch den Spion schauen, auch wenn wir auf der Toilette sitzen oder uns waschen. Und wenn wir unsere Regel haben, müssen wir um jede Binde betteln. Gestern erst hat ein Aufseher zwei Binden durch die Klappe geworfen und zynisch gelacht: »Da habt ihr eure Sprotten!«

Mich tangiert das schon lange nicht mehr, Marion hingegen leidet furchtbar unter diesen Erniedrigungen. Sie erzählt uns, dass ihre beiden Brüder vor einigen Jahren versucht haben, über die Mauer nach West-Berlin zu klettern. Das Unternehmen endete in einer Katastrophe: Der eine wurde erschossen, der andere verletzt und nach der Verbüßung einer Haftstrafe wieder in die DDR entlassen. Trotz – oder gerade wegen? – dieser Geschehnisse versuchten auch Marion und ihr Freund zu fliehen, mit falschen Pässen über Budapest. Sie saßen schon im Flugzeug nach Wien, als plötzlich Uniformierte auftauchten und sie festnahmen. Marion sitzt den ganzen Tag auf der Toilette und lässt sich dabei Wasser über das Handgelenk laufen, aber nichts hilft, und nach einigen Tagen wird sie ins Haftkrankenhaus verlegt.

Im Augenblick werde ich fast täglich verhört. Doch heute bringt man mich in eine andere Zelle, ich darf meine Privatsachen anziehen und stehe meinem Vater gegenüber. Ich erschrecke – damit hatte ich nicht gerechnet. Ängstlich sehe ich ihn an, mich interessiert nur eins: Ist Constanze schon bei den Großeltern? Er ist sehr ernst, doch dann kommt die erlösende Antwort: »Ja.« Aber er schont mich nicht. Sehr deutlich macht er mir klar, dass das Kind einen schweren Schock erlitten hat. Noch immer weint sie jeden Abend im Bett nach uns. Im Kindergarten, einem der wenigen christlichen in der DDR, kümmert man sich rührend um sie. Auch diese Hoffnung hat sich erfüllt. Und im Konsum hat sie an der Kasse lauthals getönt: »Meine Eltern sind im Gefängnis! Wir wollten nämlich in 'n Westen!« Meine arme Mutter hat sich in Grund und Boden geschämt. Das Gesicht meines Vaters ist undurchdringlich, und ich habe das Gefühl, es sei besser, jetzt nicht weiterzufragen. »Aber sie ist bei euch. Danke für alles.« Mein Vater nickt. »Ist schon gut.«

Nein, ist es nicht: Ich spüre, dass er mir und Rudolf hinsichtlich unseres Fluchtversuchs Vorwürfe macht. Viel später erfahre ich, dass er auch allen Grund dazu hat: Es lief nämlich gerade ein Prüfverfahren, ob man ihn als »Reisekader«[6] in das »nichtsozialistische Wirtschaftsgebiet«[7] schicken könne. Jetzt ist das selbstverständlich kein Thema mehr. Außerdem hat er seinen Posten verloren und musste seinen Schreibtisch räumen. Nur aus alter Freundschaft hat ihn der Direktor des Kombinats[8] zu sich ins Zimmer geholt, wo er in einer Ecke an einem kleinen Tisch sitzen und als promovierter Ökonom mehr oder weniger nur noch Bleistifte spitzen darf. Aber das kann er mir natürlich nicht sagen, denn Sippenhaft gab es nur bei den Nazis und nicht in unserem gelobten Land. Ich hätte so etwas nicht für möglich gehalten. Aber dass er Schwierigkeiten bekommen würde, hätten wir schon einkalkulieren müssen. »Es tut mir leid«, sage ich leise, als wir uns verabschieden. Vater nickt wieder. »Auf Wiedersehen.«

Niedergeschlagen komme ich in unsere Zelle zurück. Aber mein Vater hat Geld auf mein Häftlingskonto eingezahlt. Auf einmal darf auch ich einkaufen. Und was ist mit dem Geld, das wir bei der Flucht bei uns hatten? Egal, ich esse meine hundert Gramm Bierschinken sofort auf, und prompt wird mir schlecht. Ich denke an die Zeiten, als ich bei jedem Wettessen Sieger war.

Wieder ein Verhör. Es geht darum, wo unser Vermögen geblieben ist, und mir ist sofort klar, dass diese Unterredung eine gefährliche Angelegenheit ist. Immerhin besaßen wir knapp 30 000 Mark, was in der DDR, in der wenig verdient wird, sehr viel Geld ist. Die Stasi kontrolliert noch immer unsere eingehende Post, davon ist auszugehen. Vielleicht ist ein Briefmarkenkatalog angekommen und hat sie auf die richtige Spur gebracht? Dann sind wir geliefert und erhalten gleich noch ein paar Jahre wegen Devisenvergehens dazu. Wir wussten seit unseren Fluchtvorbereitungen, dass Flüchtlinge, die Wertsachen mitführen, strenger bestraft werden, als es sonst üblich ist. Deshalb hatten wir von dieser Möglichkeit abgesehen, doch leichtsinnig waren wir mit unseren Briefmarkengeschäften auch. Bald aber merke ich, dass sie davon nichts wissen, und fange an, die mit Rudolf vereinbarte Version herunterzubeten.

Ich spiele die exzentrische Künstlerin, die nicht mit Geld umgehen kann. »Und was haben Sie alles gekauft?« Es ist nicht leicht, in der DDR 30 000 Mark auszugeben. Auf ein Auto wartet man je nach Modell zehn bis fünfzehn Jahre,[9] die Klamotten im »Exquisit«[10] sind zwar teuer, aber nicht immer so schön wie mein langer grüner Bouclé-Mantel, und reisen kann man auch nur beschränkt. Da vieles in der DDR sehr wenig kostet, ist die Frage nach den 30 000 Mark schon berechtigt.

Ich erzähle zunächst einmal, dass wir in letzter Zeit viele Haushaltgegenstände gekauft hätten, etwa Bettwäsche. »Und wo sind die Sachen geblieben?«, will der Vernehmer wissen. »Ich habe Pakete in den Westen geschickt.« – »So«, sagt der Stasi-Mann giftig, »Sie haben Ihr Leben in der BRD ja gründlich vorbereitet. Pech für Sie, dass es nicht geklappt hat.«

Mir ist klar, dass uns das später beim Prozess vorgeworfen werden kann, aber irgendwie muss ich das viele Geld ja kleinkriegen. Und ein paar verschickte Pakete sind allemal besser als ein Devisenvergehen. Das meiste Geld jedoch hätten wir einfach so verbraucht, füge ich hinzu, mein Mann und ich seien in die besten Restaurants gegangen, hätten gern Wein getrunken und teure Kleider gekauft. Wir seien starke Raucher und Kaffeetrinker, und ein Pfund einigermaßen vernünftigen Bohnenkaffees koste ja immerhin 30 bis 40 Mark, unsere Zigarettenmarke »Duett«[11] 6 Mark pro Schachtel.

Ich erzähle auch von unseren Privatreisen ins sozialistische Ausland, füge hinzu, dass wir einiges an Geld verschenkt und für mich teuren Schmuck gekauft hätten. Allein der Ring, der jetzt in der Effektenkammer liege, habe 1200 Mark gekostet, dies könne ich auch beweisen. Ich muss alles aufschreiben. Dabei rechne und rechne ich, am Schluss habe ich die 30 000 Mark ganz gut beisammen und bin hochzufrieden mit mir. Rudolf scheint genauso argumentiert zu haben, denn der Vernehmer kommt auf dieses Thema nicht mehr zurück.

Aber mit einer anderen Sache habe ich Pech: Meine Schwiegermutter hat, als sie in den Westen zog, Möbel für uns mitgenommen, die in ihrer Wohnung standen. Das gebe ich nicht zu, natürlich nicht. Doch Rudolf hat offensichtlich davon erzählt, und so stehe ich dumm da. Sicher hat er seine Gründe dafür gehabt. Wie auch immer: Ich muss ein Protokoll schreiben, warum ich »dauernd lüge«. Überhaupt ist es schwierig, wenn zwei verhört werden, die sich nicht mehr abstimmen können. Vorher kann man doch nicht alle Eventualitäten bedenken. Ich habe bestimmt Fehler gemacht und manches in der ersten Vernehmung zugegeben, was Rudolf Probleme bereitet haben könnte. Andererseits – in einer solchen Situation hätte noch viel mehr schiefgehen können.

* * *

Am 7. Juli 1977 – das Datum vergesse ich nie – bekomme ich meine Anklageschrift vorgelegt. Schwarz auf weiß lese ich, dass wir Verbrecher sind. Tanja *(eine der Zellengenossinnen von Eva-Maria Neumann – der Hg.)* hatte immer wieder betont, dass ein großer Unterschied zwischen »Vergehen« und »Verbrechen« gemacht wird. Ich rechne nun mit dem Schlimmsten. Aber immerhin steht dort auch, dass wir nicht wussten, dass unsere Verwandten eine »kriminelle Menschenhändlerbande« beauftragt hatten, sondern dass wir uns nur am Ende mit dieser Tatsache abgefunden haben. Das wiederum ist ein Pluspunkt!

Am 1. August habe ich einen »Sprecher«[12] mit Rudolf, der ihn beantragt und tatsächlich genehmigt bekommen hat. Unglaublich!

Heute ist unser siebenter Hochzeitstag. Ich zittere vor Freude. Eine halbe Stunde dürfen wir uns sehen. Rudolf ist so dünn wie nie zuvor und schlägt auch gleich vor, dass wir sofort nach unserer Entlassung einen Badeurlaub machen sollten, so ganz ohne Bauch wolle er sich gern am Strand zeigen. Ich bringe natürlich die Costa Brava wieder ins Spiel ...

Und er sagt: »Bitte koch nie wieder Möhrensuppe. Ich kann das Zeug nicht mehr ausstehen.« Ich bin glücklich, dass er seinen Humor nicht verloren hat. Jeder ist bemüht, dem anderen zu zeigen, dass alles bestens ist. Gern würde ich wenigstens einmal seine Hand berühren, aber selbst das ist nicht erlaubt. Dieses Mal sitzt der Vernehmer höchstpersönlich daneben und passt genau auf. So streicheln wir uns nur mit den Augen.

Rudolf hat sich wahnsinnig über das Neue Testament gefreut, das er auf meinen Antrag hin von Irene *(Mutter von Eva-Maria Neumann – der Hg.)* erhalten hat. »Das war eine Riesenüberraschung, wie hast du das nur gemacht?« Ich bin richtig stolz auf mich. »Na, wie schon: Ich habe höflichst darum gebeten.« – »Das war der schönste Gruß, den du mir schicken konntest. Und was weißt du über Constanze? Meinst du, dass sie das alles verkraften wird?« – »Ich habe den Eindruck, dass es ihr jetzt gar nicht so schlecht geht«, antworte ich und erzähle ihm von ihrer Karriere als Bühnenstar, was ihn sehr zu amüsieren scheint.

In einigen Wochen findet unser Prozess statt, dann wird über Jahre unseres Lebens entschieden. Wer weiß, wann wir uns wiedersehen? Aber wir sitzen in der guten Stube der Stasi und lachen.

---

1 Grüne Minna: umgangssprachliche Bezeichnung für einen Gefangenentransportwagen.

2 Johann Sebastian Bach (1685–1750), deutscher Komponist.

3 Joachim Pudelski hatte sich 1962 der sogenannten Girrmann-Gruppe, einer seit 1961 aktiven Organisation von studentischen Fluchthelfern, als Kurier angeschlossen, um zunächst seiner Frau und seinen beiden Kindern zur Flucht aus Ost-Berlin zu verhelfen. Im Februar 1962 wurde er verhaftet und zu zwölf Jahren Zuchthaus verurteilt. Nach über zwei Jahren gelangte er durch den Häftlingsfreikauf in die Bundesrepublik. In West-Berlin schloss er sich mit kommerziellen Fluchthelfern zusammen.

4 Hans Lenzlinger, Leiter eines kommerziellen Fluchthilfeunternehmens aus der Schweiz, das Eva-Maria und Rudolf Neumanns Fluchtversuch organisiert hatte. Meistens setzte Lenzlinger eine sogenannte Pannenhilfe-Tour mit zwei umgebauten Autos ein. Eines diente als offizielles Pannenhilfefahrzeug, das andere täuschte einen Schaden vor. Später wurden Sportflugzeuge genutzt, die legal in osteuropäische Länder eingeflogen wurden und dann unerlaubt zwischenlandeten, um Flüchtlinge aufzunehmen.

5 Antifaschistischer Schutzwall: DDR-Propagandabezeichnung für die Berliner Mauer.

6 Reisekader: DDR-Bürger, die aus dienstlichen Gründen nach West-Berlin, in die Bundesrepublik oder in andere westliche Staaten reisen durften.

7 Nichtsozialistisches Wirtschaftsgebiet: DDR-Bezeichnung für westliche Länder.

8 Kombinat: DDR-Bezeichnung für eine Gruppe volkseigener Betriebe (VEB).

9 Pkws konnten in der DDR nicht frei gekauft werden, sondern wurden erst nach einer Wartezeit von zehn bis fünfzehn Jahren ausgeliefert.

10 Exquisit: DDR-Geschäft für Kleidung, Schuhe und Kosmetika des gehobenen Bedarfs zu besonders hohen Preisen.

11 Duett: DDR-Zigarettenmarke, die zu einem besonders hohen Preis verkauft wurde.

12 Beim sogenannten Sprecher, wie das MfS das Gespräch mit einem Anwalt oder einem Verwandten im Gefängnis nannte, waren strenge Auflagen zu befolgen. So durfte in der Regel weder über die Haftbedingungen noch über Inhalt und Verlauf des Verfahrens gesprochen werden. Auch Berührungen waren verboten. Ständig war ein MfS-Mitarbeiter anwesend.

EISZEIT

Nach dem Einmarsch sowjetischer Truppen in Afghanistan im
Dezember 1979 verschärften sich die politischen Spannungen
zwischen Ost und West wieder. Die Stationierung neuer
Mittelstreckenraketen in beiden Militärblöcken ließ die Angst
vor einem atomaren Inferno wachsen. Trotz dreißig Jahren
sozialistischer Beeinflussung und kritischer Berichte im West-
Fernsehen über das Leben in der Bundesrepublik sehnten
sich weiterhin viele DDR-Bürger nach einem Leben in Freiheit.
Außer Flüchtlingen und Fluchthelfern kamen nun auch
zahlreiche Ausreiseantragsteller in Haft.

MATTHIAS STORCK
28 links

Matthias Storck (geb. 1956) war wegen eines angeblich geplanten Fluchtversuches von Oktober 1979 bis Dezember 1980 in der Untersuchungshaftanstalt des DDR-Staatssicherheitsdienstes in Berlin-Pankow und anschließend in der Strafvollzugsanstalt Cottbus inhaftiert.

Ein Spätsommertag mit Frühnebel und milchiger Sonne, die Langeweile der Provinz und ein Streit um ein Frühstücksei. Das war der idyllische Rahmen für meine Verhaftung. Die träumerische Naivität, mit der ich mich in Sicherheit wähnte, habe ich rückblickend nie verstanden. Wenn man etwas ablegt beim Passieren der Grenze von Ost nach West, dann ist es diese Kraft zum Träumen. Vielleicht ist es ja das, was die anderen Heimat nennen.

Die Zeit war stehengeblieben bei den Fluchtbewegungen aus dem Freundeskreis, zuletzt die von Joseph, als Hauptmann von Köpenick über die Berliner Mauer.[1] Er ging jetzt womöglich in West-Berlin den Ku'damm entlang, in den ersten Jeans, die wirklich passten, rauchte Camel und suchte sich die Schallplatten von Bob Dylan[2] selber aus. Wir blieben – zwangsläufig und beharrlich: mit »Intershop«[3]-Whisky wie ehedem, Tabak und schwarzen Liedern. Wie es den Insassen eines Altersheimes gehen mag, so ging es uns schon mit Anfang zwanzig: Die Kameraden rundherum starben. Ohne die Perspektive des Wiedersehens verschwanden sie von einem Tag auf den anderen, ohne Abschied, ohne Umarmung, nur eine dumpfe Angst zurücklassend, wer denn der Nächste sei: »Ein Rest wird bleiben ...?«

Waren wir der Rest – aus Heldenmut oder Angst? Oder aus beidem? Tine *(Ehefrau von Matthias Storck – der Hg.)* hatte heute zwei Stunden M/L.[4] Das Frühstücksei war zu hart. Sie war schlecht gelaunt losgegangen, pünktlich fünf Minuten zu spät. Ich hatte mein Seminar in Praktischer Theologie erst nachmittags. Diese späten Religionsstunden waren weder praktisch noch theologisch, dafür aber Pflicht. Ich schlenderte durch die Straßen, genoss die Nebel vor der Morgensonne, machte mich auf den Weg ins Studienhaus. Ich ging die Bahnhofstraße hinauf, dachte an Joseph, der jetzt vielleicht den Alliierten seine Flucht schilderte – Kaffee dabei und nette, Kaugummi kauende Amerikaner in Zivil, wohlriechender als die Stasi-Verhörer, aber mit den gleichen Fragen. Ich ärgerte mich, dass ich nicht einmal Zigaretten hatte. Im Laden an der Ecke gab es ab Dienstag nur noch »Juwel 72«.[5] Aus Bulgarentabak, der süßlich und nach Fisch schmeckte, noch schlimmer stank und wirklich nicht zu rauchen war.

Gegen Mittag kam ich zurück in die Mietsvilla, in der ich schwarz ein kleines Kämmerchen unter dem Dach bewohnte – immerhin mit fließendem Kaltwasser und einem Klosett für zwei Parteien. So was bekam man nur unter der Hand. Gemeldet war ich im Studienhaus, Zweibettzimmer. Ich traf Karsten *(Kommilitone von Matthias Storck – der Hg.)*, der mich zum Seminar abholen wollte. »Die Stasi hat nach dir gefragt.« Ich mochte diese Art schlechter Witze nicht besonders, auch wenn es sich bei solchen Sätzen eher um eine Liebenswürdigkeit handelte, eine Geste der Übereinstimmung. Solange die Stasi nach einem fragte, galt man noch nicht als tot, nicht als Spitzel. »Die fragen jeden Morgen um sechs Uhr, ob ich auch wirklich gut geschlafen habe«, gab ich zurück.

»Im Ernst! Zwei Herren um die fünfzig haben sich bei Frau B. als Kommilitonen ausgegeben. Frau B. hat ihnen geantwortet, dass sie die meisten deiner Kommilitonen kenne, allerdings alle mindestens zwanzig Jahre jünger. Sie wären daraufhin abgezogen.« Ich packte meine Sachen zusammen. Dann gingen wir zur Uni. Als wir an der katholischen Kirche um die Ecke bogen, machte mich Karsten auf einen beigefarbenen Wartburg aufmerksam: »Da sind sie wieder!« Ein kleiner Dicker in Lederjacke und ein langer Dünner mit Glatze stiegen aus, wechselten die Straßenseite und verstellten uns den Weg. »Herr Storck?«, fragte der Lange. »Ja.«

»Steigen Sie bitte in diesen Wagen.« Der Dicke wies auf Karsten. »Sie gehen bitte sofort weiter!« – »Wo soll es denn hingehen?«, fragte ich. »Ich habe gerade ein Seminar und wäre Ihnen dankbar, wenn Sie sich an die Zeiten hielten.« – »Steigen Sie ein!«, zischte der Dünne, »Ein bisschen plötzlich!«, und hielt mir einen Ausweis unter die Nase, der aussah wie eine Monatskarte.

Ein kleiner Grauer von der Sorte, deren Gesicht man sich beim besten Willen nicht merken kann, schraubte sich aus dem Wagen und versperrte mir den Weg. Ich rief Karsten hinterher, er solle mich für heute vom Seminar abmelden. Ich wurde von dem kleinen Dicken auf den hinteren Mittelsitz verfrachtet. Der unrasierte Graue und der kleine Dicke setzten sich auch nach hinten. »Die Tasche nehmen wir!«, sagte der Graue. Nach der Durchsuchung kam die Tasche auf den Vordersitz, während wir uns zu dritt im Fond quetschten. Der Dünne startete den Motor. Aus dem Funkgerät, das unter einem Handtuch im Handschuhfach lag, quäkte eine Stimme in breitem Sächsisch und wurde mitten im Satz abgeschaltet. »Wohin fahren Sie mich eigentlich?«, fragte ich. »Zur Behörde!«, antworteten der Graue und der Dicke gleichzeitig. »Und warum, wenn ich fragen darf?« Keine Antwort. »Ich habe Verpflichtungen an der Uni wahrzunehmen«, versuchte ich zaghaft. Keine Antwort.

»Hören Sie, man wird ja noch erfahren dürfen ...« – »Das erfahren Sie noch früh genug!«, meldete sich der Fahrer, »hier herrscht Ruhe.« Wir verließen Greifswald in Richtung Sonnenuntergang, als ich begriff, dass der Ausflug nicht mehr privat, sondern ernst war. Die Sonne sah auf einmal aus, als ob sie Mitleid hätte. Nicht mit mir, aber vielleicht mit den Typen, die mich bewachten. Der Graue und der Dicke rauchten eine HB[6] nach der anderen, ich lehnte heldenhaft ab, als mir der Graue seine Packung unter die Nase hielt. Die Sonne sah meine patriotische Miene. Ich musste mal. Der Wagen hielt im Halteverbot. Der eine der beiden Hinterbänkler packte mich am Arm, der andere suchte den passenden Baum aus.

»Na los, pinkeln Se schon!«, sagte der Dicke, eine Hand fest in der Hosentasche, die andere noch fester an meinem Arm. Der Graue linste mir über die Schulter. Der Baum zwischen Berlin und Neubrandenburg war der letzte für lange Zeit, den ich aus der Nähe sah. Wir näherten uns Berlin. Der Fernsehturm drohte der Sonne, die im Westen unterging. Pankow, meine Wohngegend (hoffentlich sieht mich keiner!, dachte ich), Prenzlauer Berg, Mitte. Untersuchungsgefängnis Keibelstraße: Hintereingang.

In einem düsteren Hof hielt der Wagen. Als die Schleuse sich hinter uns schloss, ahnte ich, dass ich in diesem Semester keine Seminare mehr besuchen würde. Die Fenster rundum erbrachen kaltes Neonlicht durch die Gitter. Ein Häftling, der gerade einen Mülleimer leerte, grinste vielsagend herüber. Für die Stasi war es das Ende einer Dienstfahrt. Für mich das Ende einer Welt. Sie schoben mich aus dem Auto und führten mich durch ein Labyrinth von Gittertüren im Untersuchungstrakt. Am Ende eines Ganges übergaben mich der Graue und der Dicke meinem Vernehmer, der mir einen Sitzplatz in einem Kabuff anwies. Ein fensterloser Raum, vielleicht zwei mal zwei Meter, ich hörte Schritte, Türenklappen, Stimmen. Ein Uniformierter öffnete nach einiger Zeit die Tür und führte mich in einen Büroraum. Hinter einer Schreibmaschine saß der Vernehmer und versuchte eine Art Lächeln. »Nehmen Sie Platz«, sagte er und wies mir einen Stuhl in einiger Entfernung vom Schreibtisch an. Ich setzte mich. »Sie wollten die DDR verlassen!«

»Wer will das nicht mal.« – »Sie haben wohl nicht begriffen, wo Sie hier sind«, schnarrte der Vernehmer. »Vor allem nicht, aus welchem Grunde!« – »Die Gründe erfahren Sie schon noch rechtzeitig. Also: Warum wollen Sie die DDR verlassen?« – »Wenn das der Grund ist, können Sie mich getrost wieder fortlassen. Ich habe weder die Absicht noch die Möglichkeit, dieses Land zu verlassen.« – »Wir wissen, dass Sie die DDR verlassen wollen.« – »Dann wissen Sie mehr als ich!« – »Wir haben viel Zeit, Ihr Wissen aufzufrischen, und Sie ab heute auch.«

»Heißt das, dass ich verhaftet bin?« – »Sie werden nachher dem Haftrichter vorgeführt.« – »Dann möchte ich vorher einen Anwalt sprechen.« – »Sie haben wohl zu viel amerikanische Krimis gesehen!« – »Dann sage ich nichts mehr.« – »Wir haben Zeit. Zigarette?« – »Von Ihnen nicht! Ich möchte bitte sofort meine Eltern anrufen!« – »Wissen Sie immer noch nicht, wo Sie hier sind?« Ich schwieg und nahm mir vor, kein Wort mehr zu sagen. »Kennen Sie die ehemaligen Bürger der DDR, F., K., H.?« Ich schwieg, wusste aber nun, was die von mir wollten. Michael, Andreas und Christian hatten im Laufe des Jahres die DDR im Gepäckraum irgendeines westdeutschen Autos verlassen. Offensichtlich herrschte immer noch Unklarheit, wie das geschehen konnte. »Sie scheinen die Wege zu kennen.« – »Dann säße ich ja wohl nicht vor Ihnen, sondern lieber vor einer Kaffeetasse am Ku'damm in West-Berlin!«

»Wir sagen ja, dass Sie die DDR verlassen wollen!« – »Ich staune über Ihre Fähigkeit, Ihre Gedanken zu lesen, wo Sie wollen.« – »Sie haben zu den genannten Bürgern, die einer gefährlichen Fluchthelferbande angehören, weiterhin Kontakt?«

Fluchthelferbande! Eine lächerliche Bezeichnung für Leute wie Micha! Diese Wortwahl machte mir deutlich, dass ich hier nicht so schnell wieder herauskäme. Wurden meine Freunde auf diese Weise hochgespielt, war es leicht, aus mir einen »Agenten« zu machen. Ich schwieg. »Sie werden schon noch singen!«

Der Verhörer drückte auf eine Klingel. Ich wurde wieder in das Kabuff geführt, stellte bei der Gelegenheit fest, dass es innen keine Klinke hatte. Wie lange ich saß, weiß ich nicht. Es musste schon weit über Mitternacht sein. Durch die Wände hindurch hörte ich, wie irgendwo Menschen aufeinander einbrüllten. Das war hier der Ernst des Lebens. Gegen Morgen wurde das Kabuff aufgeschlossen. Zwei Soldaten in Grau führten mich schweigend einen langen Gang hinunter. Am Ende stand ein älterer missgelaunter Offizier, der meine Tasche in der Hand hielt. »Schnürsenkel raus!«, sagte der Offizier. »Warum?«, fragte ich. »Damit Sie sich nicht aufhängen!« Sehr ermutigend, dachte ich, wirklich ein längerer Aufenthalt. Nach dem Entfernen der Schnürsenkel bekam ich Handschellen angelegt. Ich wurde auf den Hof geführt, der bei Tage noch trostloser aussah. Dort stand ein Lieferwagen. Ich wurde etwas unsanft in ein Abteil befördert, das gerade zum Sitzen ausreichte. Die Klappe wurde verriegelt, ich saß im völligen Dunkel. Es gab mehrere dieser Kabinen in dem Kleinbus, ich hörte, wie noch jemand verladen und die Klappe verriegelt wurde. Ob das Tine war? Der Verhörer hatte angedeutet, dass jeder hier verhaftet werden könnte. Ich hustete.

»Ruhe!«, brüllte ein Wachsoldat. Der Motor sprang an. Eine seltsame Fahrt durch Berlin im Dunkeln. Straßenbahnen quietschten, Autos fuhren an den Ampeln an, immer wieder Halt an Kreuzungen. Der Wagen hielt länger. Ein Tor quietschte auf Rollen, wieder Halt. Einzelne verhaltene Stimmen, der Motor wurde abgestellt, die Klappe geöffnet. Das Tageslicht blendete. Wieder ein grauer Gefängnishof, wilhelminische Neugotik. An der Rampe stand ein graugrün uniformierter älterer Leutnant. Ich wurde in einen Raum geführt. Hinter mir krachten die Riegel. Toilette, Gitterfenster, Eisentür, sonst nichts. Die Klappe in der Mitte der Tür ging auf. »Ausziehen!« Ich zog mich aus, stand in Unterwäsche. Wieder die Stimme durch die Klappe: »Unterwäsche und Strümpfe auch!« Ich stand nackt. Es schloss. Meine abgelegten Kleidungsstücke wurden herausgeholt. »Gesicht zum Fenster, Kniebeuge!« Ich drehte mich, machte die Kniebeuge. Wegen eines eventuellen Kassibers[7] war diese Prozedur fester Bestandteil der herzlichen Aufnahme hier, wie ich später erfuhr.

Die Tür wurde wieder verschlossen. Durch die Klappe schob eine Hand die neue Garderobe: lange Unterwäsche, Trainingsanzug, Knastsocken, Hausschuhe. Alles roch nach Mottenpulver. Ich zog mir das Zeug an und muss wohl außergewöhnlich dumm ausgesehen haben. Die Klappe ging nochmals auf. »Ist irgendwas?« Blitzschnell fiel mir eine ähnliche Situation ein. »Ich brauche mein Neues Testament, das steckt in meiner Tasche!«, antwortete ich. Jetzt sah der Kopf hinter der Luke ziemlich ratlos aus. Die Klappe schloss sich wieder. Diesen »Dialog« hatte ich fast wörtlich in einem Buch über die Verhaftung Martin Niemöllers[8] gefunden. Der Offizier war damals so verblüfft über die Antwort gewesen, dass er dem prominenten Gefangenen das verlangte Buch umgehend ausgehändigt hatte. Das klappte trotz mangelnder Prominenz prompt ein zweites Mal. Innerhalb weniger Stunden hatte ich eine (wenn auch nicht eigene) Bibel. Völlig regelwidrig, wie ich später erfuhr. In den ersten vierzehn Tagen bis drei Wochen gab es keine Bücher. Lediglich das *Neue Deutschland*[9] wurde ausgehändigt, das dann verzweifelt drei- oder viermal am Tag durchgelesen wurde. Die Zellentür wurde aufgeschlossen. Ich bekam eine Wanne, in die ich die ausgehändigte Bettwäsche zu legen hatte. Dann wurde ich über den Flur geführt und in eine Zelle gesperrt.

* * *

Sterben ist gar nicht so schlimm, dachte ich, als sie mich in den Leichenwagen warfen. Ich sah noch, wie die Sonne sich rötete. Dann wurde alles grau. Dieses Zwielicht, das musste der Tod sein. Wenn Licht und Finsternis sich mischen. Hell und Dunkel ist ein Privileg für die Lebenden. Auch die Nacht hat ihre Zeichen, tröstete ich mich. Nach dem Durchfahren mehrerer Schleusen ging der Motor aus. Dass die Hölle einen Vorhof hat, ahnte ich, aber so einen!

»Guten Tag!«, sagte ich einem der Schatten, der das Fegen des Hofes für unsere Ankunft unterbrach. »Was ist gut, was ist Tag?«, fragte der Schatten monoton und schwang den Besen. Einer, der aussah wie ein Polizist, nahm mir als Erstes meinen Namen ab und heftete ihn in einen Aktendeckel. »Im Anfang war die Tat!«, sagte der Polizist und tippte es auf die Schreibmaschine. »Wir sind hier schließlich in der Hölle!« Gesicht zur Wand sagte einer, der nicht aussah, als hätte er jemals ein Gesicht gehabt. Die Wände hier schlucken sogar die Schatten, ging es mir durch den Kopf. »Alles ausziehen!«, sagte der Schatten. »Als Erstes die Schnürsenkel!« Ich zog alles aus. »Sachen abgeben!«, sagte der Schatten. Ich gab die Sachen ab. Die Toten sind nackt. »Knie beugen!«, sagte der Schatten. Ich beugte die Knie. Die Toten sind ungerade. »Achtundzwanzig links!«, las der Schatten die Inschrift über dem Eingang zur Gruft. Die Gruften sind nummeriert für den Verkauf, denn die Toten sind unzählig. Gräber haben keine Klinken. Zwei Riegel sind genug gegen die Auferstehung.

* * *

Die Tür bleibt zu. Der Spion zeigt von Zeit zu Zeit ein Auge. Das Klosett in der Ecke hat keinen Deckel und stinkt. Ein Fenster, aus Glasbausteinen gemauert, zerschneidet die Dämmerung in gleichmäßige Quadrate. Ich habe einen ausgebeulten Trainingsanzug an, schwarz. Lange Unterwäsche, hellblaugrau, dunkelgraue Socken (ein Paar zum Wechseln), gelbkarierte Filzlatschen. Dazu wurden mir ein hellgraues Nachthemd, Bett- und Kopfkissenbezug, blaukariert, ein weißes Laken, ein Plastikbecher, eine Zahnbürste, ein Plastikmesser (dessen gezahnte Kante abgeschliffen ist) und ein Blechlöffel ausgeliehen. In der Zelle finde ich zwei durchgelegene Matratzenteile, zwei Wolldecken und ein Keilkissen. Zum Verbrauch: eine Tube Chlorodont-Zahnpaste, ein Stück Kernseife. Neben diesen beweglichen Gütern die festen: ein Klingelknopf (nur für den Notfall), ein Klosett, ein Waschbecken mit Kaltwasserhahn. Der Wasserhahn tropft. Zwei auffällig schmale Pritschen, an deren Unterseite sich ein Brett zum Ausklappen befindet. Tagsüber hochzustellen und an der Wand festzuschließen. Darüber ein Spind mit zwei Fächern. Wenn beide »Betten« heruntergeklappt sind, bleibt nur noch ein schmaler Durchgang zwischen Fenster und Tür. Unterhalb des Fensters eine schmale Klappe, die in einen Luftschacht zwischen den doppelreihigen Glassteinen mündet. Einziges bewegliches Möbel: ein Holzhocker.

Sie haben mir den Namen weggenommen. 28 links heiße ich jetzt. Demnächst vielleicht 38 Mitte oder 41 rechts. Schlüssel krachen. Schritte knallen auf dem Flur. Vielleicht dauert das ja nur ein paar öde Tage hier, vielleicht hat es bald ein Ende, vielleicht stellt sich heraus, dass alles ein Irrtum der Behörden war. Ob es noch andere erwischt hat aus Greifswald? Vielleicht A., der in seinem Keller ein Fotolabor hatte und dort Bücher Seite für Seite abfotografierte: die *Alternative* von dem in Ungnade gefallenen Rudolf Bahro[10], *Die wunderbaren Jahre* von Reiner Kunze[11].

Was ist mit Tine?! Sie werden doch nicht wirklich Tine eingesperrt haben? Überhaupt: Warum eigentlich? Weil die anderen geflüchtet sind, mit schwarzen Pässen oder mit Fluchthelfern über die Transitstrecke, einer nach dem anderen? Was hatten wir damit zu schaffen? Wegen der Rede zu den Studententagen über Martin Niemöller? Was auch immer: Dies war eine Zelle. Klinke außen. Die Vorrichtungen an der Tür erinnerten an einen Tresor. Ein anderer Gedanke war sehr erleichternd: Die Arbeit im Fach Neues Testament über das *Comma Johanneum und seine Bedeutung für die Textkritik* konnte jedenfalls nicht mehr pünktlich abgeliefert werden. Der Termin wäre übermorgen gewesen, das bedeutete Aufschub. Ich ärgerte mich über so profane Nebenwirkungen der Zellentür, aber sie waren da. Man wird eben nicht als Märtyrer geboren. Die Klappe ging auf. Der »Effektenoffizier« gab mir meine Pfeife und Tabak herein: »Sie wollen doch auch rauchen?« – »Ja.« – »Ich kann Ihnen die Bibel erst später bringen, aber Sie haben das Recht, eine Zeitung zu bekommen.« Er schob mir das *Neue Deutschland* durch den Schlitz.

* * *

Die Tage ersaufen im Einerlei. Nur noch Blechnapf, *Neues Deutschland*, Verhör, Saubermachen, Blechnapf, Bettenbeziehen, Freistunde, Blechnapf, Licht aus, Licht an, Licht aus, keine Uhr, kein Tag, keine Nacht. Alles hat zu viel Zeit.

Dann plötzlich schließt es an der Tür, herein kommt ein 19-Jähriger mit Kindergesicht, im ausgebeulten Trainingsanzug, Filzlatschen, die übliche Plastikwanne mit Wäsche, Besteck und »Privatsachen« unter dem Arm. So sehe ich also auch aus jetzt. Dem geht's wie mir. Endlich einer, mit dem ich mein Nichts teilen kann. Der erste Mensch zwischen den Toten. Andere kenne ich bisher nur durch Klopfsignale, Husten und die abendlichen Rufe aus dem Fenster. Wieder reden, das Brot und die Hoffnung teilen, Träume tauschen und Erinnerungen. Endlich alles sagen, endlich fragen, endlich antworten. Schluss mit den bohrenden Selbstgesprächen Tag für Tag.

Zwischen seinen Habseligkeiten finden sich Zigaretten. Die erste geht bis in die Zehen. Er ist aus West-Berlin. Er hat versucht, einem Verwandten bei der Flucht zu helfen, hatte seinen Ausweis samt Gesicht verborgt und war ertappt worden. Bald sind wir sehr vertraut. Ich kenne seine Vorlieben, seine Schwächen, seinen Geruch, seine Gewohnheiten und seine offenen Wunden. Was er über den Westen erzählt, ist mir beängstigend fremd. Er beschreibt Szenen, Farben, Leben und Tod mit anderen Begriffen, vieles unerklärlich, vieles abgeklärt. Er hat Monate hinter sich und Jahre vor sich. Verhör um Verhör. Er verstrickt sich in Widersprüche, taktiert erfolglos, alle Täuschungen werden zur Enttäuschung. Ihm geht's wie mir.

Wie eine zarte Pflanze wächst Vertrauen zwischen diesen Mauern. Wir trösten uns und lassen uns trösten. Wir baden in Illusionen und stauben die Sehnsucht ab. Wir stehen zusammen unter der kalten Dusche, löffeln die gleiche Suppe, spielen wie verrückt »Mensch, ärgere dich nicht«. Wir lesen uns gegenseitig in den Innereien. Nach jedem Verhör teilen wir uns Fragen, Antworten und Manöver mit. Bald kennt er meine Freunde, mein Herz und mein leeres Sparkassenbuch. Wenn in mir Zweifel hochkochen, weil ich weiß, dass sie Spitzel unter den Gefangenen machen, kämpfe ich sie nieder. Das Misstrauen als steten Gast am Tische, das hätte niemand wochenlang auf den drei mal vier Metern ausgehalten. Nein, ich wehre mich, will es nicht wahrhaben. Eines Tages wird er plötzlich verlegt. Und der

Vernehmer liest mir meine Seele aus den Protokollen meines Zellennachbarn.[12]

* * *

Schritte, Schritte, Schritte. Werden sie lauter, halten sie? Es schließt. Das Auge im Spion. Die Riegel fahren zurück, die Tür fliegt auf. »Links!« Ich folge dem Läufer. Er geht nach unten. Ich werde in eine Wartezelle gesperrt. Nach kurzer Zeit schließt es. Ein Wächter postiert sich im Rahmen, der andere kommt auf mich zu: »Taschen umdrehen. Schuhe aus, Hosen runter, Hosen hoch!« Nach genauer Kontrolle und Abtasten werde ich in einen Raum geführt, der zivil aussehen soll. Ein riesiger Schreibtisch, vorgezogene Gardinen. Die Sonne drückt die Gitterstäbe durch. Der Schließer entfernt sich nach der Vorführung. Die Tür wird geschlossen.

Am Schreibtisch sitzt ein Unbekannter im giftgrünen Anzug. Eine teure Krawatte und ein Siegelring lenken von dem sonst eher ungepflegten Anblick des graumelierten Herrn ab. Erst als der Schließer den Raum verlassen hat, neigt er sich über den Schreibtisch. Sein Lächeln lässt schlechte Zähne zum Vorschein kommen und erinnert bei aller versuchten Freundlichkeit an das Fletschen eines Pferdes. Eine seltsame Situation: Das erste Mal bin ich mit einem Menschen ohne Schließer in einem Raum. Welch ein Affentheater! Jeder weiß, dass der »Anwalt« zum Apparat gehört. Sein Chef ist ein hochdekorierter Vertrauter Honeckers.[13] »Guten Tag. Hartmann«, sagt er, und reicht mir die Hand über den Schreibtisch, »ich bin Ihr Anwalt und soll Sie von Ihren Eltern grüßen. Wie geht es Ihnen?« – »Die Frage erübrigt sich wohl!« – »Dass das hier kein Erholungsheim ist«, sagt Hartmann, als sage er es jeden Tag zwanzigmal, »wissen wir selber. Aber wenn Sie Beschwerden haben – wir sind für Sie da.« Hartmann setzt sich wieder. (Sein Kugelschreiber, mit dem er jetzt spielt, hat eine Digitaluhr, was mich beeindruckt.) »Ihre Eltern haben die Anwaltskanzlei Dr. Wolfgang Vogel[14], zu der ich gehöre, beauftragt, Sie zu vertreten.«

Das also ist der Adjutant des Menschengroßhändlers Vogel. Er muss jetzt vielleicht die Silberlinge festlegen, für die unser Menschenfleisch verschachert wird. Sein Honorar zweigt er davon ab, wie wir später erfahren werden. »Sie kommen aber sehr zeitig! Ich sitze schon fast drei Monate hier«, falle ich ihm ins Wort. »Das tut nichts zur Sache. Wir dürfen hier über Ihren Fall gar nicht sprechen, ehe die Untersuchungen abgeschlossen sind.« – »Und welchen Sinn hat dann Ihr Besuch?« – »Es gehört zu meinen Aufgaben, meine Mandanten zu besuchen.« Seine »Aufgabe« nennt er es also, den Anschein geregelter Gerichtsbarkeit vorzutäuschen. Er muss die Gefangenen aufsuchen wie ein richtiger Anwalt. Bei diesen Vorführungen darf er nur über das Wetter reden. Da das Desinteresse auf beiden Seiten offensichtlich ist, lässt er es bleiben. »Ihren Eltern geht es gut. Vielleicht gibt es bald einen ›Sprecher‹.[15] Ihre Verlobte werde ich gleich noch treffen, soll ich ihr einen Gruß ausrichten?« Ich bejahe mechanisch.

Ich frage: »Wie lange werden wir hier bleiben?« – »Bis zum Prozess. Dann kommen Sie in eine der Strafvollzugseinrichtungen.« – »Und wann ist der Prozess?« – »Das hängt vom Stand der Vernehmungen ab.« Der Kerl wird zunehmend widerlich. Da nichts zu reden ist, sehe ich mich im Raum um. In einem riesigen, sonst vollkommen leeren Bücherregal stützen zwei kitschige Löwen fünf gelbe leinengebundene Bücher in einem Schuber ab. Ich erkenne die Buchrücken sofort. Es ist die kleine fünfbändige Albert-Schweitzer-Ausgabe[16] aus dem Union-Verlag. Wer hat die wohl hierher verbannt? »Diese Bücher da«, sage ich zu dem Anwalt, »könnten Sie nicht dafür sorgen, dass ich sie in die Zelle bekomme? Die Bibliothek hier ist sehr schlecht. Wenn es mir schon nicht erlaubt ist, von draußen Bücher zu bestellen …«

»Was bilden Sie sich ein?«, sagt er ärgerlich. »Diese Bücher sind Dekoration der Haftanstalt. Ich kann mich unmöglich dafür einsetzen, dass Sie sie bekommen.« Ich muss zugeben, dass der Raum mit den roten Gardinen ohne die gelben Bücher für einen Anwalt rein farblich eine Zumutung wäre. Er versichert nochmals, dass es meinen Eltern ausgesprochen gut gehe und dass er sich freue, mich kennengelernt zu haben. Dann drückt er den Klingelknopf. Der Läufer kommt, ich werde abgeführt. Wieder das »Hosen runter!« in der Wartezelle.

In der Zelle überlege ich, wie ich dennoch an die Bücher kommen könnte. Es muss einen Weg geben! Am nächsten Tag lasse ich mich zum Haftanstaltsleiter melden. Ein paar Tage später werde ich vorgeführt. Das Zimmer ist kärglich eingerichtet. Bände Lenins[17] in einem Regal, ein Radio, die überdimensionierte Kopie einer Rötelzeichnung. Sie zeigt Feliks Dzierzynski.[18] Der Gründer der Geheimpolizei Russlands lächelt verbissen. Der Haftanstaltsleiter ist einer von denen, deren Gesicht man sofort wieder vergisst, wenn man sich abwendet. Er versinkt fast hinter seinem riesigen Schreibtisch. Nach einer Pause fragt er mich etwas barsch nach dem Grund meiner Meldung. »Ich wollte mich bei Ihnen bedanken!«, sage ich. Der Anstaltsleiter ist sichtlich erstaunt, beinahe betroffen. So was hatte offensichtlich noch niemand gesagt. »Wofür?« – »Dass ich schon am ersten Tag eine Bibel bekommen habe.« – »Wieso bei mir?« – »Das sagt doch etwas über den ›Führungsstil‹ in einem Gefängnis aus?«

Spätestens durch dieses Wort fühlt er sich geschmeichelt. »Also: Warum haben Sie sich nun melden lassen?«, wiederholt er seine Frage beinahe wohlwollend. »Ich habe im Zimmer des Anwalts ein paar Bücher des großen Humanisten Albert Schweitzer gesehen. Der Anwalt meinte, er hätte nichts dagegen, dass ich sie bekäme, aber vielleicht Sie. Ich kann mir nicht vorstellen, dass es im Sinne des humanistischen Grundanliegens dieses Staates wäre, das Werk eines bedeutenden Humanisten als Dekoration in einem Untersuchungsgefängnis verkümmern zu lassen«, hofiere ich weiter. »Gut, ich werde anweisen, dass Sie die Bücher bekommen«, sagt er nach einer längeren Pause. Er klingelt. Ich werde abgeholt. So einfach hatte ich mir das nicht vorgestellt. Er hat tatsächlich veranlasst, dass ich die Bücher bekam.

Ein paar Tage später wurden die fünf Bände durch die Klappe geschoben. Mit dem ausdrücklichen Vermerk, dass ich sie – wie die Bibel – bei jedem Zellenwechsel mitführen dürfte. Sie waren noch ungelesen. Was waren das für reiche Stunden! Wie faszinierten mich diese lebendigen Aufzeichnungen: der Band über Paulus, die autobiographischen Berichte des Pfarrersohnes. Dazu siebenhundert Seiten *Geschichte der Leben-Jesu-Forschung!*, *Die Weltanschauung der indischen Denker*, die *Reden über Goethe*,[19] die *Geschichte der abendländischen Ethik* und die *Ehrfurcht vor dem Leben*. Wie wohltuend unterschied sich allein die Sprache von der der meisten neueren Theologen. Keine Geschwätzigkeit, sondern klare, tiefe Worte. Außerdem hat Schweitzer immer besondere Sorgfalt auf die Anlage der Register verwandt, so dass ich die theologischen Bücher als ausgezeichneten Kommentar zur Bibel gebrauchen konnte. Fachliteratur war ausdrücklich verboten. Glücklicherweise trägt der Urwalddoktor seine Titel nicht vor sich her. So blieb es verborgen, dass ich die Werke eines berühmten Straßburger Theologieprofessors auf der Zelle hatte. Ohne diese Bücher wäre es mir bei der lieblos geführten Knastbibliothek armselig ergangen. Diese treuen Begleiter haben mein theologisches Denken stark geprägt. Der Gedanke der *Ehrfurcht vor dem Leben* ist einer der tiefsten, die im christlichen Abendland je formuliert wurden. Kein ethischer Entwurf ist mit solcher Leidenschaft geschrieben.

(Die Erklärung, wie die Bücher hierher gekommen sein konnten, findet sich in einer Erinnerung aus meiner Buchhändlerzeit. Eines Tages sah ich, wie zwei Offiziere in der Uniform mit den rosa unterlegten Kragenspiegeln, also deutlich als Stasi erkenntlich, das »Internationale Buch«[20] betraten. Noch auffälliger als die Uniform war der riesige Wäschekorb, an dem sich beide festhielten. Sie fragten nichts, gingen lustlos und eilig an den Regalen entlang und stopften wahllos Bücher in den Korb. An der Kasse verlangten sie das Zusenden der Bücher nebst Rechnung, ließen den Korb stehen und verschwanden. Weder Preis noch Titel spielten eine Rolle. Heute ahne ich, wofür in dieser Form eingekauft worden war. Mancher Missgriff dieser Herren könnte einem Gefangenen zu einem guten Buch verholfen haben.)

* * *

Langsam, sehr langsam hatte ich mich an alles gewöhnt. Außer dem kleinen Spitzel, den sie mir gleich zu Anfang in die Zelle gesteckt hatten, dem Vernehmer und den trostlosen Gesichtern der Schließer hatte ich seit Monaten keinen Menschen gesehen.

Eines Nachmittags wurde die Tür aufgeschlossen. »Links!«, knurrt der Läufer. Ich ging los. Er führte mich in die untere Etage, also kein Verhör. Ich wurde in eine andere Zelle umgeschlossen. Durch die Klappe wurde meine Zivilkleidung geschoben. Sie war gereinigt worden, roch nach Desinfektionsmittel, einen Augenblick lang hoffte ich auf eine Art Wunder: Wenn die mir schon Zivil geben, lassen sie mich vielleicht raus? Aber es fehlte die Uhr und der Ring, ein sicheres Zeichen für Bleiben. Ich legte die Knastgarderobe ab, nahm das Päckchen in Empfang, zog mich schnell um. Die lange Wartezeit korrigierte mein würdiges Auf- und Abgehen. Ich befühlte und betastete die Kleidung, den Stoff der Jeans, die Schuhe. Naturfarbenes Leder, noch fast neu. Ich roch und fühlte an ihnen. Schnürsenkel! Ich band gleich mehrere Schleifen: Entwöhnung macht wunderlich. Ich genoss die Farben des buntkarierten Hemdes: Wie lange schon hatte ich außer Grau und Grüngrau nichts gesehen? Das war ich also: »28 links« als Mensch verkleidet.

Der Läufer brachte mich durch mehrere Schleusen. Noch wusste ich nicht, was mich erwartete. Ich kam in einen beinahe gemütlichen Raum. Durch vorgezogene Gardinen waren die Gitter nicht sichtbar. Ein Schreibtisch stand unter dem Fenster, direkt daneben ein Tisch mit zwei Stühlen. Am Schreibtisch saß der Vernehmer. Er tat freundlich. Die Tür ging auf, ein Wachposten kam herein, nahm Platz. Der Vernehmer kündigte den Besuch meines Vaters an, nicht ohne streng einzuschärfen, dass der »Sprecher« sofort abgebrochen würde, wenn der »Fall« oder die inneren Verhältnisse im Gefängnis zur Sprache kämen. Ebenso sei eine Umarmung verboten, wobei Begrüßung mit Handschlag ausdrücklich erlaubt werde. Wie oft hatte ich durchgespielt und still zurechtgelegt, was ich alles sagen wollte, wie ich welche Botschaften verschlüsseln konnte. Nichts davon hielt dieser Situation stand. Der angekündigte Besucher war ja nicht nur mein Vater, er war auch qua Amt mein Seelsorger. Gerade in dieser Hinsicht hatte ich ihm manches sagen wollen, was mich in den letzten Wochen beschäftigt hatte.

(So zum Beispiel hatte ich den letzten »Geistlichen« drei Tage nach der Verhaftung in seltsamer Umgebung gesehen: Mein Bischof schaute mich aus dem *Neuen Deutschland* von einer Ehrentribüne an. Neben Honecker und Stoph[21] ließ er es sich gut gehen auf den Feierlichkeiten des 30. Jahrestages.)[22]

In der Zelle ging es uns an diesem Tag schlechter als sonst: Wir durften – wie an allen Sonn- und Feiertagen – nicht einmal zur Freistunde in den »Hundezwinger«. Nichts davon passte hierher, alle gepaukten Wichtigkeiten für diese halbe Stunde zerstoben. Das, was mich tagelang beschäftigt hatte, zerfiel zur weltbewegenden Nichtigkeit. Mein Vater kam! Gefolgt von einem Wächter trat er ein. Er war gefilzt und gedemütigt worden, wie es sich an der Pforte zur Hölle gehört, hatte alle möglichen Schleusen durchwandert, sich ein und ausschließen lassen. Die graugrünen Trauergestalten, die ihn umrahmten und weder über Gesicht noch Farbe verfügten, verloren die letzte Spur von Ansehnlichkeit in diesem Kontrast, den ein Lebender unter all den Toten hier hervorrief.

Vater versuchte, die Situation zu überspielen, indem er jedem eine Zigarette anbot. Als der Vernehmer eine nahm, trauten sich die Wächter auch. Nun galt es, die kurze Zeit auszukaufen, möglichst viel in wenig Worten zu sagen, es musste ja für Wochen halten. Trotz aller Ermutigung, die er versuchte, konnte mein Vater nicht verbergen, wie sehr dieses Szenarium seine Vorstellung überstieg. Aber er hatte gut vorgesorgt. In der Nachbarschaft hatte er erfahren, dass es gegen manche Verbote so etwas wie ein Gewohnheitsrecht für diese Gelegenheiten gäbe. Auf Rat hatte er eine Thermoskanne mit Kaffee und ein paar Stück Kuchen mitgebracht. Der Vernehmer ließ es, wie erwartet, durchgehen, auch die Tafel Schokolade, die mein Vater aus der Tasche zog. Wir setzten uns. Vater breitete die Herrlichkeiten der freien Welt auf dem Tisch aus. Weil ich wusste, dass man dergleichen nicht mit auf die Zelle nehmen durfte, aß ich die ganze Tafel Schokolade sofort auf – ohne freilich zu ahnen, welche Wirkung das auf meinen Besucher haben musste: Da ich durch den Gefängnisfraß ohnehin abgemagert war, musste er denken, es wäre über Brot und Wasser hinaus nicht für allzu viel gesorgt. Er fragte, ob ich genug zu lesen habe, zu essen ja wohl nicht. Ein deutliches Wort des Vernehmers signalisierte Themenwechsel.

Ich fragte nach der Gefängnisseelsorge. Ich wollte es nicht einsehen, dass ich als noch nicht verurteilter Gefangener im vollen Besitz meiner bürgerlichen Rechte schon monatelang keinerlei Möglichkeit hatte, einen Pfarrer zu sprechen. Außerdem, so hatte ich geschrieben, wüsste ich nicht, wie das in Zukunft hier weiterginge, und legte Wert darauf, das Abendmahl zu feiern. Es war meinem Vater aber trotz aller Bemühungen ausdrücklich verboten worden, Brot und Wein, geschweige denn Abendmahlsgerät mitzubringen. Sein Hinweis auf Religionsfreiheit wurde mit der Bemerkung abgetan, ich wäre selber schuld, dass es so gekommen sei. Der um Rat befragte Bischof hüllte sich nach wie vor in Schweigen.

Gegen Ende des »Sprechers« nahm mein Vater kurzerhand eines der Kuchenstücke, brach es in der Mitte durch, sprach über dem geteilten Kuchen die Einsetzungsworte[23] und gab mir davon. Dann nahm er die Kaffeetasse, füllte sie und reichte sie mir. Danach sprachen wir ein Vaterunser und ließen uns durch den Läufer nicht stören, der die Tür aufriss, um mich abzuholen, und einen ratlosen Blick mit dem Vernehmer tauschte. Nach dem Segen, bei dem die beiden Bewacher nicht wussten, wo sie die Hände lassen sollten, verabschiedeten wir uns mit dem uns zugebilligten Handschlag. Der Vernehmer verbat sich allerdings für das nächste Mal solche »Handlungen«. Das war gar nicht notwendig. In insgesamt 14 Monaten Haft wurde mir nur für einen einzigen Gottesdienst die Teilnahme genehmigt. »Du bereitest vor mir einen Tisch im Angesicht meiner Feinde.« So heißt es im 23. Psalm. Wer die Innenseite dieser Wahrheit so erlebt hat wie ich bei der wohl eindrücklichsten Abendmahlsfeier meines Lebens, wird begreifen, was alles auf den breiten Rändern der Evangelien geschrieben steht, ohne dass man dafür viel Worte braucht.

* * *

Ein kleines Oktavheftchen liegt vor mir. Noch in Gießen,[24] am Tag nach dem ersten Kuss, dem ersten Bier, dem ersten Kaffee, schrieb ich meine hölzernen Reime, die ich über 14 Monate im Kopf transportiert hatte, in dieses Heft. Ich las sie nie wieder – aus Angst, in den Sog der Höllen von damals zu geraten. Es waren Zeilen zum Überleben. »Gedachte«, keine Gedichte, aus rabenschwarzer Zuversicht und taghellem Entsetzen. Aus durchgebrachten Nächten und zerstörten Tagen. Ein Reck, an dem ich meine Klimmzüge machte. Eine eiserne Reserve für den Arrest, neben all den gepaukten Erinnerungen. Ich kann diese Zeilen heute nur mit einigem Befremden lesen. Sie erscheinen banal mit ihren klappernden Bildern, ihrer gebrochenen Zunge. Ebenso ergeht es mir mit den Briefen, die meine Eltern gesammelt haben. Aus Furcht vor zu starker Erinnerung an die Situation ihres Entstehens vergrub ich sie in der tiefsten Seelengruft. Ich ließ alles liegen. Nun, wo es den Staat nicht mehr gibt, aus dem ich – halb hinausgeworfen, halb geflohen – hier landete, habe ich alles wieder gelesen, manches zum ersten Mal. Ich sehe mich im Zimmer des Vernehmers, habe den elenden Geruch der vielen Zigaretten in der Nase – vor mir der Blick aus dem Fenster in das Himmelsnichts. Im ausgebeulten Trainingsanzug und in Filzschuhen sehe ich mich sitzen. Draußen zogen Sommer, Herbst und Winter vorbei – ich merkte nichts. Ein Häufchen Elend voller Ängste und Drogen am Tisch des Vernehmers. Ich bekam dreimal am Tag starke Beruhigungsmittel, lief auf dem Seelenfleisch. Woche um Woche. Monat um Monat.

Sehr bald stellte sich das trostlose Gefühl ein, dass sowieso egal ist, was ich unterschreibe. Verhöre, Unterschriften, Änderungen. Oft aber auch die Hoffnung, wenigstens für die Zeit des Verhörs der Zelle zu entrinnen. Zehn Monate in diesem Loch!

Mittags, gegen Ende der immer gleichen Mühle winkte dann die
»Belohnung«. Ich erinnere mich noch genau an das erste Mal:
»Sie haben jetzt noch Zeit, einen Brief zu schreiben. Machen Sie
nicht so lange. Ich habe schließlich auch ein Recht, nach Hause
zu gehen.« Der Vernehmer legt mir ein Blatt hin, einen Kugelschreiber. »Schreiben!« Ich fange sofort an, reihe Buchstaben
an Buchstaben. Seit Wochen das erste Papier, ein richtiger Stift!
Der Vernehmer hackt auf seiner Schreibmaschine, liest, tele-
foniert, stellt Fragen. Zwischendurch teilt er mir die Auflagen
mit: »Nichts über die inneren Verhältnisse im Knast. Nichts
über den Tagesablauf. Keine verschlüsselten Botschaften. Keine
Namen von Dritten. Keine Grüße an Dritte. Nicht mehr als eine
Seite!« Ich schreibe mit der Zeit um die Wette. »Fertig werden!«
Er nimmt mir den Brief ab, liest. »Beim nächsten Brief schreiben
Sie normal große Buchstaben! Und lassen Sie einen Rand!« Er
stockt. »Was soll das hier? Ich hab doch gesagt, keine Namen
von Dritten! Wer ist Bonhoeffer[25]?« (Ich hatte zitiert: »Von
guten Mächten wunderbar geborgen, erwarten wir getrost, was
kommen mag ...«)
    »Zitate gehen auch nicht. Sie wollen doch, dass Ihre Eltern
die Post erhalten!« Er liest weiter. »Was wollen Sie denn damit sagen: ›Wo du hingehst, will ich auch hingehen, dein Volk
ist auch mein Volk.‹?« – »Das ist aus dem Buch Ruth und ging
mir gerade durch den Kopf.« – »Ihr Vater hat selbst eine Bibel,
so was brauchen Sie nicht abzuschreiben! Bibelverse sind auch
verboten!« – »Ich bin Untersuchungsgefangener. Ich habe ein
Recht auf freie Religionsausübung!« – »Sie brauchen hier aber
keine Predigten zu halten.«
    Für die nächsten Briefe einige ich mich mit dem Vernehmer,
dass ich jedem Brief ein Bibelzitat voranstellen darf. Ich erinnere mich deutlich, wie wichtig es mir war, in den Briefen einen
möglichst ermutigenden und lebensfrohen Eindruck zu hinterlassen. Meine Eltern sollten sich nicht noch zusätzliche Sorgen
machen. Wie anders ist der Eindruck dieser Briefe jetzt! Beim
Lesen bekomme ich noch nach zwölf Jahren Schweißausbrüche.
Eine merkwürdige Diskrepanz tut sich auf. Was Ermutigung

sein sollte, verkehrte sich auf dem Weg nach draußen in eine Art
Höllenschilderung zwischen den engbeschriebenen Zeilen.

Haltbare Sehnsucht
Der Traum krepierte lautlos in den Kissen,
In nackter Nacht, schon vor dem Amselschrein.
Das gute Dunkel war noch unzerrissen.
Da fiel der Tag mit Schlüsselsingsang ein.

Kaltwasser, Graubrot, Meldung machen.
Hofgang im Zwinger. Maschendraht,
Karierte Wolken. Postenlachen,
Gesicht zur Wand! Schluss mit dem Sonnenbad.

Die müden Kreise weckten alte Ungeheuer.
Die tote Zeit erbrach aus jedem Spalt ihr Gift.
Doch beim Verhör umarmte mich ein neuer
Brief mit den Hoffnungsrunden Deiner Schrift.

Manchmal, wenn ich zum Verhör geschleift werde, ist der Stuhl
noch warm von Dir. Dann sehe ich Dich mit geschlossenen Augen. Wie Du in irgendeiner Zelle jeden Abend nach Schlaf suchst,
im gleichen beißenden Grau. Wie Du zum Waschen nur kaltes
Wasser hast. Wie der Fraß Dir hochkommt, wenn Dir beim Essen
das Klosett entgegenstinkt. Wie der Posten sein Auge in den Spion hängt, wenn Du Dich ausziehst. Wie Du vielleicht soeben in
einem Käfig Deine Runden gedreht hast. Wie die Häscher Dich,
Hände auf dem Rücken und Gesicht zur Wand, vor sich her über
die Flure treiben, auf zwei Meter an mir vorbei, nur die Eisen-
riegel dazwischen. Längst hätte ich die Spuren aus den Gesichtern
der Freunde verloren: Den verzweifelten Glauben, dass es auch
über diesen Höllen einen Fetzen Himmel gibt. Die erschütternde
Gewissheit, dass es hier außer Bütteln, Kriechern und getöteten
Seelen noch lebendige Menschen gibt. Die dunkle Zuversicht,
dass sich mitten in schmutzigen Verhören, angedrehten Lügen
und zersetzenden Verleumdungen unsere kostbare Wahrheit

hält. Neben den verbluteten Träumen, müden Bildern und lächerlichen Illusionen noch Auferstehungshoffnung. Manchmal, wenn ich ins Verhör geschleift werde, ist der Stuhl noch warm von Dir. Ich hielte das nicht aus. Wären da nicht Deine Briefe: unbekümmert und voll haltbarer Sehnsucht.

Zwischen dem Lesen eines Briefes und der Möglichkeit zu antworten lagen oft Tage, manchmal eine Woche. Der Druck, unter dem so ein Brief geschrieben werden musste – das Blatt wurde nach einer gewissen Zeit abgenommen –, ist deutlich zu spüren. Uns trieb die Frage um, ob wir in den Westen gehen oder bleiben sollten. All das durfte nicht direkt angesprochen werden. Auch während des Sprechers wurde es nur umschrieben. Heute wissen wir, dass die Frage zu diesem Zeitpunkt längst entschieden war. Wir hatten gar keine Wahl.

2. 1. 1980

Meine liebe Christine,

vorige Woche las ich Deinen Brief, und ich bin so froh, wie natürlich Du schreiben kannst. Deine Gedanken bringen Dich so aufs Papier, dass ich das Gefühl habe, Du sitzt mir selbst gegenüber. Ich freue mich über Deine Fröhlichkeit und Deinen Lebensmut, Dein Ja ...

Ich war so froh, Dich gesund zu sehen beim Sprecher. Ich halte dieses Bild fest, auch wenn schon wieder Wochen dazwischen liegen. Beim Lesen schweife ich oft ab, und in jeden Satz musst Du mit rein, so wie Du vor mir gesessen hast. Ich rede oft mit Dir. Hörst Du die Nachtigall singen, jeden Abend? Erinnerst Du Dich an das Lied von dem Vogel, »der den Mond warm singt bei Nacht«? Nun singt er uns beide zueinander, ein liebend buntes Lied. Ach Tine, ich bin glücklich: Mein Vater war da, und es war ein schönes und reiches Gespräch. Nicht so traurig wie das erste, nachdenklich und manchmal sogar fröhlich. Er fragte mich nach meinen Vorstellungen für die Zukunft, und ich war gezwungen, mich in aller Kürze und spontan dazu zu äußern. Ich musste merken, wie schwer mir das fiel, weil an vielen Stellen nach diesem Einbruch noch Klarheit und Konturen fehlen. Du hast geschrieben: »Jetzt haben andere entschieden.« Nein, Tine, das ist zu einfach. Hast Du überlegt, welchen Preis Du zahlen wirst? Denk nach, ich sage nicht mehr. Ich will Dich nicht beeinflussen. Aber bis wir sprechen können, musst Du noch mal alles in Frage stellen. Ich habe meinem Vater nur so viel sagen können: Ohne Dich ist das eine ebenso unvorstellbar wie das andere. Ich habe fest auf Dich gebaut und weiß, dass das jedenfalls nicht auf Sand ist. Was Verluste betrifft, so sind die in jedem Fall für einen von uns ungleich härter als für den anderen. Sonst war Vater sehr fröhlich und erzählte viel von zu Hause. Dass es allen gutgeht und sie gesund sind.

Mir geht's gut, Tine, ich habe die fünf gelben Bände Albert Schweitzer (die unten beim Anwalt standen) bekommen und lese und kann gar nicht wieder aufhören. Hätte ich's eher gelesen, wären an der Uni in Greifswald[26] die Fetzen geflogen! So tief und gut, so lebendig und einfach und sauber argumentiert! Was ist Dr. Hi. dagegen für ein erbärmlicher Zwerg! Ich hätte ihm so gern noch seine moralistischen Wassersuppen übers Haupt gegossen!

Ich bin bei Dir und danke Dir und hoffe Dich stark und gesund. Ich habe Dich sehr lieb. Du bleibst der Gedanke meines Lebens. Ich umarme Dich und halte mich an Dir fest!

Dein Matthias

7. 3. 80

Mein lieber Matthias,

danke für Deinen Brief. Natürlich höre ich sie und freue mich unendlich. Für mich ist das alles hier keine verlorene Zeit. Ich habe in diesen Monaten so viel gelernt! Ich weiß, was ich will! Diese Zeit hier wird uns nicht voneinander entfernen, im Gegenteil. Das weiß ich sicher. Glaube mir, ich habe mir alles genau überlegt. Ich wäge ständig das »Für« und »Wider« ab und bin mir über den Preis bewusst. Es wird schwer, aber es muss sein. Für mich ist das Wichtigste, zu wissen, dass Du für mich da bist. Daraus schöpfe ich die Kraft, die wir benötigen werden für die harte Zeit danach. Unsere Pflänzchen sind schon 3–10 *cm hoch. Und welche Überraschung: Der Apfelkern blüht. Auch mit dem Zitronenkern haben wir es in der Zelle auf der Heizung geschafft. Schön in Zellstoff verpackt. Bis jetzt hat man sie uns noch nicht rausgenommen, obwohl sie schon gesehen wurden. So haben wir etwas Grün. »Auch wenn morgen die Welt unterginge, würde ich heute noch einen Apfelbaum pflanzen.« Wie schreibst Du so schön: »Eine Verheißung: Wir werden blühen!« Ja, Matthias, und immer kräftiger werden, weil wir uns gegenseitig tragen! Ich lese gerade Tucholsky »Drei Minuten Gehör«.[27] Und Goethe. Mit dem Mädchen auf meiner Zelle werde ich einige Gedichte lernen und dabei immer denken, dass Du dieses oder jenes Gedicht vielleicht auch gerade gelernt hast. Ich mache jetzt viel Sport. Zu zweit macht es mehr Spaß. In der Zelle, in der ich jetzt bin, ist auch mehr Platz. Und sogar Krocket spielen wir! Dafür legen wir mit Halmasteinen unsere Namen auf den Boden, und mit einem Mühlestein, der mit einem Streichholz angetrieben wird, geht es durch die »Tore«. Das ist sehr lustig. Vorige Woche hatte ich vier Tage lang eine dicke Backe. Von zu Hause habe ich Post. Allen geht es gut, und ich soll Dich ganz lieb grüßen. Elisabeth hat mir ein Bild gemalt, wo ich drauf bin. Mit vier Armen und Riesenohren. Ganz toll. Schade, dass man die Post nicht mit in die Zelle bekommt. Halte Dich an Deinen Albert Schweitzer. Schöpfe aus ihm. Ich freue mich, wie gut er Dir tut, denn in den Sätzen über ihn bist Du ganz Du und nicht mehr so traurig. Hab keine Angst, so sehr verändere ich mich nicht hier. Aber ich glaube, dass ich kein Morgenmuffel mehr bin. Ich umarme und drücke Dich ganz innig.*

Sei ganz lieb geküsst von Deiner Tine

* * *

Ich mache meine Dämmerkreise im Hundezwinger. Längs oberhalb der einzelnen Zwanzig-Quadratmeter-Boxen spaziert der Posten auf der Brücke, gemächlich eine Zigarette rauchend. Heute hat »der Kleine« Dienst. Er hat ein offenes Menschengesicht, fast mädchenhaft, das er ständig versucht, mit einem finsteren Blick zu umwölken. Vielleicht ist er 25. Wie gerät so einer hierher? Die graugrüne Uniform, die Tellerminenmütze, der lange Mantel, das macht irgendwie alt. Maschinenpistole, lächerliche Vorstellung, dass einer versuchen könnte, hier die Wand zum nächsten Zwinger hochzugehen. Was macht der, wenn er nachher nach Hause geht? Vielleicht holt er das Kind gleich nach dem Dienst aus der Krippe: ... Wenn er fällt, dann schreit er, fällt er innen Graben, fressen ihn die Raben ... Oder wartet seine Freundin am Tor unter der Laterne? Gehen wir ins Kino oder gleich nach Hause? Noch'n Bier an der Ecke? Oder ein Essen mit reservierten Plätzen, gleich vorn am Bahnhof. Oder nach Schildow zum Kiessee, Freibad ist zu voll. Oder in den Garten. Während sie Kaffee kocht, beschneidet er sorgfältig Rosen. Hat er uns schon vergessen, wenn er den Zündschlüssel dreht, oder erzählt er manchmal vor dem Einschlafen von kümmerlichen Idioten in Trainingsanzug und Filzlatschen?

Ich habe noch vier Blätter Zigarettenpapier. Die Kippen der letzten Woche vorsorglich gesammelt. »Einkauf« ist erst am Montag. Ich mache mir aus vier alten Kippen eine neue Zigarette. Eine Geruchsmischung aus Teer und Jauche beißt sich durch die Nase in die Seele. Durch den Gestank rieche ich nicht immer nur mich selbst. Zweiwegzigaretten. Auf dem ersten Weg waren es »Karo«.[28]

Wieder dieser Lichtwurf. Das Wasserauge glotzt am Spion: »Hinlegen!« Als der Posten weg ist, setze ich mich auf die Klosettschüssel. Draußen verqualmten unsere Hoffnungen anders, nachts, bei Kerzenschein. Der abendfüllende Dauerbrenner, wie elend uns dieses Land macht, wurde in Rotwein ersäuft. »Kalte Kippen auf den Lippen und in den Herzen Asche«, sangen wir. Wozu das? Für wen? Verwartete Zukunft, leblos, immer das Glück der ewigen Enkel vor Augen, denen es einmal besser geht? Dafür waren wir zu jung. Abhauen? Nein, dazu waren wir zu feige. Wie gut sich Feigheit vor dem Freund kaschieren ließ nach einer Flasche billigem Wein!

Übertünchte Gräber mit stumpfen Zähnen. Welke Blätter im Smoke, blankes Gewissen, das Herz splitternackt. Das ist keine

Frage des Standortes. Die toten Seelen werden überall verschachert. »Jeder muss da seinen Dienst versehen, wo der Herr ihn hingestellt hat«, sagte der Bischof und flog für einige Wochen nach Genf. Wir wollten hierbleiben. Die Frage, ob das Gras auf der anderen Seite der Straße nicht besser wächst, wuchert nur in Traumlandschaften. Wir sind Realisten. Schwarzrot-dreckiggelb mit Emblem. Besser als synthetisches Grün. Hier konnte man noch von Farben träumen, ohne blind zu sein. »Es können ja nicht alle gehen!«, sagten wir und meinten mit »alle« immer nur unseren kleinen Zeh.

Und dann kamen die aus dem Westen mit Camel[29], Whisky, ihren Käferautos und den Ermutigungen zum Bleiben. Der Zwangsumtausch reichte, um würdig unser Fell zu versaufen. Sie feierten uns ein paar Stunden lang als geborene Helden. An der Bornholmer Straße[30] fuhren sie ins Licht, nachts um zwölf.

Wir blieben wirklich, mit einem Rest Whisky, dem Geruch nach grünem Apfel, einer aufgesparten Zigarette für den Heimweg zu Fuß. Es können ja nicht alle gehen.

Der grüne Pass ist verderblich für die innere Freiheit. Während der Käfer dem »Klassenkampf« im Westen entgegenfährt, stellen wir uns gestärkt der nächsten Runde des Experiments an lebendigen Menschen – das die Besucher liebevoll »Sozialismus« nennen.

---

1 Joseph, Freund von Matthias Storck, war in der Uniform eines Grenzsoldaten geflüchtet. Der Vergleich mit dem Hauptmann von Köpenick bezieht sich auf die Geschichte von Friedrich Wilhelm Voigt (1849–1922), der 1906 in der Uniform eines Hauptmanns auftrat und vom Bürgermeister der Stadt Köpenick die Herausgabe der Stadtkasse forderte.

2 Bob Dylan (geb. 1941), amerikanischer Rock- und Folkmusiker.

3 Intershop: DDR-Handelskette, in der die Waren nur mit westlicher Währung oder Devisenchecks bezahlt werden konnten.

4 M/L: Marxismus/Leninismus, obligatorisches Studienfach an DDR-Universitäten.

5 Juwel 72: DDR-Zigarettenmarke geringerer Qualität.

6 HB: westdeutsche Zigarettenmarke.

7 Kassiber: verbotene schriftliche Mitteilung eines Gefangenen.

8 Martin Niemöller (1892–1984), deutscher Theologe und Widerstandskämpfer in der Zeit des Nationalsozialismus.

9 *Neues Deutschland*: Zentralorgan der SED. Im Regelfall erhielten die Untersuchungsgefangenen des MfS allerdings keine Zeitung ausgehändigt.

10 Rudolf Bahro (1935–1997), DDR-Dissident und Autor des 1977 in der Bundesrepublik erschienenen Buches *Die Alternative*; von 1977 bis 1979 in der DDR in Haft.

11 Reiner Kunze (geb. 1933), deutscher Schriftsteller und SED-Kritiker. 1976 erschien in der Bundesrepublik sein Prosaband *Die wunderbaren Jahre*, woraufhin er aus dem Schriftstellerverband der DDR ausgeschlossen wurde; anschließend Ausreise in die Bundesrepublik.

12 Der Zellenkamerad von Matthias Storck kooperierte mit dem MfS als Zelleninformant (ZI).

13 Erich Honecker (1912–1994), von 1971 bis 1989 Parteichef der SED und Vorsitzender des Nationalen Verteidigungsrates der DDR, ab 1976 auch Staatsratsvorsitzender.

14 Dr. Wolfgang Vogel (1925–2008), Rechtsanwalt, Bevollmächtigter der DDR-Führung für humanitäre Fragen und Unterhändler beim Häftlingsfreikauf.

15 Beim sogenannten Sprecher, wie das MfS das Gespräch mit einem Anwalt oder einem Verwandten im Gefängnis nannte, waren strenge Auflagen zu befolgen. So durfte in der Regel weder über die Haftbedingungen noch über Inhalt und Verlauf des Verfahrens gesprochen werden. Auch Berührungen waren verboten.

16 Albert Schweitzer (1875–1965), evangelischer Theologe und Mediziner.

17 Wladimir Iljitsch Lenin (1870–1924), Chef der Kommunistischen Partei Russlands und Begründer der Sowjetunion.

18 Feliks Dzierzynski (1877–1926), Gründer und Leiter der sowjetischen Geheimpolizei.

19 Johann Wolfgang von Goethe (1749–1832), deutscher Dichter und Dramatiker.

20 Internationales Buch: Buchladen in Ost-Berlin, in dem Matthias Storck eine Zeitlang arbeitete.

21 Willi Stoph (1914–1999), DDR-Ministerpräsident, von 1973 bis 1976 Vorsitzender des Staatsrats der DDR, von 1976 bis 1989 Honeckers Stellvertreter als Vorsitzender des Staatsrats der DDR.

22 Anspielung auf die Teilnahme von Albrecht Schönherr, dem damaligen Vorsitzenden des DDR-Kirchenbundes und Bischof der Region Ost der Evangelischen Kirche in Berlin-Brandenburg, an den Feierlichkeiten der SED zum 30. Jahrestag der DDR-Gründung vom 7. Oktober 1949.

23 Worte, mit denen das Abendmahl eingeleitet wird.

24 Gemeint ist das bundesdeutsche Aufnahmelager in Gießen, seit den sechziger Jahren die erste Station für zahlreiche ausgereiste oder abgeschobene DDR-Bürger.

25 Dietrich Bonhoeffer (1906–1945), Theologe und Widerstandskämpfer gegen den Nationalsozialismus.
26 Matthias Storck studierte Theologie an der Universität Greifswald.
27 Gedicht von Kurt Tucholsky (1890–1935), Journalist und Schriftsteller.
28 Karo: DDR-Zigarettenmarke.
29 Camel: westdeutsche Zigarettenmarke.
30 Bornholmer Straße: Grenzübergang zwischen Ost- und West-Berlin.

ANNE KLAR
Gesicht zur Wand

Anne Klar (geb. 1941) war nach einem Fluchtversuch über Ungarn von März bis Juli 1980 in der Untersuchungshaftanstalt des DDR-Staatssicherheitsdienstes in Cottbus und anschließend im Frauengefängnis Hoheneck inhaftiert.

Sie hatten mich entdeckt. Ganz in der Nähe hörte ich überlaut einen Ast knacken. Meine Sinne waren aufs Äußerste angespannt. Ich glaubte schon, ihren keuchenden Atem in meinem Genick zu spüren. Oder würden sie zuerst die Hunde auf mich loslassen? Ich stand still, wie zu einer Salzsäule erstarrt. Schweiß und Schnee vermischten sich auf meiner Haut. Meine Kleidung war vollkommen durchnässt. Doch ich spürte nichts, weder Kälte noch Nässe, weder Hunger noch Durst, weder Müdigkeit noch sonst irgendwelche körperlichen Symptome. Dabei hatte ich drei Tage lang nicht mehr richtig geschlafen.

Seit Stunden versuchte ich nun schon, allein den Weg in die Freiheit zu finden. Die Freiheit hatte einen Namen: Österreich. Als wir bei Einbruch der Dunkelheit durch den ersten Grenzzaun krochen, glaubte ich noch an ein Gelingen unserer Flucht.

Wir, das waren mein Freund Siegmar, ein Handwerksmeister, sein Neffe Christian, der bei Siegmar im Betrieb arbeitete und ich, Lehrerin an einer Polytechnischen Oberschule in Cottbus. Der Name klingt hochtrabend, tatsächlich handelte es sich um eine der üblichen allgemeinbildenden zehnklassigen Einheitsschulen, in der alle Kinder zu uniformem Denken und Handeln erzogen wurden, im Sinne des Sozialismus und Kommunismus – beziehungsweise so, wie die Staatsmacht der DDR das auslegte.

Das Wetter war gegen uns. Als Siegmar das Auto im Wald zwischen Kőszeg und Szombáthely, drei Kilometer vor dem eigentlichen ungarisch-österreichischen Grenzgebiet, abstellte, herrschte wunderbarer Nebel, für unsere abenteuerliche Flucht wie geschaffen. Doch plötzlich fing es an zu schneien. Dicke, schwere Schneeflocken fielen ohne Unterlass. Christian hatte mir den Kompass, den er noch in Budapest gekauft hatte, anvertraut. Mit vor Aufregung schweißnassen Händen fasste ich immer wieder nach diesem Kleinod in meiner Jackentasche, um mich zu vergewissern, dass er noch da war und uns den Weg in die Freiheit weisen würde. Ab und zu nahm ich ihn heraus, legte ihn auf die Karte und bestimmte die Marschrichtung. Wir liefen, so schnell wir konnten, aber dennoch mit entsprechender Vorsicht durch das unwegsame, bergige Gelände. Das immer stärker werdende Schneetreiben kam uns anfangs noch gelegen, wurde uns aber zunehmend zum Verhängnis, weil dadurch unser Fluchtweg gut zu verfolgen war. Nur die einsetzende Dunkelheit war noch unser Verbündeter, erschwerte uns aber gleichzeitig die Orientierung.

Mit einer Art Galgenhumor flüsterten wir manchmal über das, was wir jenseits der Grenze als Erstes tun würden und wie unsere Flucht letztendlich der Beginn eines selbstbestimmten neuen Lebens werden sollte. Manchmal schwiegen wir auch über weite Strecken, und jeder beschäftigte sich in Gedanken mit seinen nächsten Angehörigen, die er zu Hause zurücklassen musste, um sie später auf ungefährlichere Weise aus der DDR herauszuholen. Ich dachte an meine beiden Söhne Dirk und Olaf. Sie waren nun neunzehn und sechzehn Jahre alt und mussten stark genug sein, um die Trennung, für hoffentlich nicht zu lange Zeit, zu verkraften. Meine Mutter würde sich gut um sie kümmern, bis sie mir eines Tages folgen konnten. Diese quälenden und schmerzhaften Gedanken begleiteten mich ständig.

* * *

»Halt! Stehen bleiben!«, rief eine Stimme aus dem Dunkeln.

Ich stand ja schon eine Ewigkeit. So kam es mir jedenfalls vor. Nun war alles vorbei, was so hoffnungsvoll begann. Wut, Angst, Hoffnungslosigkeit und eine unendliche Traurigkeit bemächtigten sich meiner und vermischten sich zu einem qualvollen Bad der Gefühle.

Jetzt ging alles ganz schnell. Sie kamen von allen Seiten. Einer forderte mich auf, die Hände hochzunehmen. Mit vorgehaltenen Maschinenpistolen näherten sie sich, teils neugierig, teils erstaunt, teils unsicher, resultierend aus ihrem Klassenfeindbild, das ich hier für sie personifizierte: weiblich, achtunddreißig Jahre, ein Meter sechzig groß, fünfzig Kilogramm, blond und blauäugig. Meine Fluchtgefährten waren nirgendwo zu sehen.

Ein Grenzsoldat drehte unsicher einen Strick zwischen seinen Händen, so, als überlegte er kurze Zeit, was er damit tun sollte. Dann band er mir pflichtgemäß die Hände auf dem Rücken zusammen und bedeutete mir, den Abhang hinunterzugehen. Ich stolperte mehr, als ich ging. Die Anstrengungen der letzten Stunden machten sich nun bemerkbar. Zu diesem Zeitpunkt war ich psychisch und physisch am Ende meiner Kräfte.

Auf dem Waldweg wartete eine Fahrzeugkolonne auf uns. Ich wurde in einen Jeep gestoßen. Nun ging es kreuz und quer durchs Gelände. Sie suchten das Auto, mit dem wir zu dritt aus Budapest gekommen waren und das wir im Wald vor dem Grenzgebiet abgestellt hatten. Meine Bewacher waren ungehalten, weil ich sie nicht mehr zu dem Standort führen konnte. Dabei war ich gar nicht unwillig, sondern einfach nur nicht mehr in der Lage, mich in der Dunkelheit und in der unwegsamen Mittelgebirgslandschaft zu orientieren. Als Selbstschutzmaßnahme hatte mich eine gewisse Lethargie befallen.

Plötzlich wurde ich aus meiner Gleichgültigkeit herausgerissen, denn alle Fahrzeuge stoppten. Ich musste aussteigen. Als sich meine Augen an die Dunkelheit gewöhnt hatten, sah ich meinen Fluchtgefährten Siegmar. Ihn hatten sie also auch. Er kam auf mich zu und stöhnte beim Auftreten. Ich sah in sein schmerzverzerrtes Gesicht. Erst jetzt bemerkte ich sein verbundenes Bein. An mehreren Stellen drang Blut durch den Verband.

»Was haben sie mit dir gemacht?« Er sagte, er sei gestürzt. Ich glaubte ihm aber nicht, weil ich annahm, dass er mich nur beruhigen wollte. »Sie haben auf dich geschossen!« Ehe er mir antworten konnte, stießen ihn seine Bewacher zurück ins Auto.

Vor Schmerz und Wut konnte ich meine Tränen nicht mehr zurückhalten. Ich heulte los, und es war mir in dem Moment gleichgültig, was mit mir passierte.

Was hatten wir diesen Menschen getan, dass sie uns wie entflohene Sklaven behandelten? Ich hatte noch nicht begriffen, dass wir tatsächlich welche waren und sie die Sklavenjäger im Dienste der Staatssicherheit der DDR. Wir sollten dem »rechtmäßigen« Besitzer zurückgeführt werden, um als Abschreckung durch Bestrafung zu dienen und um anschließend für harte Währung, je nach Ausbildungskosten und Wert, nach Westen verkauft zu werden. Für den Staat DDR waren wir unbrauchbar geworden und auch gefährlich, weil wir für die Ausbreitung einer ideologischen Seuche hätten sorgen können. Deshalb entledigten sich die SED-Machthaber durch den Häftlingsverkauf nicht nur ihrer unliebsamen Regimegegner, sondern füllten gleichzeitig noch mit dem Erlös die von der maroden Planwirtschaft gebeutelten Staatskassen auf.

Siegmar hatte mich Monate vorher schon über diese Machenschaften informiert, aber ich hatte es damals noch nicht glauben können, denn es erschien mir so ungeheuerlich. Ich musste alles erst selbst erleben, um das wahre, schreckliche Gesicht der SED-Diktatur kennenzulernen. Die DDR-Machthaber wiegten die Menschen bewusst in Unwissenheit und scheuten jede Art von Offenheit und Toleranz. Angst und Abschreckung dienten dem System als Grundpfeiler.

Man brachte uns in eine Grenzpolizeidienststelle. Es muss so gegen 22.00 Uhr gewesen sein. Ein Nachtverhör begann.

Zuerst befasste sich ein ungarischer Offizier damit, unseren unmittelbaren Fluchtweg zu rekonstruieren. Die Verständigung war nicht einfach und ließ auch bestimmt viele Fragen offen.

Aber er schien es auch nicht besonders verbissen zu sehen. Er war ein angenehmer, ruhiger Mann, der sich um sachliche Klärung bemühte.

Dann kam mit großem Getöse und viel Geschrei ein äußerst unsympathischer, sehr gut Deutsch sprechender Offizier. Er drohte mir mit stundenlangen Verhören, wenn ich den dritten Fluchtgefährten nicht verraten würde. Ich konnte aber gar nichts verraten, weil ich selbst nicht wusste, wo sich Christian aufhielt. Grenzsoldaten hatten seinen Mantel und darin seinen Ausweis gefunden. Er hatte ihn wahrscheinlich weggeworfen, um den Verfolgern schneller zu entkommen. Nun wussten sie aber von der Existenz eines dritten Flüchtlings. Die fortgeschrittene Nacht und das Schneegestöber hatten die Moral der Grenzsoldaten sinken lassen, und die Stimmung der Offiziere wurde gereizter und aggressiver. Sie mussten immer und immer wieder den Wald absuchen lassen, um den Flüchtigen zu finden. Für sie stand fest, dass er den zweiten Grenzzaun nicht überwunden hatte. Also mussten sie ihn in dem ca. drei bis fünf Kilometer breiten Absperrgebiet aufstöbern.

Gegen zwei Uhr nachts war es dann so weit: Endlich kamen sie mit viel Geschrei und Hundegebell und unserem dritten »Mann«.

Mir hatte man unterdessen eine Pritsche zum Ausruhen zugewiesen. Vorher aber durfte ich mich unter Aufsicht eines männlichen Bewachers notdürftig waschen und zur Toilette gehen. Das wurde höchste Zeit. Ich hatte nämlich außer dem natürlichen noch ein weiteres dringendes Bedürfnis: Ich besaß drei Hundertmarkscheine (West), die ich umgehend verschwinden lassen musste, um mich später nicht mit Devisenschmuggel und Fluchtvorbereitung selbst zu belasten.[1] Bislang hatte ich sie in drei Tempo-Taschentüchern versteckt, die ich krampfhaft in meinen Händen hielt und mit denen ich mir geflissentlich ab und zu die Nase putzte oder mir das Gesicht abwischte. Einmal meinte der Vernehmer, ich solle doch endlich mal die Taschentücher weglegen. Da glaubte ich schon, er hätte etwas bemerkt. Meine Taschen hatten sie schon alle gründlich durchsucht.

Es war Vorschrift, uns keine Minute unbewacht zu lassen. Aber durch das Nichtvorhandensein weiblichen Wachpersonals wurde mir erlaubt, die Toilettentür zu schließen. Eilig zerriss ich die Geldscheine in kleine Stücke und spülte sie durch die Toilette. Nun war mir etwas wohler. Ich konnte anschließend sogar zwei oder drei Stunden auf der harten Pritsche schlafen. Siegmar rief noch irgendwann meinen Namen und: »Halte durch!«

Ich habe es wörtlich genommen und mich achtzehn Monate daran gehalten. Aber das fiel oft schwer. Später erfuhr ich aus Siegmars und Christians Berichten, wie es ihnen auf der Flucht ergangen war und welche Umstände zu ihrer Festnahme führten.

* * *

Den ersten Grenzzaun überwanden wir noch gemeinsam. Hier war es auch weniger schwierig. Wir hatten ein Tor aus dicht gezogenem Stacheldraht gefunden, und es war kein Alarmdraht eingezogen worden. Als wir durchkrochen, glaubte ich mich schon in Österreich. Umso erstaunter sah ich Siegmar an, als er rief: »Schnell weg von hier! Wir sind noch nicht drüben.«

Plötzlich knallte es, und Leuchtkugeln stiegen auf. »Sie schießen auf uns!«, rief Christian. Wir stoben wie aufgescheuchte Hühner auseinander, kopflos und nur daran denkend, so schnell wie möglich aus der Gefahrenzone herauszukommen. Ich fiel über einen Stolperdraht, der weitere Leuchtsignale auslöste. Erschöpft und auch zur Deckung blieb ich ganz still liegen. Schon hörte ich die Verfolger mit ihren schweren Soldatenstiefeln durch den Wald in meine Richtung kommen. Ungefähr fünf Meter von mir entfernt liefen sie durchs Dickicht. Die einbrechende Dunkelheit schützte mich aber erst mal vor einer Entdeckung.

Später erfuhr ich, dass die Grenzpolizisten hauptsächlich Siegmar verfolgten, da sie sich auf seine davoneilenden Schritte konzentrierten. Noch lange vernahm ich das Knacken der morschen Äste unter ihren schweren Stiefeln. Sie waren meinem Fluchtgefährten dicht auf den Fersen. Siegmar zog sich die Schuhe aus und rannte in Strümpfen weiter. Plötzlich spürte er einen wahnsinnigen Schmerz im Bein. »Ich glaubte, sie hätten mir ins Bein geschossen«, erzählte er später. »Doch es war ein Baumstamm, gegen den ich mit voller Wucht gerannt war.«

Auf allen vieren kroch er zu einem Reisighaufen, den er in der Nähe entdeckte, und versteckte sich darunter. Da waren auch schon seine Verfolger zur Stelle. Sie konnten es nicht glauben: Der Gejagte war weg, wie vom Erdboden verschwunden.

Unterdessen war es stockdunkel geworden. Mit Taschenlampen leuchteten sie jeden Winkel ab. Ein Grenzsoldat kam auch zu dem Reisighaufen, unter dem sich Siegmar verbarg. Er musste ihn entdeckt haben, denn er blendete ihm direkt ins Gesicht, sagte aber kein Wort, kehrte um und rief seinen Kameraden zu: »Hier ist niemand!«

Als sie etwas später noch einmal alles durchsuchten, wurde sein Versteck gleich von mehreren Soldaten durchstöbert, und er wurde gefangen genommen. Siegmars Versteck lag nur achtzig Meter vom letzten Grenzzaun entfernt.

Christian war später wieder in die entgegengesetzte Richtung gelaufen, um sich in einer Futterkrippe im Heu zu verbergen. Ihn konnten die Wachhunde erst lange nach Mitternacht, eintausendfünfhundert Meter vom letzten Grenzzaun entfernt, aufspüren.

Nachdem die Schritte der Grenzsoldaten nur noch weit entfernt zu hören waren, erhob ich mich und lief weiter in nordwestlicher Richtung. Ich musste Siegmar und Christian wiederfinden, um den zweiten Grenzzaun überwinden zu können.

Ein Zurück gab es zu dem Zeitpunkt für mich nicht mehr. Ich lief vorwärts und achtete darauf, dass die Stimmen der Soldaten und das Gebell der Hunde in einem akzeptablen Abstand blieben. Manchmal blieb ich wie versteinert stehen, weil ich mannshohe Baumstämme für auf mich lauernde Soldaten hielt. Heute vermute ich, dass es Taktik war, diese Bäume in genau dieser Höhe stehen zu lassen.

Nach ca. zwei Stunden war ich am Ziel: dem zweiten, für mich unüberwindlich scheinenden Grenzzaun. Ich schlich mich vorsichtig näher heran, um ihn genauer in Augenschein nehmen zu können. Erschrocken hielt ich jedoch inne, denn ich hörte Motorengeräusche. Eine Straße, kurz vor dem Grenzstreifen, wurde ständig abgefahren und kontrolliert. Fußspuren über die kleine Lichtung zur Straße hätten mich« sofort verraten. Wir haben nur gemeinsam eine Chance, ging es mir durch den Kopf. Es musste schnell gehen, und der Zaun war für mich allein nicht zu bewältigen.

Ich machte mich wieder auf die Suche nach Siegmar und Christian, nicht ahnend, dass mir meine Verfolger schon bedenklich nahe waren. Hin und wieder blieb ich stehen und lauschte angestrengt. Da hörte ich sie sogar flüstern. Mir stockte das Blut in den Adern. Es war nicht mehr möglich, den Häschern zu entkommen. Ich gab auf.

Später sagte man mir, und so steht es auch im Protokoll, dass mich die Grenzwache einhundertfünfzig Meter von der Grenze zu Österreich aufgegriffen und unschädlich gemacht habe.

Dem Staatssicherheitsdienst der DDR wurde umgehend mitgeteilt, dass drei »subversive Elemente« bei der Ausführung einer strafbaren Handlung im Grenzgebiet des befreundeten Bruderstaates dank der guten Zusammenarbeit festgenommen werden konnten. Uns klagte man später nach Paragraph 213 (Republikflucht) an, drehte aber, da dessen Wortlaut nicht zutraf, den Spieß um und bezeichnete unser Vergehen als »Nichtwiedereinreisewilligkeit.«[2]

* * *

Es musste schon Abend sein, als das Auto durch schwere Eisentore fuhr und endlich zum Stehen kam. Man hatte mich in die Untersuchungshaftanstalt der Staatssicherheit in Cottbus gebracht. Draußen war es bereits dunkel, und ich sah nur schemenhaft hohe Mauern und massive, große Gebäude mit vergitterten kleinen Lichtschächten als Fenster. Aus der Tür eines Seitengebäudes fiel Licht in den kleinen Innenhof. Man brachte mich durch endlos lange Flure bis zum Zimmer des Untersuchungs-

haftrichters. Erst hier wurde mir offiziell mitgeteilt, dass ich verhaftet sei und ein Ermittlungsverfahren gegen mich eingeleitet
werde.

Es war der 10. April 1980. Einundzwanzig Tage waren seit
meiner Gefangennahme vergangen, und niemand hatte meine
Familie über meinen Verbleib informiert. Auch sie sollten bestraft werden, indem man sie absichtlich im Ungewissen hielt,
sie ihren Sorgen, Zweifeln und quälenden Vermutungen über-
ließ, um sie vielleicht später sogar der Mitwisserschaft anzukla-
gen und einzusperren.

Meinem Sohn Dirk wurde per Post vom 11. April 1980 Folgendes mitgeteilt:

*Gegen Ihre Mutter wurde ein Ermittlungsverfahren einge-
leitet, weil sie der Begehung strafbarer Handlungen dringend
verdächtig ist. Sie wurde in Untersuchungshaft genommen
und befindet sich in der Untersuchungshaftanstalt 75 Cottbus,
Spreeufer.*

Im Cottbusser Untersuchungsgefängnis versahen zwei Frauen in
Uniform abwechselnd ihren Dienst. Die Jüngere hatte an diesem
ersten Abend die Aufgabe, mich zuerst zum Duschen zu bringen
und mir anschließend eine Zelle zuzuweisen. »Zieh'n Se sich aus
und dusch'n Se!« Sie reichte mir Seife und Shampoo und ordnete an: »Haare waschen!« Ich genoss das warme Duschbad und
wollte mir viel Zeit lassen. »Beeil'n Se sich«, forderte sie mich
auf und hielt mir Anstaltskleidung hin: Unterwäsche, Socken, ein
gestreiftes Männeroberhemd und eine dunkelgrüne Trainings-
hose. Ich fand die Sachen scheußlich und zog sie nur widerwillig
an. »Muss das sein?«, fragte ich. »Ja. Ihre Sachen kommen zu
den Effekten.« So nannte man den Hinterlegungsort für private
Sachen. Nun forderte sie mich auf, zu gehen und zu stehen, wie
sie es für richtig hielt: »Geh'n Se! – Bleib'n Se steh'n! – Gesicht
zur Wand! – Geh'n Se!« Überall Gitter – Schleusentüren – rechts
Zellentüren und über allem ein unfreundliches kaltes Neonlicht.
Endlich, nach fünf- oder sechsmaligem Durchschließen, hieß es:

»Bleib'n Se steh'n!« Meine Bewacherin schaltete von außen in einer Zelle das Licht an und schloss mehrere Male, um die Tür zu öffnen. »Sie sind Nummer 65/2!« Nun hatte ich also auch keinen Namen mehr.

Ich trat ein. Endlich: ein Mensch, mit dem ich reden konnte. Da war nämlich schon Karin, die sich noch etwas schlaftrunken vorstellte. Sie begrüßte mich, fragte nach meinem Namen, meiner Herkunft und erkundigte sich, warum es mich an diesen düsteren Ort verschlagen habe. Ehe ich ihr alle Fragen beantworten konnte, wurden wir aber schon wieder durch mehrmaliges Schließen aufgeschreckt.

Ein Nachtverhör begann. Dabei war ich doch so müde und kaputt von diesem ungewöhnlich ereignisreichen Tag! Wieder ging es durch viele Gittertüren und lange Flure: Gesicht zur Wand – Aufschließen – Durchgehen – Gesicht zur Wand – Abschließen – Weitergehen … Immer der gleiche Ablauf, immer die gleichen Befehle. Da war nichts Menschliches.

Ich wurde in einen verhältnismäßig großen Raum mit einem langen Tisch und Stühlen gebracht. Auf dem Tisch stand ein Tonbandgerät älteren Modells. An der Stirnseite stand ein Uniformierter. »Setzen Sie sich!«

Ich begab mich zum Tisch, um auf einem Stuhl Platz zu nehmen. Er sagte mir unmissverständlich, dass dies nicht mein Platz sei, sondern der Holzhocker in der Zimmerecke. Mir war schon alles egal. Mit meinen klitschnassen Haaren und den an mir herumhängenden Haftklamotten sah ich ohnehin wie ein Straßenvagabund aus, der vom Regen überrascht worden war.

»Sie sind die Lehrerin, von der halb Cottbus spricht!« Wenn mir diese Äußerung ein schlechtes Gewissen verursachen sollte, dann war das misslungen, denn in meinem Innersten empfand ich so etwas wie Stolz. Außerdem bewies es mir, dass mein Schicksal in der Öffentlichkeit bekannt war.

Das Verhör nahm seinen Lauf. Der Uniformierte schaltete das Tonbandgerät ein. Meine Müdigkeit schien meinem Gegenüber Desinteresse vorzuspiegeln, denn plötzlich wurde die Tür aufgerissen. »Aufstehen – Gesicht zur Wand – Umdrehen – Setzen!« Da saß ich Häuflein Unglück nun, und vor mir fuchtelte ein abgebrochener Zwerg in Zivilkleidung aufgeregt und wütend mit den Armen in der Luft herum:»Sie lügen! Sie glauben wohl, wir ziehen uns die Hosen mit der Kneifzange an und setzen uns den Hut mit dem Drehkran auf!«

Das war zu viel. Mich überfiel urplötzlich ein Lachanfall. Den ersten Teil des Spruches kannte ich, aber als ich mir den zweiten Teil bei dem Kleinwüchsigen bildlich ausmalte, gab es für mich kein Halten. Er schrie noch etwas vom Kleinkriegen, auch von Frauen, die in der Regel länger widerstehen als Männer. So in etwa waren seine Worte. Dann war der Spuk vorbei. Ehe mir weitere Befehle erteilt werden konnten, knallte schon wieder die Tür, und der kleine Glatzkopf war verschwunden. Nun ging das Verhör weiter. Gegen drei Uhr brachte man mich schließlich in die Zelle.

Die Nacht war kurz, denn um sechs Uhr wurde geweckt. Nun erst erkannte ich das ganze Ausmaß meiner menschenunwürdigen Aufbewahrungsstätte: drei Meter lang, zwei Meter breit, Lichteinfall durch Glasbauziegelsteine, die durch das versetzte Anordnen für Frischluftzufuhr sorgten, zwei schmale Holzpritschen, etwas weiter oben an der Wand ein Holzregal mit einer kleinen Schiebetür, ein Klappbrettchen als Tisch, zwei Holzhocker, ein Waschbecken (nur Kaltwasser) und eine Toilette.

Drei Monate musste ich mich nun mit dieser Räumlichkeit abfinden. In den ersten drei Wochen war Karin meine Gesprächspartnerin. Sie arbeitete vor ihrer Verhaftung in Hoyerswerda als Klubhausleiterin. Dort gelangte sie in den Besitz digitaler Armbanduhren aus West-Berlin und fand damit reißenden Absatz in ihrem Bekanntenkreis und in ihrem Tätigkeitsfeld. Natürlich war ihr Verdienst dabei nicht unerheblich. Bei dem Bespitzelungsapparat in der DDR konnte so etwas nicht lange im Verborgenen geschehen, und so kam es, dass unsere Wege sich hier kreuzten.

Zuerst war ich glücklich, nicht in Einzelhaft zu sein. Später überkamen mich Zweifel an der Aufrichtigkeit meiner Zellengefährtin. Oft wurden Kriminelle mit politischen Häftlingen zusammengelegt, um auf diesem Umweg an Informationen zu gelangen.

Einmal am Tag, für jeweils 20 Minuten, durften wir zur »Freistunde«. Im Innenhof der Haftanstalt befanden sich sechs »Freigehege«. Sie waren ungefähr fünf Meter lang und drei Meter breit und untereinander durch hohe Mauern getrennt. Über den Käfigen sah ich einen vergitterten Himmel und einen Laufsteg für den Wachposten, der uns schwer bewaffnet beobachtete. Frischluft und Bewegungsfreiheit waren Mangelware in dieser Herberge, deshalb nutzte ich die kurze Zeit aus, um mit sportlichen Übungen meinem Körper etwas Gutes anzutun. Manchmal stand ich aber auch nur an der Mauer, um ein paar Sonnenstrahlen einzufangen. Es war ja unterdessen Frühling geworden, und die Sonne stand schon hoch am Himmel.

Kleinigkeiten erhielten hier eine besondere Bedeutung: der Vogel, der über den »Käfig« flog; das Blatt, welches der Wind hereingeweht hatte; auch das Hölzchen, das ich eines Tages fand. Ich kratzte damit eine Nachricht für Siegmar in den Boden. Es musste schnell und unauffällig geschehen, aber für den aufmerksam Suchenden erkennbar sein. Ein anderes Mal rief ich beim Freigang laut den Namen meines Verbündeten. Das blieb natürlich nicht unbemerkt, und ich wurde umgehend zum Vernehmer gebracht. Er drohte mir mit dem Entzug der Freistunde. So blieb es bei diesen Einzelaktionen. Aber sie gaben mir das Gefühl, etwas eigenmächtig getan zu haben. Ich hatte die Isolation durchbrochen. Später, in Hoheneck,[3] hatte ich noch einmal dieses erhebende Gefühl, als ich einen mit unsichtbarer Schrift versehenen Zeitungsrand über eine Besucherin an meine Familie herausschmuggelte.

Eines Tages wurde wieder einmal die Tür meiner Zelle aufgeschlossen, und mir wurde mein Pullover hereingereicht. In der Vergangenheit hatte ich immer wieder gefordert, meine Privatsachen tragen zu dürfen. Nun glaubte ich, mein Ziel erreicht zu haben.[4] Karin staunte und freute sich mit mir. Doch es sollte anders kommen. Kurz darauf wurde ich nämlich in das »Fotostudio« gebracht. Spätestens nun befand ich mich wieder auf dem Boden der Realität. Erst wurden Fingerabdrücke von mir genommen, anschließend fertigte man Fotos für die »Verbrecherkartei« an. Zu diesem Zweck musste ich mich auf einen hohen Holzstuhl setzen, der außerdem noch auf einem Podest stand. Er sah dem elektrischen Stuhl in Amerika, den ich aus Filmen kannte, sehr ähnlich. Mein Gesicht wurde im Profil und von vorn aufgenommen. In der Halsgegend befand sich ein Gestell mit einer eingeschobenen Nummer. Das kannte ich ja auch, aber nur aus Verbrecherfilmen. Ich spürte wieder eine ohnmächtige Wut über diese Demütigungen, aber ich war machtlos und der Stasi-Maschinerie ausgeliefert.

In den ersten Wochen wurde ich oft zum Verhör geholt, später seltener. Immer wiederholte sich das gleiche Ritual: Zelle aufschließen – Nummer aufrufen – gehen – stehen – Gesicht zur Wand – stundenlanges Hockersitzen. Bei den Verhören hielt ich mich an die Abmachungen, die wir noch gemeinsam in Ungarn getroffen hatten. Keiner von uns durfte als Initiator der Aktion herausgestellt werden, um für den Einzelnen ein höheres Strafmaß zu vermeiden. Keinerlei Vorbereitung durfte uns zur Last gelegt werden, da so was das Strafmaß erheblich verlängerte. Deshalb lautete die Formel für unsere Aussagen: Den Entschluss, die Grenze zu überwinden, trafen wir erst unmittelbar vor Ort.

Wenn der Vernehmer meine Aussagen nicht mit denen der beiden anderen Beschuldigten in übereinstimmend befand, versuchte er, uns gegeneinander auszuspielen. Ich erklärte dann oft, dass ich mich nicht mehr an Einzelheiten erinnere. Der Vernehmer, ein Leutnant Träger, vermerkte dann häufig im Protokoll: »Es ist ihr nicht erinnerlich.« Dieses Wort kannte ich noch nicht, und es belustigte mich. Es gab einen richtigen Stasi-Jargon. Hier wurden Formulierungen verwendet und geschrieben, die kein normaler Mensch auf der Straße sprach.

Eines Tages bekam ich, mal wieder auf dem Holzhocker sitzend, im Vernehmerzimmer Post vom Rat des Kreises Cottbus vorgelegt. Schulrat Zilz teilte mir mit, dass ich mit Wirkung vom 11. April 1980 als Lehrerin fristlos entlassen sei.

Begründung:
Versuchte Republikflucht steht im völligen Widerspruch zu den Pflichten eines Pädagogen in unserer Deutschen Demokratischen Republik.
Sie haben die Ihnen anvertrauten Schüler skrupellos im Stich gelassen. Damit haben Sie das Recht verwirkt, als Pädagoge in unserer sozialistischen Schule tätig zu sein.

An meiner unrechtmäßigen Inhaftierung und an der Terrorisierung meiner Familie waren namentlich Major Schulz, Oberleutnant Textor, Oberfeldwebel Feige, Leutnant Träger, Hauptmann Timm, Staatsanwalt Kimmel, der Richter Hauptmann und der gesellschaftliche Ankläger Stumpfe beteiligt.

Die Tage, Wochen und Monate in der Untersuchungshaftanstalt erschienen mir endlos. Mit meiner Familie durfte ich erst sehr spät brieflich in Verbindung treten. Mir wurde dann erlaubt, wöchentlich eine DIN-A4-Seite zu schreiben. Ich durfte aber nichts über meine derzeitigen Lebensumstände, über das Fluchtvorhaben bzw. über meine zukünftigen Ziele schreiben. Nun lebte ich von den wenigen, seltenen Informationen, die ich von meiner Familie bekam: Olaf wurde zu Hause von meiner Mutter betreut. Sie war bereits 70 Jahre, und ich machte mir Sorgen um ihre Gesundheit.

Damals ahnte ich noch nichts von den hinterhältigen Machenschaften und Aktivitäten der Staatssicherheit und ihrer Helfershelfer. Sie ließen nach meiner Flucht nichts unversucht, zwei junge Menschen für ihr verlogenes System zu vereinnahmen und zu missbrauchen.

Dirk wurde umgehend als Wehrpflichtiger in die Nationale Volksarmee (NVA)[5] eingezogen. Als er den Grenztruppen zugeordnet werden sollte, erklärte er, dass er nicht auf Menschen schießen würde. Nun durfte er als Funker auf einem Militärflugplatz dienen. Alle Versuche der Kommunisten, aus ihm einen linientreuen Offizier zu machen und unsere Familie damit zu spalten, schlugen fehl. Dirk sollte die Offizierslaufbahn bei der Nationalen Volksarmee einschlagen, wenn er es fertigbrachte, jegliche familiären Bindungen abzubrechen. Vier Jahre später, im Oktober 1985, folgte Dirk mir als hartnäckiger Ausreiseantragsteller mit seiner Verlobten nach West-Berlin.

Olaf wurde, als ich in der Gefängnisburg Hoheneck war, massiv unter Druck gesetzt. Jugendliche aus dem privaten Umfeld versuchten, ihn davon abzuhalten, den Ausreiseantrag zu stellen. Sie schilderten ihm die Bundesrepublik in den schwärzesten Farben. Man erzählte ihm, dass er im Westen ein trauriges Leben fristen würde – dass er dort keine Lehrstelle bekäme, unter der Brücke schlafen müsste und auf die Suppenküche angewiesen wäre.

Da Olaf noch minderjährig war (17 Jahre) und ich das Erziehungsrecht hatte, beantragte ich in Chemnitz bei der Staatssicherheit die Ausreise für ihn. Das war nur möglich, weil er vorher bei mehreren Befragungen durch Staatssicherheitsleute eindeutig den Wunsch geäußert hatte, mit mir in die Bundesrepublik zu gehen. Sie kamen immer überraschend mit einem gelben »Fiat«[6] und versuchten, ihn davon zu überzeugen, in der DDR zu bleiben. Zuletzt stellten sie ihm sogar in Aussicht, in den Westen gehen zu können, aber die Staatsbürgerschaft der DDR zu behalten. Olaf lehnte ab. Das war sehr mutig von ihm, denn damit stellte er sich offen gegen diesen Staat.

In der Untersuchungshaftanstalt Cottbus wurde ich nach drei Wochen in eine andere Zelle verlegt. Jetzt bekam ich die Nummer 70/2. Hier traf ich Veronika aus Berlin. Sie war erst 21 Jahre alt und hatte mit ihrem Freund Micha nach West-Berlin fliehen wollen. Sie vertraute sich ihrer Mutter an – und diese wiederum unterrichtete die Staatssicherheit, um den Freund anzuzeigen, der ihre Tochter »verführen« wollte. Dumm gelaufen! Dass sie für ihre Tochter damit das verhängnisvolle Urteil herausforderte, hatte sie sich vermutlich nicht vorstellen können. Welche bitteren Vorwürfe mag sich diese Mutter wohl später gemacht haben? Veronika und ihr Freund wurden verhaftet und der versuchten Republikflucht angeklagt. Sie kamen aus der Untersuchungshaftanstalt Berlin-Hohenschönhausen und warteten nun auf ihre Verhandlung und Verurteilung, die am Kreisgericht Cottbus erfolgen sollte. Wahrscheinlich war Berlin mit solchen Fällen überlastet!

Trotz der widrigen Umstände haben Veronika und ich oft gelacht: Wir erzählten uns lustige Erlebnisse, lachten über das Stasi-Personal und am meisten auch über uns selbst. Es gab keine Intimsphäre. Die Zelle war klein. Alles geschah unter Beobachtung. Am unangenehmsten sind mir die Tage der Periode und der Toilettengang in Erinnerung. Bei allen Verrichtungen musste man sich ständig mit dem Auge am Guckloch abfinden, auch nachts, alle paar Minuten. Bei der nächtlichen Zellenkontrolle wurde jedes Mal ein grelles Licht über der Tür eingeschaltet. Eines Nachts hatte ich die Decke über das Gesicht gezogen und mich in Seitenlage begeben. Ich tat es absichtlich, weil ich wütend war und durch das ständige Blenden ohnehin nicht einschlafen konnte. Auf die nun folgende Abwechslung wartete ich regelrecht. Sie kam wie auf Bestellung: Licht an – Auge am Guckloch – Schlüssel drehen – Tür aufreißen – »Drehen Sie sich auf den Rücken! Decke vom Gesicht! Hände an die Seite!« – Tür zu – Schlüssel drehen – Auge am Guckloch – Licht aus. Da hatte ich doch glatt die Stasi-Schlafstellung missachtet. Übrigens war die Holzpritsche so schmal, dass nur kleine Leute sich in die Seitenlage begeben konnten.

Besonders einprägsam waren manche Geräusche, so dass sie mich heute noch sofort an die Untersuchungshaft erinnern: In der Umgebung musste es ein Sägewerk geben. Die Kreissäge ging den ganzen Tag, von früh morgens bis in den späten Nachmittag. Dieses Geräusch war nervig und sehr unangenehm. Dazwischen schlug viertelstündlich die Uhr vom Gerichtsgebäude, das sich in nächster Nähe befand. Die Uhr betrachtete ich als meine Verbündete. Sie machte mir klar, dass auch böse Zeiten vergehen. Außerdem half sie mir, mich zeitlich zu orientieren. Am Anfang wartete ich auf jede Viertelstunde, die sie mir anzeigte.

Eines Nachmittags drang ungewöhnlicher Lärm bis in unsere Zelle. Vom Spreepark gegenüber waren Volksfestgeräusche zu hören. Menschen feierten, und am Abend gab es sogar ein Konzert. Das ging uns ganz schön auf das Gemüt! Irgendwann erklang der Schlager »Jamaika«. Das war auch für Veronika zu viel. Wir heulten beide und flüchteten uns in Gedanken in die Zukunft, erzählten von unseren Reiseplänen, die wir gerne einmal verwirklichen wollten. Veronika jedenfalls wollte unbedingt mit ihrem Freund Micha nach Jamaika reisen.

Anfang Juni 1980 war dann ihre Urteilsverkündung. Beide wurden des versuchten ungesetzlichen Grenzübertritts bezichtigt und schuldig gesprochen, gemäß Paragraph 213 Strafgesetzbuch der DDR.[7] Veronika bekam 18 Monate, ihr Freund Micha 20 Monate Freiheitsentzug. Nach zwei weiteren Tagen wurden sie abtransportiert, und ich war wieder einmal allein.

Nun folgten bis zu meiner Verhandlung und Aburteilung drei scheinbar endlose Wochen Einzelhaft. Da keine Verhöre mehr stattfanden, holte man mich wöchentlich nur noch einmal in das Vernehmerzimmer, um Post zu lesen oder einen Brief zu schreiben. Irgendwann hatte ich auch eine Leseerlaubnis bekommen. Ich las alles, was mir in die Hände kam. Aber es war nur eine momentane Ablenkung. Nichts davon ist mir im Gedächtnis geblieben. Es wäre mir vielleicht nicht einmal aufgefallen, wenn man mir das *Kommunistische Manifest*[8] hereingereicht hätte.

Dann kam der entscheidende Tag der Gerichtsverhandlung. Ich wartete sehnsüchtig darauf – denn sie bedeutete das Ende der Stasi-Untersuchungshaft.

---

1 Nach Paragraph 213 (Ungesetzlicher Grenzübertritt) StGB der DDR konnten Fluchtvorbereitungen als »besondere Intensität« der Tat und damit strafverschärfend gewertet werden.

2 Paragraph 213 StGB der DDR stellte nur das widerrechtliche Passieren der DDR-Staatsgrenze und nicht der von anderen Ostblockstaaten unter Strafe.

3 Die Festung Hoheneck im Erzgebirge wurde seit 1950 als Strafvollzugsanstalt genutzt. Bekannt wurde Hoheneck als größtes Frauenzuchthaus der DDR.

4 Die Häftlinge bekamen normalerweise spezielle Gefangenenkleidung ausgehändigt, obwohl sie in der Untersuchungshaft formal als unschuldig galten. Um ihre Identität zu wahren, bemühten sich viele, ihre Privatkleidung zu-

rückzuerhalten. In diesem Fall wurde die Privatkleidung jedoch nur zurück-gegeben, um ein Foto anzufertigen.

5 Nationale Volksarmee (NVA): 1956 gegründete Armee der DDR.

6 Vermutlich ein Lada-Nachbau.

7 Paragraph 213 (Ungesetzlicher Grenzübertritt) StGB der DDR in der Fassung vom 12. Januar 1963 besagte: »(1) Wer widerrechtlich in das Gebiet der Deutschen Demokratischen Republik eindringt oder sich darin widerrechtlich aufhält, die gesetzlichen Bestimmungen oder auferlegte Beschränkungen über Ein- und Ausreise, Reisewege und Fristen oder den Aufenthalt nicht einhält oder wer durch falsche Angaben für sich oder einen anderen eine Genehmigung zum Betreten oder Verlassen der Deutschen Demokratischen Republik erschleicht oder ohne staatliche Genehmigung das Gebiet der Deutschen Demokratischen Republik verlässt oder in dieses nicht zurückkehrt, wird mit Freiheitsstrafe bis zu zwei Jahren oder mit Verurteilung auf Bewährung, Geldstrafe oder öffentlichem Tadel bestraft. (2) In schweren Fällen wird der Täter mit Freiheitsstrafe von einem Jahr bis zu fünf Jahren bestraft. Ein schwerer Fall liegt insbesondere vor, wenn 1. die Tat durch Beschädigung von Grenzsicherungsanlagen oder Mitführen dazu geeigneter Werkzeuge oder Geräte oder Mitführen von Waffen oder durch die Anwendung gefährlicher Mittel oder Methoden durchgeführt wird; 2. die Tat durch Missbrauch oder Fälschung von Ausweisen oder Grenzübertrittsdokumenten, durch Anwendung falscher derartiger Dokumente oder unter Ausnutzung eines Verstecks erfolgt; 3. die Tat von einer Gruppe begangen wird; 4. der Täter mehrfach die Tat begangen oder im Grenzgebiet versucht hat oder wegen ungesetzlichen Grenzübertritts bereits bestraft ist.«

8 Das Kommunistische Manifest wurde von Karl Marx (1818–1883) und Friedrich Engels (1820–1895) im Auftrag des Bundes der Kommunisten verfasst und ist am 21. Februar 1848 in London erschienen.

ANKE JAUCH
Die gebastelte Blume

Anke Jauch (geb. 1959) war nach einem Fluchtversuch über Bulgarien von Juli bis Oktober 1980 in der Untersuchungshaftanstalt des DDR-Staatssicherheitsdienstes in Leipzig und anschließend im Frauengefängnis Hoheneck inhaftiert.

Das Auto hielt. »Raus«, lautete der Befehl. Nur wenige Schritte, um in das Gebäude zu gelangen. Umdrehen durfte ich mich nicht. Ich wollte wissen, wo ich bin! Es war nun schon dunkel geworden. Dann sah ich es: die Gitter!

Einen langen dunklen Gang musste ich gehen, um in eine kleine Zelle gesperrt zu werden. Dort wurde ich gezwungen, mich noch einmal auszuziehen, um die sogenannte Leibesvisitation über mich ergehen zu lassen.

Man brachte mir eine Plastiktasse mit Tee. Ich musste einen mir viel zu großen Trainingsanzug und andere Wäsche anziehen, die sogenannten »Knastsachen«. Mir war übel, als ich die stinkenden harten Kleidungsstücke überstreifen sollte. Eine Plastikschüssel – es gab alle Gegenstände nur aus diesem ekelhaften Material. Plastiklöffel, keine Gabel oder Messer; eine Tasse und Waschzeug gab man mir auch.

Welch ein Glück, dass ich in diesen Tagen nie einen Spiegel sah. Nur an eins dachte ich: Wann, oh, wann kommt der Knall, der diesen unmenschlichen Alptraum zerplatzen lässt? – Er kam nicht.

Man führte mich eine Treppe hinauf. An den Wänden waren

rote und blaue Lampen angebracht, auch Kameras und überall an jeder Wand Drähte. Der Mann, der mir folgte, schloss eine große Gittertür auf. Die Zellenetage! Oh, sah das in Natur gespenstisch und schrecklich aus! Tür an Tür. Alle hatten eine Nummer, Schloss an Schloss. Der Mann holte seinen dicken Schlüsselbund hervor und schloss eine Türe auf und sagte »Rein!«. Es war die Zelle Nr. 28. Ich zog mich aus, endlich Ruhe! Ich wollte mich nach so langer Zeit waschen, da bemerkte ich, dass sich das »Guckloch«, das sich in jeder Zellentür befand, bewegte, und sogleich drehte sich der Schlüssel im Schloss. »Nicht ausziehen, in zehn Minuten hole ich Sie, merken Sie sich Nr. 2, das sind Sie ab jetzt.« Knall – die Tür war wieder zu. Also immer noch nicht waschen. Eine Sauerei. Ich war nun kein Mensch mehr, ich war einfach nur die »Nr. 2«!

Als ich mich so umsah, musste ich gestehen, dass diese Zelle einer feinen Hotelzelle entsprach, im Vergleich zum Loch in Bulgarien. Plötzlich bemerkte ich, dass es zwei Betten (bzw. zwei Holzbretter) gab – und in einem lag eine Frau! Sie schaute auf, und wir begrüßten uns. Endlich einen Menschen treffen, mit dem man sprechen konnte. Welch Wohltat! Da es vermutlich schon spät am Abend war, sagte ich, sie solle weiterschlafen, ich mache leise. Wir sagten uns nur die Namen, dann schlief sie wieder ein, sichtlich erschöpft. Ich sah nur noch, dass sie ein dickes, aufgequollenes, verweintes und sehr müdes Gesicht hatte. In diesem Moment beneidete ich sie. Sie durfte schlafen, und das war auch mein größter Wunsch – schlafen, ein paar Stunden nur. Doch wann konnte ich das?

Ein Holztisch und zwei wacklige Holzhocker standen außerdem noch in der Zelle. Über jeder Pritsche hing ein kleiner Plastikschrank. Und es gab ein echtes Waschbecken und eine richtige Toilette – welch ein Aufstieg! Aus dicken, fetten Glasbausteinen war das Fenster, wodurch man selbstverständlich nichts sah. An einer Stelle drang etwas Luft in den kleinen Raum. Ich wusste immer noch nicht, wo ich war, was das für ein »Haus« war und in welcher Stadt ich mich befand.

Mir blieb wenig Zeit, um meine Gedanken zu ordnen. Der

Mann kam schon, um mich zu holen. Wieder ein langer Gang – Treppen, Gitterstäbe, Kameras, Drähte und Lampen überall. Vor einer Tür blieb er stehen und sprach im Befehlston: »Links ran, Gesicht zur Wand – warten.« Er klopfte an und ging hinein, kurz darauf kam er und machte nur eine Handbewegung – rein. Ich sollte in Zukunft von den Wärtern nicht einen einzigen ordentlichen Satz zu hören bekommen, nur diese Wortfetzen.

In dem Zimmer brannten sehr helle Leuchtstofflampen – normale Fenster, doch davor ein Gitter. Ein großer Schreibtisch stand da, und an den Wänden hingen natürlich, wie sollte es auch anders sein, meine Freunde Lenin[1] und Honecker.[2]

In der äußersten Ecke stand ein Holzstuhl. Höflich, wie ich war, sagte ich »Guten Tag«. Am Schreibtisch saß ein ca. 35 Jahre alter Mann mit Anzug und Krawatte. Sein Haar war blond und hatte links einen akkuraten Scheitel. Der harte Holzstuhl war für mich. Die wissen schon, wie sie es anstellen – setzen einen fein gebügelten Herrn in einen Lederchefsessel, und selbst fühlt man sich elend, hat Kleidungsstücke vom Müll an, die Haare triefen vor Fett, ungekämmt. Das allein beeinflusst schon das Selbstwertgefühl bei jedem. Trotz meines Aussehens senkte ich meinen Kopf nicht. O nein, warum denn? Vor diesem glattrasierten und von der Stasi gewaschenen Herrn? Ich bin viel mehr wert als dieser Lügenbold. Meine erste Frage, noch etwas zaghaft: »Wo bin ich?« In einem ruhigen, ja fast netten Ton sagte er: »In Leipzig, Beethovenstraße, und das Gebäude ist das Ministerium für Staatssicherheit.« Aha. Ich staunte, denn es war nur einige Straßen von meinem Elternhaus entfernt. Dann sagte er mir wörtlich, dass er mir nun Fragen stelle, danach sei eine halbe Stunde Pause, um anschließend das Protokoll zu schreiben. Nun gut, dachte ich, das wird ja alles nicht so lange dauern. Doch wieder irrte ich mich gewaltig.

Es begann das Nachtverhör 3. Grades, wie man so schön sagt – mit der Frage, ob er ein Tonband mitlaufen lassen könne. Der Untersuchungsführer, wie er sich nannte, hatte einige Zettel vor sich liegen, ein Schema also, wonach er mich befragte. Er drückte die Taste vom Tonbandgerät und richtete das Mikrofon auf mich.

Warum, wieso, weshalb, alles ganz genau, schrecklich, diese Fragerei. Er machte sich Notizen. Da ich zu dieser Stunde noch hoffte, dass wir gut und schnell aus dieser Sache rauskämen, log ich und stritt alles Unterstellte ab – es war kein Fluchtversuch, man hat uns grundlos verhaftet und dies ohne Haftbefehl. Ich blieb fünf lange Stunden hart, sagte kein Wort, was uns verraten könnte, noch dachte ich, eine Chance zu haben. Im Stillen dachte ich mir, die haben 20 Jahre lang gelogen, warum sollte ich nicht einmal fünf Stunden lügen dürfen? Er meinte immer nur: »Nun, Frau Jauch« – ja, da war ich noch Frau Jauch und keine Nummer bei ihm – »sagen Sie endlich die Wahrheit.« Ich lächelte ihn an und sagte: »Das ist die Wahrheit.« So ging das Spiel einige Stunden. Er wurde ab und zu sehr laut und auch zornig. Zwischendurch goss er sich großzügig duftenden Kaffee ein, den er genüsslich vor mir trank. Wie gerne hätte ich nur einen kleinen Schluck davon gehabt.

Die Luft im Raum war stickig. Mein Hals war trocken vom vielen Reden. Um 0.30 Uhr schaltete er das Tonbandgerät aus und griff zum Telefonhörer: »Nr. 2 auf Zelle 28 abholen.« Nach ein paar Minuten erschien ein Uniformierter und holte mich, die Nr. 2, ab und brachte mich auf meine Zelle – das heißt dort Verwahrraum. Ich wurde also gut »verwahrt«. Tür auf – rein – Tür zu mit den Worten: »Nicht schlafen, ich hole Sie wieder.« Gut, bald konnte ich ja schlafen, das Protokoll, was noch angefertigt werden sollte, dauerte bestimmt nicht länger als ein, zwei Stunden, er hatte sich ja alles aufgeschrieben und außerdem das Tonband.

Dann war es wieder so weit. Ich hatte mir in der halben Stunde endlich die Zähne putzen können und mir mit einer Art Kernseife die Haare gewaschen.

Nun begann alles von vorne, jede Frage, jede Antwort wurde noch mal ausführlich durchgegangen, neue Fragen kamen hinzu, er bohrte und bohrte, wie der übelste Zahnarzt. Doch ich blieb fest bei meinen Antworten. Dabei dachte ich auch an Matthias *(Ehemann von Anke Jauch – der Hg.)*, er sollte sehen, wie standhaft ich war und dass er sich auch in der schlimmsten

Situation auf mich verlassen konnte. Diese Gedanken an ihn gaben mir neue Kraft für die nächsten sechs Stunden. Die Fragerei wollte kein Ende nehmen. Ich war so erschöpft und müde. Er schrieb das Protokoll mit der Hand. Als ich hörte, dass die Vögel, draußen in der Freiheit, anfingen zu zwitschern, und es langsam hell wurde, fragte ich, wie spät, oder besser, wie früh es denn sei. »Ja, eigentlich darf ich Ihnen keine Uhrzeit nennen«, begann er. Da musste ich so lachen darüber, wie lächerlich das war, und er sagte: »6 Uhr früh.« Ich war fix und alle von dem Tag in Bulgarien, dem Flug, der Fahrt im Käfigauto, der anstrengenden, aufregenden und fragenden Nacht. Doch noch immer war ein Ende nicht abzusehen. Wie lange wohl hielten sie mich noch wach?

Plötzlich ging die Tür auf. Ein großer, etwas dicklicher älterer schwarzhaariger Mann trat ein. Er hatte ein böses, finsteres Gesicht und flößte mir Angst ein. Die beiden redeten leise, ich verstand nichts und sah nur, dass der Hinzugekommene immer nur den Kopf schüttelte beim Durchlesen des Protokolls. Er sah mich an, als wollte er mich auffressen, und sagte scharf, ich solle endlich die Wahrheit sagen, sonst werde alles noch viel schlimmer für mich und meinen Mann. Nein, nein, nein! Die ganze lange Nacht hast du standgehalten, nur jetzt nicht aufgeben. Fest sah ich ihm in die Augen und sagte: »Das ist die Wahrheit, was dort steht!« Nun stellte er mir die Fragen, eindringlicher und konkreter als der andere in der Nacht. Nach ca. einer halben Stunde schrieb er etwas auf einen Zettel, den er dem Untersuchungsführer reichte, und ging aus dem Zimmer. Erleichtert atmete ich auf.

Es standen wieder Fragen an mich auf dem Zettel; er ging brav Frage für Frage durch, ich dachte mir nur: Kommt er sich nicht etwas dumm vor, so abgelesene Fragen zu stellen? Es dauerte nicht lange, und der andere kam wieder, diesmal setzte er sich mit an den Schreibtisch, mir gegenüber. Mit ernster Miene las er sich die Antworten auf seine Fragen durch und schüttelte wieder nur heftig mit dem Kopf. Er stand auf und sagte: »Nun gut, wenn Sie es so wollen, dann können wir auch anders.«

Ich war gespannt, was nun kommen sollte. Aufgebracht lief er auf und ab und sagte, dass er die Telefonnummer sowie die Adresse von meinen Eltern haben wolle, um daraufhin sofort eine Hausdurchsuchung durchzuführen. Das war ein Schlag für mich! Nein, damit hatte ich nicht gerechnet. Mir wurde heiß. Hausdurchsuchung, schoss es mir durch den Kopf – der Abschiedsbrief, der alles verriet, lag noch mitten auf dem Wohnzimmertisch, mit dem Inhalt: *Liebe Eltern, Möbel aufteilen, endlich frei sein, größter Wunsch für uns beide ... Alles ist nun aus!*

Ich sagte ihm die Betriebsadressen meiner Eltern und wo sie sich jetzt befanden, noch in der geringen Hoffnung, dass das nur ein Bluff war. Ich fragte sehr naiv, ob er tatsächlich eine Hausdurchsuchung durchführen würde. »Natürlich, was dachten Sie denn«, bekam ich zur Antwort. Schluss, aus, alles vorbei. Ich sah beiden Männern fest in die Augen, denn jetzt noch zu lügen hatte keinen Zweck mehr. Und ich sagte: »Okay, okay, ich habe gelogen.« Mir war, als ob beide sarkastisch lächelten und aufatmeten, sie sahen sich grinsend an, wie: Gewonnen! Eins zu null für uns, die Stasi, sie lebt und bezwingt!

Nun nahm alles eine Wende. Der Hauptvernehmer wurde plötzlich nett und fragte, was ich zu essen und zu trinken haben möchte. »Nichts«, antwortete ich kühl. Doch er brachte mir zwei Spiegeleier mit Brot und Schinken, ein Kännchen Kaffee und eine Schachtel Zigaretten. Auf einmal ging alles. Nun wunderte mich bei diesen ausgekochten, mit sämtlichen Wassern gewaschenen Stasi-Leuten überhaupt nichts mehr. Ich hätte einen Bärenhunger haben müssen nach der langen quälenden Nacht, doch ich bekam nicht mal die Hälfte runter. Mir war schlecht, wir hatten verloren, was nun? Den Kaffee trank ich schnell aus, und die erste Zigarette rauchte ich in gierigen Zügen. Anschließend, sie ließen mir wenig Zeit, drängelten sie, ich solle nun alles der Reihe nach erzählen und anschließend ein Geständnis mit Begründung schreiben, zwei bis drei Seiten lang.

Ich schrieb nicht sehr viel, ich konnte nicht mehr, hatte keine Nerven mehr, keine Kraft. Alles nur in knappen Stichpunkten:

zur Vorbereitung, zum Fluchtversuch, wozu wir gar nicht gekommen waren, die Gründe, die DDR zu verlassen, und wie ich mir vorstellte, wie es weitergehen sollte. Bei der Begründung – es ging jetzt nur um mich, warum ich fliehen wollte – schrieb ich die meisten Stichwörter. Endlich, endlich kann ich euch Stasi-Leuten sagen, was ich dachte. Das tat gut, die Wahrheit zu sagen. Da, wo ich war, in der Gefangenschaft des Staatssicherheitsdienstes, das Allerschlimmste, was es für die Leute in der DDR gab, also die absolute Endstation, konnte nichts mehr passieren. Völlig ausgeliefert befand ich mich in seinen Händen, nein, Krallen, die wie Adler zupacken und nicht eher loslassen, bis alles restlos geklärt ist.

Was konnte noch Schlimmeres auf mich zukommen, als im Gefängnis des MfS zu landen? Wenn man sich dort als anständiger Mensch befindet, gibt es kein Zurück, jetzt nicht und später nicht. Mir blieb nur eins. Ich musste kämpfen, so gut ich konnte – diese Gedanken gingen mir nun durch den Kopf.

Es wurde ein neues Protokoll geschrieben, jetzt *mit* der Wahrheit. Meine Eltern wurden benachrichtigt. Ich erklärte, dass man es meiner Mutter besonders rücksichtsvoll beibringen solle, da sie herzkrank sei. Die Hausdurchsuchung fand in Anwesenheit meiner Mutter und einer Hausbewohnerin statt.

Gegen 10 Uhr wurde ich endlich in die Zelle zurückgebracht. Dort angekommen, warf ich mich, so wie ich war, auf die harte Pritsche und wollte schlafen, was man mir nun erlaubte. Doch der Schlaf wollte nicht kommen, ein Gedanke jagte den nächsten: Wie geht es weiter?

Das Mittagessen wurde durch eine kleine Klappe in der Zellentür reingeschoben, es gab einen fettigen Eintopf. Ich aß nichts, stellte die Plastikschüssel auf den Toilettendeckel und versuchte, doch noch zu schlafen. Dazu kam ich aber nicht mehr. Die Tür wurde schnell und sehr geräuschvoll aufgesperrt, und ein Beamter sagte: »Nr. 2«, mit einer Handbewegung nach draußen auf den Gang. Mein Weg führte durch zwei lange Gänge und über viele Treppen, natürlich unter Bewachung. In ein kleines Zimmer wurde ich geschickt, dort saß eine hässliche Zwergnase, weiblich, und ein sehr dicker älterer Mann. Auf einem Holzschemel nahm ich Platz. Zwergnase, die Sekretärin, steckte ein Blatt in die Schreibmaschine, und der Mann stellte sich als Haftstaatsanwalt vor. Bitte wer? Ich musste erst das Wort sortieren, alles war so fremd, ungewöhnlich, solche Worte gab es doch nur im Krimi! Wieder die gleichen Fragen – warum, weshalb, Begründung. Ich war genervt, fasste mich kurz, bei meiner Fluchtbegründung schüttelte die Zwergnase ihren hässlichen Kopf – nein, nein, wie kann man nur.

Ich war so erschöpft und müde, dass ich gar nicht mehr zuhören konnte bei all dem, was mir der Haftstaatsanwalt sagte. Ich reagierte einfach nicht mehr auf seine Fragen. Bald darauf brachte man mich in die Zelle zurück. Tine, meine Zellengenossin, war den ganzen Vormittag nicht dagewesen, sie wurde weggebracht, als ich schon wieder oben im zweiten Stock war. Jetzt erst konnten wir uns richtig bekannt machen. Noch ängstlich und voller Misstrauen erzählten wir uns unser Schicksal. So erfuhr ich, dass sie den ganzen Tag bei Verhören mit zwei Beamten war. Ihr Mann war mit einem Sportflugzeug abgehauen. Sie hatte man daraufhin sofort verhaftet wegen Mitwisserschaft, was denen schwerfiel zu beweisen. Tine war 28 Jahre alt und hatte zwei kleine Kinder, die nach ihrer Verhaftung bei ihren Eltern untergebracht wurden. Sie sah sehr müde und überanstrengt aus, hatte dicke, rot verweinte Augen. Man machte es ihr besonders schwer, da die Flucht ihres Mannes gelungen war und am Abend vorher mit großem Wirbel und Aufsehen in der *Tagesschau* darüber berichtet worden war. Später, als ich Tine im Zuchthaus wiedertraf, erfuhr ich, dass sie nicht nur eine Flucht geplant, sondern auch schon einen Heißluftballon gebaut hatten, mit dem die ganze Familie fliegen wollte. Dummerweise hatten sie den angefangenen, mit Gärtnerfolie gebastelten Ballon in der Garage liegen, und die Stasi-Leute hatten ihn bei der Hausdurchsuchung gefunden. Dies brachte Tine zwei Jahre und drei Monate Zuchthaus ein – und das mit zwei kleinen Kindern. Wir schlossen Freundschaft, doch diese sollte nicht lange anhalten.

Nur ein paar Stunden waren wir in der Zelle zusammen, da

knallte die Tür auf, und man rief: »Eins und zwei, alle Sachen packen!« Verdutzt und nichts ahnend sahen wir uns sprachlos an. Was sollte das schon wieder? Nach einer kurzen Zeit holte man Tine aus der Zelle und brachte sie woanders unter. Ich wurde in die Nebenzelle gebracht. Dort saß auf dem Holzstuhl Annika. Unter pausenlosem Erzählen bezog ich meine Decke auf der Pritsche. Annika war 26 Jahre alt, verheiratet und hatte einen sechsjährigen Sohn. Gemeinsam mit ihrem Mann, dem Sohn und einem befreundeten Ehepaar wollten sie von der ungarischen Grenze in der Nacht nach Jugoslawien fliehen, was leider nicht gelang. Für mich waren diese Geschichten alle neu, es war außerordentlich interessant, wie andere ihre Flucht planten und durchführten. Dass es überhaupt noch andere gab, die den gleichen Weg gehen wollten wie wir, gab mir eine ganz neue Perspektive. Ich war nicht allein!

Um 17 Uhr kam das Abendbrot. Ich aß kaum etwas. Meine Gedanken waren noch völlig durcheinander – Matthias, die Eltern, die Vernehmung, die Arbeitskollegen vom Haus Exklusiv,[3] alles ging mir durch den Kopf. Kurze Zeit nach dem Abendessen ging die Klappe auf und »Zwei« wurde verlangt. Ach ja, das war ja ich. Der Wärter gab mir eine Schachtel »Club«-Zigaretten,[4] Streichhölzer sowie einen kleinen Zettel von meiner Mutter. Oh, das war eine Riesenfreude! Die arme, arme Mutti! Wie hatte sie das nur geschafft? Damit hätte ich niemals gerechnet. Mir kamen die Tränen.

Um 20 Uhr wurde zentral das Licht gelöscht. Vormittags klingelte es im Haus zweimal, das hieß fertigmachen zur Freistunde, Hofgang. 20 Minuten durften wir uns in einem winzigen Hof aufhalten. Sechs längliche Zellen im Freien waren das. Sie waren mit hohen Steinmauern umgeben und teilweise überdacht, ein kleines Stück vom blauen Himmel konnte man sehen. Aber frische Luft für 20 Minuten! Über dem »Freihof«, wie sie es nannten, war ein Wachturm, von wo man genau beobachtet wurde, meistens von zwei Wärtern. Annika und ich nutzten die 20 Minuten, um Gymnastik zu machen, ich rannte noch zusätzlich etliche Runden in dem kleinen schmalen Gang – ich kam mir dabei vor wie ein armer Löwe im Käfig. Die Luft tat uns gut, da es oben in der Zelle wenig frische Luft gab. An Sonn- und Feiertagen fiel die Freistunde aus, das waren dann die schlimmsten und längsten Tage für uns. Wir waren restlos abgeschlossen von der Umwelt, niemals kam man mit anderen zusammen.

Manche Tage vergingen wie Wochen. Wir hatten kaum Abwechslung. Jeden Tag putzten wir die Toilette, das Waschbecken, und außer ein paar roten politischen Büchern[5] gab es nichts. An weiblichem Personal gab es nur drei Personen im gesamten Gefängnis. Von Annika lernte ich Wörter wie zum Beispiel »Rfler« = Republikflüchtling oder »zweihundertdreizehn« = politischer Häftling (abgeleitet von Paragraph 213[6]).

Am zweiten Tag meiner Verhaftung wurde ich erneut geholt. Diesmal ging es ganz nach oben, auf den Dachboden. Dort war es spannend, ich bekam schwarze Farbe auf meine Finger! Klar, Fingerabdrücke. Auf einem Drehhocker verschiedene Fotos für die Verbrecherkartei. Ich kam mir entsetzlich vor – man kann nicht beschreiben, wie man sich als anständiger Mensch dabei fühlt.

Das Essen bestand aus Mehl und Fett. Mein Vater steckte heimlich Peperoni, kleine Zwiebeln und Knoblauch zwischen das Obst, das mir meine Eltern alle drei Wochen zum Sprechbesuch[7] mitbringen durften. Damit verfeinerten wir uns das Sonntagsessen. Einmal zerbrach Annika der Plastiklöffel, mit dem sie ein zähes Stück Fleisch zerteilen wollte, ansonsten aßen wir das Fleisch mit den Fingern. Am Anfang fiel mir das alles sehr schwer, doch bald gewöhnte ich mich an einiges – mir blieb auch nichts anderes übrig.

Ganz schlimm war auch, dass uns die Wärter beim Waschen zusahen, früh und abends sahen sie besonders lange und oft durch das Guckloch, auch, wenn wir auf der Toilette saßen. Einmal saß Annika drauf und die Tür wurde geöffnet – wir waren wie versteinert. Das musste man sich alles gefallen lassen.

Die Zeit in der UHA[8] nutzte ich, um viel nachzudenken. Ich erinnerte mich an meine Kindheit, zog mir einzelne Szenen oder Tage hervor, um darüber zu philosophieren, um mich selbst besser kennenzulernen und zu verstehen. Ich kramte Goethe[9]-, Schiller[10]- und Kästner[11]- sowie selbstverfasste Gedichte aus meinem Gedächtnis hervor, ließ deren Worte spielen.

Selbst von einer Zukunft in Freiheit mit Matthias träumte ich in bunten Farben. Damit ließen sich die dunklen Tage der Kerkermauern verdrängen, ja geradezu bereichern. Zwei-, dreimal die Woche wurde ich zu weiteren Vernehmungen geführt, aber oft vergingen die Wochen ohne jegliche Abwechslung. An meine Eltern durfte ich einmal in der Woche (sonntags) schreiben. Dazu gab man uns ein Blatt Papier und einen Kuli, nur eine Seite durften wir beschreiben. So übte ich mich in Minihandschrift, damit ich viel erzählen konnte und meine Eltern viel von mir erfuhren. Einmal in der Woche bekamen auch wir Post von den Eltern, auch immer nur eine Seite. Wenn mir die Woche über etwas Wichtiges eingefallen war, um es ihnen zu schreiben, und ich es nicht vergessen wollte bis zum Briefeschreiben, machte ich mit einem abgebrannten Streichholz auf eine Albazell-Binden-Tüte[12] Notizen. Dieses winzige Stück Papier trug ich immer bei mir.

Alle vier Wochen durfte mich ein Elternteil für eine halbe Stunde unter Bewachung besuchen. Meist war dabei noch der Untersuchungsführer zugegen. Die Eltern durften eine bestimmte Menge Obst, Zigaretten oder Schokolade mitbringen. Alle 14 Tage konnten wir auf einem Zettel aufschreiben, was wir »kaufen« mochten – Trockenmilchpulver, Kekse, Obst, Kuchen, Wurst usw. Das musste man sich gut einteilen, und vieles gab es auch nicht immer. Die bestellten Dinge gab man uns in einem kleinen Säckchen durch die Klappe an der Zellentür. Das war jedes Mal ein Fest. Das Geld dafür hatten die Eltern hinterlegt. Meistens waren die Zigaretten alle, und wir teilten uns noch die eine letzte. Es wurde nach jeweils zwei Zügen immer ein Streichholzstrich gemacht, bis auch diese Zigarette zu Ende geraucht war.

Wir zählten die Tage, Wochen, Monate, dazu diente uns ein Gitterrost, was die Heizung abdeckte. Es bestand aus unzähligen winzigen Löchern. Wir bastelten uns Blumen aus dem silbernen

Zigarettenpapier und schmierten mit Zahncreme einen Kreis um ein Loch, was das Ende einer Woche kennzeichnete, dahinter steckten wir die Blume. Überhaupt wurden wir zu kleinen Künstlern, was das Basteln betraf, uns fielen ständig neue Dinge ein. Das Saubermachen der Zelle war die schönste und längste Arbeit für uns am Tag. Wir sahen ja keinen Menschen, doch Kontakt hatten wir zum ganzen Haus! Wie das? Mit den Nachbarzellen unterhielten wir uns durch »Klopfen« des Alphabets – jeder Buchstabe ein kurzes Klopfen, ein Doppelbuchstabe zweimal kurz klopfen, nach jedem Wort kurze Pause und am Ende des Satzes dreimal kurz. Wenn der Zellennachbar schon verstanden hatte, klopfte er zweimal kurz. Wir erzählten uns ganze Romane – Dinge, die uns betrafen, Familie, wo und wie geflohen, warum verhaftet, wie lange, spannende Informationen. Am Anfang klopfte man zaghaft mit dem Mittelknochen des Zeigefingers, da war dann aber schnell nicht mehr viel von der Haut zu sehen, bald sahen alle zehn Finger blau und blutverkrustet aus. Aber das machte uns überhaupt nichts aus. Nur so, durch das Klopfen, erfuhren wir viele interessante Neuigkeiten, so auch über den Rechtsanwalt Dr. Vogel[13] aus Berlin, ganze Adressen, Lebensgeschichten, ja sogar geflirtet wurde da. Am besten klopfte man nachts, da war alles still, man konnte alles gut verstehen, auch wenn beide in der Zelle gleichzeitig mit dem jeweiligen Zellennachbarn klopften. Durch die Heizungsrohre wurde nach oben geklopft und durch das Toilettenrohr nach unten. Wenn es nicht so ernst gewesen wäre, war es schon lustig, was man aus nichts machen konnte.

Es kam der 7. Oktober, Tag der Republik, großer Feiertag in der DDR.[14] Zum Mittag gab es für jeden zwei Stück Kuchen. Eigentlich wollte ich ihn nicht essen, um diesen Feiertag, der für mich keiner war, nicht zu begehen. Aber ich hatte so lange keinen Kuchen mehr gesehen und geschmeckt.

Eines Tages, in der dritten Woche, ging die Klappe auf, und man sagte: »Zwei – zum Vernehmer!« Ich freute mich auf die blödsinnigste Abwechslung und hoffte inständig, etwas über Matthias zu erfahren.

Blondi, mein Vernehmer, begann harmlos, doch dann lächelte er zynisch und sagte: »Damit Sie mir glauben, das nun auch Ihr Mann da ist, zeige ich Ihnen ausnahmsweise ein Foto von ihm.« Dafür könnte ich die Bulgaren und die Vernehmer und alle Stasi-Mitarbeiter noch heute an die Wand stellen! O nein, mein Matthias, mein geliebter Mann, den ich mit herrlichen, gepflegten langen Haaren und Bart kennengelernt hatte, wie sah er erbärmlich aus. Die Bulgaren rasierten ihm den Kopf, er war abgemagert, dünn, elend sah er aus. Ich wusste nicht, ob ich mich freuen oder heulen sollte. Dem Vernehmer hat es sicher Genugtuung bereitet und mir den Schock meines Lebens eingebracht. Ich musste mich schnell wieder fassen – ich war nun auch froh, ihn hier in meiner Nähe zu wissen. Wir lagen vielleicht zwei Türen voneinander entfernt und durften uns nicht sehen, sprechen, berühren. Aber er war da, er lebte – wir schaffen das.

Ein »Sprecher« mit Matthias wurde erst genehmigt, als alle Vernehmungen zu Ende waren und die Anklageschrift bereitlag zum Prozess. Bis dahin vergingen noch Wochen. Mein Vernehmer versuchte, mit sämtlichen Mitteln gegen mich zu arbeiten, mit den schmutzigsten Taktiken. Zum Beispiel erzählte er mir, dass auch er eine Frau und zwei Kinder habe, weil ich sagte: »Hier in diesem Staat ist es nicht möglich, auf einem normalen Lebensniveau ein ganzes Leben aufzubauen.« Die Kinder wurden mit einem Jahr in die Krippen[15] geschafft, die Frau arbeitete, meist im Schichtdienst – wie soll man da glücklich werden, wenn das Kind vom Staat erzogen wird und nicht von den Eltern? Was, wenn ein Kind Abitur und Studium absolvieren will? Geht nicht ohne Weiteres, vorher muss man erst in die SED eintreten.

Zweites Beispiel: Es waren drei Wochen über der Zeit, ich wälzte mich mit dem Gedanken, schwanger sein zu können. Ich teilte meine Bedenken meinem Vernehmer mit, um einen Arztbesuch zu vereinbaren. Das ging auch nur über ihn. Doch ich sagte ihm ausdrücklich, dass das mein Mann nicht erfahren solle, diese ernsten Sorgen wollte ich ihm ersparen. Er versprach es mir fest. Doch er log – er nutzte diese Gelegenheit gemein aus und erzählte Matthias, dass ich wahrscheinlich ein Kind bekäme. Er wollte ihn massiv unter Druck setzen, denn wenn ich schwanger gewesen wäre, wäre ich rausgekommen, und er appellierte an Matthias, sich alles nochmals zu überlegen und dann bei mir im Osten zu bleiben.

Meine Güte, was muss er sich für Sorgen gemacht haben. Aber das erfuhr ich erst viel, viel später. Ende August war der Termin beim Gynäkologen. Ich wurde von meiner Zelle in den Transporter, abgeteilt in vier Käfige, geführt. Das Gefängniskrankenhaus Meusdorf war etwa eine halbe Autostunde entfernt. Mit zittrigen Knien und Herzklopfen saß ich zusammengesunken in dem Käfig. Vor dem Gefängniskrankenhaus standen schon drei Frauen in Uniform bereit, die mich empfingen. Sie schickten mich in eine große Krankenzelle mit Gittern. Klatsch, machte es, und die Tür war verriegelt. Ich war einem Zusammenbruch nahe – diese Zelle war grauenhaft, ich hatte panische Angst. Vor dem Gitter befanden sich ein Schemel und ein Waschbecken, hinter dem Gitter ein hässliches schmales Krankenbett, weiße Kalkwände und sonst nichts, das Fenster bestand aus drei Reihen Glasbausteinen. Dieser gesamte Eindruck war erschütternd und unerträglich. Mir rannen die Tränen, aus Angst und Mitleid für die, die hier liegen mussten.

Endlich öffnete sich die eiserne Tür. Man führte mich zu dem behandelnden Arzt. Nach der kurzen Untersuchung brachte ich keinen Ton hervor. Ich konnte nur nicken, als er mir sagte, alles sei in Ordnung, eine Schwangerschaft ausgeschlossen. Auf der Fahrt ins Gefängnis zurück wurde ich langsam wieder ruhiger. In der Zelle angekommen, berichtete ich Annika meine Erlebnisse, dann heulte ich nur noch, auch sie konnte mich nicht beruhigen. Nach zwei Stunden ließ ich mir eine Beruhigungstablette geben. Ich war fix und alle. Irgendwann schlief ich ein und träumte Schreckliches.

Alle 14 Tage bekamen wir ein Buch durch die Klappe geschoben. Meist waren es Kriegsbücher. Diese Bücher gingen von Zelle zu Zelle. Wenn wir ein neues Buch bekamen, blätterten wir Seite für Seite durch, um zu schauen, ob irgendein Zeichen oder ein Wort unterstrichen war, das einen Hinweis auf unsere

Männer oder die Verwandtschaft geben könnte. Einmal habe ich unter einem Absatz »Matthias« eingeritzt, in der Hoffnung, er bekäme dieses Buch. Wir gaben die Bücher ab. Am nächsten Tag flog die Tür auf. »Nr. 2, haben Sie in das Buch den Namen eingeritzt?« Also kontrollierten sie auch alle Seiten der Bücher. Wenn ich es nicht zugegeben hätte, hätten wir keine Bücher mehr bekommen.

Drei Monate waren vergangen, dann legte man mir die Anklageschrift zum Lesen und Unterzeichnen vor. Es war alles verdreht und gewendet, nach ihrer Fasson. Damit hatte ich mich abgefunden – es war der letzte Schritt zum Ziel, um frei leben zu können. Ein paar Tage später durfte ich Matthias sehen und sprechen. Es hatte sich durch das Klopfen herumgesprochen, dass man den Ehepartner erst sieht, wenn die Anklageschrift fertiggestellt war. Nun wartete ich Tag um Tag, Stunde um Stunde, damit ich ihn endlich zu sehen bekam. Der Untersuchungsführer fragte mich schon vor langer Zeit, ob ich Kaffee trinke, ich wusste schon gar nicht mehr, wie Kaffeeduft roch, so bejahte ich, und er sagte: »Na, Frau Jauch, wenn Sie Sprecher[16] mit Ihrem Mann haben, bekommen Sie eine Tasse Kaffee!«

An einem Dienstag, nach dem Mittagessen, war es dann so weit. »Zwei, raus!« Die Gänge und Treppen immer an der Wand lang nach unten. Dann ging eine Tür auf, und ich sah meinen geliebten Mann nach drei ereignisreichen Monaten wieder. Wir fielen uns kurz um den Hals – jede Berührung war eigentlich verboten. Wir lächelten uns an, obwohl uns die Tränen in den Augen standen. Zwei Vernehmer saßen zwischen uns, Handhalten war verboten. Wenn ich zu Matthias flüsterte, wurde ich sofort ermahnt, laut und deutlich zu sprechen, sonst würde der Sprecher sofort beendet. Durch andere erfuhr ich, dass es normal war, dass ein Vernehmer bei dem Ehepartner-Sprecher dabei war, bei uns waren es eben zwei. Die Gründe kennen wir nicht. Den versprochenen Kaffee gab es selbstverständlich nicht. Die Zeit verging viel zu schnell, und uns so tief bewegende Fragen mussten offen bleiben. Wann sehen wir uns wieder? Wo? Wir sagten uns, laut und deutlich, dass es die beiden Vernehmer hören konnten: Wir halten durch, wir bleiben zusammen, was auch kommen mag, wir kämpfen um jeden Preis, unser Weg ist der richtige, wir lassen uns nicht unterkriegen, wir halten fest an unserem Ziel, bleib gesund. Dann flüsterte ich ihm doch noch ins Ohr, beim Verabschieden: »Wenn wir frei sind, will ich ein Kind.« Der Abschied fiel uns schwer, doch die Vernehmer waren brutal wie immer, Tür auf – Tür zu – Ende!

Als ich wieder in meiner Zelle war, überkam mich ein richtig zufriedenes Glücksgefühl, das ich lange nicht mehr hatte. Wir blieben fest in unserem gemeinsamen Standpunkt. Keine Stasi konnte uns trennen, wir liebten uns und wir litten gemeinsam. Das tat gut zu wissen, diese innere Kraft brauchten wir nun, um den Rest gesund zu überstehen. Aber nicht nur das eine Jahr – es gibt uns Zusammenhalt bis zum Ende unseres gemeinsamen Lebens.

---

1 Wladimir Iljitsch Lenin (1870–1924), Chef der Kommunistischen Partei Russlands und Begründer der Sowjetunion.

2 Erich Honecker (1912–1994), von 1971 bis 1989 Parteichef der SED und Vorsitzender des Nationalen Verteidigungsrates der DDR, ab 1976 auch Staatsratsvorsitzender.

3 Haus »Exklusiv«: Firma, in der Anke Jauch bis zu ihrer Flucht arbeitete.

4 Club: DDR-Zigarettenmarke.

5 Gemeint ist kommunistische Literatur.

6 Paragraph 213 (Ungesetzlicher Grenzübertritt) StGB der DDR in der Fassung vom 19. Dezember 1974 besagte: »(1) Wer widerrechtlich in das Gebiet der Deutschen Demokratischen Republik eindringt oder sich darin widerrechtlich aufhält, die gesetzlichen Bestimmungen oder auferlegte Beschränkungen über Ein- und Ausreise, Reisewege und Fristen oder den Aufenthalt nicht einhält oder wer durch falsche Angaben für sich oder einen anderen eine Genehmigung zum Betreten oder Verlassen der Deutschen Demokratischen Republik erschleicht oder ohne staatliche Genehmigung das Gebiet der Deutschen Demokratischen Republik verlässt oder in dieses nicht zurückkehrt, wird mit Freiheitsstrafe bis zu zwei Jahren oder mit Verurteilung auf Bewährung, Geldstrafe oder öffentlichem Tadel bestraft. (2) In schweren Fällen wird der Täter mit Freiheitsstrafe von einem Jahr bis zu fünf Jahren bestraft. Ein schwerer Fall liegt insbesondere vor, wenn 1. die Tat durch Beschädigung von Grenzsicherungsanlagen oder Mitführen dazu geeigneter Werkzeuge oder

Geräte oder Mitführen von Waffen oder durch die Anwendung gefährlicher Mittel oder Methoden durchgeführt wird; 2. die Tat durch Missbrauch oder Fälschung von Ausweisen oder Grenzübertrittsdokumenten, durch Anwendung falscher derartiger Dokumente oder unter Ausnutzung eines Verstecks erfolgt; 3. die Tat von einer Gruppe begangen wird; 4. der Täter mehrfach die Tat begangen oder im Grenzgebiet versucht hat oder wegen ungesetzlichen Grenzübertritts bereits bestraft ist. (3) Vorbereitung und Versuch sind strafbar.

7 Beim sogenannten Sprecher, wie das MfS das Gespräch mit einem Anwalt oder einem Verwandten im Gefängnis nannte, waren strenge Auflagen zu befolgen. So durfte in der Regel weder über die Haftbedingungen noch über Inhalt und Verlauf des Verfahrens gesprochen werden. Auch Berührungen waren verboten. Ständig war ein MfS-Mitarbeiter anwesend.

8 UHA: Untersuchungshaftanstalt.

9 Johann Wolfgang von Goethe (1749–1832), deutscher Dichter und Dramatiker.

10 Friedrich Schiller (1759–1805), deutscher Dichter und Dramatiker.

11 Erich Kästner (1899–1974), deutscher Schriftsteller.

12 Albazell: DDR-Damenbinden-Marke.

13 Dr. Wolfgang Vogel (1925–2008), Rechtsanwalt, Bevollmächtigter der DDR-Führung für humanitäre Fragen und Unterhändler beim Häftlingsfreikauf.

14 Tag der Republik: Nationalfeiertag der DDR, der an ihre Gründung am 7. Oktober 1949 erinnerte.

15 Krippe: staatlicher Unterbringungsort für Kleinkinder in der DDR.

16 Vgl. Anm. 7.

SPÄTE DDR

Trotz wachsender Unzufriedenheit in der DDR rechnete in den
späten 1980er Jahren so gut wie keiner mit dem baldigen
Untergang des Regimes. Vor allem junge Leute nahmen deshalb immer wieder das lebensgefährliche Risiko eines Fluchtversuches auf sich. Zehntausende versuchten darüber hinaus,
durch einen Ausreiseantrag oder die Besetzung einer westlichen Botschaft ein selbstbestimmtes Leben zu erreichen.
Bis zum Sturz der SED-Diktatur im Herbst 1989 landeten
Tausende DDR-Bürger und westdeutsche Fluchthelfer im
Gefängnis. Erst im Dezember 1989 wurden die letzten von
ihnen freigelassen.

ERNST HUBERT VON MICHAELIS
Flucht im Kofferraum

Ernst Hubert von Michaelis (geb. 1949), Bürgermeister der hessischen Stadt Arolsen, wurde im Dezember 1984 verhaftet, weil er sieben Jahre zuvor versucht hatte, Freunden aus der DDR zur Flucht zu verhelfen. Bis April 1985 war er in der Untersuchungshaftanstalt des DDR-Staatssicherheitsdienstes in Berlin-Hohenschönhausen und anschließend in der Sonderhaftanstalt Bautzen II inhaftiert.

Am 14. Dezember 1984 starteten wir gegen 7.00 Uhr im hessischen Arolsen. Gegen 9.50 Uhr erreichten wir den Grenzübergang Marienborn hinter Helmstedt, eine Fahrspur für Transitreisende war offen. Man gab dort die Ausweise an einem Kontrollpunkt ab, die Ausweispapiere wurden dann über ein Förderband parallel zum Fahrstreifen etwa 80 Meter weiter in eine Baracke befördert. Als wir beim zweiten Kontrollposten ankamen und zur Abfertigung anstanden, bewegte sich nichts. Etwa 35 Minuten war faktisch jede Kontrolle eingestellt. Gegen 10.30 Uhr wurde ich mit meinem Wagen an einen Randstreifen herausgewunken. Die Kontrolle der auf dem Fahrstreifen befindlichen Wagen hinter mir konnte fortgesetzt werden.

Es war kalt, zwischendurch stellte ich immer wieder den Motor an, damit die Wagenheizung betätigt werden konnte. Gegen 11.30 Uhr kamen vier Grenzsoldaten an den Wagen. Der erste öffnete die Wagentür und forderte mich auf: »Steigen Sie aus

und folgen Sie uns wegen der Klärung eines Sachverhalts.«
Ich stieg aus, zog auch den Schlüssel aus dem Zündschloss und
nahm diesen mit. Meiner Frau rief ich intuitiv zu, dass man den
Bundestagsabgeordneten Wilfried Böhm[1] ansprechen sollte,
wenn die Lage kritisch würde.

Begleitet von den vier Grenzsoldaten wurde ich in eine Baracke
gebracht, die man von meinem Wagen aus nicht sehen konnte.
In dem Moment, als ich die Baracke betrat, zog ein Grenzsoldat
die Handfeuerwaffe und entsicherte sie. Zwei weitere Soldaten
richteten ihre Maschinenpistolen auf mich – ob sie entsichert
waren, weiß ich nicht. Ein anderer Grenzsoldat, offensichtlich
der Vorgesetzte, schrie mich barsch an, dass ich vorläufig festgenommen sei. Ich reagierte eher hilflos, aber auch laut, etwa
mit den Worten: »Das ist ja ein Unding, einen frei gewählten
Bürgermeister auf dem Transit so zu behandeln.« Doch niemand
interessierte sich dafür.

Die beiden Grenzsoldaten nahmen mich in die Mitte und
führten mich auf ziemlich robuste Art an die Wand. Mit dem
Gesicht zur Wand musste ich breitbeinig stehen bleiben. Ich
wurde gefilzt, meine Taschen wurden geleert. Anschließend
musste ich mich nackt ausziehen, und alle Körperöffnungen
wurden untersucht. Im Anschluss konnte ich mich wieder anziehen. Proteste nützten nichts. Offensichtlich war man genau
informiert und wusste, was man wollte.

Der gesamte Tascheninhalt wurde jetzt in einem Formular
aufgenommen. Mit meiner Unterschrift sollte ich die Korrekt-
heit der Aufnahme bestätigen, was ich ablehnte. Es dauerte etwa
weitere 20 Minuten, bis ich in einem Barkas B 1000[2], einer Art
VW-Transporter, in ein Gebäude etwa zwei Kilometer entfernt
in die Nähe von Marienborn verbracht wurde. Es handelte sich
offensichtlich um die Kaserne der Grenzsoldaten. Der B 1000
war dabei vollkommen verschlossen. In ihm befanden sich etwa
sechs kleine Zellen ohne Sichtverbindung nach außen und nur
mit schmalen Luftschlitzen. Vor meiner Verbringung in diesen
Wagen wurden mir Handschellen angelegt. Etwa gegen 12.15
Uhr wurde ich in die Kaserne gebracht. Man führte mich in ei-

nen leer stehenden Raum mit Tischen und Stühlen; die Fenster waren vergittert. Zwei Grenzsoldaten wurden in den Raum für meine Bewachung abgestellt.

Lange passierte gar nichts. Einmal musste ich austreten. Dann bekam ich Hunger, und man brachte mir belegte Brötchen, die eigentlich ganz gut schmeckten, sowie ein Kännchen Tee mit Zitrone. Aber niemand sprach mit mir. Mehrfach versuchte ich, die Bewacher in ein Gespräch zu verwickeln. Keine Reaktion – man schaute an mir vorbei und antwortete nicht.

Gegen 16.30 Uhr kam ein Hauptmann des Ministeriums für Staatssicherheit aus Berlin, der mir mitteilte, dass er 1977 für den Fall meiner Verwandten Rüdiger Stein und Ruth Birke zuständig gewesen war *(geflüchtete Verwandte von Michaelis, Namen geändert – der Hg.)*. Er teilte mir mit, dass er mich nach Berlin verbringen würde, und bat mich, die Autoschlüssel herauszugeben, damit meine Frau die Fahrtstrecke fortsetzen bzw. nach Hause fahren könne. Er fragte mich auch, ob ich irgendetwas aus meinem persönlichen Gepäck benötigte. Ich antwortete eher ironisch, dass man dort, wo man mich hinbringen würde, für mich sicher eine Zahnbürste haben würde. Er widersprach nicht.

Im Anschluss wurden mir wieder Handschellen angelegt und die Oberarme an den Oberkörper mit einem zusätzlichen Lederband eng gefesselt. Mehrere Beamte des Ministeriums für Staatssicherheit begleiteten mich mit gezogener Schusswaffe zu zwei Ladas. Ich wurde in den ersten Lada gesteckt, der Hauptmann folgte in dem zweiten. Mir wurden die Augen mit einer dunklen Brille zugedeckt, erst auf der Autobahn zwischen Marienborn und Berlin wurde sie mir abgenommen. Ich hatte mächtigen Durst und bat um ein Bonbon, da ein Beamter des Ministeriums für Staatssicherheit sich ein solches genehmigte. Er gab mir eines, entblätterte es aus dem Papier und schob es mir in den Mund, da ich die Hände ja nicht benutzen konnte.

Auf der Fahrt nach Berlin versuchte ich, zu schlafen und meine Gedanken zu ordnen. Es war Freitag, spätnachmittags vor Weihnachten. Mir war klar, dass meine Frau alles in Bewegung setzen würde. Ich ging davon aus, dass man am Wochenende sowohl in

Bonn als auch in Ost-Berlin niemanden ansprechen könnte. So war für mich klar, dass das Wochenende sicherlich erst einmal vorübergehen würde.

Die Fahrt dauerte zwei Stunden. Im Auto wurde nicht gesprochen. Bei aller Unsicherheit war ich neugierig gespannt, was jetzt passieren würde. Die gescheiterte Flucht von Rüdiger und Ruth lag zeitlich so fern. Ich versuchte mich an die Verurteilung der beiden und an ihre Freilassung zu erinnern. Der Kontakt war seit etwa zwei Jahren abgebrochen, weil sie sich getrennt hatten. Durch den Freikauf der beiden 1980 galt die Angelegenheit für mich als abgeschlossen, warum also nun diese Festnahme? Gudrun *(Ehefrau von Michaelis – der Hg.)* kannte beide, da wir sie unmittelbar nach ihrer Freilassung in die Bundesrepublik als Gäste aufgenommen hatten, als sie mit vielen anderen ebenfalls freigelassenen DDR-Bürgern in das Notaufnahmelager in Gießen[3] eingewiesen worden waren. Die Einzelheiten der Flucht und ihre Vorbereitungen über Fluchthelfer kannten außer mir nur wenige. Gudrun kannte ich zum Zeitpunkt ihrer Flucht noch nicht. Anstrengendes Nachdenken und das Bemühen, mich zu beruhigen bzw. zu schlafen, wechselten sich auf der Fahrt über die Autobahn nach Berlin ab. Beide Ladas hielten sich nicht an die Geschwindigkeitsbegrenzungen, wir fuhren mit etwa 140 Stundenkilometern auf der linken Spur.

Gegen 18.45 Uhr erreichten wir Ost-Berlin aus Richtung Flughafen Schönefeld und fuhren auf einer vierspurigen, autobahnähnlichen Straße in die Stadt. Danach kam ein Abzweig Richtung Hohenschönhausen. Ich ahnte, dass sich dort ein Gefängnis befinden würde. In diesem Moment wurde mir wieder die dunkle Brille aufgesetzt.

Nach etwa fünf Minuten erreichte der Wagen mit dem Begleitfahrzeug eine große Garage, in der nicht nur Pkw, sondern auch größere Fahrzeuge abgestellt werden konnten. Mir wurden die Handschellen abgenommen, ebenso die dunkle Brille. Ich stieg aus und ging in das Gebäude. Ein junger Oberfeldwebel und ein Unteroffizier nahmen mich in Empfang. »Grüß Gott, meine Herren«, sagte ich, ahnte aber nicht, was auf mich zukam.

Man führte mich nach etwa 20 Metern im Flur links ab in einen kleinen Raum und forderte mich auf, mich vollkommen zu entkleiden. Auch dieses Mal wurden alle Körperöffnungen sowie das Kopfhaar genau untersucht. Danach erhielt ich Unterwäsche und einen Trainingsanzug. Jetzt wurde alles noch einmal genau aufgenommen. Ich hatte immerhin rund 30 Schecks dabei, und alle wurden mit Schecknummer erfasst. Das dauerte etwa 45 Minuten. Ich unterschrieb die Richtigkeit der Empfangsbestätigung und wurde dann in meine Zelle geführt – es war die Zelle 119 – und war alleine. Die Bettwäsche lag auf der mit einer Schaumgummimatratze ausgestatteten Pritsche.

Als Erstes bezog ich das Bett, wie ich es während meiner Bundeswehrzeit gelernt hatte. Die Zelle war etwa zwei mal vier Meter groß. Sie wurde durch eine Eisentür verschlossen; in der Mitte der Tür befand sich eine Klappe, durch die, wie ich bald feststellte, die Verpflegung beziehungsweise Zeitungen oder Ähnliches gereicht wurden. Weiterhin befanden sich in der Zelle ein schmaler Tisch und ein Hocker ohne Lehne. In der Ecke standen eine Toilette mit Wasserspülung sowie ein Waschbecken mit Warm- und Kaltwasser. Gegenüber der Tür – ebenfalls auf der schmalen Seite der Zelle – befand sich eine Art Fenster aus Glasbausteinen mit einer Luftschleuse, die sich regulieren ließ. Rausschauen konnte man nicht, man konnte nur Stimmen hören.

Die Klappe ging auf, und man brachte mir belegte Brote. Ich hatte Hunger und aß sie auf. Gegen 21.00 Uhr wurde ich durch den bereits erwähnten Oberfeldwebel aus der Zelle beordert. Er brachte mich zu dem Hauptmann, der mich in Marienborn abgeholt hatte.

Der Hauptmann machte mich darauf aufmerksam, dass nun das erste Verhör stattfinden würde. Ich wurde auf die Rechte nach dem DDR-Strafrecht aufmerksam gemacht. Man las mir den Paragraphen vor, auf den offensichtlich seit 1977 ein Haftbefehl für mich ausgestellt war. Es handelte sich um Paragraph 105, der für alle Fluchthilfefälle zutraf.[4]

Ein Tonbandgerät wurde aufgestellt und in Betrieb genommen. Zuerst fragte mich der Hauptmann, warum ich auf der Fahrt nach Berlin den Transitweg genutzt hätte. »Wussten Sie nicht, dass gegen Sie ein Haftbefehl bestand?« Meine Antwort war ausweichend. »Nein, von einem Haftbefehl hatte ich keine Kenntnis!« Ich überlegte: Hatten mich Rüdiger und Ruth damals vorgewarnt? Keine Ahnung. Ich entsann mich nicht, vielleicht hatte ich es auch verdrängt. Überhaupt konnte ich mich an die Zeit von 1974 bis 1977 kaum erinnern.

Er wollte genau wissen, was sich damals mit meiner Verwandtschaft ereignete. Ich versuchte, meine Antworten möglichst nebulös zu formulieren. Der Hauptmann machte sich Notizen. Er fragte mich, ob ich etwas essen oder trinken wolle. Ich bat um Limonade. Nachdem er die Stichpunkte zum Verhör gemacht hatte, wollte er ein Protokoll anfertigen. Gleichzeitig fragte er mich, ob ich mich durch einen Anwalt vertreten lassen wolle. Dafür gab er mir eine Liste der in Ost-Berlin befindlichen Anwälte. Ich ging die Liste durch mit Namen wie Gregor Gysi[5], Lothar de Maizière[6] und Wolfgang Schnur[7]. Nach Durchsicht der Anwälte in alphabetischer Reihenfolge fiel mir der Name Dr. Wolfgang Vogel[8] auf. Einige Tage vorher hatte ich einen Beitrag über Dr. Vogel in der Tageszeitung *Die Welt* gelesen. Dem Hauptmann teilte ich mit, dass ich Dr. Vogel nehmen würde. Der Hauptmann bestätigte mir, dass Vogel für die inhaftierten Bundesbürger in der DDR bevorzugt angesprochen würde. Ich schrieb Dr. Vogel auf einem Briefpapier, das mir der Hauptmann zur Verfügung stellte, und bat ihn um Übernahme des Mandants. Gleichzeitig schrieb ich an den Staatssekretär in der Ständigen Vertretung der Bundesrepublik Deutschland in Ost-Berlin, Herrn Dr. Bräutigam.[9]

Das Verhör wurde gegen 0.30 Uhr durch den Hauptmann beendet. Ich war müde. Er teilte mir mit, dass ich jetzt wieder in meinen Verwahrraum gebracht würde. Ich fragte, ob ich in dieser Nacht noch einmal zum Verhör herausgeholt werden würde. Der Hauptmann antwortete mir: »Wir sind doch keine Unmenschen«, ich könne beruhigt schlafen, müsse aber folgende Erklärung unterschreiben, die er mir vorlegte:

Hiermit erkläre ich. dass ich den Umständen entsprechend bei der Vernehmung korrekt und höflich durch den Vernehmer behandelt wurde. Speisen und Getränke wurden mir angeboten, Getränke habe ich angenommen. Ich konnte in jeder Weise der Vernehmung folgen. Ich habe Teile der Vernehmung selbst diktieren können. Ich habe in diesem Zusammenhang keine Beschwerden bezüglich der Vernehmung vorzubringen.

Widerspruchslos unterschrieb ich diese Erklärung. Durch denselben Oberfeldwebel wurde ich aus dem Verhörraum geholt und in meine Zelle gebracht. Ich zog mich aus, legte mich ins Bett, das Licht wurde von außen gelöscht, ich schlief ein.

Es war dunkel. Da ich keine Uhr hatte, konnte ich mich zeitlich nicht orientieren. Mitten in der Nacht – so kam es mir jedenfalls vor – hörte ich ein lautes Schellen. Das Licht wurde angemacht. Sicherheitshalber stand ich auf, wusch mich von Kopf bis Fuß und zog mich an. Im Anschluss kam das Frühstück auf einem Büfettwagen, ich konnte mir Brot, Butter/Margarine, Marmelade und Wurst aussuchen. In der Zelle befanden sich Plastikgeschirr sowie ein Plastiklöffel und ein Plastikmesser. Großen Appetit hatte ich allerdings nicht, ich war doch recht aufgeregt.

Offensichtlich gegen 8.00 Uhr wurde ich wieder zum Hauptmann gebracht. Er fragte mich, ob ich gut geschlafen hätte. Dann teilte er mir mit, dass ich als Erstes ärztlich untersucht werden würde und er sich darum bemühen werde, dass ich Bücher für das Wochenende bekommen könnte. Im Anschluss wurde ich wieder in meine Zelle zurückgeführt. Es dauerte nicht lange, dann wurde die Zelle wieder geöffnet, und man brachte mich zum Haftrichter. Er war ein älterer Herr, wirkte gelangweilt und sah mich kaum an. Meine lauten Proteste wurden zu Protokoll genommen. Schließlich las er den Haftbefehl vor und verhaftete mich endgültig. Danach wurde ich in meine Zelle zurückgeführt.

Am späteren Vormittag wurde ich durch die Klappe an der Tür gefragt, ob ich Freigang haben wolle. Ich bejahte das. Ich wurde nach draußen geführt. In dem Freihof befanden sich zwölf Zellen, etwa drei mal acht Meter groß, in denen man den

Freigang abwickeln konnte. Eingegrenzt waren die Zellen durch eine etwa vier Meter hohe Mauer. Der Himmel war mit Maschendraht abgesichert. Man sah Wolken – sonst nichts. Es war bitterkalt. Ich hatte nur Hausschuhe an sowie ein Unterhemd und die Trainingsjacke. Ich protestierte, dass ich frieren würde. Man teilte mir mit, dass es nichts Wärmeres zum Anziehen gebe. Dann forderte ich die Wachsoldaten auf, mich wieder in die Zelle zu bringen, was man auch tat.

Zum Mittagessen gab es Reibekuchen mit Apfelmus. Die Reibekuchen waren verbrannt, ich hatte keinen Hunger.

Am frühen Nachmittag wurde ich zum Arzt gebracht. Der Arzt führte eine oberflächliche Untersuchung durch, die jener bei der Musterung vor dem Wehrdienst bei der Bundeswehr ähnelte. Danach wurde ich in die Zelle zurückgeführt.

Es war nachmittags. Es war sehr ruhig im Gefängnis. Was tun, sprach Zeus.[10] Ich fing an, in der Zelle hin und her zu laufen. Ich stellte mir vor, dass die Zelle fünf Meter lang sei. 120 Mal hin und her laufen wären also 600 Meter. Mein Laufen teilte ich in solche 600-Meter-Abschnitte ein. Ich hatte aber keinen Bleistift, um mir die Anzahl dieser Laufabschnitte zu merken. Daher zählte ich mit Hilfe der etwa zehn Gegenstände in meiner Zelle: Besteck, Plastikgeschirr, Zahnpasta, Zahnbürste, Zahnputzbecher. Am Samstag, dem 15. Dezember, lief ich sechsmal, am Sonntag, dem 16. Dezember, zwanzigmal und am Montag, dem 17. Dezember, 27 mal 600 Meter. Auf diese Steigerung war ich sehr stolz. Nach einzelnen Laufabschnitten (ich ging jeweils ziemlich schnell) wurde ich oft müde, legte mich hin und ließ meine Gedanken spazieren. Eigentlich war ich optimistisch: Wenn ich eine Wette hätte eingehen müssen, ob ich zu Weihnachten zu Hause wäre oder nicht, hätte ich mit hoher Wahrscheinlichkeit gewettet, spätestens Heiligabend wieder in Arolsen zu sein.

Am Sonntag öffnete sich die Klappe in der Tür: Man reichte mir die führende Tageszeitung der DDR, das *Neue Deutschland*[11], und ein dickes Buch hinein: eine Biographie über Emil von Behring.[12] Ich las daher nun zum ersten Mal das *Neue Deutschland*, mir blieb nichts anderes übrig. Alle Artikel waren langweilig und wenig informativ. Die einzige Meldung, die mir etwas sagte, handelte von Katarina Witt[13], der attraktiven und großartigen Eiskunstläuferin. Überrascht war ich über die Verurteilung eines BND-Spions[14] in der DDR. So etwas gibt es?, fragte ich mich. Ansonsten standen in der Zeitung nur Jubelmeldungen, im Mittelpunkt meist die führenden kommunistischen Politiker der DDR und der anderen Ostblockstaaten.

Sonst war der Sonntag sehr langweilig. Man fragte mich am frühen Vormittag, ob ich am Freigang teilnehmen wolle. Ich wollte, die Witterung war etwas günstiger, und ich konnte die 20 Minuten draußen aushalten. Danach ging ich wieder zurück in die Zelle. Zum Mittagessen gab es ein großes Kotelett mit viel Rosenkohl und Salzkartoffeln, dazu eine schmackhafte Soße. Aber wie sollte man das Kotelett essen – mit einem Plastiklöffel und einem Messer ... Ich war sauer.

In der Zelle laufen und nachdenken – beides wechselte sich ab. Ich versuchte, mich an die Vorgänge des Jahres 1977 zu erinnern. Wer waren die Namen, an die ich mich damals gewandt hatte? Mir war klar, dass Rüdiger und Ruth bei ihren Verhören vollständige Angaben gemacht hatten. Obwohl wir uns über diese Einzelheiten nach ihrer Freilassung nie unterhalten hatten, wusste ich, dass sie über alle ihre Kenntnisse ausgesagt hatten. Warum sollten Sie etwas verheimlichen? Sie hätten nur ihre Lage erschwert, und keiner ahnte, dass ihre Aussagen noch mal eine solche Aktualität bekommen würden.

Die Gründe meiner Inhaftierung waren für mich immer noch nicht nachvollziehbar. Warum die Festnahme und nicht die Verwehrung der Durchreise auf dem Transit von Helmstedt nach Berlin? Ich hatte mich vorher informiert. Alle meine Gesprächspartner waren der Meinung, dass mir nichts passieren könne. Im schlimmsten Fall würde man mir die Benutzung der Transitwege verwehren, dann wäre ich selbständig nach Hannover gefahren, um von dort aus dann mit dem Flugzeug Berlin zu erreichen. Meine Frau und das Ehepaar Wagner hätten mit dem Auto weiterreisen können *(Hans-Peter und Marianne Wagner wollten zusammen mit von Michaelis und seiner Frau nach Berlin und*

saßen zum Zeitpunkt seiner Verhaftung mit im Auto – der Hg.).
Das war aber offenbar ein Irrtum gewesen. Eine solche Entwicklung hätte ich mir nie vorstellen können.

Ich erinnerte mich, dass der Kontakt zu den Fluchthelfern über die Berliner CDU erfolgte, über Mitglieder des Abgeordnetenhauses und besonders über ehrenamtliche Funktionsträger der Berliner Exil-CDU.[15] Das waren Mitglieder, die früher in den Ost-Berliner Bezirken lebten. Was hatten Ruth und Rüdiger darüber ausgesagt? Kannte die Stasi diese Verbindungen? Sehr rasch wurde mir klar, dass die enge Verbindung der Fluchthelfer zur Berliner CDU auf keinen Fall von mir bestätigt werden durfte, höchstens die Verbindung zur Exil-CDU, die dem Ministerium für Staatssicherheit wahrscheinlich auch ohne die Aussagen von Rüdiger und Ruth bekannt war.

An den darauffolgenden Tagen wurde ich sehr eingehend verhört. Man wollte vieles über meinen persönlichen politischen Hintergrund wissen. Unabhängig von diesem Fluchthilfefall war man sehr genau über mich informiert. Das lag daran, dass ich mich bereits früh politisch engagiert hatte und es seit etwa 1971 auch Presseberichte über mich gab. Für mich war klar, dass man über Multiplikatoren in der Bundesrepublik Deutschland, die über Presseveröffentlichungen in Erscheinung traten, in der DDR jeweils eine Dokumentation anfertigte.

Insgesamt wurde ich 90 Stunden verhört, es wurden etwa 150 Seiten maschinenschriftliche Protokolle angefertigt. Viermal musste ich sehr detailliert meinen Lebenslauf beschreiben. Weiterhin wurde ich exakt nach meiner Einstellung zu den gesellschaftlichen Verhältnissen in der DDR befragt. Dazu musste ich jeweils Aufsätze schreiben. Parallel zu den Protokollen wurde ich immer wieder aufgefordert, schriftlich zu einzelnen Punkten Stellung zu nehmen. Ich machte das, weil es die Zeit während der Verhöre verkürzte.

Zu den Verhören bekam ich jeweils ein- bis zweimal täglich Kaffee angeboten. Nach einigen Tagen musste ich wieder bestätigen, dass ich bei den Verhören korrekt behandelt worden sei, ebenso, dass man mir Getränke und Verpflegung angeboten hätte. Für mich war das sehr ungewöhnlich. Es schien, als wolle man im Umgang mit den Inhaftierten zeigen, dass man human mit den Beschuldigten und Untersuchungshäftlingen umging.

Am nächsten Montag um 6.00 Uhr schrillte wieder die Klingel, unmittelbar danach erfolgte die Frühstücksausgabe per Buffetwagen, so ging das jeden Morgen. Marmelade und Wurst wechselten sich täglich ab, dazu gab es Milchkaffee. Nach der Frühstücksphase, etwa gegen 8.00 Uhr, erfolgte stets der Freigang, der jeweils zu einer langen Prozedur ausartete. Das Wachpersonal war gehalten, sicherzustellen, dass sich Inhaftierte nicht begegneten. Daher wurden die Inhaftierten zellenweise zum Freigang geführt. Nach etwa 30 bis 40 Minuten erfolgte die Rückverlegung in die Zellen nach demselben Prinzip. Auch im Freigangbereich bemühte ich mich, meine »Läufe« durchzuführen. Es gelang mir, mehrere 600-Meter-Abschnitte abzulaufen, was wegen der frischen Luft und auch der bitteren Kälte sinnvoll war.

Gegen 9.00 Uhr an diesem Montag holte mich der Hauptmann wieder in sein Zimmer und startete sein Verhörprogramm. Zuerst leuchtete er meine ganze Vita aus. Alles schien ihn zu interessieren. Das waren langwierige Prozeduren, da ich auf seine Fragen nicht immer unverzüglich und vollständig antwortete. Nachmittags wurde ich erkennungsdienstlich behandelt. Man machte von mir die üblichen Fotos von vorne und im Profil, ebenso nahm man mir Fingerabdrücke und das Profil der Hände ab (eine schöne Sauerei). In diesem Zusammenhang lernte ich den stellvertretenden Gefängnisdirektor kennen, einen ruhigen, altväterlichen Major des Ministeriums für Staatssicherheit. Immer wieder musste ich auch ihm meinen Lebenslauf erklären. Da ich davon überzeugt war, dass ich bald entlassen werden würde, fragte ich ihn einmal unwirsch, warum er das eigentlich alles machen würde. Er antwortete mir: »Herr von Michaelis, hier ist noch nie einer schnell herausgekommen.«

Eine freche Antwort, die mir daraufhin auf der Zunge lag, unterließ ich. Dabei hatte ich den Eindruck, dass der Major mir nur ein freundschaftliches Signal geben wollte, denn er konnte die Verhältnisse ja auch nicht ändern. Er war gleichzeitig Leiter der sogenannten Effektenkammer. Effekten sind das persönliche Hab und Gut der Untersuchungshäftlinge beziehungsweise Strafgefangenen, das man ihnen abnahm und das durch das Gefängnispersonal zu verwalten war. Er war auch zuständig für die Dinge und Lebensmittel, die man käuflich als Untersuchungsgefangener erwerben konnte. Obwohl das nur alle vierzehn Tage möglich war, war er zugänglich, und seine »Mitarbeiter« bedienten mich in der gesamten Zeit eigentlich sehr zuvorkommend.

Jeden Morgen dasselbe. Der Dienstag aber brachte eine neue Qualität. Erstmals wurde ich zum Duschen herausgeführt. Das war sehr kompliziert, auch da gab es einen besonderen Rhythmus, den man einhalten musste. Das Duschen dauerte etwa zehn Minuten, anschließend bekam ich frische Unterwäsche und einen frischen Schlafanzug – das waren allerdings ausrangierte Kleidungsstücke, die aufgrund ihrer Weite kaum zu tragen waren.

Nachdem ich in die Zelle 119 zurückgeführt worden war, dauerte es nicht lange, und derselbe Oberleutnant, der mich zuvor zum Duschen geleitet hatte, forderte mich auf, meine Klamotten zusammenzupacken – ich würde in eine andere Zelle kommen. Nun hatte ich in den Tagen zuvor gegenüber dem Hauptmann immer wieder zum Ausdruck gebracht, dass ich alleine in der Zelle bleiben wollte. Ich war an Mitgefangenen nicht interessiert, da ich nicht wusste, um welche Leute es sich dabei handeln könnte.

Ich musste alle meine Klamotten in meine Wolldecke packen und wurde in eine andere Zelle gebracht. Es war die Zelle 102, direkt neben der Dusche im Erdgeschoss, eine Zweimannzelle. Sie war breiter, die Länge indes war dieselbe. Sie beinhaltete zwei Pritschen. Es dauerte nicht lange, und ein weiterer Mann im Trainingsanzug wurde vom selben Oberleutnant in die Zelle gebracht. Auch dieser hatte ein Bündel in seiner Wolldecke zusammengepackt. Wir machten uns bekannt: Er hieß Armin Meiser *(Name geändert – d. Hg.)*, wir duzten uns gleich. Er hatte ein Spiel dabei: »Mensch ärgere dich nicht«. Wir setzten uns auf unsere Betten und erzählten uns unsere Geschichten.

Armin Meiser wurde am 5. Mai 1945 geboren; er war verheiratet und hatte zwei Kinder. Seine Frau hieß Gaby, die Söhne waren etwa 15 und 9 Jahre alt. Der jüngste Sohn hieß Andreas. Gemeinsam hatten sie in der DDR einen Ausreiseantrag gestellt. Sie wollten nach Österreich zu den Verwandten seiner Frau ausreisen, die in Salzburg eine Konditorei betrieben. Wie er mir sagte, arbeitete er als Diplom-Ingenieur für die Druckerei-Industrie, als stellvertretender Vertriebsleiter in einem Verlagszweig des Verlages *Neues Deutschland,* der neben der Tageszeitung auch Bücher herausgab. Bei einem Behördengang bezüglich des Ausreiseantrages kam es offensichtlich zu einer handgreiflichen Auseinandersetzung zwischen Armin Meiser und einem Mitarbeiter des Ministeriums für Staatssicherheit. Er entschuldigte sich für die handgreifliche Auseinandersetzung und konnte nach Hause gehen, wurde aber bereits einen Tag später von einem Kommando zu Hause im Bezirk Marzahn abgeholt und mit Handschellen gefesselt durch den Treppenaufgang seines Hochhauses vom achten Stock in das Erdgeschoss geführt. Auch er kam mit der Einstellung in diese Untersuchungshaftanstalt, dass sich die ganze Sache sicherlich sehr schnell lösen würde. Als er in einen Verwahrraum mit anderen Mitgefangenen geführt wurde, brachten diese ihm allerdings schonend bei, dass das sicherlich nicht so schnell gehen würde. Er war Anfang November 1984 verhaftet worden.

Ich war am Anfang sehr vorsichtig, da ich nicht wusste, ob es sich bei ihm möglicherweise um einen Spitzel handelte. Da wir bis zum 1. April 1985 zusammen waren, konnte man das aber irgendwann ausschließen, und das wurde mir nach meiner Entlassung auch von einem Mitarbeiter des Bundesnachrichtendienstes bestätigt.

Heiligabend ein Montag: Bereits seit zwei Tagen gab es keine Verhöre und keine Aktivitäten. Nach dem Freigang, der um 9.00 Uhr beendet war, wurde man an diesem Tag nur noch durch die Essensausgaben gestört. Man hatte viel Zeit, sich zu beschäftigen. Aber man musste auch nachdenken und die Verzweiflung unterdrücken, weil keine Perspektive sichtbar war. Bis auf das Gespräch mit dem Anwalt gab es keinen Kontakt zu Gudrun und den Kindern.[16] Ich lag auf dem Bett, starrte an die Decke und vermisste alles aus meinem normalen Leben. In dieser Situation schätzte ich es sehr, dass es einen weiteren Mithäftling gab, der mit mir die Zelle teilte.

Auch der Hauptmann hatte mich darauf hingewiesen, dass aus psychologischen Gründen die Zellen grundsätzlich mindestens doppelt belegt würden, um die Einsamkeit der Untersuchungshäftlinge zu mindern[17]. In der Tat, das Reden half. Man redete über alles. Wir diskutierten über die Meldungen im *Neuen Deutschland*. Armin erzählte mir, dass er diese Zeitung gar nicht lese, höchstens den Samstagsteil mit den unterhaltsamen Seiten. Kein Wort stand darin über die Botschaftsbesetzungen der DDR-Flüchtlinge. Man gewann beim Lesen den Eindruck, in der DDR wäre alles in bester Ordnung.

Donnerstag, 27. Dezember: Heute legte ich eine Beschwerde ein. Am linken Oberarm hatte ich einen großen blauen Fleck, der noch von meiner Festnahme in Marienborn herrührte. Ich beschwerte mich über das brutale Verhalten der Soldaten der DDR-Organe. Ebenfalls beschwerte ich mich, dass ich anfänglich keine warmen Kleidungsstücke erhalten hatte und kein Besteck bekam, um problemlos meine Verpflegung zu mir zu nehmen. Die beiden Beschwerden schloss ich mit den Bemerkungen, dass es sich hier um miese Schikanen der DDR-Organe handele. Die Beschwerden richtete ich an den Staatsanwalt. Dieser lehnte die Beschwerde wegen des blauen Flecks ab. Für die anderen Beschwerden verwies er mich an den Anstaltsdirektor.

2. Januar 1985: Die eigentlichen Vernehmungen begannen offenbar erst jetzt. Bisher verliefen die Befragungen etwas lockerer. Jetzt wurden die Verhöre dichter und langwieriger. Die Fragen wurden sehr genau formuliert, Einzelheiten mussten von mir kommentiert werden. Wahrscheinlich orientierte sich der »Hauptmann Vernehmer« an den Ermittlungsakten von Ruth und Rüdiger, die 1977 auf frischer Tat verhaftet worden waren

und über alles hatten aussagen können. Vermutlich waren auch
die Fluchthelfer der Staatssicherheit bekannt. Die Ermittlungs-
offiziere hatten bereits ein umfassendes Bild über den Hintergrund der Fluchthilfeaktionen, von denen die Flucht von Ruth
und Rüdiger nur eine Aktivität von vielen war. Die Verhöre konzentrierten sich auf alles, vom Beginn meiner Freundschaft zu
Ruth und Rüdiger an. Ich erinnerte mich und gab zu Protokoll:

*Im Zusammenhang mit der Ostpolitik von Bundeskanzler Wil-
ly Brandt[18] und dem Grundlagenvertrag[19] wurde zwischen den
grenznahen Landkreisen der Bundesrepublik und der DDR eine
unkomplizierte Möglichkeit von Tages- bzw. Wochenendreisen
möglich. Zur damaligen Zeit wohnte ich in Bad Hersfeld, der
Landkreis Hersfeld-Rotenburg grenzte unmittelbar an den Bezirk Eisenach, wo Verwandte von mir wohnten. In Eisenach lebte
in der Nonnengasse die direkte Cousine meiner Mutter, Sigrun
Klöter, alleinstehend, ihr Sohn Helmut Klöter war verheiratet
mit der Schwester von Ruth* (Namen geändert – d. Hg.) *und lebte in einer benachbarten Plattenbausiedlung. Die Verwandten in
der DDR beantragten eine Einreisegenehmigung für vielfache
Besuche bei ihnen innerhalb von mehreren Monaten. Das waren damals die Voraussetzungen des kleinen Grenzverkehrs.*

*Bei meinem zweiten Besuch in Eisenach, das war im Februar
1973, lernte ich dann Ruth und ihren Freund Rüdiger kennen.
Sie waren sehr sympathisch, wir machten eine Wanderung
auf die Wartburg. Wir hatten viel Spaß. Wir diskutierten auch
sehr viel, besonders meine Verwandtschaft hatte eine verklärte
Vorstellung von den wirtschaftlichen Verhältnissen in der Bundesrepublik. Da ich auch viel mitbrachte, besonders westliche
Markenprodukte wie Nutella, wurden die Verpackungen nach
dem Verbrauch beziehungsweise Verzehr in den Glasschrank
ins Wohnzimmer gestellt, als äußeres Zeichen, dass man West-
Verwandtschaft hat, die einem die aus dem westlichen Werbe-
fernsehen bekannten Produkte mitbrachte.*

*Ruth war eher distanziert, sie fühlte sich von diesen Ober-
flächlichkeiten nicht angezogen. Ihr Freund Rüdiger war da*

schon radikaler und grundsätzlicher, er verdammte alles, was sich in der DDR abspielte. Ruth studierte eine naturwissenschaftliche Fachrichtung, Rüdiger durfte nicht studieren. Zum einen kam er aus einem akademischen Elternhaus, zum anderen war er bereits in der Oberschule so auffällig, dass ihm ein Studium verwehrt wurde. Er lernte Kraftfahrzeugmechaniker.

Wir verstanden uns gut. Ich hatte einen stärkeren Zugang zu beiden als zu meiner Tante Sigrun und Helmut. Wir trafen uns auch in Ost-Berlin, wo Rüdiger mit seinen Eltern lebte. Mit der Zeit stellte sich heraus, dass beide an einer »illegalen Ausreise aus der DDR« stark interessiert waren.

Etwa 1975 wurde Rüdiger konkreter. Er konnte sich auch eine Ausreise mit einer Fluchthilfe über den Transitweg vorstellen. Die Möglichkeiten dazu waren DDR-Bürgern bekannt, die den Willen besaßen, unbedingt die DDR zu verlassen. Westfernsehen, aber auch Ost-Berlin waren der Nährboden, um an alle Informationen zu kommen. Ruth war zögerlicher, sie wollte aber ihren Freund auf jeden Fall begleiten. Eine denkbare Flucht mit Reisepässen der Bundesrepublik war 1975 bereits wesentlich schwieriger, weil die Ausstellung von Personalausweisen oder Reisepässen in westdeutschen Rathäusern genau dokumentiert und von vorgesetzten Dienststellen überprüft wurde. Also kam nur die illegale Ausreise über die Transitstrecken[20] in Frage.

Relativ schnell bekam ich Kontakt zu einem Fluchthelfer, der bereits sehr erfolgreich agierte. Der Kontakt wurde über einen Landtagsabgeordneten der hessischen CDU zur Berliner CDU hergestellt. Dort gab es einen ehrenamtlichen Funktionsträger der Berliner Exil-CDU, die nach den Statuten der Satzung der Parteigliederung eines Bezirks in West-Berlin entsprach. Querverbindungen zu prominenten Berliner CDU-Politikern belegten für mich, dass es sich hier um seriöse Parteifreunde handelte. Nach meiner Kenntnis konnte man bei der Berliner SPD ähnliche Kontakte knüpfen. Die Nähe zu den Berliner Volksparteien war deshalb notwendig, weil man für die Schleusungsaktionen oft zusätzliche Fahrzeugdokumente und Kraftfahrzeugkennzeichen benötigte, die von amtlichen Dienststellen der Berliner

Bezirke und hier von bestimmten Beamten, die Mitglieder der SPD oder CDU waren, ausgestellt wurden.

Ich lernte nun Fritz Felgenhauser (Name vom Autor geändert – d. Hg.) kennen, der für diese Schleusungen die Vorbereitungen traf und sie durchführte. Bereits über 60 Personen hatte er geholfen, er selbst war ebenfalls lange in der DDR inhaftiert gewesen. Wir trafen uns im französischen Restaurant »La Bou Bou« am Kurfürstendamm. Er wurde begleitet vom mir bereits bekannten Vertreter der Berliner Exil-CDU. Ich schilderte beiden das Anliegen von Ruth und Rüdiger. Fritz Felgenhauser war sofort bereit, die Aktion durchzuführen, auch »zwei auf einmal ließen sich unproblematisch ausschleusen«.

Natürlich wollte ich wissen, wie das funktionierte und wie viel Vorbereitungszeit man brauchte. Er erklärte es mir so: Man bräuchte dazu zwei vollkommen identische Fahrzeuge. Dazu würden jedes Mal Gebrauchtwagen gekauft, ein und dieselbe Marke, identischer Typ, identische äußere Erscheinung wie Farbe des Lackes und Zubehör. Beide Fahrzeuge würden unmittelbar vor der Fluchtaktion zugelassen und erhielten dieselben Berliner Kennzeichen und Kraftfahrzeugpapiere. Diese Dokumente würden offiziell ausgestellt. Nach der Flucht würden die Fahrzeuge verkauft, die Fahrzeugdokumente vernichtet. Dann habe er Fahrer für diese Aktionen, die auf Geld angewiesen seien. Zu den Personen wolle er sich nicht äußern, aber nicht jeder mache das freiwillig, nur, wenn man Geld brauche.

Im Einzelnen vollzieht die Aktion sich immer nach demselben Muster. Beide Fahrzeuge fahren von West-Berlin in die DDR, der eine auf dem Transit zum Übergang Marienborn/Helmstedt, der zweite zu einem Tagesaufenthalt in die DDR. Fahrer und Fahrzeug, die für den Tagesaufenthalt in der DDR vorgesehen sind, treffen sich an einem bestimmten Ort mit den Flüchtlingen, meistens an einem belebten Platz in einer Stadt der DDR.

In dieses Fahrzeug steigen die Flüchtlinge ein, sie fahren dann gemeinsam zur Transitautobahn, die vom ersten Fahrzeug benutzt wird. Hier kann der Fahrer ohne Kontrolle seines

Fahrzeuges ein- und ausreisen. Bevor das zweite Fahrzeug auf die Transitautobahn, zum Beispiel von Berlin nach Hannover fährt, steigen sie in den Kofferraum um. Jetzt beginnen die Unannehmlichkeiten für die Flüchtlinge, weil niemand vorhersehen kann, wie lange sie bis zum Erreichen der Bundesrepublik im Kofferraum verbleiben müssen.

Das zweite Fahrzeug fährt auf die Autobahn. Beide Fahrzeuge treffen sich an einem verabredeten Parkplatz, in der Regel an einer vielbefahrenen Raststätte, weil alle Parkmöglichkeiten von den DDR-Behörden strengstens überwacht werden. Unmittelbar nach Eintreffen des zweiten Fahrzeuges, in der Regel ist das erste Fahrzeug früher da, tauschen die Fahrer die Autos. Der erste Fahrer fährt mit dem zweiten Wagen und den Flüchtlingen im Kofferraum weiter auf dem Transit, in der berechtigten Hoffnung, unkontrolliert aus der DDR über die Transitautobahn in die Bundesrepublik auszureisen. Der zweite Fahrer übernimmt das erste Fahrzeug und fährt von seinem vermeintlichen Tagesaufenthalt in der DDR zurück nach West-Berlin mit allen Kontrollen, besonders bei der Ausreise.

Für die Vorbereitung benötigt man drei, besser sechs Monate. Bei erfolgreicher Flucht erwarte er 10 000 D-Mark pro Flüchtling als Kostenerstattung. Der Fahrer, der zum Schluss die Flüchtlinge über die Grenze schleust, erhalte 3000 bis 5000 D-Mark, der andere Fahrer 500 D-Mark. Der Rest werde für den Kauf der Fahrzeuge und weitere Auslagen benötigt. Beauftragte von ihm, meistens der Fahrer des ersten Fahrzeuges, nähmen Kontakt mit den Flüchtlingen auf und verabredeten die Einzelheiten.

Wir verabschiedeten uns im Restaurant. Ich wusste Bescheid, und ich hatte insgesamt einen guten Eindruck. Fritz Felgenhauser erwartete keinen Vorschuss, ein Beleg dafür, dass er eher uneigennützig arbeitete. So waren auch die Informationen meines Gesprächspartners der Berliner Exil-CDU.

Anlässlich eines späteren Treffens mit Ruth und Rüdiger berichtete ich von meinen Kontakten und wie die Aktion ablaufen würde. Wann sollte nun die Flucht starten, wann mit den Vorbereitungen begonnen werden? Ich erklärte mich bereit, den Geldbetrag vorzustrecken. Beide versprachen mir, das Geld selbstverständlich unverzüglich in Form von Raten zinslos zurückzuzahlen. Beide baten um Bedenkzeit.

Bei einem späteren Treffen – wir sahen uns etwa viermal im Jahr – bestand Ruth darauf, erst einmal ihr Examen zu machen. Wenn sie ihr Diplom habe, könne »es losgehen«. Das wäre etwa in der zweiten Hälfte des Jahres 1976. Nun kam es ganz anders. Ruth wurde schwanger. Der Examenstermin lag aber auf einem Zeitpunkt, der eine Flucht danach wegen der Schwangerschaft unverantwortlich machte. Fritz Felgenhauser schlug vor, alles um etwa ein Jahr zu verschieben. Wenn das Baby so weit wäre, dann sollte man es versuchen.

Ein gesunder Junge wurde im Dezember 1976 geboren. Trotzdem waren Ruth und Rüdiger festen Willens auszureisen. Einen Ausreiseantrag wollten sie auf keinen Fall stellen. Man vertrat die Auffassung, dann würde bekannt werden, dass man die DDR verlassen wolle. Eine illegale Ausreise wäre dann schwer vorzubereiten. Ruth wurde auch zunehmend militanter gegenüber allem, was sich in der DDR abspielte.

Man bat mich, nun mit den Vorbereitungen zu beginnen. Das war etwa im Februar 1977, geplant war die Flucht für Juni/ Juli desselben Jahres. Alles lief wie verabredet. Nur: Wird das Baby ruhig bleiben, wenn man die DDR im Kofferraum verlassen wird? Fritz Felgenhauser war sich hier nicht sicher, er band eine Kinderärztin ein, der er ebenfalls vor einigen Jahren aus der DDR zur Flucht verholfen hatte. Sie versprach, sich um entsprechende Beruhigungsmittel zu kümmern – sie benötige exakte Daten des Babys bezüglich des Gewichtes usw. Parallel dazu gab es den Kontakt zwischen den Fluchthelfern und Rüdiger, aber auch ich schrieb beiden. Dazu hatten wir bestimmte Begriffe verabredet, die dazu dienten, die Informationen zu transportieren. Ich schrieb immer von mir, dass ich eine neue Wohnung suchen und umziehen und dazu eine Möbelspedition suchen würde. Alles in diesem Zusammenhang Geschriebene betraf verdeckt die Fluchthilfeaktion.

Man konzentrierte sich jetzt für die Aktion auf den 2. Juli

1977, einen Samstag. Die Flüchtlinge sollten in Halle vor dem Dom aufgenommen werden, der Fahrzeugtausch sollte auf dem Parkplatz des Rasthauses »Magdeburger Börde« stattfinden. Fritz Felgenhauser und ich warteten auf der Westseite des Grenzüberganges Marienborn/Helmstedt.

Wir warteten vergebens. Fritz rief ständig in West-Berlin bei seiner Frau an, die eingeweiht war und als Kontaktbörse diente. Nach drei Stunden gaben wir auf. Abends telefonierten wir wieder. Der Fahrer des zweiten Fahrzeuges, der Ruth und Rüdiger in Halle aufnahm, kehrte nach West-Berlin zurück und teilte mit, der Tausch der Fahrzeuge sei wie verabredet gelaufen.

In den nächsten Tagen berichteten die Nachrichten und Zeitungen über einen Vorfall an der innerdeutschen Grenze. Ein Fluchtversuch sei gescheitert, dabei sei ein sechsmonatiges Baby ums Leben gekommen. Eine schreckliche Erfahrung.

Was war passiert? Das erste Fahrzeug, das die Flüchtlinge in Halle aufgenommen und sich auf dem Transit befunden hatte, hatte einen Motorschaden bekommen, es blieb liegen. Ein weiteres Fahrzeug schleppte das Fahrzeug bis zum Grenzkontrollpunkt ab. Die Volkspolizei[21] wollte helfen. Man musste den Kofferraum öffnen, um an das Werkzeug zu kommen. Der Fahrer lehnte ab. Er machte sich zusätzlich verdächtig, weil er keinen Führerschein dabeihatte. Nun öffneten die Volkspolizisten den Kofferraum und fanden Ruth und Rüdiger – das ruhiggestellte Kind bereits tot, die Eltern vollkommen geschwächt wegen der großen Hitze, die an diesem Sommertag herrschte und die den engen Kofferraum zur Hölle machte.

Die Fluchtaktion war vollkommen unzureichend vorbereitet. Die Einzelheiten wurden mir aber nicht unmittelbar bekannt, sondern erst nach und nach. Erst zur Gerichtsverhandlung im Februar 1979, bei der ich als Zeuge aussagte, wurde mir das gesamte Drama bewusst.

Parallel unternahm ich alles, damit Ruth und Rüdiger in die humanitären Bemühungen der Bundesregierung aufgenommen wurden. Ständig bat ich dazu meinen Freund Wilfried Böhm, Bundestagsabgeordneter und Mitglied des Bundestagsaus-

schusses für Innerdeutsche Beziehungen, alles zu unternehmen, um zu helfen.

Im Wesentlichen war das der Kern meiner Aussage. Bei den Verhören habe ich das Geschehene sehr bedauert – nicht aber die grundsätzliche Tatsache, dass Fluchthelfer DDR-Bürgern zur Freiheit verhalfen.

1 Wilfried Böhm (geb. 1934), 1972–1994 Mitglied der CDU-Fraktion des Deutschen Bundestages.

2 Barkas B 1000: DDR-Kleintransporter, der auch als Gefangenenfahrzeug genutzt wurde. Die Fahrzeuge waren als Lieferwagen getarnt.

3 Gemeint ist das bundesdeutsche Aufnahmelager in Gießen, seit den sechziger Jahren erste Station für zahlreiche ausgereiste oder abgeschobene DDR-Bürger.

4 Paragraph 105 (Staatsfeindlicher Menschenhandel) StGB der DDR in der Fassung vom 19. Dezember 1974 besagte: »Wer es 1. mit dem Ziel, die Deutsche Demokratische Republik zu schädigen; 2. in Zusammenhang mit Organisationen, Einrichtungen, Gruppen oder Personen, die einen Kampf gegen die Deutsche Demokratische Republik führen, oder mit Wirtschaftsunternehmen oder deren Vertretern unternimmt, Bürger der Deutschen Demokratischen Republik in außerhalb ihres Staatsgebietes liegende Gebiete oder Staaten abzuwerben, zu verschleppen, auszuschleusen oder deren Rückkehr zu verhindern, wird mit Freiheitsstrafe nicht unter zwei Jahren bestraft.«

5 Gregor Gysi (geb. 1948), deutscher Rechtsanwalt und Politiker (Die Linke). Als Vorsitzender der DDR-Rechtsanwältekollegien war er Nomenklaturkader des SED-Zentralkomitees. Nach MfS-Unterlagen Informant des Staatssicherheitsdienstes, was von ihm bestritten wird.

6 Lothar de Maizière (geb 1940), DDR-Rechtsanwalt und Vorsitzender des Berliner Rechtsanwältekollegiums. Vom 12. April bis 2. Oktober 1990 letzter Ministerpräsident der DDR, vom 3. Oktober bis zum 19. Dezember 1990 Bundesminister für besondere Aufgaben. Von diesem Amt trat er zurück, nachdem Informationen über seine Zusammenarbeit mit dem MfS bekannt wurden.

7 Wolfgang Schnur (geb. 1944), DDR-Rechtsanwalt und Informant des Staatssicherheitsdienstes. 1993 wurde ihm deshalb die Anwaltszulassung entzogen.

8 Dr. Wolfgang Vogel (1925–2008), Rechtsanwalt, Bevollmächtigter der DDR-Führung für humanitäre Fragen und Unterhändler beim Häftlingsfreikauf.

9 Ständige Vertretung (StäV): botschaftsähnliche Vertretung der Bundesrepublik Deutschland in der DDR, die von 1982 bis 1989 durch Dr. Hans-Otto Bräutigam (geb. 1931) geleitet wurde.

10 Gemeint ist Zeus als oberster Gott in der Griechischen Mythologie.

11 *Neues Deutschland*, Tageszeitung der DDR und Zentralorgan der SED.

12 Emil von Behring (1854–1917), deutscher Bakteriologe und Träger des ersten Nobelpreises für Medizin (1901).

13 Katarina Witt (geb. 1965), deutsche Eiskunstläuferin. Eine der erfolgreichsten Eiskunstläuferinnen in der Geschichte der Olympischen Spiele und Vorzeige-Sportlerin der DDR.

14 BND: Bundesnachrichtendienst.

15 Exil-CDU: Organisation der aus der Sowjetischen Besatzungszone (SBZ) bzw. der DDR geflüchteten oder vertriebenen Mitglieder der Ost-CDU.

16 Ernst Hubert von Michaelis hat zwei Kinder, die zum Zeitpunkt der Untersuchungshaft ein und zwei Jahre alt waren.

17 Diese Aussage war falsch. Die Untersuchungshäftlinge des MfS wurden häufig wochen- oder monatelang in Einzelhaft gehalten, um sie zu Aussagen gegenüber dem Vernehmer zu bewegen.

18 Willy Brandt (1913–1992), deutscher sozialdemokratischer Politiker und von 1969 bis 1974 Bundeskanzler der Bundesrepublik Deutschland. Für seine Ostpolitik, die im Rahmen des Ost-West-Konflikts auf Entspannung und Ausgleich mit der DDR, der Sowjetunion und den osteuropäischen Staaten ausgerichtet war, erhielt er 1971 den Friedensnobelpreis.

19 Grundlagenvertrag: 1972 geschlossenes und 1973 in Kraft getretenes Abkommen zwischen der Bundesrepublik und der DDR.

20 Es gab mehrere Transitstrecken, die für den Verkehr zwischen der Bundesrepublik und West-Berlin vorgesehen waren: (1) Zarrentin – Berliner Ring – Stolpe; (2) Helmstedt/Marienborn – Berliner Ring – Dreilinden/Drewitz; (3) Rudolphstein/Hirschberg – Berliner Ring – Dreilinden/Drewitz; (4) Herleshausen – Berliner Ring – Dreilinden/Drewitz.

21 Volkspolizei (VP) oder Deutsche Volkspolizei (DVP): Polizei der DDR.

CLIEWE JURITZA
Odyssee am Eisernen Vorhang

Cliewe Juritza (geb. 1966) war nach zwei Fluchtversuchen über Ungarn und die innerdeutsche Grenze von Juli bis September 1984 in der Untersuchungshaftanstalt des DDR-Ministeriums des Innern in Berlin-Rummelsburg und anschließend im Jugendhaus Halle inhaftiert.

»Ich habe noch bis zum 23. Juli Urlaub. Bin noch mal weggefahren.« Als meine Mutter diese Nachricht von mir las, hat sie sich sicher nicht vorstellen können, dass ich erst nach mehreren Jahren zurückkommen würde und sie mich das nächste Mal im Besuchsraum der Haftanstalt Halle wiedersehen würde – weil ich versucht hatte, die DDR zu verlassen, und dabei festgenommen worden war.

Nachdem ich meiner Mutter den Zettel auf den Tisch gelegt hatte, fuhr ich zum Berliner Ostbahnhof und kaufte mir eine Fahrkarte nach Prag. Von dort wollte ich weiter nach Budapest. Mein Plan war, in Ungarn bei Sopron die Grenze zu Österreich zu überqueren und auf diese Weise die DDR zu verlassen. Ich hoffte, die ungarische Grenze sei nicht so scharf bewacht und gesichert wie die in der DDR oder der Tschechoslowakei.

Ich hatte mich vorbereitet. In meinem Gepäck befanden sich mein Schulabschlusszeugnis und mein Gesellenbrief, ein Kompass, eine Landkarte, ein Taschenrechner, eine kleine Bibel (von 1871) und 100 D-Mark. Damit ich im Falle einer

Kontrolle keinen Verdacht erwecken würde, versteckte ich die Zeugnisse im Zug. Ich ging auf die Zugtoilette und schob die Papiere hinter den Papierhandtuchhalter. Dort glaubte ich sie sicher.

Umso erschrockener war ich, als es auf einem Bahnhof kurz hinter der tschechischen Grenze eine für mich unverständliche Durchsage gab und der Zug geteilt wurde. Ich spürte das Ruckeln der Wagen beim Entkoppeln und war in Panik, denn meine Zeugnisse waren im WC des abgehängten Wagens. Schnell lief ich über den Bahnhof in den anderen Zugteil und barg meine Papiere. Für den Rest des Weges behielt ich sie bei mir. Sie waren für mich wertvolles Kapital, weil sie die Eintrittskarte in den westdeutschen Arbeitsmarkt waren. Nach diesem ersten Adrenalinstoß war ich froh, als der Zug in Prag ankam.

In Prag angekommen, ging ich in die Stadt, um mich zu beruhigen und abzulenken. Ich hatte etwas Zeit, bevor es mit dem nächsten Zug weiter nach Budapest ging. Ich lief durch die Straßen, hatte aber keinen Blick für die Sehenswürdigkeiten. Im Grunde wartete ich nur ungeduldig auf die Weiterfahrt. Vier Jahre lang hatte ich auf diesen Tag gewartet, aber jetzt waren schon die Stunden des Wartens in Prag unerträglich.

Am Abend ging es weiter nach Budapest. Im Abteil waren außer mir noch zwei junge Frauen. Wir kamen ins Gespräch. Natürlich fragten sie mich, was ich in Ungarn wolle. Ich war misstrauisch. Sah man mir an, was ich vorhatte? Wurde ich beobachtet? Zögernd erzählte ich den beiden, ich wäre auf dem Weg zum Neusiedler See, wo ich ein paar Kumpels treffen wolle. Ich unterhielt mich vorsichtig weiter mit den beiden, immer darauf bedacht, mich nicht zu verraten oder mich in Widersprüche zu verstricken. Das war anstrengend und eine gute Ablenkung zugleich. Es bewies mir, dass zumindest die beiden mir meine Tarnung glaubten und man mir nicht ansah, dass ich vorhatte, aus der DDR zu fliehen.

Die Fahrt nach Ungarn war für mich nicht nur eine Fahrt in die erhoffte Freiheit, sondern auch die erste Fahrt ins »richtige« Ausland. Ich war zwar schon in Polen und der Tschechoslowakei gewesen, dorthin konnte man als DDR-Bürger ohne Visum reisen. Für Ungarn hingegen brauchte man eines.

Ich hatte schon vor ein paar Jahren geplant, mit Schmecken und Branndorst *(Schulkameraden von Cliewe Juritza – der Hg.)* zur Feier unseres Schulabschlusses 1982 nach Ungarn zu fahren. Damals hatte ich umfangreich für unseren Ungarn-Urlaub recherchiert. Wir wollten zum Plattensee fahren. »Reiseführer« nannten mich die beiden, so eifrig war ich mit den Planungen beschäftigt. Und als Reiseführer war ich natürlich auch rechtzeitig zum Einwohnermeldeamt gegangen, um mir ein Visum für Ungarn zu besorgen. Leider verkrachten sich die beiden irgendwann vor unserem Schulabschluss, so dass es nie zu dieser gemeinsamen Fahrt kam. Immerhin hatte ich aber dadurch das notwendige Visum und konnte jetzt unbehelligt nach Ungarn einreisen.

Am nächsten Tag kam ich in Budapest an. Dort hatte ich wieder ein paar Stunden Aufenthalt, bevor ein Zug in Richtung Sopron weiterfuhr. Angespannt ging ich in Budapest spazieren. Um mich abzulenken, sah ich mir einen Hinterhof an und stellte fest, dass er erheblich offener und breiter war als die Berliner Hinterhöfe, die ich kannte. Es gab dort sogar Pflanzen, Geschäfte und Restaurants, was mich beeindruckte und mir sehr lebenswert erschien.

Zurück am Bahnhof, kaufte ich mir eine Fahrkarte nach Sopron, der letzten Stadt vor der ungarisch-österreichischen Grenze. Vielleicht machte ich dort den ersten Fehler: Ich kaufte nämlich einen Einzelfahrschein statt einer Hin- und Rückfahrkarte. Ich fühlte mich noch immer gut auf die Flucht vorbereitet. Ich hatte mich nämlich ausführlich über die Stadt Sopron informiert. Sopron war eine alte Handelsstadt mit einer Festung und lag früher an einer römischen Handelsstraße. Historisch interessierter Tourist – das war meine Tarnung, soweit das bei einem 18-Jährigen glaubhaft sein konnte.

Ich setzte mich in den Zug. Um meine Nervosität zu verbergen und mich zu beruhigen, begann ich in der Bibel zu lesen.

»Passport!« Ich schreckte hoch. In der Abteiltür stand plötzlich ein ungarischer Beamter in grauem Anzug. Wir waren sechs Personen in dem Abteil, aber es war offensichtlich, dass er nur von mir den Ausweis und die Fahrkarte sehen wollte. »Wieso ich? Warum schaut der nur mich an?«, fragte ich mich. Ich war aufgeregt. Sah man mir etwa doch an, dass ich aus der DDR kam und vorhatte zu fliehen? Stand es mir im Gesicht geschrieben, dass ich über die ungarisch-österreichische Grenze fliehen wollte?

Der Mann kontrollierte meinen Ausweis und gab ihn mir zurück, schloss die Abteiltür und ging. Ich atmete auf. »Alles noch einmal gut gegangen«, seufzte ich still in mich hinein. Ich las weiter in der Bibel und versuchte, mich zu beruhigen.

Am späten Nachmittag kam ich in Sopron an. Ich stieg aus dem Zug und wollte mich aufmachen, die Gegend zu erkunden, als ich plötzlich von zwei Polizisten angesprochen wurde. Die beiden winkten mich in ein Polizeibüro auf dem Bahnhof. Offensichtlich hatte der Schaffner im Zug weitergegeben, dass ich mich ohne Rückfahrkarte in Richtung Grenze bewegte. Oder hatte das bereits die Fahrkartenverkäuferin auf dem Bahnhof in Budapest getan? Am Bahnhof in Sopron war man zumindest auf mich vorbereitet. Es war bereits ein Übersetzer vor Ort, um mir die vielen Fragen zu übersetzen, die die Polizisten mir stellten.

»Was ist der Sinn Ihres Aufenthalts?«

In meinem Gehirn ratterte es, und ich sagte meine vorbereiteten Sätze auf: »Ich möchte mir die Stadt ansehen.«

»Und was möchten Sie sich ansehen?«

»Das Stadttor, den Stadtturm, die alte Römerstraße.«

Ich merkte, dass die Polizisten mir das nicht wirklich abkauften, aber ich blieb bei meiner Version. Während des ganzen Verhörs dachte ich darüber nach, wie ich aus der Situation rauskommen könnte, um endlich in Richtung österreichische Grenze zu gehen. Letztlich hatten die Beamten nichts gegen mich in der Hand und mussten mich laufenlassen.

Leider konnte ich nicht alleine losziehen. Der Dolmetscher lud mich ein, mit ihm etwas trinken zu gehen. Ich wollte zwar nicht, aber irgendwie spürte ich, dass ich die Einladung nicht ablehnen konnte, und ging mit dem Mann in ein Lokal in der Nähe des Bahnhofs. Wir unterhielten uns ungezwungen. Trotzdem war ich die ganze Zeit auf der Hut und dachte darüber nach, wie ich den Mann loswerden könnte. Der Übersetzer hatte einige Zeit in der DDR gearbeitet und sprach deshalb gut Deutsch. Inzwischen waren bereits die typisch ungarischen Geiger an unseren Tisch gekommen und spielten.

Nach einer Weile fragte der Dolmetscher: »Jetzt sagen Sie mal, warum sind Sie wirklich hier?«

Ich wusste es! Diese Einladung des Dolmetschers war eine Fortsetzung des Verhörs mit anderen Mitteln.

»Wie gesagt, ich will mir die Stadt ansehen.«

Der Dolmetscher machte noch ein paar Versuche, doch irgendwann gab er auf, und wir verabschiedeten uns.

Inzwischen war es dunkel. Betont unauffällig schlenderte ich durch die Stadt. Ich wollte zurück zum Bahnhof, um Sopron von dort in Richtung Norden auf kürzestem Weg zu verlassen. Nördlich des Bahnhofs verlief ein Fluss, den ich überqueren musste. Ich war so wild entschlossen, endlich zur Grenze zu kommen, dass ich mich kaum beherrschen konnte, nicht direkt durch den Fluss auf die andere Seite zu schwimmen, sondern stattdessen einen kleinen Umweg über eine Brücke zu machen.

Hinter der Brücke hielt ein Polizeiwagen neben mir an. »Wohin möchten Sie?«

Ich antwortete ausweichend. »Ich warte auf meinen Zug und will mir bis dahin die Beine vertreten.«

»Dann steigen Sie ein, wir bringen Sie zum Bahnhof!«

Das war keine Bitte, sondern ein Befehl. Ich stieg also in den Polizeiwagen und wurde zurück zum Bahnhof gefahren. Ich kochte innerlich. Ich stand in dieser Stadt total unter Beobachtung. Das konnte doch nicht sein, dass ich mich in Sopron nicht bewegen konnte, ohne dass ständig die Polizei hinter mir her war! Ich war mit den Nerven bereits jetzt völlig am Ende. In Sopron würde ich es nicht zur Grenze schaffen, so viel war klar. Kurz überlegte ich, ob ich zum Schein mit dem nächsten Zug in Richtung Budapest fahren sollte und schon an der nächsten Station aussteigen sollte. Angesichts der Überwachung im Zug und in Sopron befürchtete ich, dass das keinen Sinn machen würde. Da der nächste Zug nach Budapest erst in einigen Stunden fahren würde, legte ich mich im Bahnhof auf eine der Holzbänke und döste vor mich hin.

Gegen Morgen fuhr ich frustriert zurück nach Budapest und von dort über Prag wieder in die DDR, nach Dresden. Niedergeschlagen stand ich in Dresden auf dem Bahnhof und überlegte, was ich tun sollte. Mein schöner Plan, in Ungarn die Grenze zu überqueren, war nicht aufgegangen. Die Idee, in Budapest oder Prag in die bundesdeutsche Botschaft zu flüchten, wie das später Tausende DDR-Bürger getan haben, kam mir überhaupt nicht in den Sinn. Auch an eine Flucht aus der Tschechoslowakei nach Westdeutschland dachte ich nicht. Mein Gedanke war, dass die tschechische Grenze zur Bundesrepublik mindestens so gut bewacht wäre wie die deutsch-deutsche Grenze. Ich hatte gehofft, das Grenzregime zwischen Ungarn und Österreich wäre weniger streng. Aber dort hatte ich es ja nicht einmal bis zu den Grenzanlagen geschafft!

Ich hatte Hunger und kaum noch Geld, außer den 100 D-Mark, die ich bei mir hatte. Noch auf dem Dresdner Bahnhof sprach ich einen Mann an, ob er mir die 100 D-Mark in DDR-Mark umtauschen würde. »Wie können Sie mich so etwas fragen!«, wies er mich barsch und entrüstet ab. Ich zuckte zusammen und machte mich schnell davon. Irgendwie hatte ich das Gefühl, verdächtig auszusehen, und kam mir weiterhin beobachtet vor. Ich wollte endlich raus aus der DDR!

Von meinem letzten Geld kaufte ich mir eine Fahrkarte nach Zwickau. Mein neues Ziel war die bayerische Grenze. Wenn schon der Umtausch der 100 D-Mark nicht möglich war, wollte ich in Zwickau zunächst versuchen, den Taschenrechner, den ich bei mir hatte, zu verkaufen, um wieder an etwas DDR-Geld zu gelangen.

Mein erster Taschenrechner war ein Geschenk meiner Oma aus Hannoversch Münden. Ich hatte ihn fast immer bei mir. Einmal fiel er mir in der Schule bei einer wilden Verfolgungsjagd mit meinen Mitschülern aus der Brusttasche. Ein Schulkamerad trat im Eifer des Gefechts auf den Taschenrechner. Glücklicherweise funktionierte er aber trotzdem noch. Irgendwann war er dann verschwunden. Ich hatte ihn zu Hause irgendwo hingelegt und konnte ihn nicht mehr finden. Durch ein Geldgeschenk meiner Oma hatte ich genügend D-Mark, um mir im Intershop[1] einen neuen zu kaufen. Diesen Rechner hatte ich jetzt auf der Flucht bei mir.

In Zwickau angekommen, ging ich zu einem Gebrauchtwarenladen.

»Was kann ich für diesen Taschenrechner bekommen?«, fragte ich die Verkäuferin.

»Hm, das kann ich Ihnen nicht sagen. Unser Techniker ist nicht da. Kommen Sie morgen wieder.«

So lange konnte ich nicht warten. Also stellte ich mich vor den Laden auf den Bürgersteig, legte den Taschenrechner vor mich hin und schrieb auf einen Fetzen Papier einen Preis. Es dauerte nicht lange, und jemand kaufte mir den Rechner ab. Von dem Geld ging ich geradewegs in ein Lokal und aß einen Teller Spaghetti. In den letzten Tagen hatte ich mich nur von Traubenzuckertabletten ernährt und außer dem Abendessen mit dem ungarischen Dolmetscher nichts mehr gegessen.

So gestärkt, fuhr ich weiter in Richtung Süden zur Grenze. Ich weiß nicht mehr genau, wie ich gefahren bin, ob mit dem Bus oder dem Zug, aber gegen Abend schließlich war ich zu Fuß unterwegs Richtung Grenze. Es wurde dunkel. Aus Angst, entdeckt und wieder weit vor der Grenze abgefangen zu werden, sprang ich jedes Mal, bevor mir ein Auto entgegenkam oder mich überholte, in den Straßengraben.

Ich lief durch ein Feld und kletterte über einen Weidezaun. Dahinter begann ein Wald. Dort war es so dunkel, dass ich nichts sehen konnte.

Bis jetzt hatte ich mich mit dem Kompass orientiert, aber auch den konnte ich in der Dunkelheit nicht mehr ablesen. Die ungefähre Richtung war mir klar. Ich ging weiter. Um nicht gegen einen Baum zu laufen, nahm ich meine Umhängetasche und schwang sie vor mir her. Ich wusste, dass ich im Grenzgebiet war, und befürchtete, dass der Wald mit Gräben oder anderen Hindernissen durchzogen sein könnte. Ich konnte die sprichwörtliche Hand nicht vor den Augen sehen. Weitergehen hatte keinen Sinn. Ich platzte fast vor Ungeduld und Verzweiflung. Dennoch siegte die Vernunft, und ich setzte mich enttäuscht an einen Baum auf den Boden, um den Tagesanbruch abzuwarten.

Als ich mich setzte, merkte ich, dass meine Hose vollkommen durchnässt war. Das vorhin durchquerte Feld war sehr hoch bewachsen und offensichtlich nass gewesen, was mir bis zu dem Zeitpunkt gar nicht aufgefallen war. Irgendwann legte ich meinen Kopf auf die Tasche und schlief ein.

Im Morgengrauen wurde ich wach. Ich hatte unbequem gelegen, meine Glieder waren steif und meine Sachen feucht. Trotzdem ging ich entschlossen weiter. Ich kannte den Grenzverlauf genau, denn ich hatte die Karte oft genug studiert und wusste also, in welche Richtung ich gehen musste. Es dauerte auch nicht lange, da kam ich an den Waldrand und an die Grenzanlagen. Direkt vor mir verlief der Kolonnenweg, auf dem die Grenzer patrouillierten. Dahinter waren ein Graben und ein hoher Drahtzaun. Ich sah mir den Zaun an. Die obersten Drähte des Zaunes gabelten sich und waren V-förmig angebracht. Direkt hinter dem Zaun sah ich ein kleines Trafohäuschen, von dem Kabel zum Zaun führten. Der Zaun stand also unter Strom! Auf diese Situation war ich nicht vorbereitet. Ich hatte ja gehofft, in Ungarn über eine verhältnismäßig ungesicherte Grenze zu kommen. Jetzt stand ich jedoch vor der innerdeutschen Grenze und überlegte, wie ich ohne Hilfsmittel den Elektrozaun überwinden könnte.

Meine erste Idee war, unter dem Zaun hindurchzukriechen. Ich fing mit bloßen Händen und Stöcken an, in dem schweren Lehmboden zu graben. Bald merkte ich, dass sich unter dem Zaun im Boden ein Betongitter verbarg und ich ohne schweres Gerät keine Chance haben würde, unter dem Zaun durchzukommen. Es blieb also doch nur der Weg oben drüber. Um über den Zaun klettern zu können, brauchte ich etwas, um mich zu isolieren. Ich zog mein Hemd aus und wickelte es um meine Hände. Ich griff nach dem Zaun. Wusch! Ich bekam einen Schlag. Mein Hemd war von der Nacht völlig klamm und leicht feucht, was ich in dem ganzen Stress nicht bemerkt hatte.

Ich sah mich um. Am Waldrand lag ein Stapel eingeschlagener schlanker Baumstämme. Ich wollte endlich über diesen Zaun! Ich zerrte einen der Stämme, der sicher zehn Meter lang war, zum Zaun, richtete ihn auf und lehnte diesen an. Dadurch berührten sich die obersten beiden Drähte. Am Trafohäuschen gingen eine Alarmlampe und ein Signalhorn an. Panisch warf ich den Baumstamm weg und rannte, so schnell ich konnte, in den Wald, verlor meinen Schuh, zog ihn hektisch wieder an und rannte weiter.

Irgendwie erreichte ich die Hauptstraße eines Dorfes, und zu meinem großen Glück kam ein Motorradfahrer auf mich zu. Ich hielt meinen Daumen hoch, und der Motorradfahrer stoppte und nahm mich mit.

Wir fuhren aus dem Dorf raus, und gleichzeitig kam Polizei mit Sirenengeheul in das Dorf hineingefahren. Im nächsten Ort setzte mich der Motorradfahrer ab, und ich trampte weiter. Wieder hatte ich Glück, denn ein Auto hielt und nahm mich mit. Erst als ich in dem Auto saß, beruhigte ich mich langsam und sah an mir herunter. Ich war lehmverschmiert, dreckig, nass und zerzaust. Der Fahrer sah mich zwar merkwürdig an, stellte aber keine Fragen. An einer Autobahnraststätte in der Nähe des Schleitzer Dreiecks setzte er mich wortlos ab.

Nun stand ich verloren und geknickt auf der Raststätte an der Transitstrecke Richtung Bayern. In meiner Verzweiflung sprach ich einen jungen Autofahrer aus Westdeutschland an und zeigte ihm meine 100 D-Mark. »Können Sie mich mitnehmen?« Entsetzt winkte er ab. Ich war ratlos und niedergeschlagen. Die Flucht in Ungarn war gescheitert, es gab keine Möglichkeit, den Grenzzaun in der DDR zu über- oder unterqueren, und von einem Transitreisenden mitgenommen zu werden war aussichtslos. Außerdem wollte ich auch niemand anderen durch meinen Fluchtversuch in Gefahr bringen und daher unbedingt alleine fliehen. Vier Jahre lang hatte ich mich entschlossen auf meine Flucht vorbereitet und sogar die Klempnerlehre durchgestanden. Ich war aber nicht darauf vorbereitet gewesen, dass mein Fluchtplan in Ungarn scheitern würde. Nun stand ich wieder in der DDR und musste einsehen, dass der Grenzzaun unüberwindlich war.

Ich lief von der Autobahn in den nächsten Ort. Am Bahnhof sah ich mir die Streckenkarte der Reichsbahn an. Da fiel mir noch eine Fluchtmöglichkeit ein: ein Grenzfluss. Denn dort, wo ein Fluss war, konnte kein elektrischer Zaun sein, so meine Überlegung. Da es eine sehr grobe Karte war, waren nur die größten Flüsse eingezeichnet. Ich entschied mich, bei Bad Salzungen, südlich von Eisenach, durch die Werra zu schwimmen. Mein Geld reichte gerade noch für eine Fahrkarte in Richtung Eisenach und weiter zur Grenze.

Ich stieg in den Zug ein. Noch vor der Fahrkartenkontrolle kam ein Transportpolizist. »Wollen Sie abhauen?«, fragte er mich unverblümt.

Ich hatte keine Kraft mehr, mir eine weitere Tarngeschichte auszudenken. Die Überquerung der Grenze war mir unmöglich, und nach Ost-Berlin zurückzukehren kam für mich überhaupt nicht in Frage. Also gab es nur noch eine Möglichkeit: Gefängnis und Freikauf durch die Bundesrepublik.

»Ja, das will ich.«

»Dann kommen Sie mal mit!«

Ich wurde zunächst für ein paar Stunden in ein Polizeigefängnis in Eisenach gebracht. Das war am 19. Juli 1984. Meine Mutter schrieb auf den Notizzettel, den ich ihr hingelegt hatte: »Montag, den 16. 7. 84, ist Cliewe noch mal weggefahren. 9.45 Uhr Lietzenstraße Untersuchungsstaatsanwalt. Cliewe ist in Gotha.«

Tatsächlich war ich schon am Abend des 15. Juli 1984 weggefahren. Ich war also bis zu meiner Verhaftung vier Tage unterwegs gewesen. Mir kam es vor wie eine Ewigkeit – als ob ich Wochen auf der Flucht gewesen wäre und mich tagelang durch dunkle Wälder und unwegsames Gebiet hatte durchschlagen müssen. Ich hatte kaum gegessen und geschlafen und war übermüdet, erschöpft und hungrig.

Im Haftbefehl wurde festgestellt:

Die Anordnung der Untersuchungshaft ist gesetzlich begründet, weil die Tat, die den Gegenstand des Verfahrens bildet, mit Haftstrafe bedroht und eine Strafe mit Freiheitsentzug zu erwarten ist und außerdem Wiederholungsgefahr gegeben ist. Da u.a. Fluchtverdacht vorliegt, war die Inhaftierung des Beschuldigten zur Durchführung des Strafverfahrens unumgänglich.

Ich saß in einer fensterlosen Kellerzelle und bat die Polizisten um etwas zu essen. Man vertröstete mich, dass ich bald in ein richtiges Gefängnis käme, wo es auch etwas zu essen gäbe.

Vom Polizeigefängnis wurde ich noch am selben Tag in eine Haftanstalt in Gotha gebracht. Dort war ich etwa zwei Wochen. Ich saß mit einem weiteren Häftling zusammen in einer kleinen Zelle. Links der Zellentür befand sich ein Doppelstockbett. Gegenüber standen ein Tisch und zwei Stühle. In der Mitte der Zelle war ein vergittertes Fenster.

Mein Zellengenosse war ein umgänglicher Mensch. »Wenn du in den Knast kommst, musst du auf dich aufpassen«, sagte er.

»Warum?«

»So wie du aussiehst, werden sie um dich losen.«

Die Anspielung verstand ich nicht, er erklärte sie auch nicht weiter, und ich fragte nicht nach, weil ich dem keine weitere Bedeutung beimaß.

Wir mussten fast die gesamte Zeit in der Zelle bleiben. Auch das Essen bekamen wir in der Zelle. Ich lernte dort, Kartoffeln mit Schale zu essen. Es gab zum Mittagessen häufig Pellkartoffeln mit Quark. Diese befanden sich in einer großen Schüssel, und mein Zellengenosse bediente sich eifrig, ohne sie erst zu schälen. Wenn ich satt werden wollte, musste ich also mithalten. Es war einfach keine Zeit zum Pellen. Ich musste satt werden, denn ich hatte immer fürchterlichen Hunger, da sich mein Körper noch nicht auf die kalorienarme Kost eingestellt hatte.

Das Schlimmste in diesen ersten zwei Wochen Haft war die Langeweile und die Angst vor der Zukunft – wie würde es weitergehen? Es gab kein Radio, nichts zu lesen, und besonders viel Gesprächsstoff hatten wir auch nicht. Ich war dankbar, wenn wir etwas zu arbeiten bekamen. Dann konnten wir Hosenträgerverschlüsse zusammenbauen. Die Bestandteile lagen in Plastikbehältern, die uns in die Zelle gebracht wurden. Wir saßen uns dann gegenüber am Tisch und bastelten den ganzen Tag Schnappverschlüsse zusammen. Das klingt eintönig, war aber eine Wohltat, verglichen mit den Tagen, an denen wir nichts zu tun bekamen. Die arbeitsfreien Tage, das heißt vor allem die Wochenenden, waren eine Katastrophe. Ich hatte in diesen ersten Wochen keinen Kontakt zur Außenwelt – kein Telefonat mit der Familie oder einem Anwalt. Ich wusste überhaupt nicht, wie es weitergehen würde, nur, dass irgendwann ein Prozess auf mich zukam.

Kurz nach meiner Festnahme klingelte es bei meinen Eltern an der Wohnungstür. Meine Mutter öffnete, und ein ihr unbekannter Mann fragte sie: »Wissen Sie, wo Ihr Sohn ist?«

Zum Glück wusste sie es nicht, sonst wäre sie in die ganze Sache auch noch verwickelt worden. Ich hatte vier Jahre lang meine Fluchtabsichten geheim gehalten. Ich hatte geschwiegen, keiner, auch nicht meine besten Freunde, war in meinen Plan eingeweiht. Unter anderem genau aus diesem Grund.

Nach zwei Wochen in Gotha wurde ich mit anderen Häftlingen per Bahn in einem Häftlingswaggon in die Untersuchungshaftanstalt nach Berlin-Rummelsburg gebracht. Der Waggon sah von außen wie ein Postwagen aus und wurde an einen gewöhnlichen Personenzug angehängt. Drinnen befanden sich ein Mittelgang und an den Seiten winzige vergitterte Abteile. In diesen Abteilen kauerten wir zu viert, zwei Häftlinge nebeneinander jeweils einander gegenüber, ohne jegliche Beinfreiheit. Ein fünfter Platz war auf einem Klappsitz direkt unter dem vergitterten zugigen Fenster.

Ich kam mit einem älteren Mitgefangenen ins Gespräch und fragte ihn: »Warum bist du hier?«

»Wirtschaft«, war die einsilbige Antwort. Ich bekam noch

heraus, dass er irgendeinen Subventionsbetrug mit Schafen begangen hatte.

»Was für einen Subventionsbetrug kann man in der DDR mit Schafen begehen?« Darauf bekam ich keine Antwort und konnte mir daher nichts darunter vorstellen.

Ebenfalls auf dem Transport war der spätere Kalfaktor[2] im Gefängnis in Rummelsburg. Wie sich herausstellte, war der Mann ein Kohlenhändler aus Ost-Berlin. Er arbeitete in der Gegend, in der ich aufgewachsen war. Ich kannte ihn aber nicht, denke also, dass wir unsere Kohlen woanders gekauft haben. Er konnte mich ganz gut leiden und steckte mir später in Rummelsburg einmal extra Shampoo zu. Während der Zugfahrt fiel er mir aber ziemlich unangenehm auf, denn als plötzlich auch Frauen auf dem Transport durch den Mittelgang kamen, brüllte er: »Lass mal deine Binde hier!« Das war schon ein kleiner Vorgeschmack auf die Typen, denen ich im Knast noch begegnen sollte.

Ein anderer Mitgefangener im Häftlingswaggon meinte: »Wenn du Politischer bist und raus willst, musst du Vogel nehmen.«

Bis dahin hatte ich keine Ahnung, wer Wolfgang Vogel[3] war und dass man einen bestimmten Anwalt benötigte, um für einen Freikauf durch die Bundesrepublik überhaupt in Frage zu kommen. Ich merkte mir das gut und drängte später bei den Verhören mit den Stasi-Vernehmern darauf, Wolfgang Vogel als Rechtsanwalt zu bekommen.

Die Zugfahrt im Häftlingswaggon von Gotha nach Berlin dauerte sehr lange. Offensichtlich fuhren wir nicht auf direktem Wege. Gegen Abend wurde die Fahrt unterbrochen, und wir wurden zum Aussteigen jeweils zu zweit aneinander mit Handschellen gefesselt. Die Handschellen waren vom Leiter der Untersuchungshaftanstalt Gotha auf dem Transportbegleitschein für die Beförderung angeordnet worden. Ich stand zufällig an einen Mithäftling angekettet in vorderster Reihe.

»Wenn Sie einen Fluchtversuch starten, werden wir von der Schusswaffe Gebrauch machen«, sagte mir ein Wachmann direkt ins Gesicht.

Wir wurden zum Übernachten in einen Backstein-Gewölbe-keller gebracht, in dem Pritschen aufgestellt waren. Das müssen die sogenannten Cottbusser Kasematten[4] gewesen sein. Außer Bonbons gab man uns nichts zu essen. Zum Zähneputzen oder Waschen gab es auch nichts.

Am nächsten Morgen ging es wieder mit Handschellen an einen Mitgefangenen angekettet mitten im Berufsverkehr über irgendeinen Bahnhof zum Eisenbahnwaggon. Wieder stand ich vorn. Ich sah direkt vor mir auf dem Bahnhof eine Mutter, die ihr kleines Kind umdrehte, um ihrem Kind unseren Anblick zu ersparen. Mit einem Mal wurde mir bewusst, dass ich in der DDR jetzt als Krimineller galt. Ich war ein Verbrecher, ohne mich wie ein Verbrecher zu fühlen oder nach meinem Rechtsverständnis ein Verbrecher zu sein. Trotzdem schämte ich mich. Ich wollte doch nur in die Freiheit, und jetzt wurde ich in Handschellen als Schwerverbrecher wie Vieh transportiert und war zu einem unerträglichen Anblick für ein kleines Kind und dessen Mutter geworden.

Bei der Ankunft in der Haftanstalt Rummelsburg wurden wir von den Wächtern als Strafgefangene begrüßt. »Wenn man noch nicht verurteilt ist, ist man noch nicht Strafgefangener«, sagte darauf ein Mithäftling. Der Wärter antwortete lakonisch: »Das kriegen wir schon noch hin.«

Bevor ich in die Zelle gebracht wurde, wurden meine Finger-abdrücke genommen, und es wurde ein Foto gemacht. Gefange-nenkleidung bekam ich nicht, denn ich war ja noch nicht ver-urteilt. Also trug ich immer noch die Sachen, die ich bei meiner Flucht anhatte.

Als ich in die Zelle kam, wusste ich noch nicht, dass die nächs-ten Tage die unangenehmste Zeit meines Lebens sein würden. Der kleine Raum war mit sechs Personen völlig überbelegt. Der Gefängnisbau stammte aus dem 19. Jahrhundert. Die Zelle war damals als Einzelzelle konzipiert worden. Auf der rechten Seite standen zwei Dreifachstockbetten hintereinander an der Wand, und in der Mitte am Fenster war ein Bett für einen siebten Häftling. Links stand ein Schrank und in der Mitte ein Tisch.

Zwischen den beiden Dreifachstockbetten und dem Schrank war kaum Platz. In der linken Ecke, ohne jegliche Abtrennung, war eine Toilette. Es war mir unerträglich, dort zu sitzen, während mir die anderen zusehen konnten. Tagelang brachte ich das auch nicht fertig, bis ich schließlich enorme Bauchschmerzen bekam und mir nichts anderes übrigblieb, als die Toilette zu benutzen.

Ich hatte das Bett rechts unten direkt neben der Tür. Eines Nachts, nachdem ich eingeschlafen war, bekam ich plötzlich von oben eine »Schütte«, das heißt, mir wurde kaltes Wasser ins Bett gekippt. Ich begriff gar nicht, wie mir geschah. Es war stockdunkel, und ich verstand das gar nicht als Provokation. Da ich mitten im Schlaf überrascht wurde, konnte ich die Situation nicht einschätzen und schlief wieder ein. In der zweiten Nacht, in der ich wieder eine »Schütte« bekam, stand ich auf und brüllte herum. Plötzlich bekam ich einen brutalen Faustschlag ins Gesicht und stürzte in Richtung der Toilettenschüssel. Ich war so benommen, dass ich nicht erkennen konnte, wer es war oder wo mein Angreifer stand. Ich spürte, wie ich am Mundwinkel blutete. Plötzlich wurde die Tür aufgerissen, und das Licht ging an. Ein Schließer kam und zog den Angreifer, der im Raum stand, aus der Zelle. »Du sagst aber nicht, dass ich dabei war, oder?«, flehte mich am nächsten Morgen ein anderer Mithäftling an. Ich habe nichts gesagt – ich hatte ja auch nichts gesehen.

Damit war die Sache erledigt, und ich hatte fortan meine Ruhe. Dieser Mitgefangene war ursprünglich wegen Körperverletzung verurteilt worden und hatte während seiner Bewährungszeit eine weitere Körperverletzung begangen. Ein paar Tage nach diesem Vorfall wurde er zu dreieinhalb Jahren Haft verurteilt.

Insgesamt hatte ich ein leichtes Unbehagen, was die Mitinsassen anbelangte, da ich mit Menschen dieses Schlages noch nie etwas zu tun hatte. Wie gesagt, ich hatte nach diesem Vorfall keinen weiteren Ärger mehr, zumal der Angreifer auch nicht mehr in die Zelle zurückkam. Angst hatte ich aber trotzdem. Denn im Vergleich zu manch anderen Häftlingen war ich mit meinen vielleicht 60 Kilo Gewicht und 178 Zentimetern Körpergröße ein Fliegengewicht und überhaupt nicht erpicht auf irgendwelche weiteren Schlägereien.

Zu der Angst kam das ständige Hungergefühl. Es gab nur wenig zu essen, zum Frühstück beispielsweise etwas Vollkornbrot mit Margarine. Abends lag ich hungrig im Bett und schlief in der fürchterlichen Gewissheit ein, dass ich auch am nächsten Tag nicht satt werden würde. Mein Körper gewöhnte sich erst allmählich an diese Kost, die anscheinend noch dürftiger war als jene in Gotha.

In den nächsten Tagen schrieb ich meinen Ausreiseantrag:

Antrag auf Entlassung aus der DDR-Staatsbürgerschaft

Ich, Cliewe Juritza, möchte hiermit die Entlassung aus der DDR-Staatsbürgerschaft beantragen. Das politische System und das damit verbundene einseitige gesellschaftliche Leben machen es mir unmöglich, in der DDR zu verbleiben. Zur Zeit befinde ich mich in der UHA[5] Rummelsburg wegen des Verdachts der illegalen Grenzüberschreitung. Es ist mein fester Wille, nach dem Verbüßen der Haftstrafe in die Bundesrepublik Deutschland überzusiedeln. Schon allein der Gedanke, dass man mich, wenn die Grenzüberschreitung nicht mehr anders zu verhindern gewesen wäre, zur Not auch erschossen hätte, wie es sonst nur für Freiwild üblich ist, lässt mich nur mit tiefer Verachtung diesem Staat gegenüberstehen.

Der Entschluss, die DDR-Staatsbürgerschaft abzulegen, festigte sich bei mir, nach ernsthaften Überlegungen und Erfahrungen, in den letzten Jahren. Für mich persönlich gibt es keine Zukunft in einem Staat, der zwar Arbeitsplätze und soziale Sicherheit garantiert, auf der anderen Seite jedoch die persönliche Freiheit des Bürgers verkrüppeln lässt, der keine öffentliche Meinungsfreiheit zulässt, der die Meinungsvielfalt in Presse, Funk, Fernsehen, in Kunst und Literatur unterdrückt. Die Einschränkung der Reisefreiheit, die dem Bürger neben vielen anderen Dingen schon längst nicht mehr bewusst wird, da es ihm von klein auf beigebracht wurde, sich gegen solche Erscheinungen nicht zu wehren, lässt die Entmündigung nur erahnen.

Die ständig eintrommelnde Propaganda, das arrogante Gebärden des Staates, er widerspiegele die ›einzig wahre Gesellschaftsordnung‹, haben ihr Ziel nicht verfehlt. Auch der Fakt, dass dem Bürger die heile Welt des Sozialismus in den Medien vorgegaukelt wird – an schleimigen Selbstloben spart man übrigens nicht – lässt mich unweigerlich in Zwietracht mit diesem Staat stehen.

Denn wie sieht die Realität aus? Wenn ich beispielsweise nach getaner, harter Arbeit nach Hause komme und um ca. 17 Uhr eine Bäckerei aufsuche, bekomme ich weder ein frisches Brot noch Brötchen zu kaufen, ganz zu schweigen davon, dass ich Melonen und Kokosnüsse nur noch von Fotos her kenne. Dies eben Geschilderte lässt sich bis hin zur Kraftstoff- und Materialsituation in der Industrie vervollständigen. Der Staat hat gegenüber seinen Bürgern ein ungeheures Misstrauen. Dies äußert sich nicht nur durch die stark gefilterten Informationen in den Medien, sondern auch dadurch, dass es, mal ganz abgesehen von der Kirche, so gut wie keine privaten Vereine oder Institutionen gibt. Alles steht unter der Allmacht des Staates. Sollte jedoch mal eine Gruppe von Menschen aus diesem Gittergeflecht versuchen auszubrechen, und sei es nur um des Friedens willen, wird sie sofort zerschlagen, eingesperrt, der staatsbürgerlichen Rechte beraubt oder des Landes verwiesen. Ich denke nur an die Friedensgruppe in Jena.[6] Auch der von der Kirche herausgegebene Aufnäher ›Schwerter zu Pflugscharen‹[7] und die daraus folgenden Unannehmlichkeiten für deren Träger belegen dies.

Die SED und ihre hohen Politiker genießen eine überdimensionale Verehrung, man könnte fast von einem Kult sprechen. Ich brauche nur an Walter Ulbricht[8] zu denken, dessen Name noch zu Lebzeiten ein Werk und ein Stadion erhielten. So gibt es auch keine Karikaturen von ihnen. Sollte man mich nach meiner Haftzeit nicht in die BRD übersiedeln lassen, so werde ich Mittel und Wege finden, um auf mein Problem öffentlich aufmerksam zu machen.

Diesem Schreiben fügte ich noch einen Lebenslauf bei. Darin schrieb ich:

... In den letzten Jahren, da sich meine Persönlichkeit festigte, wurde mir klar, dass ich mit dieser Gesellschaft nicht in Eintracht leben kann. Zu diesem Entschluss hin hat mich niemand beeinflusst. Auch wusste niemand etwas davon.

Mir war wichtig, dass meine Familie und Freunde keine Nachteile durch meinen Fluchtversuch und den Gefängnisaufenthalt hatten. Außerdem war es für die Bemessung des Strafmaßes bei der Verurteilung maßgeblich, ob es Mittäter gab oder ob ich Alleintäter war.

Nachdem ich den Ausreiseantrag eingereicht hatte, musste ich zu einem längeren Gespräch mit einem Stasi-Offizier. Er erzählte mir, er hätte als Agent mitgearbeitet, die Rollback-Offensive der Alliierten[9] in den 1950er Jahren zurückzudrängen. Er wollte mich bekehren und zurück auf den »rechten Weg« bringen. Zusätzlich machte er mir Angst. Ich weiß nicht mehr, womit, aber ich hatte tatsächlich Angst. Trotzdem blieb ich bei meinem Ausreiseantrag. Meine Strafvollzugsakte wurde daraufhin gekennzeichnet mit dem Vermerk »negative Einstellung«. »Gründe: ... stellte Antrag auf Ausreise in die BRD«.

Dieser Vermerk sollte mich die nächsten Monate begleiten. Die negative Einstellung zur DDR stand im Kennzeichnungsformular auf der gleichen Stufe wie »Mörder bzw. Mordverdacht«, »psychisch abnorm«, »Selbsttötungsgefahr«, »renitent« und »Ausbrecher bzw. fluchtverdächtig«.

Ein Major des Strafvollzugs bewertete meine persönliche Einstellung:

Bei dem Strafgefangenen handelt es sich um einen hartnäckigen Antragsteller auf Ausreise in die BRD. Seine Einstellung zur Politik unseres Staates ist völlig negativ verfestigt und feindlich geprägt. Eine Wiedereingliederung in der DDR lehnt er grundsätzlich ab. Er tritt überheblich und arrogant in Erscheinung.

Die Schwere und Verwerflichkeit seiner strafbaren Handlungen sieht er in keiner Weise ein.

Diese Einschätzung war insoweit richtig, als ich in der Tat nicht einsehen konnte und kann, dass das Verlassen der DDR eine schwere Straftat sein sollte. Noch am gleichen Tag wurde in der Haftanstalt ein Formular ausgefüllt: *Erfassungsbogen und Konzeption zur langfristigen politisch-ideologischen Einflussnahme.* In diesem Formular wurden die Motive und Gründe zu meinem Ausreiseantrag, der im Formular »rechtswidriger Antrag« genannt wurde, festgehalten und die »familiäre Situation und Ansatzpunkte für eine Einflussnahme« analysiert. Als einziger Ansatzpunkt wurden meine Eltern definiert. Eine Antwort auf meinen Ausreiseantrag kam ziemlich schnell:

Entsprechend den Bestimmungen der Verordnung zur Regelung von Fragen der Familienzusammenführung und der Eheschließung zwischen Bürgern der Deutschen Demokratischen Republik und Ausländern vom 15. 09. 83 sind bei Ihnen die Voraussetzungen für eine Antragstellung nicht erfüllt, und deshalb wird eine Bearbeitung nicht vorgenommen.

Die Ablehnung war unterschrieben von einem Major des Strafvollzugs, das heißt, mein Ausreiseantrag hatte die Haftanstalt gar nicht erst verlassen. Dafür war der Antrag mehrfach kommentiert worden (»Verleumdung«) und immer wieder Anlass für erzieherische Gespräche. Trotzdem blieb ich bei meinem Ausreiseantrag und auch bei der Forderung, Wolfgang Vogel als Rechtsanwalt zugeteilt zu bekommen. Auch wenn mindestens ein Brief an meine Mutter mit meiner Bitte, bei der Kanzlei Vogel wegen meines Übersiedlungsgesuches nachzuhaken, von der Haftanstaltsverwaltung abgefangen wurde, wurde mein Fall schließlich tatsächlich von der Kanzlei von Wolfgang Vogel übernommen.

Zweimal erhielt ich in Rummelsburg Besuch von einem Vertreter von Vogel, Rechtsanwalt Hartmann. In den Gesprächen ging es um meine Verteidigungsstrategie. Statt politisch zu argumentieren, sollte ich den harmlosen Jugendlichen mimen, der auch einmal gute West-Schokolade essen und deshalb das Land verlassen wollte. War das peinlich! Wozu hatte ich mir beim Ausreiseantrag so viel Mühe gegeben?

1 Intershop: DDR-Handelskette, in der die Waren nur mit westlicher Währung oder Devisenchecks bezahlt werden konnten.

2 Kalfaktor: Hilfskraft, die einfache Arbeiten verrichtet. Es handelte sich dabei meist um Gefangene.

3 Dr. Wolfgang Vogel (1925–2008), Rechtsanwalt, Bevollmächtigter der DDR-Führung für humanitäre Fragen und Unterhändler beim Häftlingsfreikauf.

4 Cottbuser Kasematten: Bezeichnung für ein Zwischenquartier, in dem DDR-Häftlinge während eines Transports mit dem Gefangenenwaggon unter menschenunwürdigen Umständen vorübergehend untergebracht wurden.

5 UHA: Untersuchungshaftanstalt.

6 In Jena existierte Anfang der 1980er Jahre eine unabhängige Friedensbewegung, deren Wortführer größtenteils ausgebürgert wurden.

7 Aufnäher »Schwerter zu Pflugscharen«: kirchliche Stoffplakette in der DDR, die 1982 verboten wurde.

8 Walter Ulbricht (1893–1973), von 1950 bis 1971 Parteichef der SED, von 1960 bis zu seinem Tod Staatsratsvorsitzender der DDR.

9 Rollback-Offensive: Bezeichnung für Bestrebungen der USA in den 1950er Jahren, den wachsenden Einfluss der kommunistischen Sowjetunion in der Welt zurückzudrängen.

MARIO RÖLLIG
Der gekaufte Bauer

Mario Röllig (geb. 1967) war nach einem Fluchtversuch über Ungarn von Juli bis September 1987 in der Untersuchungshaftanstalt des DDR-Staatssicherheitsdienstes in Berlin-Hohenschönhausen inhaftiert.

Alles begann mit meinem »Coming out« als schwuler Mann. Während eines Ungarn-Urlaubs 1985 lernte ich meinen ersten Freund kennen. Er sah gut aus, war groß, stattlich, weltoffen. Einfach ein toller Typ. Und er kam aus West-Berlin. In leitender Position war er bei einer internationalen Handelsfirma tätig und hatte im Bereich der Wirtschaftspolitik auch oft in der DDR zu tun. Seine Besuche in Ost-Berlin wurden immer häufiger. Wir konnten es jedesmal kaum erwarten, uns zu sehen.

Allerdings wurde dadurch auch die Stasi auf uns aufmerksam. Nachdem ein Anwerbungsgespräch im November 1986 mit mir ohne Ergebnis geblieben war, begann mein sozialer Abstieg. Sie wollten mich als Informanten benutzen, um meinen Freund erpressbar zu machen.

Ich arbeitete damals als Kellner im Restaurant des Ost-Berliner Flughafens Schönefeld. Der Wunsch in mir, im Westen in Freiheit zu leben, wurde so stark, dass ich um jeden Preis versuchen wollte, dieses große Gefängnis DDR zu verlassen. Ich wollte nicht mehr Teil einer Gesellschaft sein, die sich selbst gerne fortschrittlich und demokratisch nannte, aber in Wirklichkeit die persönlichen Rechte seiner Bürger einschränkte, kontrollierte und bestimmte, wo es nur ging. Ich wollte aber selbst entscheiden, wo, wie und mit wem ich lebte.

Anfang Juni 1987 war es endlich soweit. Nichts und niemand konnte mich mehr aufhalten – nicht einmal meine Eltern oder meine Freunde. Von meinem konkreten Fluchtplan habe ich keinem erzählt – glücklicherweise, wie sich später herausstellen sollte. Nur meinen West-Berliner Freund, mit dem ich mich Ende Mai zum letzten Mal im »Palasthotel« in Ost-Berlin traf, weihte ich in meinen Plan ein. Begeistert war er nicht. Da wir während unserer Treffen unter ständiger Beobachtung der Stasi standen, konnten ihm bei seinen häufigen Reisen in den Osten durch meine Flucht vielleicht Nachteile entstehen. Nachdem ich ihm von meinem Gespräch mit den Herren der Stasi erzählt hatte, hatte er Angst, dass sie ihn bei passender Gelegenheit erpressen würden. Sicher machte er sich auch Sorgen um mich. Bei unserem letzten Treffen gab er mir 1000 D-Mark in bar. Das waren alle Scheine, die er in seiner Brieftasche bei sich trug.

Er sagte, der sicherste Weg für eine Flucht wäre über Ungarn nach Jugoslawien. Mit dem Westgeld sollte ich an der Grenze Polizeistreifen bestechen, die mich eventuell aufhalten wollten. Erst mal in Jugoslawien angekommen, könnte ich mich ohne Probleme in die Hauptstadt Belgrad durchschlagen, und mit Hilfe der dortigen bundesdeutschen Botschaft würde ich schnell einen Reisepass für die Ausreise in den Westen erhalten.

Es war ein trauriger Abschied. Ich war sehr verliebt. Wir wussten nicht, ob und wann wir uns wiedersehen würden. Mein Freund war es schließlich gewesen, der mir seit unserer ersten Begegnung im September 1985 in Budapest während unserer Treffen immer wieder deutlich gemacht hatte, wie sinnvoll und schön ein selbstbestimmtes Leben in einem freien Land besonders für einen »verrückten« jungen Mann wie mich wäre. Nun war ich bereit, diesen Schritt zu gehen. Entweder die Flucht geht gut, oder ich werde erschossen, dachte ich mir. Eine andere Möglichkeit zog ich gar nicht in Betracht. Ich begann, meinen Plan zu verwirklichen.

Es fiel mir sehr schwer, meine Familie und meine Freunde

nicht einzuweihen, um möglichst spurlos zu verschwinden. Alles andere hätte die Gefahr von Verrat durch irgendjemanden heraufbeschworen. Denn auch in meinem privaten und beruflichen Umfeld gab es vermutlich freiwillige Informanten der Stasi, die nicht gezögert hätten, mich durch Denunziation schon vor meiner Flucht ins Gefängnis zu bringen. Schon die Vorbereitung einer Flucht war in der DDR ein Verbrechen und wurde mit Gefängnis bestraft. Ich begann alle wertvolleren technischen Geräte, wie zum Beispiel meinen fast neuen Stern-Radiokassettenrekorder (Bückware),[1] zu verkaufen. Viele meiner Westklamotten, die ich mir nach langem Sparen im Intershop[2] gekauft hatte, verscherbelte ich an Bekannte. In kleineren Beträgen plünderte ich mein Sparkassenkonto. So kamen rund 2100 DDR-Mark zusammen, die ich später in Ungarn trickreich in Forint[3] eintauschte.

Das schwierigste Problem war jedoch, innerhalb kürzester Zeit ein Visum für Ungarn zu bekommen. Als DDR-Bürger musste man mindestens 14 Tage vor Ausreise ein Touristenvisum beantragen, damit die Volkspolizei und die Stasi ihre Fahndungslisten nach auffälligen Personen oder nach gesuchten »Staatsfeinden« prüfen konnte, um ein Treffen des Verdächtigen im befreundeten Ausland mit »Feinden des Sozialismus« zu verhindern oder um Fluchtversuche aus der DDR schon im Vorfeld scheitern zu lassen.

Als DDR-Bürger musste man also »würdig« sein, ein solches Touristenvisum zu erhalten. Freunde und Kollegen warnten mich, dass sich die Stasi bereits bei ihnen nach mir erkundigt hatte. Wie ich Jahre später in meinen Stasi-Akten lesen konnte, war ich seit Anfang 1987 als »Fahndungsobjekt« eingestuft. Sie warteten nur noch auf den richtigen Moment für eine Verhaftung.

Ich verdankte es sowohl meiner Naivität als auch meiner Frechheit, dass ich ein Visum erhielt. Meinen Jahresurlaub hatte mein Chef schon lange genehmigt. Ich reiste nicht alleine nach Ungarn – den Flug und die Unterkunft in Budapest hatte ich zusammen mit meinem besten Freund T. gebucht. Auch ihm hatte ich nichts von meinen wahren Absichten erzählt. Da ich als Kellner in der DDR immer gut verdiente, verbrachte ich oft den Urlaub mit Freunden in Ungarn. Ein Visum musste immer neu im Polizeipräsidium am Alexanderplatz beantragt werden, deshalb kannte ich dort eine Dame in der Visa-Abteilung der Volkspolizei. Mit kleinen Geschenken waren auch manchmal die Diener der Staatsmacht zu erweichen. Ich besorgte mir also einen großen Blumenstrauß und eine Schachtel Pralinen und bat die zuständige Mitarbeiterin, mir doch schnellstmöglich ein Visum für meine bevorstehende Reise nach Budapest in meinen Reisepass zu stempeln. Es klappte! Der äußeren Form halber musste ich zwar noch etwas warten, verließ aber kurze Zeit später erleichtert das Gebäude mit der behördlichen Genehmigung, nach Ungarn reisen zu dürfen. Die Frau hatte bestimmt gedacht: Dieser nette junge Mann ist sicher kein »Staatsfeind«. Ich nehme an, dass sie später nach meiner Verhaftung Probleme bekam.

Am Abend vor dem Abflug versteckte ich das Westgeld ganz klein zusammengefaltet in den Absätzen meiner Schuhe. Das Ostgeld wickelte ich zu einer kleinen festen Rolle in Folie und drückte diese in eine volle Tube schwarzer Schuhcreme. Der Besitz von Westgeld auf Reisen war streng verboten, und einen so hohen Betrag an DDR-Mark auszuführen war ebenfalls nicht gestattet. Auch in befreundeten Ostblockländern war man als DDR-Tourist immer Bürger zweiter Klasse. Dafür sorgte schon ein sehr begrenzter Umtauschsatz. Kein Wunder: Welches Land wollte schon wertlose Ost-Mark in großen Mengen? Aus diesem Grund konnte man nur bei Freunden, in sehr günstigen Privatzimmern oder auf dem Campingplatz wohnen. Die Verpflegung im Urlaubsland brachte man am günstigsten in Form von Konserven aus der DDR mit.

So flog ich mit meinem Freund T. am 14. Juni 1987 also ganz offiziell in die Sommerferien nach Ungarn. Trotz einer langen Kontrolle mit anschließender Durchsuchung beim Check-in auf dem Ost-Berliner Flughafen Schönefeld konnten die DDR-Grenzer nichts Verbotenes bei mir finden.

Der Flug MALEV 803 brachte mich meiner Freiheit endlich

ein Stück näher – so dachte ich jedenfalls. Wir wohnten, wie schon oft zuvor, in einem Gästezimmer bei Marta, einer netten alten Dame in der Pogány József utca im Zentrum von Budapest. Meine 2100 DDR-Mark tauschte ich mit Hilfe eines Stapels von DDR-Zollerklärungen[4] bei verschiedenen Wechselstuben in ungarische Forint um. Dies war mir bei meinem Vorhaben eine große Hilfe, denn damit konnte ich alle Kosten meiner Weiterreise bis zur Grenze berappen.

T. flog am 21. Juni nach Ost-Berlin zurück. Da ich im Gegensatz zu ihm vier Wochen Urlaub genommen hatte, konnte ich mir etwas Zeit lassen für meine Flucht. Nach einem Tag in Balatonfüred am Plattensee fuhr ich weiter mit der Bahn in Richtung Süden nach Pécs. Dort angekommen, besorgte ich mir Kartenmaterial von Südungarn, denn ich wusste noch nicht genau, an welcher Stelle ich die Grenze nach Jugoslawien überschreiten wollte. Ich mietete mich für eine Nacht in einer Pension ein. Abends im Restaurant kam ich mit einem jungen Niederländer ins Gespräch, dem ich von meinem Fluchtplan erzählte. Ohne zu zögern, bot er mir seine Hilfe an. Wir suchten uns auf der Landkarte einige Sehenswürdigkeiten wie Kirchen und Türkische Bäder heraus, die sich in der Nähe von Mohács, dem südlichsten ungarischen Grenzort zu Jugoslawien, befanden.

Am Morgen des 25. Juni 1987 nahmen wir den ersten Zug Richtung Grenze. In der Bahn wurden unsere Pässe durch ungarische Polizisten in Zivil kontrolliert. Da wir auf die Frage nach dem Ziel unserer Reise die auswendig gelernten touristischen Anlaufpunkte rund um den kleinen Grenzort nannten, schöpften sie keinen Verdacht. Außerdem war ich mit einem westlichen Ausländer unterwegs. Das sah für sie eher wie ein gemeinsamer Urlaub aus.

In Mohács trennten wir uns. Ich wollte allein weiter, um den Holländer nicht mit in Gefahr zu bringen. Mit der Fähre setzte ich über die Donau, die durch den Ort ging, und lief auf der weniger bewohnten Seite weiter in Richtung Grenze, direkt auf dem Hochwasserschutzwall. Jedes Mal, wenn sich eine Grenzstreife näherte, versteckte ich mich schnell am Abhang im Gebüsch.

Nach einem Fußweg von etwa drei Stunden durch die Sommerhitze kam ich gegen 17 Uhr an einem der letzten Bauernhöfe auf ungarischer Seite vorbei. Ich sah einen Bauern auf dem Hof und fragte ihn auf Englisch nach einem Glas Wasser. Das war mein Fehler. Er gab mir was zu trinken, und ich ging weiter. 20 Minuten später sah ich endlich die Grenzschilder zu Jugoslawien. In diesem Moment schrie jemand hinter mir: »Stopp!« Ich drehte mich um. Es war der Bauer, der mir zuvor Wasser gegeben hatte.

Es waren nur noch wenige 100 Meter bis in die Freiheit – bis zur Staatsgrenze zwischen der Volksrepublik Ungarn und der Sozialistischen Föderativen Republik Jugoslawien. Jugoslawien war während der Jahre unter der Regierung Tito[5] vom Kurs Moskaus abgewichen und wesentlich offener und liberaler als Ungarn und die DDR. Deshalb bekamen normale Ostdeutsche üblicherweise auch kein Visum für Jugoslawien. In Belgrad, der jugoslawischen Hauptstadt, gab es die einzige bundesdeutsche Botschaft in Osteuropa, mit deren Hilfe ich ohne Probleme hätte in den Westen ausreisen können.

Ich war so kurz vor dem Ziel – und sollte mich von einem Bauern aufhalten lassen? Ich rannte um meine Freiheit, um mein Leben. Nach einem erneuten »Stopp!« fiel ein Schuss, offenbar in die Luft. Danach zischten Kugeln rechts und links neben mir in den Boden. Kurz vorm letzten Grenzschild rutschte ich aus. Alles war verloren …

Vor Angst wie erstarrt blieb ich liegen. Kurz darauf war der Bauer bei mir und befahl mir aufzustehen. Er brüllte mich an, ob ich Geld dabei hätte. Ich gab ihm mein Westgeld und bat ihn, mich laufen zu lassen. Er stecke es ohne Worte ein.

Ich musste vor ihm her zu seinem Hof zurücklaufen – seine Pistole im Rücken. Kurze Zeit später übergab mich der Kopfgeldjäger an die Polizeistreife, erhielt eine Prämie, und ich wurde von vier Soldaten in einem Jeep zur nächsten Grenzstation gebracht. Während der Fahrt weinte ich. Ich flehte sie an: »Lasst mich doch laufen!« Es waren 18-jährige Wehrpflichtige, die eigentlich Mitleid mit mir hatten. Auch ihnen standen Tränen im

Gesicht. Einer sprach etwas Englisch und sagte, dass sie mich ja laufenlassen würden, wenn ihr Hauptmann nicht schon den Geheimdienst in Budapest informiert hätte.

Nach unserer Ankunft an einem kleinen vergitterten Backsteinhaus wurde ein alter Mann geholt, der etwas Deutsch sprach und übersetzte. Der Hauptmann machte mir klar, ich sollte lieber zugeben, dass ich flüchten wollte. Es gäbe dann vielleicht einen Weg über die BRD-Botschaft in Ungarn, in den Westen entlassen zu werden. Ich schwieg. Die folgende Nacht verbrachte ich auf einer Holzpritsche in einer Zelle neben der Wachstube. Sie gaben mir belegte Brote und Wein – es sollte für die nächsten Monate die letzte anständige Mahlzeit sein. Danach schlief ich erschöpft ein.

Am nächsten Morgen wurde ich sehr früh aus meiner Zelle geholt und in Handschellen in einen blauen Polizeitransporter gesperrt. Rechts und links neben mir saßen Polizisten mit MPs.[6] Nach einer langen Fahrt kamen wir am Vormittag in Kecskemét an, im Hof des Polizeigefängnisses. Es war alt, grau und trostlos. Sie schlossen mich in eine zehn Quadratmeter große Zelle ein, die dunkel war und feucht. Es dauerte nicht lange, und ich schlug in Panik mit meinen Fäusten und dem Kopf immer wieder gegen die Zellentür. Plötzlich ging sie auf, die Wärter stürzten herein und verprügelten mich mit ihren Gummiknüppeln, bis ich regungslos liegen blieb.

Da ich offene Wunden hatte und stark blutete, wurde ich kurze Zeit später mit dem Krankenwagen in die städtische Klinik gebracht – natürlich in Handschellen und unter strenger Bewachung. Sie führten mich durch die Gänge, vorbei an wartenden Patienten, und brachten mich zur diensthabenden Ärztin. Es war schrecklich, die Blicke der Menschen zu spüren und zu sehen, wie Kinder mit Fingern auf mich zeigten nach dem Motto: »Schaut, da wird ein Schwerverbrecher gebracht!«.

Die Ärztin bestand darauf, dass die Polizisten vor dem Behandlungszimmer warteten. Allein mit mir, sagte sie in gebrochenem Deutsch: »Ich weiß, dass du kein Krimineller bist. Du wolltest nur in den Westen. Es wird nicht mehr lange dauern, dann gehen diese Regime unter. Es ist nur noch eine Frage der Zeit. So lange musst du stark sein und fest an deine Freiheit glauben. Denn es kommt jetzt eine harte Zeit für dich.«

Sie verband meine Wunden, gab mir ein paar Beruhigungstabletten, die ich in meiner Hose versteckte, und verabschiedete sich mit einem freundlichen Lächeln. Dies tat mir in meiner aussichtslosen Lage unglaublich gut. Anschließend wurde ich wieder ins Gefängnis gebracht.

Einen Tag später ging es auf »Transport« mit anderen Gefangenen ins zentrale Polizeigefängnis in Budapest. Es schien wie eine Festung: ein riesiger Bau aus rotem, schmutzigem Backstein. Durch ein graues, verrostetes Tor auf der Rückseite fuhren wir hinein. In einem Raum voller Regale musste ich mich ausziehen und wurde bis in die letzte Körperöffnung durchsucht. Es war eine Demütigung, die mir zeigen sollte: Wir sind hier die Herren! Du hast hier keine Rechte mehr. Meine Unterhose und Schuhe durfte ich wieder anziehen. Den Rest meiner Kleidung und meine persönlichen Sachen musste ich abgeben. Ich bekam dafür eine Art graues Nachthemd als Anstaltskleidung.

Nacheinander wurden wir »Neueinlieferungen« in die Zellen eingeschlossen. Bis dahin dachte ich, es könne nicht schlimmer kommen. Aber ich hatte mich getäuscht. Ich bekam vom Wärter einen Tritt, die Tür wurde laut hinter mir zugeknallt, und ich stand in einer Zelle, die aussah wie ein mittelalterliches Verlies. Sie hatte ein kleines vergittertes Fenster von etwa 50 mal 50 Zentimetern, ohne Scheibe. Durch den Sonnenstrahl, der in dieses »Loch« fiel, konnte ich dunkle graue Wände erkennen, links und rechts davor je eine Holzpritsche, darauf alte zusammengerollte und stark nach Urin stinkende Matratzen. In der Zelle herrschte ein schier unerträglicher Geruch, der durch die Hitze noch verstärkt wurde.

Auf der rechten Pritsche hockte ein junger Mann, seine Beine eng am Körper angewinkelt. Er sah mich ängstlich an. Ich sagte so etwas wie »Hallo« und meinen Namen und setzte mich auf die linke Pritsche. Mein Zellennachbar hieß Jan und war Rumäne aus einem kleinen Dorf bei Bukarest. Ich fragte ihn halb englisch, halb russisch, weshalb man ihn hier einsperrte. Er sagte, dass er mit gefälschten Papieren und einem Flugticket über Budapest nach Amerika hatte reisen wollen. Er habe schon in der Maschine gesessen, doch dann sei er wieder rausgeholt worden. Danach habe man ihn hierher gebracht.

Ich erzählte ihm von meinem Fluchtversuch und der Verhaftung. Glück hätte ich, dass ich Deutscher sei, sagte er. Mich würde der DDR-Geheimdienst bald zurückholen. Ich müsste nur mit ein paar Jahren Zuchthaus rechnen. Ihn aber ließe der rumänische Geheimdienst Securitate[7] schon wochenlang hier schmoren, ohne dass ihn irgendjemand informierte, was man mit ihm vorhabe und wie es mit ihm weiterginge. Da seien die Deutschen schon gründlicher. Die kümmerten sich um ihre Bürger. Wenn ihn die Securitate endlich abholen würde, wüsste er zwar nicht, ob er noch lange zu leben hätte, aber dann hätte er wenigstens die Angst und Ungewissheit hinter sich. Ich sagte ihm, dass mich vielleicht die Botschaft der Bundesrepublik hier raushole und ich mit deren Hilfe in den Westen ausgeflogen würde. Es würde sicher einige Tage dauern, um mit den Ungarn zu verhandeln. Daraufhin lächelte er nur.

Es waren fünf lange Tage, in denen nichts passierte außer der täglichen Routine. Morgens um 6.00 Uhr wurden wir von einer Sirene geweckt und kurz danach zum Waschen geführt. Wir hatten drei Minuten Zeit, das reichte gerade mal, um sich entweder zu duschen, den Kopf zu waschen oder die Zähne zu putzen. War ich nicht rechtzeitig fertig, wurde ich mit Schaum auf dem Kopf in die Zelle zurückgeprügelt. Zweimal täglich gab es etwas zu essen, meist ein Stück hartes Weißbrot, eine undefinierbare Fettsuppe und eine heiße Flüssigkeit, die wohl Tee sein sollte. In diesen Tagen habe ich 10 Kilo abgenommen, weil ich den Fraß nicht runterbekam. Bald wusste ich auch, warum die Matratzen in der Zelle nach Urin stanken. Wollte ich zur Toilette, musste ich nämlich gegen die Zellentür schlagen und rufen. Manchmal kam aber niemand. Wenn ein Wärter kam, war er so wütend, weil ich ihn gestört hatte, dass er mich vor sich hertrieb und mich lautstark beschimpfte.

Während der langen Stunden in der Zelle erzählte mir Jan von seinen Plänen und seinen Träumen für Amerika. Einmal bekam ich sogar ein Buch von Tolstoi[8] in deutscher Sprache in die Zelle gelegt. Es ging darin um Bauern, die sich aus der Leibeigenschaft befreien. Viel interessanter waren allerdings einige Seiten in diesem Buch, auf denen mit dunklen Punkten einzelne Buchstaben mancher Wörter markiert waren. Zusammengesetzt ergaben sie neue Wörter und Sätze, also Mitteilungen von deutschen Häftlingen, die dieses Buch wohl vor mir in die Zelle bekommen hatten. In ihrer Einsamkeit hatten sie auf diese Weise Nachrichten hinterlassen, die anderen vielleicht ein bisschen Mut geben sollten. Ich konnte zum Beispiel lesen: »Halte durch!« oder »Die Freiheit kommt!«

Nach 22.00 Uhr durften wir die Matratzen ausrollen. Es war zwar etwas bequemer, als tagsüber auf dem harten Holzbrett zu sitzen, aber an Schlafen war nicht zu denken. Aus den Zellenfenstern drangen Schreie, die im Innenhof hallten. In den Gängen wollten das Schließen von Zellentüren und die gut vernehmbaren Schritte der Wärter nicht enden.

Am fünften Tag wurde ich in ein helles Zimmer mit Gardinen an den Fenstern gebracht. Mitten im Raum stand ein Schreibtisch. Der Wärter befahl mir, mich auf den Hocker davor zu setzen. Dahinter saß ein Mann im Anzug, dessen Alter ich schwer bestimmen konnte. Er schien mich zu erwarten und schaute mich lange an. Vor ihm lag eine aufgeschlagene Akte. Ich dachte, nun hat der Alptraum endlich ein Ende. Er wird sich gleich als Mitarbeiter der bundesdeutschen Botschaft vorstellen und mich fragen, ob ich nach West-Berlin oder in die Bundesrepublik Deutschland ausreisen möchte. Stattdessen sagte er: »Ich komme von der Botschaft der Deutschen Demokratischen Republik, vom Ministerium für Staatssicherheit, und teile Ihnen mit, dass wir Sie morgen in die Hauptstadt der DDR zurückbringen werden.«

Vor Wut hatte ich Tränen in den Augen. In mir ging die Welt unter. Ich stand unter Schock. Alles hatte ich erwartet, nur nicht das. Mein Zellennachbar hatte also recht. Die Deutschen waren wie immer schnell und gründlich in ihrer Organisation.

In der Zelle zurück beruhigte Jan mich. Das Warten auf eine Entscheidung hatte für mich immerhin nun ein Ende.

Am frühen Morgen des sechsten Tages ging die Zellentür auf. Der Wärter warf mir meine persönliche Kleidung auf die Pritsche. Ich zog sie rasch an. Kurz umarmte ich noch einmal den jungen Rumänen, wir wünschten uns viel Glück. Die Zellentür ging wieder auf, und der Wärter brüllte auf Deutsch: »Schnell! Schnell!« Ich folgte ihm durch die langen dunklen Gänge des Gefängnisses.

Manches Mal habe ich mich später gefragt, was wohl aus Jan geworden ist? Ob sie ihn umgebracht haben? Vielleicht hat er in sein Dorf bei Bukarest zurückkehren können, oder er lebt endlich seinen Traum in Amerika.

In der Garage des Gefängnisses musste ich mich mit acht anderen jungen Frauen und Männern in einer Reihe aufstellen. Vor uns stand ein moderner Touristenbus des ungarischen Reisebüros »Ibusz«. In unseren Gesichtern stand die blanke Angst, trotzdem wechselten wir kurz ein paar Worte miteinander. Auch die anderen waren aus der DDR. Jeder hatte in den vergangenen Tagen durch einen Fluchtversuch seinen eigenen Weg in die Freiheit über Ungarn verwirklichen wollen. Alle waren sie verhaftet und hierher gebracht worden. Einige hatten sich im Schnellzug nach Wien versteckt und waren an der ungarisch-österreichischen Grenze durch Bluthunde entdeckt worden. Einer wollte über den Neusiedler See von Ungarn nach Österreich schwimmen. Die Ungarn aber hatten wohl auf ihrer Seite im See Stacheldraht bis unter die Wasseroberfläche gespannt, um Fluchtversuche zu verhindern. Als er nicht weiterkam, hatte er keine Kraft mehr, ans Ufer zurückzuschwimmen, und wurde entdeckt.

Ein unüberhörbares »Ruhe!« hallte auf einmal durch die Garage. Wir verstummten. Vom Gefängnisflur her kamen neun Männer in Zivil die kleine Treppe herunter. Es waren Deutsche vom Ministerium für Staatssicherheit, die uns nach Ost-Berlin zurückholten. Jeder von uns wurde einzeln am Handgelenk mit Handschellen an einen Stasi-Mann gefesselt. Mein Bewacher sagte nur kurz: »Ich würde Ihnen nicht raten aufzumucken. Sie tragen die Konsequenzen.«

Wir stiegen in den bereitstehenden Touristenbus. Das Garagentor wurde geöffnet, und unser »Transport« fuhr durch das Gefängnistor auf der Rückseite der »Roten Festung« durch die Budapester Innenstadt zum Flughafen. An den Kreuzungen, wo die Fußgänger die Straßen überquerten, dachte ich nur: Wenn ihr wüsstet, dass dies ein Gefangenenbus ist, würdet ihr dann auch wegschauen?

Der Bus fuhr durch ein Tor neben dem Flughafengebäude direkt aufs Rollfeld. Er hielt vor einer DDR-Interflug-Maschine[9], einem großen Flugzeug russischer Bauart.

In der Maschine bekam jeder von uns von einer Krankenschwester eine Beruhigungstablette. Ein schreckliches Gefühl von Peinlichkeit stieg in mir auf, als ich daran dachte, was wohl meine Kollegen aus dem Flughafenrestaurant sagen würden, wenn sie mich wie einen Schwerverbrecher, begleitet von Stasi-Leuten, durch den Flughafen Berlin-Schönefeld laufen sähen.

Während des Fluges nahm ich allen Mut zusammen und fragte den Stasi-Bewacher neben mir: »Bringen Sie uns jetzt nach Rummelsburg?« Dies war der Knast für Kriminelle, den jeder Ost-Berliner kannte. Er musterte mich. Sein Blick war kalt. »Nein, da kommen nur Eierdiebe hin. Typen wie Sie, die bringen wir ganz woanders hin. Denken Sie daran. Wir müssen nicht nett zu Ihnen sein.«

Nach der Landung auf dem Flughafen in Ost-Berlin, weitab vom Flughafengebäude, wurden wir die Flugzeugtreppe hinunter zu einem Lieferwagen gebracht, der vor der Maschine parkte. Es war ein typisches DDR-Fabrikat, ein Barkas B 1000[10]. An den Seiten des Kleincontainers stand deutlich lesbar »Centrum-Warenhaus«.

Vor dem Lieferwagen standen drei Stasi-Leute mit MPs auf uns gerichtet – die Fahrer. Über ihren Geheimdienstuniformen trugen sie die Kittel des Warenhauses. Mein Stasi-Bewacher löste seine Handschelle und ließ sie um mein linkes Handgelenk wieder zuschnappen. Mit einem kurzen »Rein da!« wurden wir hinten in den Container jeweils in einen umkleidespindartigen Käfig gesperrt. Innen war es dunkel, stickig und heiß, da die Sommersonne auf das Wagendach knallte. Eine Belüftung hatte dieser Wagen nicht.

Die Fahrt ging zuerst durch die Stadt über glatte Straßen. Ich konnte das Quietschen der Straßenbahnen hören und die U-Bahn, die auf der Hochbahnstrecke über die Schönhauser Allee bretterte. Ich nahm die Menschen entlang der Straßen wahr, auf denen der Lieferwagen fuhr. Irgendwann war der Lärm der Großstadt verschwunden. Nur noch das Rattern unseres Zweitaktmotors war zu hören. Voller Angst fragte ich mich: Wohin bringen sie uns? In ein entlegenes Waldstück? Auf der Flucht erschossen – wen interessiert's? Oder: Hoffentlich gibt es keinen Unfall. Das Rote Kreuz könnte uns nicht retten, weil sie überhaupt nicht wüssten, dass in diesem Lieferwagen keine Ware, sondern Gefangene transportiert werden. Außerdem waren wir ja eingeschlossen.

Am Ende der Fahrt von etwa fünf Stunden fuhren wir offenbar über altes Straßenpflaster. Der Lieferwagen stoppte. Stimmen kamen näher. Kurz danach ging es langsam weiter. Mehrere Tore wurden durch Motoren geöffnet und knallten hinter uns wieder zu. Stille. Plötzlich wurde die Tür des Wagens aufgerissen, die Käfige wurden geöffnet, und wir mussten schnell aussteigen. Die in schwarzen Stiefeln, hellgrauen Reithosen und Schirmmützen uniformierten Wärter brüllten, keiften und drohten. In der großen Garage mussten wir uns in einer Reihe mit dem Gesicht zur Wand und den Händen hinter dem Kopf neben einer kleinen Treppe aufstellen. Das grelle Neonlicht blendete nach der langen Fahrt im dunklen Käfig. Die Situation hatte etwas Groteskes. Als Schüler hatte ich im Geschichtsunterricht viel über die Diktatur des Nationalsozialismus in Deutschland und seine Methoden zwischen '33 und '45 gelernt. Zweiundfünfzig Jahre später war ich nun selbst angekommen im »Nirgendwo«. An einem Ort, den es offiziell nicht gab im realen Sozialismus – in einer Untersuchungshaftanstalt des Ministeriums für Staatssicherheit der DDR.

1 Als Bückware wurden in der DDR im Volksmund Waren bezeichnet, die man nur durch besondere Beziehungen unter dem Ladentisch kaufen konnte. Das Kombinat VEB Stern-Radio stellte in der DDR Rundfunk- und andere technische Geräte her.

2 Intershop: DDR-Handelskette, in der die Waren nur mit westlicher Währung oder Devisenchecks bezahlt werden konnten.

3 Forint: ungarische Währung.

4 Bei Vorlage einer DDR-Zollerklärung durften DDR-Bürger in Ungarn eine begrenzte Summe DDR-Mark in Forint umtauschen.

5 Josip Broz Tito (1892–1980), kommunistischer Politiker und langjähriger Präsident Jugoslawiens. Er verfolgte seit 1948 eine von der Sowjetunion unabhängige Politik.

6 MP: Maschinenpistole.

7 Securitate: rumänischer Geheimdienst.

8 Lew Nikolajewitsch Graf Tolstoi (1828–1910), bekannt als Leo Tolstoi, russischer Schriftsteller.

9 Interflug: DDR-Fluggesellschaft.

10 Barkas B 1000: DDR-Kleintransporter, der auch als Gefangenenfahrzeug genutzt wurde. Die Fahrzeuge waren als Lieferwagen getarnt.

BILDTEIL

Soldaten der Volkspolizei (dunkle Uniform) und Nationalen Volksarmee (NVA) überwachen den Bau der Mauer am Potsdamer Platz am 13. August 1961.

Mauerbau an der Harzer Straße am 18. August 1961

West-Berliner winken am 20. Oktober 1961 in der Bernauer Straße ihren Familienangehörigen hinter der Mauer in Berlin-Ost zu.

Innerdeutsche Grenze Mitte der 60er Jahre mit den ersten Beobachtungstürmen aus Holz und dem Vorläufer des späteren Kolonnenwegs

Innerdeutsche Grenzanlage Mitte der 70er Jahre mit Streckenmetallzaun als »vorderes Sperrelement« (letzter Zaun auf DDR-Gebiet)

Soldaten bei der Befestigung der Grenzanlagen; rechts und vorne der 2,80 bis 3,20 Meter hohe Zaun aus Streckmetallgitterplatten

Außenansicht mit Wachturm der ehemaligen zentralen Untersuchungshaft-anstalt Berlin-Hohenschönhausen (2009)

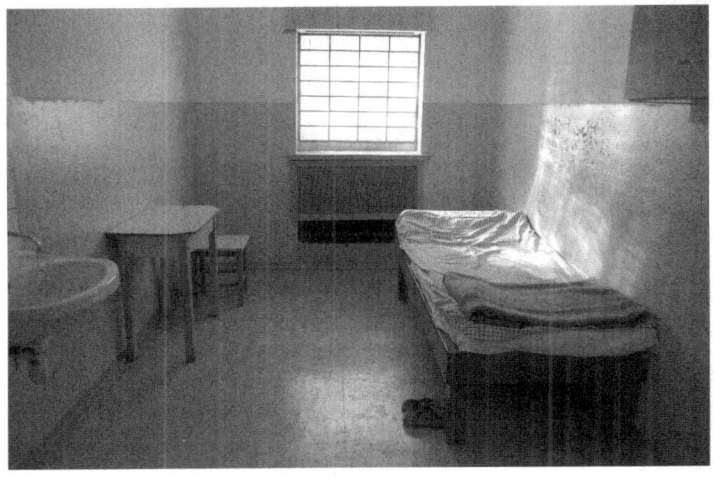

Zelle im Neubau der Untersuchungshaftanstalt (2007)

Blick auf das Frauengefängnis Hoheneck (2005)

Freiganghof der Sonderhaftanstalt Bautzen II (2006)

Nachtaufnahme der Grenzanlagen an der Bernauer Straße in Berlin 1986

Nach 28 Jahren fällt die Mauer. Bewohner aus West- und Ost-Berlin stehen am 10. November 1989 auf der Mauerkrone am Brandenburger Tor.

ABKÜRZUNGSVERZEICHNIS

Abt.	Abteilung
Anm.	Anmerkung
BND	Bundesnachrichtendienst
BRD	Bundesrepublik Deutschland
CDU	Christlich Demokratische Union
DEFA	Deutsche Film AG
DFF	Deutscher Fernsehfunk
D-Mark	Deutsche Mark
FDJ	Freie Deutsche Jugend
Gestapo	Geheime Staatspolizei
HA	Hauptabteilung
IM	Inoffizieller Mitarbeiter des Ministeriums für Staatssicherheit
KZ	Konzentrationslager
Lkw	Lastkraftwagen
LPG	Landwirtschaftliche Produktionsgenossenschaft
MfS	Ministerium für Staatssicherheit
M/L	Marxismus/Leninismus
MP	Maschinenpistole
ND	*Neues Deutschland*
NVA	Nationale Volksarmee
OFw	Oberfeldwebel
OvD	Offizier vom Dienst
Pkw	Personenkraftwagen
SBZ	Sowjetische Besatzungszone
SED	Sozialistische Einheitspartei Deutschlands
SPD	Sozialdemokratische Partei Deutschlands
SS	Schutzstaffel
StGB	Strafgesetzbuch
StPO	Strafprozessordnung

UHA	Untersuchungshaftanstalt
UNO	United Nations Organization
VEB	Volkseigener Betrieb
ZI	Zelleninformatoren
ZK	Zentralkomitee

DIE AUTOREN

Werner Bäcker, geb. 1937, meldete sich 1959 freiwillig zur Fremdenlegion in Algerien. Nach seiner Versetzung nach Korsika floh er nach Deutschland. In West-Berlin schloss er sich 1963 einer Fluchthelferorganisation an, um DDR-Bürgern zur Flucht in den Westen zu verhelfen. Nachdem die Schleusung eines Ehepaares über Bulgarien misslang, wurde er 1966 vom Ministerium für Staatssicherheit verhaftet und in die Untersuchungshaftanstalt nach Berlin-Hohenschönhausen gebracht. Wegen »Verleitung zum Verlassen der Republik« wurde er zu sechs Jahren Freiheitsentzug verurteilt, die er in der Sonderhaftanstalt Bautzen II verbüßen musste. Im Rahmen des Häftlingsfreikaufs gelangte er 1971 in die Bundesrepublik. Er ist heute als selbständiger Autor tätig.

Matthias Bath, geb. 1956, studierte Jura in West-Berlin und versuchte 1976, einem DDR-Bürger zur Flucht zu verhelfen. Er wurde jedoch am Grenzübergang Marienborn verhaftet und in das Untersuchungsgefängnis des Ministeriums für Staatssicherheit nach Berlin-Hohenschönhausen gebracht. Wegen »staatsfeindlichem Menschenhandel« verurteilte man ihn zu fünf Jahren Freiheitsentzug, zu deren Verbüßung er in die Strafvollzugsanstalt Berlin-Rummelsburg gebracht wurde. 1979 wurde er, zusammen mit vier weiteren Gefangenen, gegen einen in West-Berlin verurteilten DDR-Spion ausgetauscht. Er arbeitet heute als Staatsanwalt in Berlin.

Amanda Bohlken wurde 1945 als Jutta Schulze geboren. In Rostock verliebte sie sich in den Bundesbürger Klaus Bohlken. Seinetwegen wollte sie im September 1970 über Bulgarien in den Westen fliehen. Nach der misslungenen Flucht war sie von

September 1970 bis April 1971 in der Untersuchungshaftanstalt des Ministeriums für Staatssicherheit in Magdeburg inhaftiert. Wegen »mehrfachem vorbereiteten, versuchten und vollendeten ungesetzlichen Grenzübertritt, zum Teil begangen im schweren Fall« wurde sie anschließend zu drei Jahren Freiheitsentzug verurteilt, die sie im Frauengefängnis Hoheneck im Erzgebirge und in Halle/Saale verbüßte. Nach mehr als zweijähriger Haft durfte sie 1972 im Rahmen einer Amnestie in die Bundesrepublik ausreisen und heiratete Klaus Bohlken. 2001 nahm sie den Vornamen Amanda an. Heute führt sie in Brühl eine Praxis als Heilpraktikerin, Prana-Anwenderin und Meditationsleiterin.

Anke Jauch, geb. 1959, versuchte 1980 zusammen mit ihrem Mann über Bulgarien zu flüchten. Der Fluchtversuch scheiterte. Anke Jauch kam in das Untersuchungsgefängnis des Ministeriums für Staatssicherheit nach Leipzig. Wegen »versuchtem ungesetzlichen Grenzübertritt im schweren Fall« wurde sie zu einem Jahr und sechs Monaten Freiheitsstrafe verurteilt, die sie im Frauengefängnis Hoheneck im Erzgebirge verbüßte. 1981 wurde sie in den Westen abgeschoben. Heute arbeitet sie als selbständige Kosmetikerin und lebt in Korschenbroich am Niederrhein.

Cliewe Juritza, geb. 1966, versuchte 1984 sowohl über Ungarn als auch über die innerdeutsche Grenze in den Westen zu fliehen. Er wurde in der Nähe von Eisenach festgenommen und zunächst kurze Zeit in Gotha inhaftiert. Anschließend brachte man ihn in das Untersuchungsgefängnis des DDR-Ministeriums des Innern in Berlin-Rummelsburg. Wegen »Verdachts auf versuchten ungesetzlichen Grenzübertritt« verurteilte man ihn zu zwölf Monaten Haft, die der damals 18-Jährige im Jugendhaus Halle verbüßte. Nach zehn Monaten wurde er 1985 im Rahmen des Häftlingsfreikaufs in die Bundesrepublik abgeschoben. Er ist heute Stadtführer in Berlin und führt seit 2008 Besuchergruppen durch die Gedenkstätte Berlin-Hohenschönhausen.

Anne Klar, geb. 1941, versuchte 1980 zusammen mit ihrem Freund und seinem Neffen über Ungarn zu flüchten. Sie wurde dabei verhaftet und in das Untersuchungsgefängnis des Ministeriums für Staatssicherheit nach Cottbus gebracht. Wegen »versuchtem ungesetzlichen Grenzübertritt im schweren Fall« verurteilte man sie zu einem Jahr und zehn Monaten Freiheitsentzug, die sie im Frauengefängnis Hoheneck im Erzgebirge verbüßte. Im Rahmen des Häftlingsfreikaufs gelangte sie 1981 in die Bundesrepublik. Sie arbeitet heute als Lehrerin und lebt in Berlin.

Ernst Hubert von Michaelis, geb. 1949, war Bürgermeister der nordhessischen Stadt Arolsen, als er 1984 auf einer Dienstreise nach West-Berlin auf dem Transitweg verhaftet wurde. Ihm wurde die Beteiligung an einem 1977 gescheiterten Fluchtunternehmen zur Last gelegt. Wegen »staatsfeindlichem Menschenhandel« wurde er zu sechs Jahren verurteilt und in der Sonderhaftanstalt Bautzen II inhaftiert. Im Rahmen eines Agentenaustausches gelangte er im Juni 1985 zurück nach Arolsen. Heute ist er Geschäftsführer eines Immobilienunternehmens in Frankfurt am Main.

Eva-Maria Neumann, geb. 1951, ihr Ehemann und ihre damals dreijährige Tochter versuchten 1977, mit Hilfe einer Schleuser-Organisation in den Westen zu flüchten. Die Flucht misslang, und das Ehepaar wurde in das Untersuchungsgefängnis des Ministeriums für Staatssicherheit nach Leipzig gebracht. Wegen »mehrfach versuchtem Grenzübertritt in schwerem Fall und Verletzung der Ordnung im Grenzgebiet« wurde sie zu drei Jahren Freiheitsentzug verurteilt, die sie im Frauengefängnis Hoheneck im Erzgebirge und in Leipzig-Meusdorf verbüßte. 1978 gelangte sie auf dem Weg des Häftlingsfreikaufs in die Bundesrepublik. Heute ist sie als Geigenlehrerin an der Städtischen Musikschule Aachen tätig.

Uwe Rath, geb. 1940, war im Rahmen einer Fluchthilfeaktion im Januar und Februar 1963 mehrmals als Kurier in Ost-Berlin. Im Februar 1963 erfolgte die Verhaftung durch das Ministerium für Staatssicherheit. Rath wurde in das Untersuchungsgefängnis nach Berlin-Hohenschönhausen gebracht. Wegen »Verleitung zum Verlassen der Republik« verurteilte man ihn zu vier Jahren Freiheitsentzug, die er in der Sonderhaftanstalt Bautzen II verbüßen sollte. Im August 1964 wurde Rath von der Bundesrepublik freigekauft. Er studierte Geschichte, Musik und Theologie und war bis 2001 als Hochschullehrer tätig. Uwe Rath lebt heute in seiner Geburtsstadt Kiel.

Karl-Heinz Richter, geb. 1946, plante im Januar 1964 zusammen mit sieben Ost-Berliner Jugendlichen, aus der DDR zu fliehen. Seine Flucht misslang. Schwer verletzt wurde er in das Untersuchungsgefängnis des Ministeriums für Staatssicherheit nach Berlin-Pankow gebracht. Verurteilt zu acht Monaten wegen »versuchter Republikflucht«, wurde er wegen seines schlechten Gesundheitszustandes im Juli 1964 nach einem halben Jahr Haft wieder entlassen. 1975 stellte er einen Ausreiseantrag und durfte schließlich mit seiner Ehefrau und seiner Tochter die DDR verlassen. Seit 2008 führt er Besuchergruppen durch die Gedenkstätte Berlin-Hohenschönhausen.

Mario Röllig, geb. 1967, scheiterte 1987 mit einem Fluchtversuch über Ungarn. Er kam in das Stasi-Untersuchungsgefängnis nach Berlin-Hohenschönhausen. Nach drei Monaten wurde er im September 1987 aufgrund einer Amnestie aus der Haft entlassen und erhielt eine Auflage von drei Jahren Bewährungsfrist. Trotz Einstellung des Strafverfahrens ließen die persönlichen und beruflichen Repressalien nicht nach, auch seinen Ausreiseantrag lehnten die Behörden ab. Erst nach einem Protestbrief an Staats- und Parteichef Erich Honecker wurde er im März 1988 aus der DDR ausgebürgert. Heute führt er Besucher durch die Gedenkstätte Berlin-Hohenschönhausen.

Anatol Rosenbaum, geb. 1939 als Sohn kommunistischer Kultur-funktionäre, wurde 1968 als vermeintlicher zionistischer Agent verhaftet. Durch die Denunziation eines westdeutschen Stasi-Informanten scheiterte sein Versuch, in Prag an bundesrepu-blikanische Pässe zu gelangen, die ihm, seiner Frau und seinem damals fünfjährigen Sohn die Flucht in den Westen ermöglichen sollten. Er kam in das Untersuchungsgefängnis des Ministeri-ums für Staatssicherheit nach Berlin-Hohenschönhausen. We-gen »versuchtem illegalen Grenzübertritt und staatsfeindlicher Hetze« wurde er zu drei Jahren Freiheitsentzug verurteilt, die er im Arbeitslager des Staatssicherheitsdienstes in Berlin-Hohen-schönhausen, in den Gefängnissen Berlin-Rummelsburg und Cottbus sowie in der Festung Torgau verbüßte. Im Dezember 1970 wurde er entlassen und 1975 von der Bundesrepublik aus der DDR freigekauft. In West-Berlin war er jahrelang als Kin-derarzt tätig. Er lebt heute als Rentner in Berlin.

Matthias Storck, geb. 1956, studierte Theologie in Greifswald. Während seiner Studienzeit protestierte er in Liedern und Ge-dichten gegen den sogenannten Wehrkundeunterricht der DDR und hatte Kontakt zu mehreren Kommilitonen, die aus der DDR flüchteten. Ein befreundeter Pfarrer und Informant des Ministe-riums für Staatssicherheit verriet seine früheren Fluchtpläne, so dass er 1979 verhaftet wurde. Wegen »versuchter Republikflucht und landesverräterischer Agententätigkeit« verurteilte man ihn zu drei Jahren und zwei Monaten Zuchthaus, die er teilweise in der Strafvollzugsanstalt Cottbus verbüßte. Im Rahmen des Häftlingsfreikaufs wurde er 1980 von der Bundesrepublik frei-gekauft. Er nahm in Münster sein Theologie-Studium wieder auf und ist heute evangelischer Pfarrer in Herford.

Ellen Thiemann, geb. 1937, und ihr Ehemann Klaus planten 1972, mit ihrem elfjährigen Sohn in die Bundesrepublik zu flüchten. Weil das Vorhaben aufflog, wurde sie verhaftet und kam in die Untersuchungshaftanstalt des Ministeriums für Staatssicher-heit nach Berlin-Hohenschönhausen. Während sie ihren Mann deckte, wurde sie wegen »Republikflucht« und »staatsfeindlicher Verbindungsaufnahme« zu drei Jahren und fünf Monaten Freiheitsentzug verurteilt, die sie im Frauengefängnis Hoheneck im Erzgebirge verbüßte. Nach ihrer Scheidung und massiven Schikanen der DDR-Behörden konnte sie Ende 1975 mit ihrem inzwischen 14-jährigen Sohn in die Bundesrepublik ausreisen. Nach dem Ende der DDR erfuhr sie, dass ihr geschiedener Mann von Januar 1973 bis Dezember 1989 unter dem Decknamen »Mathias« als Stasi-Informant arbeitete. Sie ist heute als Schriftstellerin und Journalistin tätig.

Wolfgang Welsch, geb. 1944, wurde 1964 vom Ministerium für Staatssicherheit nach einem Fluchtversuch verhaftet. Wegen »staatsgefährdender Hetze und versuchten illegalen Verlassens der DDR« wurde er zu zwei Jahren Freiheitsentzug verurteilt, die er in der Sonderhaftanstalt Bautzen II und im Zuchthaus Brandenburg verbüßte. Im Rahmen des Häftlingsfreikaufs kam er 1971 in die Bundesrepublik. Er studierte in Gießen Soziologie und promovierte 1977 in England. Vom Westen aus verhalf er mehr als 200 Ostdeutschen zur Flucht. Das Ministerium für Staatssicherheit versuchte deshalb mehrfach, Welsch zu liquidieren. Wegen Morddrohungen wohnte er von 1992 bis 1995 im Ausland. Heute lebt er als freier Autor und Publizist in Sinsheim.

QUELLENVERZEICHNIS

Den Rechtinhabern an den Quellentexten danken wir für die freundliche Genehmigung zum Abdruck der Textauszüge.

Die Abdrucke der bereits in anderen Publikationen erschienenen Textauszüge entsprechen im Wesentlichen den jeweiligen Originalfassungen. Sofern notwendig, wurden grammatikalische und orthographische Korrekturen vorgenommen.

Die Rechte an den Abbildungen im Innenteil liegen bei Gedenkstätte Bautzen (S. 352 unten), Gedenkstätte Berlin-Hohenschönhausen (S. 351 und 352 oben), Grenzlandmuseum Eichsfeld e.V. (S. 349 unten und 350), Presse- und Informationsamt der Bundesregierung (S. 348, 349 oben und 353 unten) und ullstein bild (S. 353 oben).

Bäcker, Werner: »Game over«, aus: Werner Bäcker »Nur der Tod kann dich befreien. Mein Leben als Fremdenlegionär und Fluchthelfer«, Ares Verlag, Graz 2008.

Bath, Matthias: »In völliger Isolation«, aus: Matthias Bath: »Gefangen und freigetauscht. 1197 Tage als Fluchthelfer in der DDR-Haft«, Jaron Verlag, Berlin 2007.

Bohlken, Amanda: »Ein bisschen Sterben«, aus: Amanda Bohlken: »Die dritte Dimension der Tränen. DDR-Flucht – Haft und Trauma – Heilungswege«, Forum Verlag, Leipzig 2007.

Jauch, Anke: »Die gebastelte Blume«, aus: Anke Jauch: »Die Stasi packt zu. Freiheitsberaubung 1980«, August von Goethe Literaturverlag, Frankfurt 2007.

Juritza, Cliewe: »Odyssee am Eisernen Vorhang«, aus: Cliewe Juritza/Hardburg Stolle: »Als die Berliner Mauer noch kein Denkmal war«, Books on Demand GmbH, Norderstedt 2008.

Klar, Anne: »Gesicht zur Wand«, aus: Anne Klar: »Eingesperrt und kein Entkommen«, Lausitzer Druck- und Verlagshaus GmbH, Bautzen. Die Rechte liegen bei der Autorin.

Michaelis, Ernst Hubert von: »Flucht im Kofferraum«, aus: Ernst Hubert von Michaelis: »Acht Monate – mitten in Deutschland«. Die Rechte liegen beim Autor.

Neumann, Eva-Maria: »Wo ist Constanze?«, aus: Eva-Maria Neumann: »Sie nahmen mir nicht nur die Freiheit«, Pendo Verlag in der Piper Verlag GmbH, München und Zürich 2007.

Rath, Uwe: »Es wird schon klappen«, aus: Maria Nooke: »Der verratene Tunnel. Geschichte einer verhinderten Flucht im geteilten Berlin«, Edition Temmen, Bremen 2002.

Richter, Karl-Heinz: »Bahnhof Friedrichstraße«, aus: »Mit dem Moskau-Paris-Express in die Freiheit. Eine Flucht von Ost nach West«, Stiftung zur Aufarbeitung der SED-Diktatur, Berlin 2003.

Röllig, Mario: »Der gekaufte Bauer«. Die Rechte liegen beim Autor.

Rosenbaum, Anatol: »Das Schachspiel«, aus: »Die DDR feiert Geburtstag und ich werde Kartoffelschäler. Als Arzt und ›Agent‹ im ›Kommando X‹ des MfS«, Lichtig Verlag, Berlin 2006.

Storck, Matthias: »28 links«. aus: »Karierte Wolken. Lebensbeschreibungen eines Freigekauften«, Brendow Verlag, Moers 1993.

Thiemann, Ellen: »Die Unterschrift«, aus: »Stell dich mit den Schergen gut. Erinnerungen an die DDR. Meine Wiederbegegnung mit dem Zuchthaus Hoheneck«, F.A. Herbig Verlagsbuchhandlung GmbH, München 2005.

Welsch, Wolfgang: »Ende einer Flucht«, aus: »Der Stich des Skorpion. Ich war Staatsfeind Nr. 1«, Piper Verlag GmbH, München 2003.

PERSONENREGISTER

Gedenkstätte
Berlin-Hohenschönhausen

Das Stasi-Gefängnis

Zeitzeugen berichten
Täglich geführte Rundgänge

Gedenkstätte Berlin-Hohenschönhausen
Genslerstr. 66, 13055 Berlin
www.stiftung-hsh.de

Tel 030 986082-30
Fax 030 986082-464
info@stiftung-hsh.de

Hubertus Knabe (Hg.)
Gefangen in Hohenschönhausen

Stasi-Häftlinge berichten
Originalausgabe. www.list-taschenbuch.de
ISBN 978-3-548-60741-2

Oft reichte ein kritisches Wort, ein »verdächtiger« Lebenslauf oder die Denunziation des Nachbarn: Immer wieder wurden in der sowjetischen Besatzungszone und später in der DDR missliebige Personen kurzerhand festgenommen und ohne rechtsstaatliches Verfahren inhaftiert. Viele kamen erst nach Jahren wieder frei, manche warteten vergeblich auf ihre Entlassung. Die Haftanstalt Berlin-Hohenschönhausen war das größte Stasi-Gefängnis der DDR. In diesem Buch schildern zahlreiche Gefangene die entwürdigenden Haftbedingungen, die Willkür der Behörden und den psychischen Druck, dem man als Häftling ausgeliefert war.

List Taschenbuch

L307